História do Urbanismo Europeu

Coleção Estudos
Dirigida por J. Guinsburg

Equipe de realização – Tradução: Marisa Barda; Revisão técnica: Anita Di Marco; Edição de Texto: Jonathan Busato; Revisão: Adriano Carvalho Araújo e Sousa; Sobrecapa: Sergio Kon; Produção: Ricardo W. Neves, Sergio Kon Lia N. Marques e Luiz Henrique Soares.

Donatella Calabi

HISTÓRIA DO URBANISMO EUROPEU

QUESTÕES, INSTRUMENTOS, CASOS EXEMPLARES

PERSPECTIVA

Título do original italiano:
Storia dell'urbanistica europea

CIP-Brasil. Catalogação-na-Fonte
Sindicato Nacional dos Editores de Livros, RJ

C141h

Calabi, Donatella
História do urbanismo europeu : questões, instrumentos, casos exemplares / Donatella Calabi ; [tradução Marisa Barda, Anita Di Marco]. – São Paulo: Perspectiva, 2015.
175 il. (Estudos ; 295)

1. reimp. da 1. ed de 2012
Tradução de: Storia dell'urbanistica europea
Inclui bibliografia
ISBN 978-85-273-0933-2

1. Planejamento urbano - Europa - Historia. 2. Cidades e vilas - Europa - História. I. Título. II. Série

11-5722. CDD: 711.4094
CDU: 711.4(4)

05.09.11 12.09.11 029459

1ª edição – 1ª reimpressão
[PPD]

Av. Brigadeiro Luís Antônio, 3025
01401-000 São Paulo SP Brasil
Telefax: (011) 3885-8388
www.editoraperspectiva.com.br

2020

Sumário

CASOS EXEMPLARES

A Nicolò.

Agradecimentos

Agradeço aos amigos Paolo Avarello, Ennio Concina, Laura Corti, Raffaello Gianolla, Beppe Marcon, Guido Morbelli, Marco Mulazzani, Heleni Porfyriou, Marcel Smets e Anna Tonicello por terem aceitado discutir a organização deste livro ou por terem colaborado, de várias maneiras, na pesquisa iconográfica.

Introdução

Entre a segunda metade do século XIX e os primeiros anos do século XX, o urbanismo – assim como outras disciplinas que tratam da cidade e do território, como, por exemplo, a geografia econômica, a economia urbana e regional, a sociologia urbana e regional – vai se formando com características disciplinares específicas. Seus instrumentos (e também suas motivações, ideologia e características operacionais) nascem estreitamente ligados aos processos de industrialização que, em alguns países europeus, diferenciaram esse período, um período que também sofreu enormes transformações na estrutura dos assentamentos no território. Não se assiste somente a uma redistribuição dos centros urbanos e a uma tendência geral de concentração dos núcleos produtivos, residenciais etc., mas o sistema das comunicações também é renovado. Algumas cidades assumem o caráter de metrópoles; são construídos grandes parques, redes viárias, sistemas de transporte público, instalações técnicas em rede, isto é, o suporte para a futura expansão das construções. A administração das cidades assume precisas funções políticas e econômicas, redefinem-se as relações entre a esfera pública e a privada.

Por muito tempo, setores de estudo diferentes entre si, como "história da cidade", "história dos projetos urbanos" e "história do urbanismo" se confundiam. Mais tarde, principalmente a partir dos anos de 1960, houve diversas tentativas de distinção. Por um lado, evidenciava-se que não é possível falar de "urbanismo" na Idade Média ou na Idade Moderna sem incorrer em anacronismo e, por outro lado, havia o esforço em dar uma definição à palavra "urbanismo" utilizando os mesmos termos, muitas vezes os mesmos binômios (como por exemplo, "arte e ciência" ou "planejamento físico e programação econômica").

Nesse caso específico, é importante retomar aqui, nas sintéticas palavras de três protagonistas da cultura urbanística italiana do século XX, o objeto do saber e do saber fazer desse campo de estudos, assim como definidos nas duas maiores enciclopédias nacionais.

O plano diretor, como definido por Gustavo Giovannoni em 1935, implica "na organização das edificações de uma cidade e a previsão de seu desenvolvimento futuro, isto é, a obra concreta e coordenada da 'técnica' e da 'arte' urbanística". Em 1937, para Luigi Piccinato (quase vitruvianamente), a finalidade prática do urbanismo é determinar normas para "a organização e funcionamento de uma vida urbana, ao mesmo tempo bonita, saudável, tranquila e econômica". Cerca de trinta anos depois, em 1966, Giovanni Astengo declara que o urbanismo é "a ciência que estuda os fenômenos urbanos em todos seus aspectos, tendo como finalidade o planejamento de seu desenvolvimento histórico". Para ele, os problemas específicos são os bairros residenciais, os centros históricos, a renovação urbana, o trânsito de veículos, as zonas industriais e os equipamentos de lazer; todo o restante do território, onde a edificação não predomina, não faz parte dos problemas específicos. Esses três autores ressaltam as diferenças entre as técnicas do passado (que chamam "arte urbana") para acentuar as características inovadoras do urbanismo.

Com posição similar, em 1967, Thomas Adams na *Encyclopedia of Social Science* (Enciclopédia de Ciência Social) afirma:

> O urbanismo (*town planning*) pode ser definido como a arte de planejar o desenvolvimento físico das comunidades urbanas, com o objetivo geral de assegurar condições de vida e de trabalho saudáveis e seguras, fornecendo transportes adequados e eficientes e

promovendo o bem-estar público, [...] como ciência, o urbanismo pretende descobrir a verdade das condições econômicas, sociais e físicas da cidade. Como arte, procura um comprometimento, seja econômico ou social, no estabelecimento de vias de comunicação, uso do solo, construção e das demais estruturas.

Enfim, nessas definições, o urbanismo é apresentado como uma disciplina cuja finalidade é o controle do crescimento e das transformações espaciais dos assentamentos urbanos com pretensões científicas e globalizantes; propõe-se a resolver os conflitos sociais aperfeiçoando um projeto de organização técnica da cidade e de regulamentação do uso do solo, segundo uma divisão lógica dos setores públicos e privados. Todas as definições concordam sobre a consideração fundamental, de que, como disciplina autônoma, o urbanismo nasceu na segunda metade do século XIX, em resposta aos problemas suscitados pela progressiva industrialização, pelo rápido aumento da população e do movimento em algumas áreas do continente europeu; isto é, foi-se configurando como um conjunto de instrumentos de projeto e organização do espaço físico urbano, capaz de traduzir-se em uma prática técnico-administrativa, ou seja, em uma ciência política.

Em 2000, mesmo renunciando a propor uma imagem geral da história do urbanismo e tentando esclarecer sua extrema complexidade, Bernardo Secchi afirmou que a ação dela foi "representada como aquilo que pôs fim a um inexorável processo de piora das condições da cidade e dos territórios examinados e como início de um virtuoso processo de melhoria". Apesar de sua convicção de que o mundo não pode ser dividido em tantos compartimentos, cada um na jurisdição de um estudioso diferente, Secchi se esforça em definir as características de um percurso urbanístico como sendo um conjunto de práticas relativas à transformação do território, aos sujeitos que as promovem, às técnicas utilizadas, aos resultados obtidos e às novas transformações induzidas por todas essas práticas. Portanto, práticas relativas a questões não facilmente separáveis entre si, mas que, apesar de tudo, Secchi tenta identificar.

O objeto deste livro é uma história daquele conjunto de práticas, contada através de uma análise dos principais temas confrontados pelo urbanismo desde o início de nossos dias,

Em suma, a disciplina objeto deste livro é jovem e, apesar de não possuir um estatuto definitivo, mais tarde, durante o século XX, demonstra ser muito dinâmica e flexível. O urbanista sempre foi considerado um "homem culto", capaz de adquirir, como diletante, noções de outras áreas e aproveitá-las em seu próprio campo. Ao sentir-se obrigado a ouvir a sociedade, e sem estar especificamente preparado, hesitando na prática e plagiando métodos de análise de outras competências, torna-se, então, um pouco médico, economista, sociólogo ou cientista político, vendo-se forçado a traduzir sua percepção da sociedade nos termos de um projeto técnico.

Ao acompanhar a criação de instrumentos funcionais técnico-administrativos para o controle da cidade como sistema, pode-se identificar uma história institucional da disciplina; mas também é possível reconhecer uma história social da mesma, através das atividades triviais ou principais dos grupos que estão no poder; pode-se também construir uma história cultural do urbanismo, através de referências aos promotores e aos destinatários das ideias, aos livros, às conferências, debates e às lutas ideológicas; em resumo, a uma produção científica, artística e literária.

Do cruzamento dessas três histórias, novamente tem-se a impressão de que o urbanismo nasceu como uma disciplina cujos limites são muito elásticos, que ao longo do tempo incorporou práticas de outros campos e a elas se adaptou. Para defini-la, foi usada, muito oportunamente, a metáfora da "massa folhada", em alusão à série de competências sobrepostas que a caracterizam. O resultado é um campo operacional de limites mutáveis de acordo com o ponto de vista, como um holograma.

Todavia, mesmo com essa fluidez em circunscrever os seus limites, houve etapas e momentos bem precisos de institucionalização da matéria, que podem ser encontrados no ensino, na constituição dos institutos profissionais, nos momentos de controle do desenvolvimento da profissão, na aprovação de instrumentos técnicos, mais ou menos eficazes no plano operacional, mas que se tornaram pontos de referência na definição das intervenções de transformação e, principalmente, temas sobre os quais devem convergir os esforços.

Mais do que desenvolver o tema das definições, este livro vai acompanhar as etapas dessa institucionalização, tentando descrever as características que a distinguem.

Todavia, neste momento não será possível esquecer que, com a passagem, nas últimas décadas do século passado, da "arte urbana" (entendida como composição arquitetônica em grande escala) às técnicas de projeto das implantações urbanas, a linguagem também foi se modificando, enriquecida por uma série de novas palavras que cadenciam o tempo institucional já mencionado.

Em italiano o termo "urbanismo", ou "urbanesimo" (que em francês corresponde a "urbanisation", em inglês a "urbanisation" e em espanhol "urbanizaciòn") designa a tendência de alguns centros urbanos a crescerem, por êxodo rural; portanto, ela tem um significado demográfico e social. O termo "urbanização" existe, porém, é de uso recente, utilizado para designar a mudança do uso do solo agrícola em solo urbano; portanto, ela corresponde ao termo inglês "development".

Em francês e em espanhol, o vocábulo assume o duplo significado de concentração de população e ampliação urbana. Em italiano e em inglês, existe uma distinção entre a palavra usada para definir o crescimento demográfico e social e aquela utilizada para designar o desenvolvimento físico (respectivamente "espansione urbana" e "city development")*.

Também a genealogia da palavra italiana "urbanistica" e de suas correspondentes nas principais línguas europeias merecem nossa atenção.

Em alemão, a construção das palavras compostas "Stadt-Plan" (plano da cidade) e "Städte-Bau" (construção da cidade) – usadas principalmente a partir das últimas décadas do século XX – diferencia a fase do estudo e aperfeiçoamento de um programa para a cidade da fase operacional (com todas as operações técnicas atinentes ao projeto e à construção), às quais, na Itália, emprega-se o significado geral de "urbanística".

* Na língua portuguesa, o termo urbanização significa tanto tornar urbano o solo (rural), o território (e sua ocupação socioeconômica) e a sociedade (população), quanto, por isso mesmo, dotar de qualidades urbanas (infraestrutura, principalmente) as partes do território (urbanas ou rurais), ao mesmo tempo em que denota ou implica extensão e crescimento urbano (N. da E.).

Na língua inglesa, três matrizes estão contemporaneamente na base de diversas derivações ("urban", "city", "town"), todas relacionadas com a nova disciplina: "to urbanize" significa transformar um lugar de maneira a torná-lo urbano; "urbanisation" alude ao crescimento demográfico; "plan" ou "planning" se refere à planta e ao projeto. No início do século, as expressões "city planning" (mais usado nos Estados Unidos), "city design" ou "civic design" (referindo-se principalmente a um projeto desenhado e formalmente concluído) foram substituídas por "town planning", termo consagrado pela aprovação da primeira lei inglesa de urbanismo, o Town Planning Act de 1909, além de uma série de iniciativas adotadas naqueles mesmos anos.

Mais reduzido do que o inglês, embora menos esquemático que o alemão é o léxico francês. De "urbain" derivam as expressões "art urbain" e "urbanisation". No início do século XX, Marcel Poëte inicia os "études urbains" e a escola correspondente; a palavra "urbanisme" se afirma como ciência da evolução da cidade.

Em 1911, é fundada a Société Française des Architectes-Urbanistes (SFAU). A palavra "urbanisme" continua sendo utilizada para os estudos históricos e para as prefigurações futuras, mesmo que, muitas vezes, seja ainda usada a expressão, mais tarde em desuso, "science des plans de villes" (talvez mais parecida à inglesa "town planning").

Na Itália, usou-se o termo "urbanesimo" durante muito tempo: em 1926, um primeiro congresso mundial, em Turim, intitulava-se justamente "all'urbanesimo"; em 1927, nas últimas páginas de um texto de Armando Melis sobre Turim, com o termo "urbanesimo", nomeado diversas vezes, aparece o termo "urbanista" e "urbanistica", este último usado ora como adjetivo, ora como substantivo. Em 1931, em Roma, é constituído o Istituto Nazionale di Urbanistica e, em 1932, a revista *Urbanistica* começa a ser publicada.

O ensino de urbanismo é introduzido em 1921 nas universidades italianas, nas faculdades de engenharia e nas de arquitetura recém-instituídas. No mesmo ano, em Roma, é criado um curso de especialização de tal disciplina para engenheiros e arquitetos.

Mas ainda falta clareza na definição desse campo de atividade; ainda pesa uma ambiguidade de fundo, percebida quando se percorre dicionários e enciclopédias. Na Itália, é visto como um apêndice dos estudos de engenharia ou arquitetura; na França, da geografia; na Inglaterra, das ciências econômico-sociais, o que se reflete sobre o próprio sistema de ensino universitário, mas é pertinente na profissão e nos departamentos municipais competentes.

Ao longo de todo o arco de tempo aqui considerado, são evidentes a ambiguidade da história do urbanismo e as dificuldades encontradas por essa disciplina em reconhecer sua própria origem, campo e as próprias especificidades. Alguns manuais e muitos atlas geográficos (de Brinkmann, Lavedan, Piccinato, Morini) situam o ponto de partida de sua narrativa na primeiras manifestações da cidade, e pretendem encontrar os princípios, os normativos, as regras a serem aplicadas para aumentar o bem-estar dos indivíduos e da coletividade nas diversas e sucessivas fases da civilização urbana. Dessa maneira, para eles, a "história da cidade" torna-se sinônimo de "história da civilização" (civilização seria, portanto e por definição, civilização urbana) e parte da "história do urbanismo", assim como de seus pontos cruciais problemáticos. Obtém-se, pois, uma leitura evolutiva dos acontecimentos.

O espaço construído do Antigo Oriente e do Mundo Clássico, o regulamento urbano da Idade Média, os fundamentos do pensamento autônomo e racional nos tratados ou na organização das praças e dos eixos viários do Renascimento, a monumentalidade barroca, a simetria nos complexos neoclássicos, as grandes reestruturações do século XIX, as desordens urbanas na época industrial tornam-se outros tantos capítulos da história da cidade, mas também capítulos da história do urbanismo, caso se deseje enfatizar as regras (os cânones estéticos ou de composição e os vínculos jurídicos) que dirigiram o projeto do espaço urbano. Com essa postura acentua-se a continuidade do fenômeno urbano, que domina e supera o conceito de ruptura. A continuidade permite estudar a cidade antiga, tanto quanto a moderna, usando os mesmos cânones.

Ao contrário, o arco cronológico considerado neste livro tem início na segunda metade do século XIX, isto é, no período das especificações e definições disciplinares, a partir da hipótese de que o urbanismo, com ambições de *corpus* reconhecível, nasce baseado em rupturas epistemológicas precisas do período. Por outro lado, deve-se questionar a relação entre essa disciplina e sua pesquisa de fundamentos e confirmações, portanto, questionar a relação com a própria história (que é a história da civilização urbana), embora procurando esclarecer de preferência quais são as inovações.

Na afirmação da "cientificidade" do planejamento urbano e sua ambição para obtê-la é possível fixar o ponto de partida dessa história, que procura precisar a natureza das relações existentes entre o emergir de uma ciência aplicada à transformação do quadro de vida e os projetos políticos que a sustentam.

Além disso, o que merece ser considerado são as fontes, isto é, os canais de divulgação do pensamento urbanístico contemporâneo (por exemplo, congressos internacionais sobre as cidades, exposições, revistas). Através da invenção de novos canais e da reutilização dos existentes são precisas as categorias conceituais de referência.

Portanto, a figura do urbanista e sua formação também são parte dessa história. O nascimento de um primeiro ensino sobre a disciplina se insere nos objetivos reformistas de uma ciência em gestação que busca institucionalizar-se. A aspiração ao rigor é apoiada nos métodos de análise e pesquisa.

No entanto, atrás desse anúncio programático esconde-se uma questão de prática profissional e de mercado do trabalho que tende a se ampliar (em relação aos futuros profissionais liberais e aos servidores municipais). Para a constituição da ciência do urbanismo e sua introdução nas escolas é necessária uma integração entre saberes cognitivos e saberes práticos (o saber e o saber fazer), desenvolvidos a partir de disciplinas já consolidadas. Tudo isso acontece junto com a tentativa de associar práticas diversas em nome da interdisciplinaridade.

Ao tentar encontrar um método, os estudiosos evidenciam, então, as analogias com a arqueologia, considerada não como uma pesquisa científica, mas como um conjunto de indagações dirigidas ao passado, a partir de um interesse pela forma da cidade de hoje e de amanhã. Assim, o estudo retrospectivo do urbanismo espera um dia alcançar desenvolvimento comparável ao de outras subdivisões da história da arte, com a condição de se amparar no conhecimento de um número suficiente de testemunhos (os textos, os monumentos, a iconografia, as plantas topográficas).

Essa história, longe de estar finalizada, será interrompida em alguns momentos de curto-circuito. Os gestos de muitos e as palavras de alguns, de fato, são as componentes da combinação das profissões relativas ao controle da transformação da cidade: o urbanismo se torna um campo de difração para uma série de disciplinas afins, que acabam transformadas.

Portanto, aproximadamente um século e meio de vida, ao longo do qual é possível traçar uma linha de desenvolvimento por fases. Um primeiro período (analisado na primeira parte do texto) situa-se entre meados do século XIX e a Primeira Guerra Mundial, quando, de repente, o urbanismo se revela como reação operacional aos "males" da cidade. A pesquisa higienista, a relação com a cidade histórica e a ideia municipalista do governo urbano são os três campos de observação, a partir dos quais é possível colher os aspectos de uma nova profissão que, sob certos aspectos, está ainda em fase de definição. Os elementos de descontinuidade, em relação ao antes e ao depois, permitem situar suas origens no período que vai da aprovação das normas construtivas *ex ante* da metade do século XIX até sua organização em manuais e nas exposições dos anos de 1910, no século XX e, finalmente, aos dispositivos de lei que instituem a aplicação do plano. O Royal Town Planning Institute da Inglaterra, primeiro verdadeiro instituto profissional de urbanismo da Europa, adere a esse processo, anunciando o nascimento de uma disciplina e de uma profissão radicalmente novas, mostrando seus âmbitos epistemológicos e sua fraqueza intrínseca, sob a forma de um casamento entre arquitetura e as técnicas do topógrafo, com o apoio da lei.

Uma segunda fase (tratada na segunda parte deste volume), de consolidação dos temas e da ampliação do objeto do plano a um âmbito extraurbano, inicia-se na primeira década do século XX até a Segunda Guerra Mundial. A cidade "tentacular" de Paul Verhaeren de 1913 marca o começo do período. Ao crescimento acelerado das grandes cidades se contrapõe o modelo da cidade-jardim. O novo especialista está ligado a entidades supranacionais como os Ciam ou a Organização das Nações Unidas. Surge uma repentina mudança de escala: do perímetro urbano ao território da conurbação, do plano diretor urbano ao regional.

Uma terceira fase (terceira parte do livro) corresponde à confiança nas possibilidades operativas do projeto de intervenção e à esperança, após as destruições bélicas, da segunda reconstrução.

Finalmente, na quarta fase (quarta parte), que abrange nossos dias, identifica-se uma nova epistemologia sobre a capacidade para descrever o fenômeno de ocupação do solo e projeto do plano. Com efeito, no início dos anos de 1980, um momento de profunda revisão domina a cultura urbanística em relação a como, apesar das diversas controvérsias, esta tinha sido definida no início do século XX. A convicção de que o problema central fosse controlar o crescimento desaparece; a renovação naqueles anos gera o esgotamento dessa convicção e promove a constituição material do plano, a linguagem utilizada, os temas sobre os quais se refere e a intolerância às definições muito rígidas sobre os níveis de raciocínio e escalas de projeto. A capacidade de projetar, que no passado era própria do urbanista e o tornava um especialista público, hoje é distribuída entre sujeitos cada vez mais numerosos que, juntos, propõem "pacotes" complexos nos quais são evidenciados alguns problemas, suas descrições e soluções. Trata-se de profundas mudanças que aceleraram a obsolescência do quadro normativo que por muito tempo fixou, com a clareza de um instrumento de lei, maneiras, finalidades e conteúdo dos planos.

Esta sequência não coincide exatamente em todos os países europeus: o quadro necessita de várias gradações, mas não só. A subdivisão em períodos não é independente dos grandes acontecimentos políticos; ao contrário, é fortemente influenciada. Além disso, lida simultaneamente com as práticas e com as teorias, muitas vezes com um *décalage** entre os dois planos: a cidade do geógrafo urbano difere consideravelmente daquela do historiador das ideias sobre a cidade.

* Em francês no original, significa defasagem (N.da E.).

Este livro consiste, em todas as suas partes, de diversas leituras que se cruzam; a dos grandes temas, muitas vezes interligados entre si, mas que, olhados caso a caso, com uma lente de aumento, tornaram-se questões fundamentais, em torno de que é possível construir novas técnicas de intervenção; a dos instrumentos jurídicos e técnicos pouco a pouco aperfeiçoados; a dos principais protagonistas do caso (arquitetos, engenheiros, biólogos, homens políticos ou diletantes) e de suas reflexões teóricas e produtivas, que, nos casos mais significativos, serão tratadas em fichas de aprofundamento; e a de alguns planos famosos que serão adotados como casos emblemáticos de aplicação dos projetos acima apresentados.

Como a obra tem a particularidade de ser também um manual, as referências, em vez de nota ao pé da página, serão fornecidas ao fim do livro, em uma bibliografia comentada e de síntese, que retoma a articulação do livro em seus capítulos.

Parte I

O "Mal" Cidade: Diagnóstico e Terapia 1858-1914

O período de formação do urbanismo com características autônomas pode ser situado entre os anos de 1859 e 1913. A nova disciplina individualiza o próprio campo de aplicação, por um lado, no controle da ampliação da cidade (e somente dela) e, por outro lado, na organização da cidade existente, especificando uma série de instrumentos analíticos, de projeto, normas ainda hoje em parte utilizadas na prática urbana corrente. Zoneamento, divisão em lotes, regulamentação da tipologia viária e das edificações, alinhamentos, recuos, normas higiênicas e de prevenção de incêndios tornam-se dispositivos aos quais órgãos técnicos e administrativos urbanos recorrem para intervir na organização da cidade, a fim de tutelar as relações entre a esfera pública e a privada, prevenindo abusos. São definidas as grandes "questões" do urbanismo e os setores (correspondentes a capital, fontes de financiamento, gestões diferentes) através dos quais a cidade do século XIX é projetada e construída. A prática do urbanismo se consolida utilizando diversos canais de difusão: manuais, textos teóricos, exposições, convenções, revistas especializadas. Por um lado, a invenção de novas formas de promoção e, por outro, a adequação daquelas existentes acompanham a própria formação da disciplina. A bagagem de conhecimento e experiências dos primeiros estudiosos dos problemas da cidade, dos especialistas, é discutida e transmitida através deles, originando um *corpus* disciplinar verdadeiro e próprio mais ou menos especializado, pertencendo, concretamente a um número limitado de órgãos e pessoas que formam a cultura urbanística da época. Pouco a pouco, até o eclodir da Primeira Guerra Mundial, é constituída uma espécie de sociedade urbanística internacional ativa e ocupada em divulgar seu raio de atuação e em organizar circunstâncias propícias para comparações e trocas. Passa-se do levantamento de "questões" polêmicas à divulgação das mesmas. Não existe a menor dúvida que nos anos da virada do século é desenvolvida uma "internacional do urbanismo", onde o nível das trocas entre os diversos países europeus torna-se um ponto de referência das ações e das diretrizes políticas, como em uma arena onde diversos pontos de vista nacionais competem.

Algumas entidades, como o International Labour Office, a Unesco, as Nações Unidas, e associações voluntárias como a Union Internationale des Authorités Locales, a International Federation for Housing and Town Planning, e a Garden Cities and Town Planning Federation tiveram um peso considerável. Mas, depois, os relatórios passam por indivíduos que desenvolvem papel de mediadores e que são mais "internacionais" que outros.

Por exemplo, o urbanista americano John Nolen monta uma rede de pessoas de confiança, das quais facilmente obtém informações. Fazem parte dessa rede Raymond Unwin, Patrick Geddes, Thomas Adams, Joseph Stübben, Georges Benoit-Levy. Em outubro de 1911, Nolen lhes envia o questionário da Boston Metropolitan Planning Commission. As visitas e os relatórios de viagem (basta citar, entre eles, *The Example of Germany* [O Exemplo da Alemanha], de Thomas Coglan Horsfall) também têm um peso considerável de difusão. Por fim, a dimensão internacional se torna determinante, visto que, pela primeira vez, permite a construção de um sentido de comunidade profissional que vai além das fronteiras nacionais, permitindo a circulação das experiências, as tentativas de fundar uma linguagem comum e tecer uma rede de consultoria à qual recorrer, se necessário. De fato, trata-se de um novo tipo de comportamento sobre a organização da cidade, marcado pelo crescimento de organizações profissionais permanentes e pela definição do urbanismo como uma questão universal.

Alguns dos canais de difusão acima mencionados se configuram como lugar de amadurecimento do debate, onde as teses se contrapõem (os congressos, os seminários, as primeiras revistas de urbanismo); outros se tornam oportunidade para a divulgação das ideias e dos projetos realizados (as exposições); outros favorecem a organização de um saber adquirido, de teorias já configuradas (os estudos teóricos, histórico-teóricos, os manuais); outros ainda têm caráter de postulados (os estatutos das associações profissionais dos engenheiros e dos arquitetos) e se refletem diretamente nos regulamentos e nas leis.

Desde o início, o urbanismo é uma disciplina operativa: isso coloca os próprios termos do debate, no sentido de que este se afigura como confronto entre propostas diversas. Desse ponto de vista, é significativo o papel assumido pelas exposições internacionais para a comparação de soluções e de projetos realizáveis e para sua difusão. No início, dentro das exposições gerais ou universais (Paris, 1889, Chicago, 1893, Paris, 1900), apenas parte da exposição é dedicada ao urbanismo, ou então pequenas exposições são montadas em concomitância com os congressos de arquitetura ou reuniões das associações profissionais. É singular o caso dos congressos de l'Art Public (Bruxelas, 1898, Paris, 1900, Lièges, 1905, Bruxelas, 1910), nos quais se fala sobre a proteção das belezas naturais e dos monumentos históricos e sobre a constituição de comissões responsáveis por sua tutela (com um debate que constitui a base da instituição de organismos de controle, como, por exemplo, as comissões de edificação e decoração, a superintendência dos monumentos, os vínculos paisagísticos, algumas características de prevenção do controle urbanístico).

Uma característica de enfrentamento concreto está, ao contrário, na base das exposições temáticas ligadas diretamente ao setor, como a arte dos jardins, a rede de transporte público, as ferrovias, os aquedutos, os esgotos, os canais e as moradias. A primeira exposição geral sobre urbanismo foi realizada em 1903, em Dresden, exclusivamente com cidades alemãs. O material obtido é bastante diversificado: planos diretores, soluções construtivas e viárias. O catálogo se preocupa em introduzir alguns quesitos postos sobre a ampliação urbana (política fundiária e de edificações, tipologia, loteamento, aspectos estéticos e financeiros). Essa exposição é ainda considerada puramente descritiva da condição das disciplinas em situações diferentes, o que a distingue de outras posteriores (em particular a de Berlim e a de Düsseldorf), que são consideradas "teses".

Por volta de 1910, o debate internacional amadurece alguns conceitos determinantes, nos quais serão baseados muitos trabalhos sucessivos. Acontecimentos do período foram etapas desse debate, quando algumas questões (casa, trânsito, verde público, grandes cidades) são retomadas e discutidas com coerência, e onde as soluções propostas para situações geográfica ou historicamente diferentes são comparadas entre si. Nessa fase os canais de divulgação, pouco a pouco, tornam-se cada vez mais especificamente urbanísticos. A Exposição de Boston de 1909; a First National Conference on City Planning (Primeira Conferência Nacional sobre Planejamento de Cidades) de Washington de 1909; a Town Planning Conference (Conferência sobre Urbanismo) organizada pelo Riba de Londres em 1910, que baliza o nascimento e a codificação de um urbanismo profissional na Inglaterra (os atos publicados pelo próprio Riba, Royal Institute of British Architects, em 1911, tiveram ampla difusão); a Town Planning Conference da escola de Civic Design de Liverpool em 1910, onde são debatidos a questão dos *standards* e seus usos para redigir um esquema de plano; o Concurso Internacional para o Plano da Grande Berlim, vista como modelo de metrópole para a sociedade industrial em vias de consolidação; a Exposição Internacional de Berlim e de Düsseldorf em 1910 -1911, que se coloca como etapa capaz de propor de forma paradigmática uma aplicação diferente do plano. Todos esses exemplos constituem ocasiões de encontros importantes para os protagonistas dos trabalhos teóricos, técnicos e políticos das administrações públicas.

Paralelamente, o mesmo tipo de problema é posto em discussão nas primeiras revistas de urbanismo, em que os participantes são mais numerosos, mas em boa parte os mesmos, porém a plateia é mais ampla. Nos primeiros anos do século XX, as revistas especializadas com foco nos problemas de transformação do território ainda não possuem difusão internacional e, em princípio, propõem-se a divulgar um determinado modelo de assentamento ("A ciudad lineal", "The Garden City"); portanto, não constituem a sede de um debate generalizado. A primeira revista que se ocupa exclusivamente da disciplina em seus diversos aspectos é *Der Städtebau*, que nasce em janeiro de 1904, fundada por Camillo Sitte e Theodor Goecke, editada em Viena e Berlim. Após a morte de Sitte, durante a preparação do primeiro número, a revista é dirigida por Goecke até sua morte em 1919; logo assume Hermann de Fies até 1924 e, finalmente, Werner Hegemann até 1930. Em seguida, a revista é absorvida pela *Wasmuths Monatshefte*, que, por sua vez, interrompe as publicações em 1942. *Der Städtebau* apresenta uma série de ensaios que ressaltam a importância dos princípios da estética urbana, também aborda os problemas técnicos, os resultados de concursos e projetos diversos, e publica críticas e crônicas, informações sobre leis e regulamentos. Enquanto isso, em 1910, a primeira revista com o mesmo foco, *The Town Planning Review*, é lançada em Liverpool, Inglaterra, cidade onde também foi implantado o primeiro departamento de urbanismo do mundo, a escola de Civic Design (1909), obra do industrial químico William Lever. Dois anos depois, em Birmingham, por iniciativa de outro industrial, George Cadbury, é fundada uma segunda escola de urbanismo; nessa época também no Reino Unido, depois de um acalorado debate, entra em vigor o Town and Country Planning Act (Ato de Planejamento da Cidade e do Campo). Entre os ensaios relativos à construção da cidade desse primeiro período, tem ampla difusão *Der Städtebau nach seinen künstlerischen Grundsätze*, livro de Camillo Sitte, sobre o tema da estética urbana. Outros textos teóricos ou histórico-teóricos relativos a questões do desenho e da arte pública, alguns dos quais similares a verdadeiros tratados, são editados pouco depois (são aqueles de Charles Buls, Thomas Mawson, Werner Hegemann, Albert Brinckmann). Os manuais técnicos, canais de difusão disciplinar de novo tipo, que assumem a forma e o papel de um instrumento operativo, surgem para fornecer indicações instrumentais precisas e normativas ao profissional e aos técnicos municipais. O primeiro manual desse tipo articulado em capítulos é publicado em Berlim em 1976, obra de Reinhard Baumeister (um dos pais fundadores do urbanismo alemão); o segundo, em 1889, de Joseph Stübben, teve enorme sucesso, com numerosas reedições, e foi traduzido nas principais línguas europeias. Em 1909 é publicado também o manual da habitação de Rud Eberstadt, mais pontual do que os precedentes no que concerne ao estudo dos mecanismos do plano em relação ao desenvolvimento da renda fundiária, e o *Town Planning in Pratice* (Urbanismo na Prática) de Raymond Unwin, denso de sugestões práticas para quem deve enfrentar o problema do desenho urbano. Além disso, urbanistas e estudiosos da cidade exercem forte pressão para o aperfeiçoamento das normas construtivas e das leis, através dos estatutos das ordens dos profissionais (engenheiros, arquitetos, médicos, higienistas). Os princípios divulgados pela Associação dos Engenheiros de Berlim, em 1874, se referem à importância primária do tráfego, os regulamentos para a tutela dos proprietários dos terrenos, os procedimentos de desapropriação, as questões financeiras. Os princípios de 1906, sempre da mesma entidade, dão indicações relativas ao tráfego, sobre a necessidade do zoneamento, a importância e o papel dos edifícios públicos e dos espaços abertos. Em todas essas publicações é inserida uma série de *topoi**. Um dentre os mais repetidos é aquele de que a cidade industrial está doente (são evidenciadas as péssimas condições de vida urbana a serem enfrentadas com os instrumentos de projeto). Para isso, é necessário, antes de tudo, conhecer: descrições literárias, análises estatístico-quantitativas e projeções fazem parte integrante, portanto, do *corpus* disciplinar. E, especificando ainda mais, percebe-se que essa aproximação estabelece de maneira bem repetitiva os diversos pontos (ou os sujeitos da doença):

* *Topoi* (sing. *tópos*, do grego) são lugares-comuns que as pessoas utilizam como ponto de partida de uma argumentação. A tópica surgiu na Grécia antiga através de Aristóteles. Segundo ele, pertenceria ao campo da lógica dialética, visto que "o raciocínio é dialético quando parte de opiniões geralmente aceitas" e estas são "aquelas que todo mundo admite, ou a maioria das pessoas, ou os filósofos – em outras palavras, todos, ou a maioria das pessoas, ou os mais notáveis"; ver Lúcio Ronaldo Pereira Ribeiro, *Comunicação Docente e o Uso dos Topoi*, disponível em <http://www1.jus.com.br/doutrina/texto.asp?id=45>, acesso em 4 maio 2011 (N. da E.).

- a habitação (os fatos mais terríveis são as condições de moradia operária ou, simplesmente, dos pobres nas grandes cidades do século XIX); os tópicos da literatura e das pesquisas oficiais ou particulares (promovidas por entidades públicas, obras de caridade ou por sociedades de beneficência) são a superlotação, a densidade, os padrões ideais, os serviços urbanos higiênico-sanitários, os esgotos, o abastecimento de água, a degradação da construção;
- os lugares de trabalho, o ritmo de crescimento físico, as distâncias, os equipamentos de serviço público; e
- os transportes (a relação centro antigo e periferia).

A partir desses aspectos são inventadas tipologias de cidade a serem analisadas e confrontadas entre si, entre elas sendo individualizadas principalmente as grandes cidades ou "capitais".

O período se conclui com a instituição de organismos que assumem um papel fundamental (mesmo que indireto) no controle das decisões públicas sobre o urbanismo: na Inglaterra, o Town Planning Institute e, paralelamente, na França, a Societé Française des Architectes-Urbanistes. O terreno teórico desses organismos e o de uma prática concreta se cruzam determinando relações que, nesse período de formação, são recíprocas e contínuas.

Em conclusão, nessa fase, o urbanismo, ao enfatizar os aspectos negativos, compromete-se a propor soluções aos "males" que afligem a cidade. Com esse propósito são aproveitadas todas as ocasiões de encontro, troca e comunicação brevemente descritas neste capítulo.

Questões

1. A Cidade Industrial e Sua Forma

A REVOLUÇÃO INDUSTRIAL

A primeira questão que o urbanismo nascente deve enfrentar é a das diferentes formas que os assentamentos humanos vão assumindo.

Novas técnicas usadas na tecelagem e na fabricação de máquinas para produzir energia, premissas para a indústria moderna, surgiram primeiro na Inglaterra e somente depois nos outros países europeus. A velha indústria manufatureira, difusa em todo o território, com o trabalho nos domicílios integrado à atividade agrícola, é substituída pelo trabalho nas fábricas, transformando camponeses e artesãos em proletários assalariados. A mudança dos modos de produção nas indústrias ocorre paralelamente à melhoria da produção agrícola e, portanto, a uma diminuição de mão de obra rural. Ao êxodo da população rural e ao urbanismo decorrente, nem sempre corresponde um igual incremento de postos de trabalho na cidade e das vias de comunicação (estradas, canais, ferrovias), mas as inovações dos meios de transporte revolucionam o conceito de distância. A concentração proletária nas áreas urbanas degradadas deflagra um processo de revolução social; as cidades se tornam elementos catalisadores como a área rural nunca foi. A expansão demográfica reflete a melhoria geral das condições higiênicas, sanitárias e alimentares.

As transformações físicas induzidas na hierarquia urbana pelo processo de industrialização são articuladas e diferentes nos vários países europeus, com efeitos de desequilíbrio e de aceleração diferenciada entre as regiões atingidas pelo fenômeno. Em termos gerais, pode-se dizer que o progresso e o bem-estar aumentaram; porém, nos casos individuais, percebe-se e é denunciada, principalmente, a degradação das condições de vida de algumas cidades nas quais as mudanças ocorrem mais rapidamente, em relação à superlotação nas moradias, às condições higiênico-sanitárias de alguns bairros, ao aumento geral de trânsito, à qualidade do ar e da água. O ritmo e a forma adquiridos devido à expansão da superfície urbanizada, além das escolhas operativas feitas na disciplina do urbanismo – isto é, o uso de projetos de diferentes tipos de ocupação do espaço físico – assinalam um momento de transição e de ruptura importante em relação ao que já tinha sido realizado nos últimos anos do século XVIII.

No Reino Unido, mais especificamente, a concentração da população nos centros urbanos já foi registrada a partir do primeiro censo realizado no século XIX (1801), porém continua com grande intensidade por mais de cem anos, enquanto, na França, o crescimento da população atrasou-se em relação à Inglaterra cerca de quinze anos, ocorrendo principalmente por volta de meados do século XIX. Na península Ibérica e na Áustria, que substancialmente permaneceram rurais por muito tempo, assiste-se a um aumento da população, mas não a um aumento proporcional de concentração de habitantes nas cidades. Nesse sentido, Viena constitui um caso totalmente diferente. De maneira análoga ocorre na Dinamarca e na Suécia, onde os centros com mais de dez mil habitantes são poucos até a segunda metade do século XIX, enquanto boa parte de ambos os países é ocupada por campos e florestas quase desabitados. Nos *Länder* (entidades regionais) alemães, e especificamente no estado prussiano, o processo de industrialização favorece o crescimento urbano desejado por Bismarck, planejado com o consenso da indústria siderúrgica e dos transportes ferroviários, acelerado principalmente em Berlim, que se transforma, para toda a Europa, em uma espécie de referência sob o ponto de vista da forma resultante em função de seu crescimento físico. Na península italiana, a situação dos diversos estados antes da unificação do país é bem diferenciada: a planície padana, o vale do Arno, o golfo de Nápoles e parte do território situado entre Palermo e Catânia são regiões caracterizadas por uma densa rede de centros urbanos e de atividades manufatureiras, ainda que com ritmos de inovação produtiva bem mais lentos do que na Inglaterra ou na Alemanha. Roma é uma capital (como Paris, Madri e Viena) circundada por um amplo território agrícola, substancialmente desabitado. Em seu conjunto, mesmo se "rico" em cidades antigas, o novo Reino da Itália possui uma população urbana numericamente bem inferior à de nações como Inglaterra e França.

É claro que o resultado desses consistentes e rapidíssimos movimentos migratórios foi um novo processo de êxodo rural, não comparável a nenhum outro movimento similar ocorrido em fases anteriores da história da civilização urbana. Aumentou global e rapidamente o número de grandes cidades e centros industriais capazes de atrair grandes massas de trabalhadores.

No início do século XIX, na Europa havia 22 cidades com mais de cem mil habitantes, distribuídas de maneira bem homogênea. Na Itália havia seis, apenas Londres se aproximava do limiar do milhão de habitantes. Um século depois, na Europa, as cidades com mais de cem mil habitantes eram 123, enquanto as cidades com mais de um milhão eram sete. Londres, que em 1845 superara os dois milhões, no início do século XX atingiu sete milhões de habitantes. Até 1970, o crescimento das grandes cidades se dava em ritmo acelerado. Na Europa, as cidades com mais de dez mil habitantes já eram 401. O processo se inverte somente a partir dos anos de 1980.

Já no início do século XX, a maior parte da população europeia vive concentrada na cidade. Entretanto, sua distribuição ocorre de maneira bem diferente nos vários países, como, por exemplo, na Inglaterra – que possui o maior número de indivíduos. Londres era uma metrópole que dominava o território nacional e um vasto império colonial, enquanto em nações como a Iugoslávia, Finlândia, Bulgária ou Portugal prevalecia um grande número de habitantes no campo. Os principais centros de trocas econômicas internacionais mudam de papel, escala e características físicas, e a população emigrada não pode ser recebida no interior das muralhas de antigo regime. O núcleo urbano não é mais limitado por um perímetro definido, mas este se expande à sua volta e em todas as direções, nas quais não encontra obstáculos naturais ou artificiais que o dificultem. Dilatam-se e atenuam-se as relações centro-periferia, e modificam-se os terrenos ocupados pela indústria.

Na França, por exemplo, o espaço das atividades produtivas se modifica. Todas as implantações industriais provocam fenômenos similares: as manufaturas atraem mão de obra crescente à sua volta, seja nas cidades em condições de receber os estabelecimentos (Paris), seja nas que, por serem muito pequenas, empurram esses estabelecimentos para a periferia (Calais), seja onde um agrupamento nascido em função de uma jazida torna-se uma verdadeira cidade (Le Creusot).

Em todos os países europeus, a área concedida às habitações operárias, mesmo desprezando qualquer norma higiênica, produz uma valorização do solo urbano. Importante instrumento na industrialização, as ferrovias, que transportam as matérias-primas e as distribuem nas áreas periféricas, determinam profundas alterações na estrutura das grandes cidades de todos os países. Os novos bairros, receptores de tudo o que é recusado pelo centro urbano-comercial, acolhem as fábricas, as moradias operárias (densamente habitadas, com espaços mínimos de má qualidade e de fácil demolição, segundo as exigências de transformação), os cemitérios, os abrigos, os cárceres, os matadouros. Segregada, não por leis, mas pelo alto custo dos aluguéis, a população que chega da zona rural se amontoa nos edifícios de baixa salubridade do centro ou nas casas humildes localizadas nas periferias. Os terrenos são divididos em lotes, além dos antigos limites.

VILAS OPERÁRIAS

Em uma primeira fase, as vilas operárias, um conjunto compacto de habitações e serviços comunitários (escolas, banheiros, lavanderias, restaurantes, ambulatórios médicos), são uma das poucas soluções programadas para responder às necessidades dos trabalhadores, já testadas, por exemplo, na Inglaterra no fim do século XVIII. A ideia é assimilada em todos os países da Europa através de um paternalismo social como meio de controle dos conflitos mais agudos. Os exemplos são numerosos.

Na Bélgica, as empresas maiores integram o trabalho nas minas, na construção de máquinas e na transformação do ferro. É o caso do Grand Hornu, fundado em 1822 por Henri Degorge, na homônima bacia de carvão por ele adquirida em 1810. O arquiteto Bruno Renard (1781-1861) projeta um conjunto elíptico que evidencia a centralidade das oficinas em relação à vila e ao território carbonífero. No meio da grande arena oval rodeada por arcos, se eleva, ainda hoje, a estátua do promotor. O relógio, apoiado em um pedestal colocado acima do edifício do escritório, tem valor simbólico nessa fusão entre tipologias da arquitetura com pátio interno (em analogia com o Palais Social de Fourier e outros esquemas dos utópicos) e funções da produção industrial nascente. O conjunto das moradias operárias (450 casas, duas praças arborizadas, a escola, os banheiros públicos, a biblioteca, a sala de reuniões) é disposto em forma trapezoidal em volta do complexo industrial.

Jean-Baptiste André Godin (1817-1888)

Entre as vilas operárias mais precoces de certa complexidade merece ser lembrada a promovida por Jean-Baptiste André Godin, fabricante de fogões e estufas. Entre 1859 e 1877, ele realiza em Guise o seu familistério ("familistère"), uma espécie de falanstério constituído por habitações geminadas dispostas nos quatro lados de um retângulo com corredores no meio. Um grande pátio coberto em vidro delimita a área de lazer infantil das reuniões cotidianas e cerimônias públicas; outros serviços sociais complementavam o familistério. Godin, que havia sido candidato à Constituição de 1848, participava de uma linha do Iluminismo independente e paternalista, indo ele mesmo morar no familistério. Porém, com o passar dos anos, com a transformação da realidade política e industrial, é atacado por jornais socialistas pelo seu projeto de transformar os empregados e os operários em coproprietários.

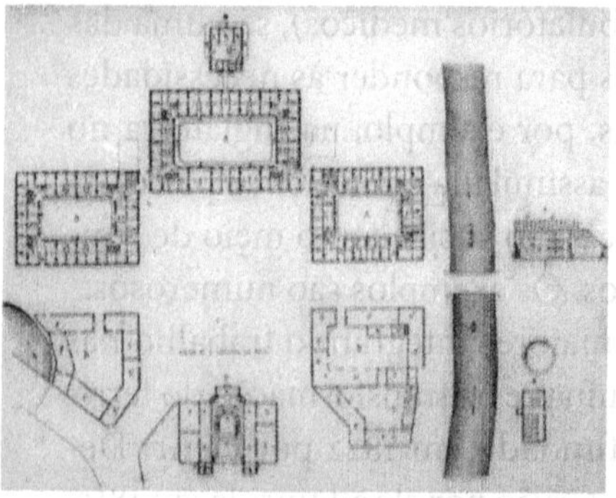

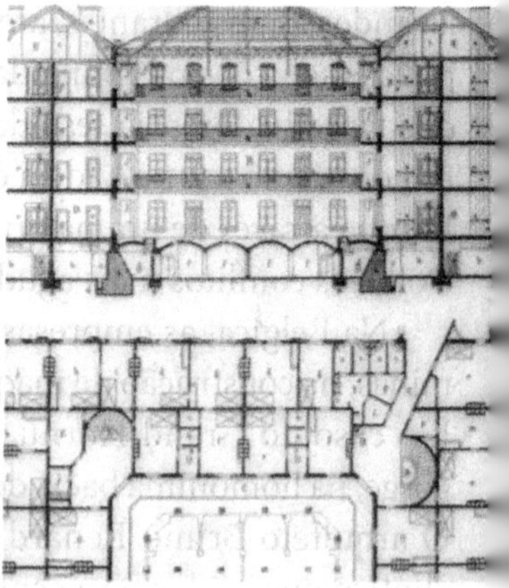

▲ *Jean-Baptiste André Godin, planta do familistério de Guise, 1859-1877.*

▶ *Jean-Baptiste André Godin, planta e corte do edifício central do familistério de Guise, 1859-1877.*

Considerados prisão para uns, mas também centros de contestação para outros, a realização de grandes complexos comunitários do tipo belga é totalmente abandonada por volta de 1850 e substituída pela fórmula da vila residencial, cujos escopos políticos não são menos explícitos. A construção de casas individuais, dotadas de horta e jardim, dadas na forma de concessão aos trabalhadores, encontra campo de aplicação na Inglaterra, na Alemanha, em Mulhouse (1853-1858), em Schio (1870-1872), Crespi d'Adda (1875-1893), obtendo, de certa forma, em toda a Europa resultados positivos a partir dos últimos anos do século XIX.

Em 1833, no Reino Unido em particular, a Factory Commission informa que 168 das 881 grandes indústrias (19%) tinham programado proporcionar casas para seus operários para atrair mão de obra nas localidades mais distantes dos centros habitados. Da mesma forma que nos vilarejos de New Lanark (1784), de Styal (1790-1823), de Hyde (1790), o projeto de casas-modelo de Saltaire em Bradford (1853), promovido por Edward Akroyd, Akroydon, em Halifax (1861) e muitos outros, oferecem benefícios aos seus operários, mas são concebidos pelos industriais como parte de regras das fábricas e de expedientes relativos à organização do trabalho. Entre eles, um dos mais relevantes é Saltaire – seja pela qualidade das implantações residenciais, seja pelos pressupostos ideológicos de seu promotor (sir Titus Salt) –, realizado após consideráveis ampliações na

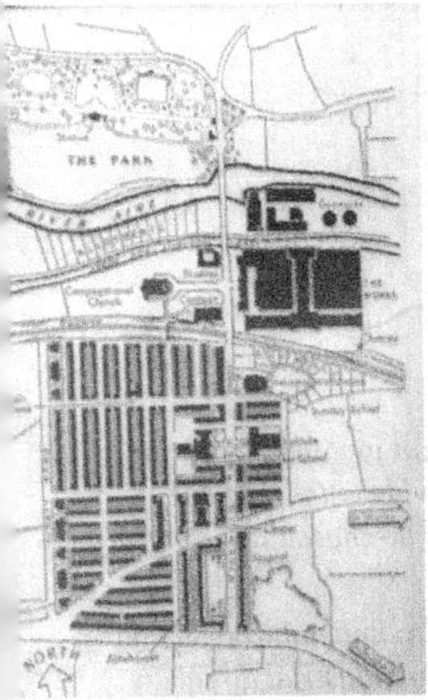

▲ *Vista de uma das ruas onde se localizam as habitações de Saltaire.*

◄ *Titus Salt, Saltaire, implantação da vila com as casas-modelo e as estruturas de serviço, 1853.*

sua indústria têxtil. Um novo núcleo habitado que, no arco de tempo de dez anos, chega a ter oitocentas casas de pedra e tijolo, com sala de estar, cozinha, porão e três quartos; cada casa tinha seu próprio jardim, área privativa e um depósito para o carvão. Para completar o conjunto, uma escola, uma casa de repouso, edifícios para o culto, banheiros públicos, lavanderia e um parque de uso coletivo. O custo das áreas é inferior em relação ao centro; a proximidade ao córrego garante a energia motriz e rápidas vias de comunicação; o aluguel da casa, mediante pagamento módico ou pela dedução direta do salário, dá estabilidade à mão de obra e atenua as reivindicações salariais. Os serviços, entremeados de praças arborizadas, estão dispostos entre a fábrica e a residência, por onde também passa a ferrovia. A implantação, aparentemente elementar na sua regularidade, é precursora das teorias sobre o zoneamento funcional.

Após 1883, data da fundação da Society for Promoting the Industrial Village, que obtém apoio de expoentes da burguesia vitoriana, persuadidos pela oportunidade que tais iniciativas poderiam oferecer, a tendência em construir modelos similares a Saltaire é ainda mais exacerbada. Existe também um desejo cristão de melhorar as condições de vida dos operários, uma influência ainda mais evidente nos episódios sucessivos: Bournville Garden Village, cuja construção se baseou no projeto de William Alexander Harvey (1893-1898), por iniciativa do industrial de chocolate George Cadbury em oposição à oferta

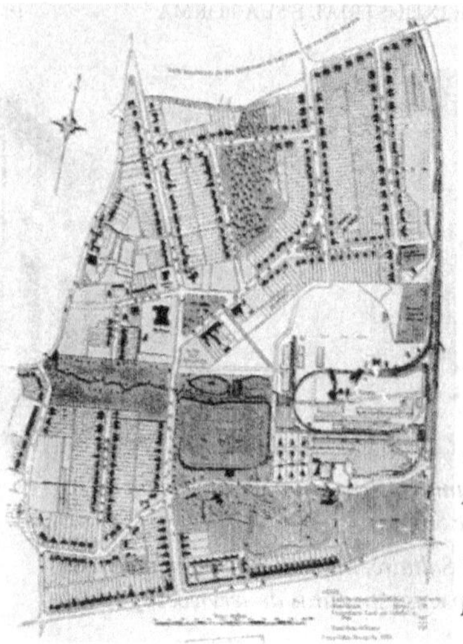

◀ *Bournville em 1906: implantação da vila promovida entre 1887 e 1898 pelo industrial do chocolate, George Cadbury .*

▼ *Port Sunlight: implantação da vila promovida pelo industrial do sabão, William Lever, 1887.*

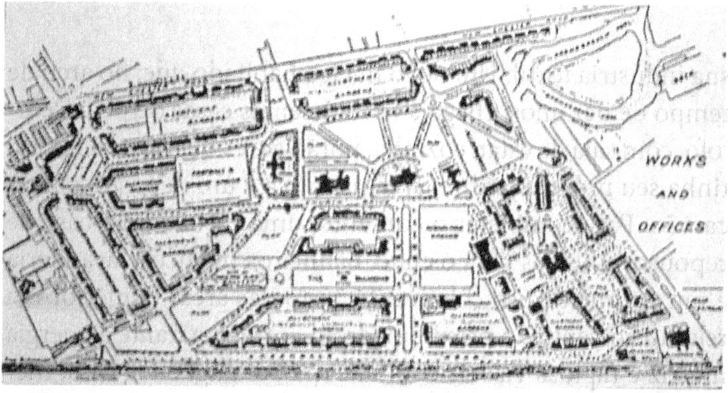

▼ *Thomas H. Mawson: projeto de reorganização da área central da vila de Port Sunlight. Vista aérea da ferrovia.*

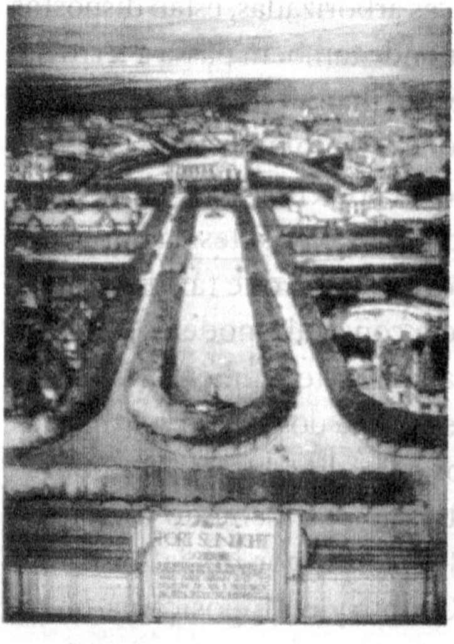

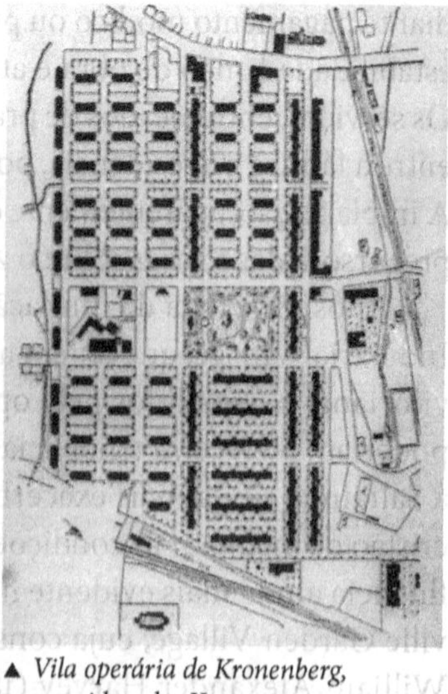

▲ *Vila operária de Kronenberg, promovida pelos Krupp nas proximidades de Essen, 1873.*

de casas geminadas na periferia de Birmingham; Port Sunlight (1887); a vila de William Lever (também promotor da primeira escola europeia de Civic Design) nas proximidades de Liverpool; e, por fim, New Earswick, bairro modelo construído em York pelo industrial *quaker* Rowntree (1902-1914), de pequenas dimensões, mas fundamental lugar de experimentação (desde o desenho da planta geral, do sistema viário em *cul-de-sac*, à organização dos espaços internos).

As experiências alemãs se diferenciam nas escolhas tipológicas. A da indústria pesada Krupp em Essen, iniciada por volta de 1870, constitui, para aquela época, a concentração mais ampla de casas para operários realizada por um industrial europeu (em 1910 as colônias Krupp chegaram a abrigar 46 mil pessoas). Em vez de construir *cottage* com jardim para uma ou duas famílias, os Krupp optam pela construção de longos edifícios de três andares, com um número variável de apartamentos – de vinte a quarenta –, situados em um espaço verde e em uma malha urbana regular, predominantemente ortogonal. Após as primeiras construções (1870-1875), sob o influxo dos bons exemplos ingleses, aqui também experimenta-se a construção de casas unifamiliares (1894), mas, após uma pausa (1907), quando se retoma a construção, as exigências da fábrica são tais que a opção recai em edifícios de vários andares, com uma economia notável na aquisição de terrenos. As diversas unidades se integram entre si em relação aos serviços (hospitais, estruturas de lazer, cultura e formação profissional): o nível geral é bem elevado para a época.

Particularmente representativo dessa evolução geral é também o exemplo de Le Creusot (que já desde o século XVIII era um centro manufatureiro e siderúrgico que cresceu rapidamente, até atingir, em 1875, uma população de 25 mil habitantes); o burgo se modifica rapidamente à sombra de uma gigantesca fábrica, pela capacidade de seu proprietário, Eugène Schneider, homem orientado para o mundo financeiro, negócios e política. Em sua empresa em 1869 trabalham 10 mil operários; em 1875, 15.500 (número não superado nos séculos XIX e XX), para os quais constroi habitações (em forma de uma construção repetitiva geminada) que dependem inteiramente do estabelecimento, mas podem ser adquiridas pelos habitantes.

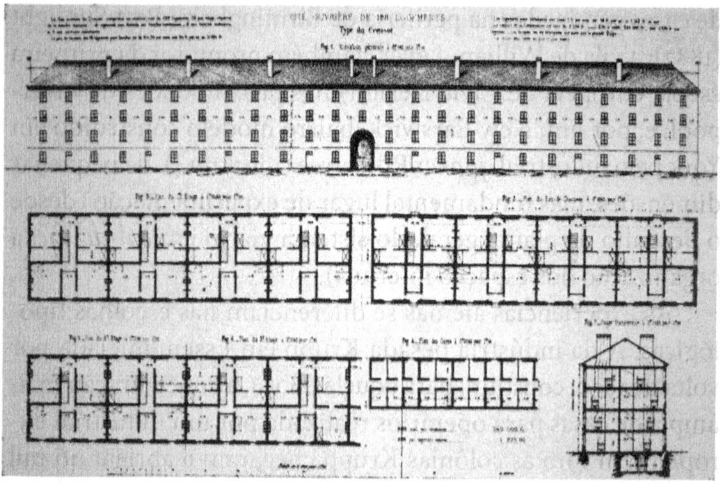

Cidade operária de Le Creusot: o edifício dos mecânicos, construído entre 1842 e 1847, contém 128 moradias, 32 por andar, distribuídas entre famílias de diversos tamanhos.

Aliás, a compra da propriedade privada é favorecida pelo industrial, cujo objetivo é uma cidade inteiramente constituída pela pequena burguesia local, e para isso ele inclusive encoraja, com empréstimos, os operários a adquirirem um pedaço de terra e construírem uma casa segundo seus desejos.

Todos os casos acima mencionados, significativos entre os muitos que poderíamos listar, movem-se em oposição aos grandes projetos dos utópicos (Charles Fourier, Victor Considerant, Eugène Sue), isto é, de apoiadores de cidades imaginadas como autossuficientes, caídas de paraquedas em terras incontaminadas pela irracionalidade capitalista. Pelo contrário, os idealizadores da vila operária se propõem a conciliar os modos da intervenção pública com os da experiência utópica, em um projeto que lhes permita resguardar-se dos respectivos inconvenientes. Ou seja, de um lado, eles mantêm o princípio do controle (empresarial e com mediação do Estado); do outro, a autossuficiência (a casa individual, com horta e jardim). Evitam a aglomeração e a concentração excessivas, posicionando-se em áreas onde os processos de valorização ainda não avançaram, o que permite realizar tipologias esparsas (tornando quase inexistente o contraste cidade/campo).

O PLANO DE AMPLIAÇÃO

Com um significado diametralmente oposto, nasce o plano de ampliação, que tem origem em uma espécie de acordo entre as forças capitalistas e a coletividade, pela aceitação, bem difícil, de que é indispensável alguma forma de organização geral do crescimento urbano. Aí seriam definidos os limites entre as esferas de intervenção, e à coletividade (e por ela, às suas instituições) é dado o papel que garante o acordo para melhor aproveitamento econômico da transformação do espaço físico.

O todo urbano é decomposto em elementos que o constituem fisicamente (casas, ruas, praças, canais, ferrovias, parques e jardins, edifícios públicos, indústrias); é planejado através da indicação de distribuição desses elementos no terreno, os quais são diferentes entre si não somente por motivos de ordem técnico-formal, mas também porque são produzidos de maneira diferente, seja por operadores privados com obtenção de lucro, seja por entidades públicas através de investimentos em favor da coletividade, considerados serviços. Planejar a cidade através de elementos significa definir exatamente as partes que devem ser realizadas por uns e por outros; significa separar no desenho do plano e por translação no terreno (mesmo que ainda não tiver sido urbanizado) os dois domínios opostos, para que não ocorram interferências.

A consequência é que o processo de planejamento se reduz à elaboração de uma planimetria da proposta, na qual estão traçados os limites entre as partes do solo destinados a elementos urbanos diferentes (ruas, quadras edificáveis, edifícios públicos). Devido à sua natureza, o plano tem validade indeterminada; o cálculo do desenvolvimento previsível, quando analisado, refere-se a tempos muito longos (um século para Berlim, no plano de 1862). Além disso, a carência de moradias, a urgência de saneamento e de novas áreas edificáveis ativam um mecanismo de renovação urbana especulativa. O saneamento e a especulação fundiária promovem as grandes obras de demolição e esfacelamento das velhas estruturas urbanas, operações cada vez mais passíveis de se localizar em áreas suscetíveis à valorização econômica. No entanto, o crescimento e a ampliação das cidades levam à perda de algumas características tipológicas tradicionais, criam uma sensação de desordem e provocam reações negativas daqueles que veem desaparecer os testemunhos de antiguidade. A falta de espaços públicos, de equipamentos coletivos e de serviços higiênicos, mais a proliferação de novas edificações, fábricas e barracões, fazem o desenvolvimento urbano parecer totalmente casual.

Na segunda metade do século XIX, simultaneamente à difusão dos trabalhos de transformação e de adequação das cidades às novas exigências, são publicados os primeiros estudos dedicados expressamente ao crescimento da cidade. A primeira tentativa de dar ao urbanismo a conotação de ciência provém de um contexto marginal como o da Espanha, país rural, onde o conflito entre conservadores e liberais é particularmente áspero e onde a modernização é freada por obstáculos políticos (propriedade fundiária, exército, clero). Nesse clima, um dos piores casos é o de Barcelona, cidade mais industrializada do país (setor têxtil), com setenta mil habitantes em 1759, 130 mil em 1800 e 150 mil em 1859, onde, no início do século XIX, a necessidade de ampliação mostrava-se inadiável. O problema maior era sua compressão física e política. A população, que no passado utilizara os espaços livres no interior da malha do século XVIII, cresceu rapidamente, bem como a densidade de algumas áreas do velho centro, que alcançara valores extremos de 1.700 habitantes por hectare. A média era de 850 habitantes (contra os quatrocentos da cidade de Londres e os duzentos de Berlim), com efeitos nocivos à saúde dos cidadãos. Além do acúmulo de habitações, a carência de instalações higiênicas na cidade ocasionara um dos mais altos índices de mortalidade da Europa. Barcelona era uma cidade fortificada, e a demolição das muralhas, símbolo da arrogância madrilena em relação à cidade mais moderna do país também considerado asfixiante, tornara-se palavra de ordem para as forças progressistas; sua demolição era vista como panaceia de todos os males, principalmente após os motins de 1848. O novo governo liberal (1854) inicia a demolição das muralhas, fato saudado como "a nova tomada da Bastilha". A engenharia militar e os arquitetos municipais vinham elaborando projetos de ampliação da cidade desde 1838, criando as condições para um novo plano geral. Em 1858 é realizado um concurso para o plano de ampliação, em que a base cartográfica distribuída aos concorrentes é um relevo realizado três anos antes pelo engenheiro Ildefonso Cerdà. No outono de 1859, são apresentados ao público treze projetos e é declarado vencedor o arquiteto Antonio Rovira y Trias, cujo plano "neoclássico" baseou-se nos critérios de simetria e regularidade. A Praça Isabel II, situada entre a velha e a nova cidade, tem funções representativas e residências de luxo. O projetista posiciona as residências da burguesia comercial ao longo das vias radiais, localizando ao fundo os bairros operários, entre fábricas e habitações. Na descrição, faz amplo uso de metáforas, comparando a cidade, que cresce em anéis concêntricos como o universo e a nação, ao corpo humano: a praça é a "cabeça", as radiais os "membros", os bairros operários as "extremidades"; as relações entre as partes da cidade devem ser entendidas da mesma maneira que as proporções do corpo humano. O intuito é unir a malha regular ao desenvolvimento radial, cujos pontos cruciais são representados pelos equipamentos (em particular, a estação ferroviária). As muralhas representam um limite, e eram o foco e ponto de referência do plano. Os militares estavam a favor da conservação, e o conselho municipal, a favor da demolição: ao norte, o subúrbio Garcia é uma válvula de escape. Mas um despacho real, de junho de 1859, impõe a adoção de outro plano (que não tinha participado do concurso), o do engenheiro Ildefonso Cerdà.

Ildefonso Cerdà (1815-1876)

Politicamente engajado, liberal progressista, conselheiro municipal, mais tarde deputado (1850) e comandante da milícia municipal (1854), Ildefonso Cerdà adquiriu grande fama em 1854, após os levantes populares (ocasião em que ele recusara ação contra os grevistas ordenada pelo prefeito). É engenheiro proveniente da Real Escuela de Caminos, Canales, Puertos, fundada em Madri, em 1802, pelos napoleônicos, baseada no modelo da École des Ponts et Chaussées. Formado em Madri (1841), segue a carreira de funcionário interessado em obras viárias e fornecimento de água. Em 1844 passa um ano na França para estudar o sistema ferroviário e, em 1848, durante a revolução liberal, deixa o corpo de engenheiros para ocupar-se de política, tornar-se profissional liberal e viajar (em 1856 retorna a Paris, onde assiste às primeiras realizações do plano de Haussmann de 1853).

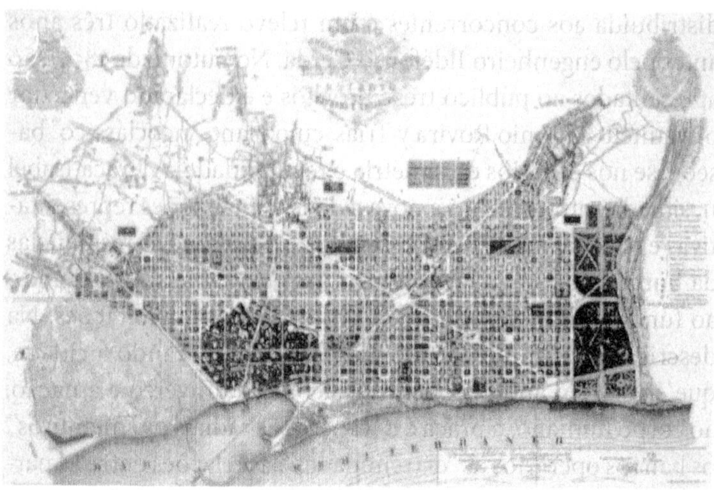

Ildefonso Cerdà: plano para a ampliação de Barcelona, 1859.

Em 1854, é nomeado engenheiro da província de Barcelona e membro de uma comissão para estudo da ampliação da cidade e designação de terrenos para construções militares. No mesmo ano recebe o encargo de traçar um levantamento topográfico de Barcelona e das áreas circundantes, o qual é elaborado em 1855 na escala 1:10.000 e acompanhado por uma pesquisa estatística e um esquema de urbanização (um anteprojeto da ampliação), constituindo a base para o concurso de 1858. Mas esse é também um texto precursor da *Teoria general de la urbanización*, principalmente por sua proposta para as questões higiênicas. Ali, já haviam sido elaborados alguns conceitos fundamentais: a homogeneidade, para assegurar a equivalência espacial, a supremacia do sistema viário, para facilitar as trocas e relações sociais. Contrário à implantação de Rovira y Trias, o plano de Cerdà é uma reelaboração desse esquema. É uma estrutura rígida, contínua, baseada na malha ortogonal que engloba todas as preexistências (a cidade histórica, os burgos externos, a colina de Montjuic, o rio Besós, evidenciado por um grande bosque). São previstas três artérias principais que se cruzam na Plaza de las Glorias. A definição da quadra é o ponto focal do plano. Trata-se de um módulo quadrado de 113 metros de lado, chanfrado nas esquinas, com uma área de até 12.370 metros quadrados (dois terços da superfície são destinados a jardins e um terço a habitações) e densidade de 250 habitantes por hectare. Cerdà enfrenta a questão da relação matemática ideal entre quantidade de habitantes e serviços, propondo-a em termos de relações ideais (um centro social e religioso a cada 25 quadras, um mercado a cada quatro, um parque a cada oito, um hospital a cada dezesseis). Outro tema é o da relação entre quadra e rede viária.

O plano é realizado apenas em parte no que se refere ao sistema viário; as quadras seriam extremamente densas (superando em quase cinco vezes a densidade inicialmente prevista). Por fim, a cidade vê, de fato, surgir um enorme desenvolvimento, na década da máxima expansão (1876-1886).

A pesquisa sobre a classe operária de Barcelona é de 1856. Em 1857, entre o esquema anexo ao levantamento topográfico e o projeto definitivo, Cerdà apresenta uma versão precedida de uma longa introdução do título *Teoría general de la urbanización*, na qual prefigura uma nova ciência. "Iniciarei o leitor no estudo de uma matéria completamente nova, intacta, virgem [...] ofereço um mundo novo à ciência." Este ensaio fixa de forma categórica as escolhas do plano; estabelece, em particular, que o método científico se desenvolve em quatro fases: análise (dados e topografia); definição das necessidades e das funções de acordo com classificações; motivos das escolhas; e definição planimétrica das escolhas, ou seja, projeção das necessidades cientificamente classificadas em mapas.

Tudo isso é estabelecido com a publicação, financiada pelo Estado, dos dois célebres volumes de 1867, o primeiro e verdadeiro tratado de urbanismo. De ambos, o primeiro, *A Urbanização como Fato Completo*, tem uma organização mais genérica e se fundamenta sobre a máxima de que o problema das cidades pode ser generalizado ("é suficiente conhecer somente uma cidade para saber tudo sobre as outras, pelo menos em relação a seus elementos constitutivos"). O segundo volume é dedicado a um caso concreto de urbanização, Barcelona, cuja descrição é introduzida com técnicas de romance: da rua animada, o leitor é conduzido à residência e daí até o quarto. Segue-se uma ampla crítica baseada em estatísticas. Falta o terceiro volume, que deveria ter sido uma exemplificação: a tradução planimétrica das necessidades comprovadas (o plano para Barcelona).

Cerdà fala de três códigos de escrita, necessários para a nova ciência: o texto escrito, o desenho topográfico e as estatísticas. A linguagem cartográfica é objetiva, universal, mas limitada aos sinais; a linguagem dos números tem as vantagens das outras duas, mas permanece ainda uma estatística árida se não for "iluminada" pelos outros códigos. Com lucidez, Cerdà resume os problemas mais extremos: a relação entre códigos diversos, a tradução objetiva das necessidades, a relação entre especificidade e generalidade.

A ciência do urbanismo que Cerdà propõe é um instrumento de planejamento urbano. Esse é o verdadeiro objeto de seu manual: o desenho do plano é somente um elemento articulado, uma somatória de práticas específicas muito diversas daquelas seguidas até então.

A CIDADE-JARDIM

Outra resposta aos problemas da cidade industrial, que no final do século se manifesta com grande vigor, é o modelo de ocupação de baixa densidade.

Entre 1898 e 1902, um estenógrafo inglês, Ebenezer Howard, imagina uma nova tipologia urbana baseada na descentralização da metrópole segundo unidades autônomas e com a utilização de habitações unifamiliares. Segundo Howard, os problemas das sociedades poderiam ser enfrentados unicamente abordando-se as questões que se manifestavam de maneira diferente na cidade e no campo, isto é, unindo as vantagens de uma e de outra em um novo tipo de ocupação: uma fórmula mista também chamada "cidade-jardim".

A situação observada por Howard é a de Londres, e sua hipótese de resolução dos conflitos sociais, com base em disposições de ordem espacial, é uma resposta aos problemas de congestionamento e de grandes dimensões daquela que já era a maior metrópole da época. Sua resposta é diagramática: a cidade-jardim situa-se na periferia da metrópole, no espaço

Raymond Unwin e Barry Parker: plano de Letchworth, a primeira cidade-jardim, 1903.

que a circunda e que não é mais disponível para um desenvolvimento sem controle: uma faixa de terreno que poderá ser utilizada apenas parcialmente para a edificação – porque uma parte será designada para a agricultura –, de modo que a população será fixada em um limite de, no máximo, trinta mil a 32 mil habitantes provenientes de diversas classes sociais.

De maneira análoga ao que acontecia com a antiguidade grega, a cidade-jardim deve ser considerada uma colônia da metrópole, onde estão alojados os melhores elementos culturais e econômicos da vida contemporânea para iniciar uma cidade nova que possa unir trabalho intelectual, agricultura e produção industrial. Uma cidade que se autogoverne, que disponha coletivamente da propriedade do solo e que não possa crescer além de certo limite.

O desenho com o qual Howard ilustra sua teoria é somente um esquema; apesar disso, será uma referência, também sob o ponto de vista formal, para algumas das experiências mais avançadas da arquitetura e do urbanismo do século XIX.

No que se refere à morfologia urbana, o aspecto original é a grande importância simbólica dos espaços verdes.

Uma ampliação da teoria normativa howardiana propõe a cidade-jardim como elemento de crescimento da metrópole, segundo o princípio da formação de colônias periféricas autônomas. O próprio Howard concebe a nova organização do espaço metropolitano na forma de um conjunto de burgos. A partir dessa ideia, são desenvolvidas teorias normativas sobre as cidades-satélites e a descentralização da metrópole, que serão adaptadas e postas em prática nos países europeus até os anos de 1970.

As teorias utópicas nessa ideia de cidade-jardim são sutis a ponto de deixar transparecer as intenções realistas que a alimentam, intenções bem explícitas nos panfletos, onde pela primeira vez é exposta a ideia: *Tomorrow: A Peaceful Path to Real Reform* (Amanhã: Um Caminho Pacífico para a Reforma Real), mais tarde substituído pelos termos *Garden Cities of Tomorrow* (Cidades-Jardins de Amanhã).

De fato, desde 1899 é fundada uma Garden City Association, e em 1904 inicia-se a construção de Letchworth, 40 km ao norte de Londres, em terrenos adquiridos dois anos antes pelo próprio

Howard, cujo projeto executivo foi realizado pelos arquitetos Raymond Unwin (1863-1940) e Barry Parker (1867-1947).

Por sua vez, o período de vinte anos entre 1885 e 1905, durante os quais se passa do conceito da "garden city" à realização de Letchworth, foi um período de grandes transformações, entre outras justamente no setor dos transportes públicos (o automóvel e o avião foram inventados nesse período), além do aparecimento dos movimento sindicais. Ciência e tecnologia estavam revolucionando o mundo ocidental.

Nesse primeiro exemplo, nem Welwyn (projeto de Louis de Soissons e construída entre 1919 e 1926, graças ao empenho do próprio Howard), nem outras iniciativas que as utilizam como referência reproduzem a implantação ideal. Todavia, a ideia se propaga em toda a Europa com extraordinária rapidez, dando origem a numerosas e qualificadas tentativas de atuação. *Garden City of Tomorrow* permanece a semente que marca o começo de uma das linhas teóricas mais importantes do urbanismo contemporâneo. De fato, a cidade-jardim é um conceito-chave do século XIX, uma proposta que se contrapõe ao desenvolvimento contínuo da metrópole do século XIX, tanto quanto a "cidade linear".

Além disso, deve-se enfatizar que além dos textos de famosos economistas (Marshall e Wakefield), sociólogos (Buckingham) e filósofos (Spencer e George), Howard é sensível aos fermentos utópicos e, de maneira particular, ao romance de ficção científica de Edward Bellamy, *Looking Backward* (Olhando para Trás, publicado em Boston em 1888 e reapresentado em Londres, um ano depois, graças ao próprio Howard). No tocante a essa produção literária, a tentativa de pacificação que ele realiza parte da admissão de leis da economia liberal como pressuposto básico para uma reforma real dos mecanismos de crescimento urbano. O problema está em convencer as cooperativas sobre a alta rentabilidade dos investimentos na construção de pequenas implantações urbanas satélites, imersas na paisagem rural.

Assim, a cidade-jardim é, antes de tudo, proposta como um bom negócio, e somente em segundo lugar como solução socialmente válida. Não só seriam eliminados os *slumss* (favelas) inabitáveis das periferias industriais, mas, com a utilização de terrenos de baixo custo, por estarem distantes dos grandes centros urbanos, os compradores poderiam gozar dos prazeres do campo sem renunciar ao trabalho da fábrica e às trocas urbanas.

Ebenezer Howard (1850-1928)

Em 1871, com 21 anos, Ebenezer Howard emigra para os Estados Unidos. Após uma experiência desastrosa como agricultor, depois do Grande Incêndio (1872) vai para Chicago, onde fica até 1876. O processo da reconstrução o impressiona negativamente; todavia, Chicago era então conhecida como uma cidade submersa no verde. Além dos exemplos de Olmsted, Howard, talvez, tenha como ponto de partida aquela realidade caracterizada pelos seus grandes parques, porém sob risco, devido aos novos níveis de densidade construtiva; é influenciado pelas sugestões teóricas dos utópicos (Robert Owen, Charles Fourier, Saint-Simon, Spencer, Mill e outros), mas também pelos exemplos coevos mais propriamente urbanísticos e tecnológicos (Buckingham, com seu projeto para Victoria). Inicialmente Howard pensa em um grupo de Social City com uma população geral de 250 mil habitantes, entre os quais, uma cidade central que abrigasse 58 mil e seis periféricas de 32 mil habitantes cada uma, cobrindo assim uma superfície de 26.400 hectares (equivalente a área da região de Londres) e com uma densidade de cerca dez habitantes por hectare.

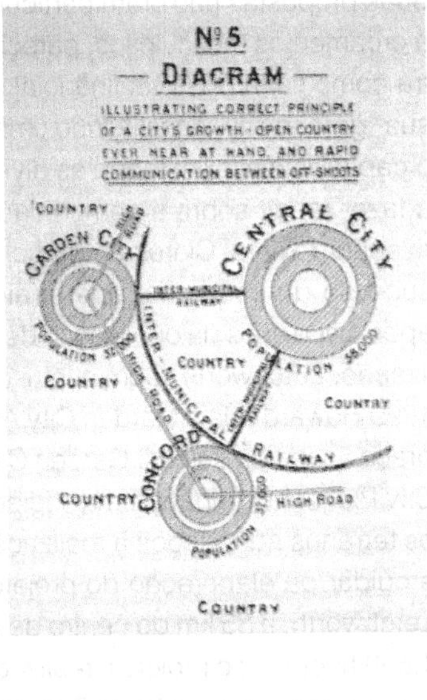

▲ *Ebenezer Howard, 1925.*

▶ *Ebenezer Howard: diagrama do princípio correto de expansão da cidade, 1902.*

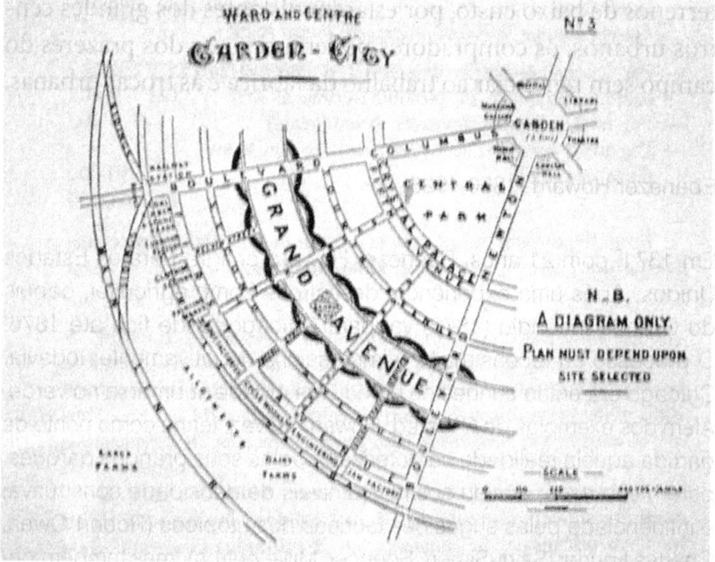

Ebenezer Howard, diagrama de expansão da Garden City, 1902: o projeto é em função da área pré-escolhida.

A cidade central deveria ter a mesma variedade de serviços de Londres, enquanto as cidades-jardins deveriam ser especializadas sob o ponto de vista funcional, diferentes umas das outras. A proposta da rede de cidades não foi retomada pelo próprio Howard na segunda edição revista de seu livro (1902).

Suas propostas não eram particularmente inovadoras; porém, devido a orçamentos meticulosos, pareciam bem convincentes. Ele demonstra como seria possível financiar a construção e o funcionamento de sua "garden city" constituindo uma sociedade anônima que garantisse o capital inicial e limitando os dividendos sobre os lucros, de maneira a fazer recair sobre a comunidade os benefícios derivados da valorização do solo. Clareza e praticidade financeira garantem o grande sucesso do esquema, que atraiu homens de negócios, tanto que, após cinco anos da publicação de *Tomorrow*, iniciava-se a primeira realização, Letchworth. Com o intuito de divulgar as próprias ideias, em 1899 Howard cria a Garden City Association; no ano seguinte cria seu braço financeiro, a First Garden City Ltd., seguida depois pela Garden City Pioneer Company, uma sociedade anônima que deveria procurar os terrenos adequados à realização da tão desejada primeira cidade e cuidar da elaboração do projeto. Em 1903, próximo ao vilarejo de Letchworth, a 35 km do centro de Londres, é adquirido um terreno de 1.550 hectares; o projeto é realizado por Raymond Unwin (1863-1940) com seu primo e cunhado Barry Parker (1867-1947).

O significado último da proposta de Howard está em uma mediação pacífica entre os dois polos opostos, cidade e zona rural, com a concepção de um terceiro, capaz de conter em si as características próprias das duas condições (as vantagens higiênicas do morar no campo e a rede de trocas do hábitat urbano).

Demonstrando a possibilidade concreta de suas ideias, ele traz o exemplo do planejamento de Adelaide na Austrália, apresentando a hipótese de uma constelação territorial constituída por um grande polo urbano preexistente (Londres), circundado por uma série de burgos satélites, como uma coroa ou, dizendo com suas próprias palavras, "cachos de cidades-jardins", interligados pelos transportes ferroviários. Cada núcleo satélite tem uma área de mil acres de terrenos urbanizáveis e está dentro de um cinturão agrícola de cinco mil acres, com um número máximo de 32 mil habitantes, dos quais dois mil são residentes nessa área agrícola. A limitação do crescimento é um princípio categórico e a eventual exigência de novas edificações deveria acontecer como uma colonização adicional de novos territórios, repropondo o mesmo equilíbrio em uma nova cidade-jardim. O eco das pequenas cidades americanas está presente, porém a novidade da proposta está na substituição do promotor individual pelo coletivo (uma associação cooperativa de pequenos proprietários), protegendo, contudo, o princípio da propriedade privada. Vindo ao encontro dos desejos da classe média, ele evitava o que considerava erro dos utópicos – a comunhão de bens – e, ao contrário, exaltava o direito individual de propriedade de uma casa e um pedaço de terra. Os terrenos limítrofes deveriam ser um bem coletivo da comunidade residente, mas isso não modifica a lógica do investimento imobiliário. Suas considerações sobre a conveniência econômica da edificação da cidade-jardim são escrupulosamente sustentadas por uma comparação documentada com as condições reais do mercado dos solos. O livro é uma obra-prima de retórica de persuasão, de técnica de comunicação a amplas camadas da opinião pública. É um esquema abstrato, modificável segundo os lugares onde será edificado, o que deixa amplo espaço à imaginação, evocando os modelos arquitetônicos preferidos pelo grande público, com diagramas de imediata e notável percepção visual. A cidade-jardim é representada como um conjunto de anéis concêntricos cortados por seis eixos radiais. No centro, um grande vazio – um parque urbano circundado por um círculo de edifícios públicos; depois uma faixa anular de área verde, equipada para atividades esportivas com um edifício de cristal, lugar de trocas sociais e comerciais, por excelência, além de jardim de inverno; a seguir uma série de avenidas ladeadas por *cottages*, com o círculo médio dominado pela Grand Avenue (de quase

130 metros de largura) edificada com duas cortinas de *crescent*; finalmente, no exterior, a linha ferroviária de circunvalação e as fábricas.

A CIDADE LINEAR

Quando se fala de "cidade linear", normalmente a referência é a um modelo de ocupação do solo (reproposto, de diversas maneiras, ao longo do século XX) que supõe uma hipótese de desenvolvimento urbanístico crescente ao longo de uma linha. Essa linha idealmente é uma artéria (ou uma série de artérias) destinada ao transporte, na sua acepção mais ampla (mercadorias, pessoas, fluxos e serviços), e constitui o suporte para uma urbanização sucessiva. Em geral, o esquema apresenta uma distinção rígida entre as partes com diferentes tipos de uso, que estabelecem relações recorrentes entre si. Em linhas gerais, essas relações dependem das seguintes hipóteses:

- Possibilidade de um crescimento ilimitado segundo um processo de desenvolvimento substancialmente repetível.
- Possibilidade de um contato direto da cidade (devido à sua forma) com a natureza no entorno, isto é, uma relação cidade-campo diferente, com vantagens recíprocas para ambos.

Historicamente, esse modelo nasce no fim do século XIX, diretamente ligado às questões materiais, como a superlotação do centro e o crescimento da periferia nas grandes cidades industriais (fenômenos de urbanização, demanda de habitações operárias, péssima situação higiênico-sanitária), com a consequente necessidade de reestruturar os sistemas de infraestrutura. O primeiro exemplo é o projeto de Soria y Mata para Madri. A proposta é inserida no debate do fim de século, com suas incertezas e contradições. A propaganda que o acompanhou contribuiu para apresentar o projeto como sendo o da realização de um sonho, uma utopia. Não houve esforço para demonstrar até que ponto essa ideia, pelo contrário, é coerente com os esforços do urbanismo europeu do mesmo período. Resulta que a historiografia sempre focou a ideologia antiurbana do modelo da cidade linear, mais do que a concretização de um projeto preciso e a escala concebida para um momento histórico particular. Na realidade, não tem sentido contrapor o esquema de Soria y Mata com aqueles liberais contemporâneos (em particular, portanto, o modelo da cidade linear com o da cidade-jardim). O primeiro também se posiciona dentro de um movimento cooperativo e é resultado de uma reflexão entre espaço coletivo e espaço privado. Nos relatórios, que em 1898 acompanham a compra dos terrenos para a construção do primeiro trecho, vinha claramente explicado:

> A cidade linear não deve ser entendida como uma sequência de casas de veraneio ou de campo, ou então como moradias operárias, mas como um assentamento normal localizado bem próximo a uma capital, habitado por todas as classes sociais, com casas mais bem organizadas, mais higiênicas, onde a vida é mais agradável e tranquila do que na nossa Madri.

Consciente das fases necessárias para desenvolver um novo núcleo urbano, entre as quais, em primeiro lugar, a urbanização das áreas e a construção das edificações, Soria y Mata se confronta com aquilo que Cerdà tinha concebido como atitudes necessárias (desapropriação, loteamento, construção de ruas, canais coletores etc.). Ele limita a ação principal à compra do terreno, cria uma sociedade por ações que permita enfrentar o problema sem grande desembolso de capital inicial e liga a construção de sua cidade a outras operações concomitantes (a ferrovia de circunvalação, a central de energia elétrica, a diminuição em outras zonas urbanas). Outro problema a ser enfrentado é a construção de casas econômicas para famílias operárias, muitas vezes obrigadas a adaptar-se em grutas ou cabanas. Um dos principais inspiradores e seguidores de Soria y Mata para a questão habitacional foi Mariano Belmas, diretor da *Revista de Arquitectura*, secretário geral da Sociedade dos Arquitetos da Espanha e correspondente do Riba, Royal Institute of British Architects, que em 1881 elabora o sistema próprio Balmàs para a construção de casas econômicas, alinhadas em fila. O entusiasmo de Soria y Mata por essa hipótese é declarado. Para todos os diretamente ligados à questão das habitações, havia o problema da higiene, sobre o qual trabalhava-se com persistência fora da Espanha. Tanto é que os primeiros apoios ao projeto de Soria y Mata vêm de indivíduos interessados nos problemas higiênicos (por exemplo, os seguidores do alemão Pettenkofer).

Arturo Soria y Mata (1844-1920)

Soria y Mata é homem de ação e de pensamento, de formação essencialmente científica. Quando jovem, trabalha na área de comunicações, inventando um sistema telegráfico e tenta, inutilmente, obter a concessão para introduzir o telefone em Madri. No período de 1866 a 1873 atuou na vida política como republicano. Em seguida, cria uma das primeiras redes de bondes de Madri e dedica o resto de sua vida a melhorar o sistema de transportes públicos da capital e das pequenas ferrovias locais. No quadro de seu projeto de desenvolvimento linear procura inúmeras vezes, sem sucesso, construir o primeiro metrô madrilenho. Durante toda a sua vida envolve-se em cada aspecto da administração urbana: da construção de aquedutos e outros serviços à construção civil, ao reflorestamento das *mesetas*, à organização das cooperativas operárias.

É também filósofo de amplos interesses, como testemunham seus artigos. Uma espécie de misticismo das regularidades geométricas permeia seu projeto. Entre 1882 e 1892, no jornal *El Progreso*, Soria y Mata escreve artigos sobre os problemas municipais. A primeira descrição da cidade linear aparece no dia 6 de março de 1882. Dia 10 de abril volta ao mesmo tema, ampliando-o e usando o *slogan* "ruralizar a vida urbana e urbanizar o campo". Seu artigo mais importante é datado de 5 de março de 1883, uma repetição dos dois textos precedentes. O autor nota como o elevado índice de mortalidade existente em Madri é causado pelas *calles* **(ruas)** extremamente estreitas, pela insalubridade das habitações, pelo sistema de escoamento das águas e pelo aumento de população. Ele propõe um processo, mais do que uma forma arquitetônica concreta. O plano não fornece indicações sobre as características, nem sobre a

Arturo Soria y Mata, 1935.

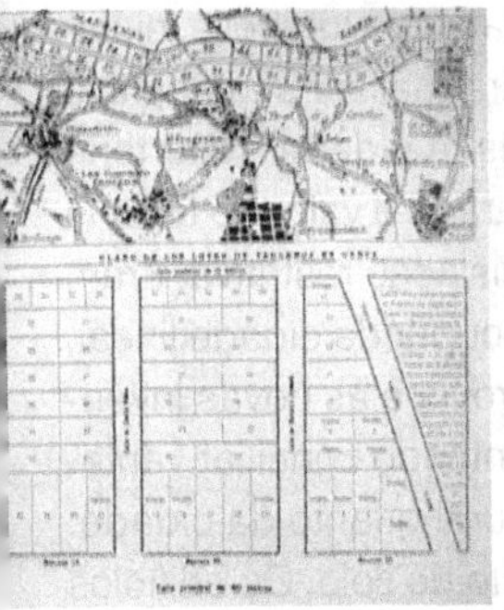

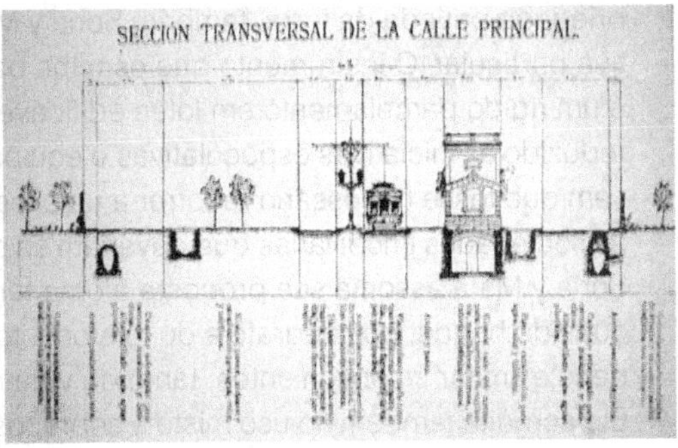

▲ *Plano dos primeiros lotes de terreno à venda na cidade linear de Madri, 1898.*

▶ *Arturo Soria y Mata, Ciudad Lineal: corte da rua principal, 1892.*

disposição dos edifícios e ainda menos sobre a configuração e proporção dos espaços urbanos: ele prescinde de critérios estéticos.

É uma hipótese de planejamento regional mais do que urbana, variável nos esquemas funcionais, uma vez que pode ser entendida como uma linha, um feixe de linhas, uma teia de aranha. Pode estender-se como um diagrama entre duas cidades metropolitanas e não necessita de dimensões preestabelecidas. O esquema pode ser proposto em relação às linhas de eletricidade, aos oleodutos, linhas férreas e outros sistemas mecânicos, no limite da ficção científica, ao privilegiar os aparatos da tecnologia moderna. Porém, sua versatilidade lhe confere um caráter "orgânico" em suas relações com a natureza, explicando assim o uso de metáforas como "espinha dorsal", forma "vertebrada", sistema "arterial" com "capilares" e "derivações", em uma busca de equilíbrio ambiental.

Como outros predecessores, na realidade Soria y Mata propõe uma solução ao problema dos subúrbios de Madri, onde possam coabitar pessoas de diferentes classes sociais. Por outro lado, a proposta do engenheiro Carlos María de Castro, de 1859, quando havia elaborado o plano diretor da capital, efetuando sua ampliação com um "paseo de ronda" (caminho que rodeia a cidade) fortificado e ladeado por habitações e jardins – isto é, uma ideia de circunvalação –, foi retomada outras vezes e está presente nas ideias de Soria y Mata, como também nas sucessivas e numerosas propostas para a periferia da cidade, no início do século XX.

Na base do projeto encontra-se, de um lado, a intenção e o desejo de evitar o aumento exagerado do preço das áreas edificáveis e, do outro, o latifúndio e a especulação que caracterizam a política agrária espanhola daqueles anos. Justamente naqueles anos em que, na Alemanha de Bismarck, os teóricos do urbanismo sustentam a propriedade privada da terra, também Soria y Mata é favorável à iniciativa particular. O instrumento que escolhe para realizar seu objetivo é um rígido parcelamento em lotes edificáveis. A cidade linear teria reduzido as iniciativas especulativas e equiparado o valor do terreno sem que fosse necessário recorrer a uma legislação restritiva. Eram as sociedades imobiliárias que deveriam se ocupar da cidade linear. Soria y Mata associa sua proposta a uma ferrovia e às novas invenções do bonde, do telégrafo e do telefone, tentando conciliar vantagens e limitar inconvenientes, tanto da vida rural quanto da cidade. Ele acredita também no uso misto e sobreposto do solo. Os edifícios comerciais e públicos, os lugares de recreação e até mesmo a indústria leve deveriam ser distribuídos entre os edifícios da cidade linear, ocupando, como regra, os espaços internos de cada setor. Portanto, ele é contrário à formação de bairros operários, na medida em que seriam geradores de condições de carência, mas favorável a uma mescla de classes sociais. Os operários deveriam morar em casas individuais privadas e não em edifícios de apartamentos. Em 1889, o governo envia Soria y Mata para o exterior e sucessivamente, a partir de 1890, ele ocupa cargos públicos. Em 1892 começa a colocar em prática suas ideias. Seguem-se anos de intensa atividade, como mostram os textos desse período. No dia 21 de agosto de 1892 é publicado o decreto que lhe concede o alvará para a construção da ferrovia que deveria percorrer a circunvalação de Madri e servir de núcleo inicial da Ciudad Lineal. No ano seguinte funda uma sociedade anônima por ações (1894) para realizar o projeto, propondo uma subscrição com o objetivo declarado de construir habitações e aproveitar a ferrovia, e inicia as primeiras obras da Ciudad. Finalmente, em 1894, em clima de euforia, são inauguradas as obras. Em 1895, e por breve período, na tipografia pessoal de Soria y Mata, são iniciadas as publicações de *La Dictatura*, órgão da companhia. Pouco depois nasce a revista quinzenal *Ciudad Lineal*, gratuita no início, para ajudar as iniciativas da companhia, tornando-se mais tarde de interesse geral e difusão nacional, destinada a ser uma verdadeira revista de urbanismo, a primeira do tipo.

Mas a companhia constata que os preços dos terrenos, exatamente devido ao projeto, aumentaram a ponto de tornar irrealizável a compra de novas áreas para estender a Ciudad Lineal, como inicialmente previsto. Soria y Mata solicita a intervenção de eminentes cidadãos e empresas; seus esforços para fazer acordos com a administração municipal sobre a estação metropolitana acompanhados com atenção pela imprensa da cidade.

É bem pouco provável que Soria y Mata tenha tido ilusões de poder implantar sua cidade – apoiada pela ferrovia de circunvalação – como anel concêntrico em torno de Madri. Porém, obter a concessão da ferrovia permanece uma de suas grandes ambições, sendo ele – é importante lembrar – um homem de negócios, cujo campo de trabalho é o território.

De fato, a ideia inicial, cuja importância estava em boa parte em seu caráter abstrato e versátil, sofre uma evolução. Dos primeiros desenhos entendidos como solução aos problemas da metrópole, passa-se aos esquemas apresentados na Exposição de Lyon, ou à cidade linear belga (em 1919, na Exposição da reconstrução de Bruxelas, é exposto um plano regional que consiste em uma série de cidades alongadas, mais amplas que a Ciudad Lineal, cada uma com sessenta mil habitantes e divididas em zonas para as diversas atividades), ou às aplicações na Rússia ou no Chile. Trata-se de esquemas tão diferentes do original quanto o são os das cidades-jardins.

2. A "Questão" das Habitações

A RENDA FUNDIÁRIA URBANA

Nos artigos, nos relatórios dos congressos e, de modo particular, nos manuais do fim do século XIX, a cidade é estudada em seus novos aspectos, cada um descrito individualmente: as habitações, o verde, as ruas, a desapropriação, a redistribuição dos lotes, o financiamento do plano. Então, a questão da moradia é formulada como um setor específico, ao lado de outros, sendo que cada um deles não esgota a cidade, mas é suscetível a acordos e soluções independentes. A demanda de habitações é vista, ao lado de outras necessidades sociais, como demanda particular, mas substancialmente "destacada". Na primeira impressão, apresenta-se como penúria crônica de moradias; a cidade em seu crescimento "natural" não parece estar em condições de satisfazer a demanda de habitações, que aumenta em um ritmo mais rápido do que o incremento de população urbana.

Tal impossibilidade é imputada, sobretudo, ao fenômeno da renda fundiária. Alguns textos mostram incongruências entre o crescimento urbano e os mecanismos de valorização descritos pela lei de oferta e procura devido a fatores artificiais sobre a formação de renda do solo. A renda parasitária é, para eles, um fenômeno anormal, cuja eliminação permitiria resolver o problema das habitações.

A extensão da cidade do século XIX – que supera qualquer limite antes imaginado–, a maior dificuldade nas comunicações, o nível degradante de acesso do centro para a periferia e o agravamento das condições higiênicas são fatores que contribuem para estimular a atração diferenciada para as diversas zonas da cidade. O parcelamento do solo urbano e sua colocação no mercado resulta na privatização da propriedade de terrenos, até então públicos ou pertencentes a grandes proprietários e, portanto, não divididos.

A propriedade agrícola investida pela ampliação urbana assume um valor que supera em muito o anterior. Além disso, a transformação do tecido urbano existente produz, também, uma apropriação por parte de alguns poucos; torna-se necessário dar um papel diferente aos espaços públicos (ruas, praças e pórticos), graças à desapropriação, por interesse público, de edifícios destinados à demolição. O problema torna-se tanto de indenização que a comunidade deve pagar ao setor privado quanto de sua relação com o terreno ou edifício desapropriado. Para os estudiosos dos fenômenos urbanos do século XIX, a renda fundiária não parece ser, ao contrário do que se pensava, nem um pouco parasitária. Ao contrário, eles desaprovam os fenômenos de especulação, que se verificam cada vez que se altera a cotação do solo graças a intervenções específicas de transformação. A partir desse momento, a cidade será apenas e somente um agregado de áreas edificáveis, e cada operação realizada deverá ser medida com o aumento do valor do terreno e com a renda fundiária.

Os instrumentos que o urbanismo utiliza para dar respostas ordenadas são o plano diretor, em suas diferentes escalas, o zoneamento e uma série de normativos.

OS URBANISTAS ALEMÃES

Alguns estudiosos da Alemanha destacam, em termos de manuais (isto é, sob a forma de sugestões operativas), uma série de propostas formuladas para dirigir um crescimento "equilibrado" da cidade, através da emissão de terrenos edificáveis no mercado, a

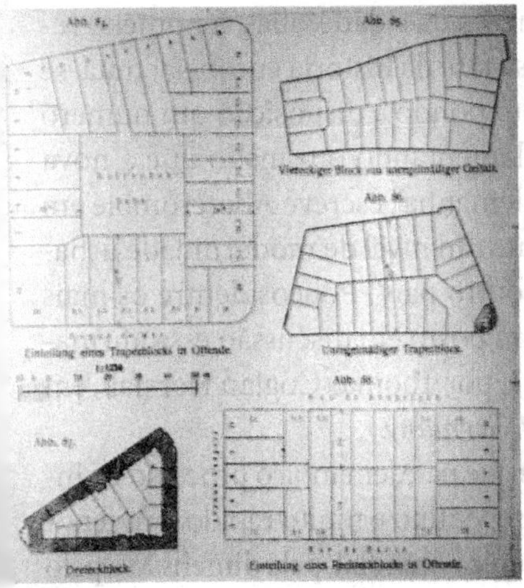

▲ *Subdivisão em lotes edificáveis: tipos de loteamento no manual do Stübben, 1890.*

▶ *Hermann Jansen, plano de construção da propriedade real de Dahlem, apresentado na Exposição Internacional de Berlim e Düsseldorf, 1910-1912: um dos primeiros exemplos de edificação geminada em Berlim.*

serem vendidos com um valor maior. É descrito o processo de transformação em suas várias passagens, nas quais são considerados os operadores e os intermediários.

Eles não se exprimem em termos de denúncia apaixonada feita a partir de um levantamento sistemático dos dados e por uma acepção negativa do desenvolvimento da cidade, mas apresentam as características e os temas emergentes, tais como a prevalência do interesse individual na construção física da cidade e as consequências higiênicas e sociais da superlotação.

Os manuais – que nascem para servir como instrumentos de consulta para profissionais e técnicos municipais, para os que possuem um problema de atuação prática de urbanismo e de aplicação das normas jurídicas – examinam a questão da renda fundiária. Alguns examinam temas gerais, como a expansão física da cidade, a propriedade do solo, a edificação residencial para diversas classes de renda, o trânsito, o plano, o zoneamento funcional e tipológico. Outros examinam questões particulares, específicas e setoriais, como habitação ou transportes.

Seus enunciados são muitas vezes de uma clareza elementar: "são dois os escopos perseguidos por um plano de ampliação urbana: criar habitações e facilitar o trânsito", diz Baumeister em 1876. Ou seja, considera-se óbvio que o problema primeiro do urbanismo seja o crescimento da cidade, aliás, fenômeno recorrente e característico dessa fase da história europeia; trata-se então de gerir tal crescimento pondo à disposição um número maior de habitações e regulamentando o trânsito que a nova dimensão traz consigo. "A Alemanha", escreve Abercrombie em 1913, "alcançou concretamente um nível de modernidade urbanística maior que qualquer outro país". Poucos dentre os mais prestigiosos urbanistas teriam posto em discussão essa afirmação, apoiada, especificamente, por Thomas Coglan Horsfall, em 1904, no seu *The Example of Germany*.

Essa dinâmica ocorre porque na Alemanha o processo de industrialização, após 1850, foi repentino e muito rápido, um fenômeno único na história econômica mundial, pela dimensão e pelo ritmo (1848-1910). A expansão ferroviária que o acompanha é o motor da iniciativa industrial; a colaboração dos bancos é decisiva; o aumento da população é análogo ao de outros países europeus, porém as passagens de uma região para outra ou de um setor para outro são particularmente velozes. A estrutura urbana modifica-se de forma radical: novas e grandes cidades crescem em ritmo acelerado e outras são praticamente abandonadas. Todavia, essas motivações não são ainda suficientes. O urbanismo não teria se desenvolvido em passo tão rápido se não houvesse o pressuposto de uma herança administrativa de origem pré-industrial. Já bem antes, os *Länder* (entidades regionais) tinham o poder de desenvolver novas vias em torno de áreas edificadas, mesmo que estivessem fora do perímetro de atuação municipal: de fato, por inexistir um Estado nacional, eram as autoridades que representavam os Estados territoriais, mais do que as cidades, e intervinham na expansão urbana. Em 1871, com a constituição do Reich e a política unificadora de Bismarck, é instaurado um regime constitucional com inovações jurídicas, que introduz reformas liberais em uma situação de crise econômica, de desenvolvimento industrial e de medo dos fermentos socialistas. Muitas das maiores cidades são reconstruídas como capitais para mais de duzentos Estados saídos da guerra. O urbanismo alemão reflete esse contexto: uma ideologia burguesa progressista, confiante nas possibilidades de resolução da técnica e na sua imparcialidade em relação aos conflitos sociais. Existe uma coincidência entre a construção do corpo disciplinar do urbanismo e as organizações bismarckianas, coincidência que nos ajuda a entender por que e até que ponto a lição alemã parece exemplar na Europa.

A naturalidade do desenvolvimento urbano é garantida pelo Estado. Recorre-se à administração pública para as escolhas fundamentais do plano, e não parecem existir outros lugares onde as decisões possam ser tomadas com a mesma racionalidade e autoridade.

Com a lei tradicional dos solos, todo o terreno na jurisdição direta de uma cidade pertencia ao município e podia ser alugado (ou concedido) aos usuários. Sob o governo absolutista, a propriedade passa a ser do Estado. Na prática, as áreas construídas não são tocadas, mas nas áreas de novo desenvolvimento não é difícil reservar os terrenos necessários para as vias ou edifícios públicos – uma vantagem concreta e um estímulo para realizar um amplo planejamento de algumas cidades.

A administração pública é a protagonista em todas as propostas urbanísticas, uma autoridade que possui um controle de equidade, com a presunção de uma justiça ilimitada porque está acima das partes.

Rud Eberstadt (1856-1922)

Eberstadt nasceu, em 1856, em Worms e morreu em 1922 em Berlim, onde foi professor universitário de economia nacional. A edificação de moradias foi um dos seus principais campos de estudos e atividades. Esteve entre os primeiros a dar forte apoio à necessidade de uma reforma da habitação na Alemanha e a ocupar-se dos problemas ligados com a especulação fundiária, através de uma série de escritos, entre 1894 e 1922. Junto a Petersen e Möhring participou do Concurso para a Grande Berlim (1910). Seu projeto, apresentado na Exposição Internacional do mesmo ano e, em seguida, em 1911-1912, em Düsseldorf, conquistou o terceiro lugar; porém, os esquemas relativos ao crescimento da cidade que acompanharam o projeto tiveram um sucesso incrível e foram republicados inúmeras vezes (mesmo na Itália, por exemplo, por Gustavo Giovannoni). O esquema ideal de ampliação radial da metrópole foi ilustrado pelo próprio Eberstadt no congresso do Riba, em Londres. Ele escreveu inúmeros artigos em revistas técnicas e especializadas.

Seu manual, *Handbuch des Wohnungswesens und der Wohnungsfrage* (Manual de Habitação e a Questão da Habitação), publicado em Jena em 1909, foi reimpresso em 1910, 1913 e em 1920.

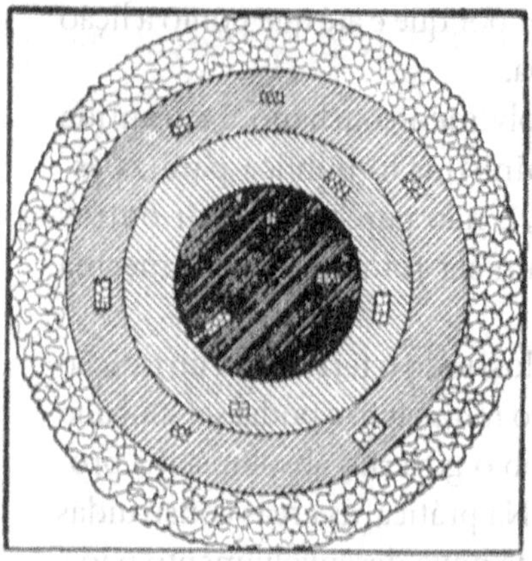

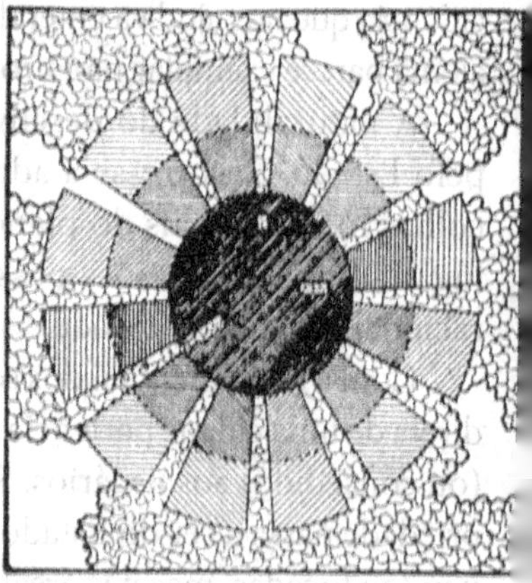

▲ *Richard Petersen, Rud Eberstadt e Bruno Möhring, esquema de expansão urbana em anéis apresentado para ilustrar o projeto de plano, entre os primeiros premiados no Concurso para a Grande Berlim, 1910.*

▶ *Richard Petersen, Rud Eberstadt e Bruno Möhring, esquema de expansão urbana radial pré-escolhida no projeto de plano, entre os primeiros premiados no Concurso para a Grande Berlim, 1910.*

São oito capítulos, introduzidos por uma análise geral sobre o desenvolvimento da tipologia da edificação urbana (desde a Antiguidade até a Idade Contemporânea), situando a questão da necessidade sob uma perspectiva histórica. Os três primeiros capítulos são dedicados à formação dos preços das áreas urbanas, aos mecanismos da transformação do terreno não edificado para edificado e às estatísticas sobre as habitações (quantidade de moradias de aluguel, modo de uso das mesmas, renda produzida). O quarto capítulo é destinado à atuação do urbanismo, examinando o plano diretor, o parcelamento do solo, o funcionamento das estradas, as normativas, a desapropriação e recomposição fundiária para chegar aos tipos de habitação (econômicas ou dotadas de características artísticas) e aos modos de avaliação. Outro parágrafo se ocupa dos níveis de liberdade das normas construtivas.

O quinto capítulo enfrenta o problema da compra de capitais, dos empréstimos fundiários, dos impostos sobre as áreas e da construção. O sexto trata dos movimentos de população (processos de colonização, transportes, formação da cidade-jardim, casas rurais). No sétimo, o autor escreve sobre a atividade da construção civil sem fins lucrativos (isto é, aquela promovida pelo município*, pelo Estado, pelos promo-

* No original, *comune*. A fim de evitar qualquer confusão com relação ao *status* jurídico das comunas nos diferentes sistemas europeus, ao longo do tempo, principalmente na França, Itália e Portugal, optou-se por traduzir esse termo por município (N. da E.)

tores de trabalho para a mão de obra por eles empregada, a construção realizada para interesse público, com a propriedade pública do solo). No último capítulo, Ebertstadt promove um raciocínio comparativo sobre a propriedade do solo e a legislação em outros países. Segue um apêndice sobre a legislação.

AS PESQUISAS SOBRE A SITUAÇÃO DAS MORADIAS

Na Inglaterra, o relatório de 1840 sobre a higiene das cidades refere-se às miseráveis condições das moradias dos pobres. Referindo-se especificamente à classe trabalhadora de Liverpool e de Manchester, aponta que não era possível conceber uma "construção mais prejudicial à higiene dos moradores". Enquanto isso, o *Times* assume tons similares de denúncia. Sejam jornais, sejam pesquisas oficiais, ao catalogar os defeitos das habitações (a fragilidade estrutural, a carência de esgoto e instalações), preocupam-se, sobretudo, em assinalar a economia política da questão. A Comission on the Health of Towns aponta especificamente que, a despeito de sua contribuição para o crescimento econômico, a classe operária está condenada "através de erros que não são seus" a morar em condições nas quais é "impraticável manter condições de higiene e decência [...] ou manter a si próprio e aos filhos longe do aviltamento moral". Portanto, a questão habitacional na Inglaterra vitoriana não foi sentida simplesmente como um problema de construção de um maior número de moradias para artesãos ou de realizá-las com melhor qualidade, mas está enraizada na própria estrutura da sociedade industrial. Nas últimas décadas do século, a expansão sem precedentes e o grande crescimento da população urbana tornam totalmente inadequados os mecanismos do viver urbano. Diante de situações como a cólera e os protestos radicais do movimento dos trabalhadores, as classes médias ficam alarmadas a ponto de investigarem a natureza da sociedade urbana. Nos anos de 1830 e 1840, livros, panfletos, pesquisas e comissões parlamentares revelam um ambiente em transformação e reclamam um tripé de intervenções correlatas: casas, higiene e trabalho.

Particularmente alarmante é a mobilidade da população, que nos anos de 1840 está sistematicamente ligada à questão das habitações. Por um lado emerge, de maneira inequívoca, uma relação entre moralidade e mal-estar; e, por outro, casa e condição sanitária. Tabelas estatísticas, mapas ou discursos descrevem as condições das habitações, procurando a prova conclusiva da segregação residencial entre ricos e pobres, caminhos apropriados ou não e, na cabeça de alguns, a segregação entre a população autóctone e a dos imigrados. A intemperança e as despesas não judiciosas são apresentadas por alguns como motivos que explicam a casa dos pobres. Interpretações mais liberais consideram esses comportamentos compreensíveis, embora inaceitáveis. Para outros, como, por exemplo, Chadwick, em seu célebre *Relatório Sobre a Condição Sanitária da População Trabalhadora da Grã-Bretanha*, de 1842, os fatores econômicos são incorporados nas suas motivações. Consideram que a falta de casas e higiene não é apenas fator de mal-estar, mas de aumento de pobreza: devido, inicialmente, a rendas muito baixas, são condições que acabam por favorecer um incremento do número de doentes, famílias irregulares e, em última instância, pioram a situação de quem já desde o início é penalizado. Também na Bélgica, grandes pesquisas sociais (1846-1848), contemporâneas às de Chadwick na Inglaterra e antecipadas em relação àquela de Frédéric Le Play (1855), realizada como consequência da epidemia de cólera que devastava a Europa industrial, evidenciam as péssimas condições das moradias.

Algumas décadas depois, outras pesquisas – como a de Henry Mayhew (1862) sobre o trabalho precário e o desemprego, ou a depois realizada por Joseph Rowntree (1901) sobre a pobreza em relação ao ciclo da vida familiar, feita a partir de um levantamento de toda a população de York, outras análises mais circunscritas e principalmente as de Charles Booth sobre Londres – vão adquirindo o caráter de um levantamento sistemático e contribuem para organizar o problema da casa. Eles evidenciam, por um lado, a existência da questão dos *slums* e, por outro, a pressão de áreas em contínua expansão. Mas abordam também questões mais gerais que interessam à comunidade (horários de trabalho, condições nas fábricas, o fornecimento de serviços urbanos, como água, esgoto, iluminação, pavimentação).

Também na Alemanha as primeiras denúncias documentadas e regulares em torno do problema das moradias e as primeiras propostas para tentar resolvê-las são dos anos de 1860 a1870. Inicialmente, a denúncia envolvendo a opinião pública não é feita por especialistas ou técnicos do setor, mas por expoentes da vida política e cultural.

Charles Booth (1840-1916)

Proprietário de navios, natural de Liverpool, liberal com uma formação não conformista, Booth se dedicou a pesquisas sociais e em particular à questão da pobreza humana. Sua pesquisa *Life and Labour of the People of London* **(Vida e Trabalho do Povo de Londres)**, publicada em 1889, baseada em dados obtidos no triênio precedente, permanece a mais célebre desse período. Inicia analisando a zona leste de Londres (novecentos mil habitantes) mais tarde estende-se para as áreas central e sul, com uma população geral de três milhões de habitantes. A pesquisa de Booth (publicada por inteiro entre 1889 e 1902) revela que 30,7% dos habitantes (subdivididos em oito categorias com base na renda familiar) fazem parte da categoria definida como "pobre". Revela que o nível de renda, a superlotação e as condições das habitações não estão automaticamente interligados. Junto com os dados da composição familiar, atividades, doenças, taxa de mortalidade, a pesquisa de Booth fornece uma classificação precisa das habitações e suas condições de habitabilidade, avaliadas em

▲ *Charles Booth.*

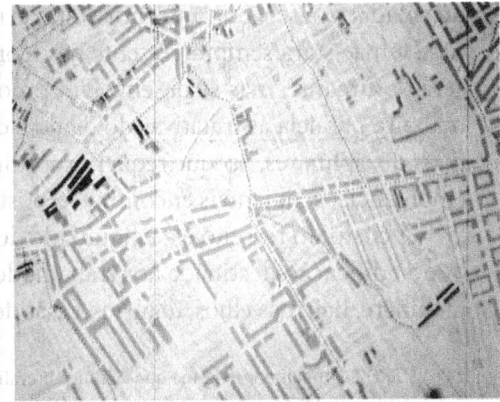

▶ *Charles Booth, pesquisa sobre a pobreza da população de Londres: detalhe da planimetria onde estão indicadas as diversas categorias sociais, 1889-1902.*

relação à data e às características de construção, ao tipo de utilização, às dimensões do lote e da rua, aos custos de aluguel e à renda em relação ao investimento realizado.

A pesquisa parece ser emblemática nos parâmetros de leitura adotados: isto é, como todos os reformistas da segunda metade do século XIX, ele parte da hipótese de que as características do espaço residencial têm consequências diretas sobre a moralidade dos habitantes; e, portanto, uma situação de superlotação, promiscuidade e falta de higiene influencia no estatuto familiar e nos comportamentos sociais. Por outro lado, essa pesquisa dá início à metodologia de pesquisa de campo como instrumento de conhecimento da sociedade urbana em relação a toda estrutura implantada. Até mesmo Geddes vai perceber esses pressupostos nas suas *civic survey*. A pesquisa individualiza os poderes à disposição das instituições como instrumento operativo (e é nisso que está sua peculiaridade), mesmo que suas conclusões tenham um juízo negativo sobre as políticas públicas de controle até então seguidas. O problema da casa não é atribuído a uma carência genérica de habitações, mas à impossibilidade das classes pobres terem acesso à casa oferecida pelo mercado. Implicitamente, os resultados dessa pesquisa sugerem que é necessário recorrer a políticas de Estado para organizar e oferecer diretamente moradias a baixo custo.

AS ENTIDADES RESPONSÁVEIS PELA CONSTRUÇÃO ECONÔMICA E POPULAR

O problema da falta crescente de casas para algumas categorias de cidadãos nasce, portanto, por volta de meados do século XIX. Esse tema estará sempre presente nas teorias urbanísticas, aliás, será dominante; mas se desenvolve como questões *a latere**, de maneira paralela às tratativas do plano e dos principais dispositivos disciplinares, porque requer procedimentos específicos, de emergência, sem jamais encontrar respostas resolutivas.

O custo do terreno e a exiguidade dos salários fazem com que a edificação destinada aos trabalhadores seja de qualidade medíocre. Bairros velhos, tugúrios, casas degradadas comportam

* *A latere* é uma locução latina que significa literalmente "ao lado". A expressão é utilizada em particular na linguagem jurídica: os juízes *a latere* são os dois que sentam ao lado do presidente e formam com ele o colégio julgador. No setor eclesiástico, é definido cardeal *a latere*, que cumpre missões de relevância, em nome e representando o pontífice (N. da E.).

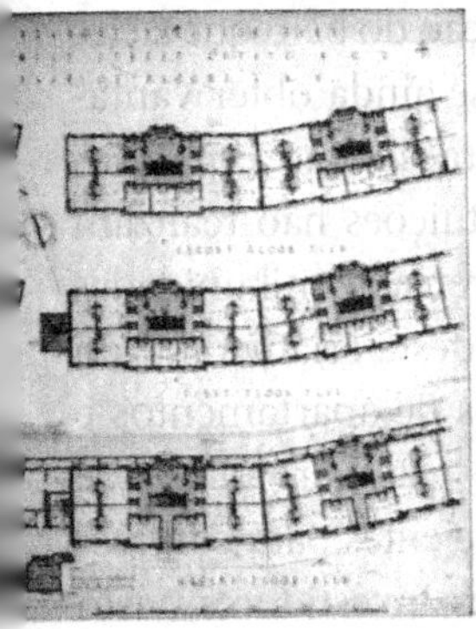
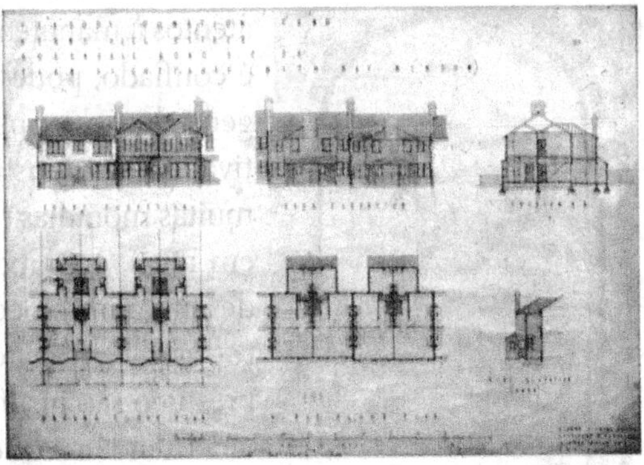

▲ *Peabody Trust, intervenção de construção a baixo custo em Wild Street: plantas dos blocos de edifícios L e M, 1882.*

▶ *Peabody Trust, intervenção de construção a baixo custo em Horne Hill: plantas e fachadas de casas geminadas, 1901.*

índices altíssimos de superlotação, falta de higiene, ordem e moralidade pública discutíveis. Tudo isso impõe a necessidade de uma intervenção pública ou filantrópica, capaz de renunciar, em parte, à renda fundiária, utilizando instrumentos financeiros e empresariais diversos.

Paralelamente à tomada de consciência do fenômeno em seus termos macroscópicos, de fato, no final do século XIX, desenvolve-se uma série de iniciativas paralelas aos mecanismos de mercado, dirigidas a satisfazer pelo menos uma parte das necessidades mais prementes. São configuradas de modos diferentes, de acordo com os promotores. Instituições filantrópicas e de caridade, cooperativas de empregados e trabalhadores mostram um pragmatismo individual e coletivo ao ocuparem-se do problema da habitação a baixo custo.

O fato de tantas iniciativas terem sido introduzidas na Inglaterra, durante o período vitoriano, demonstra a continuidade da inadequação do patrimônio edificado, mas também que o método para resolver esses problemas está mudando. Na segunda metade do século, a Metropolitan Association for Improving the Dwellings of the Industrious Classes (1841) e a Society for Improving the Condition of the Labouring Classes (1844), duas organizações pioneiras na campanha do capitalismo filantrópico, tentaram demonstrar que, ao se construir casas simples e sólidas, adequadas às necessidades da classe operária, e encorajando os habitantes a adotarem costumes de vida moralmente exemplares,

Monumento a Charles Buls: cartão postal conservado no próprio arquivo de Luigi Luzzatti, que se correspondeu com o prefeito de Bruxelas sobre o problema das casas populares, o que testemunha que na época existia uma boa circulação das ideias e dos modelos de intervenção.

atentos à manutenção do bem que a eles é confiado, pode-se ainda obter vantagens de uma operação não especulativa. As duas instituições não realizam muitas moradias (cerca de mil unidades em 1875), com modesta criatividade ao desenharem blocos de apartamentos e *cottages*. Patronato real e arquitetos de prestígio são insuficientes para contrastar a tendência dos investidores, visto que a renda dos destinatários era considerada muito baixa. Mas sua obra é reforçada pela formação do Peabody Trust em 1862, da Improved Dwellings Company em 1863, da Artizan's, Labourers' and General Dwellings Company, organizações que prometem 5% de renda comercial como garantia oferecida aos construtores privados, respeitando padrões sanitários aceitáveis.

Os esforços filantrópicos se dirigem também para uma gestão das casas existentes com visitas e controle moral. As causas desse modo negativo de habitar, segundo Octavia Hill, são produzidas por dois fatores concomitantes: as características e os costumes dos locatários, a conduta e os valores dos proprietários. Hill considera "caridade" e "blocos edificados despersonalizados" dois aspectos contrastantes entre si. Convida os habitantes a terem maior conscientização de si e respeito, sustenta a necessidade de pagar regularmente o aluguel como sintoma de dignidade. Insiste em um sistema de visitas pessoais aos locatários por parte de seus colaboradores, com o intuito de transformar a tensão entre proprietários e inquilinos em algo próximo a uma relação amigável. Suas iniciativas londrinas foram retomadas em Dublin, Dundee e Manchester.

Na Itália, na França e na Alemanha, associações privadas, instituídas por cidadãos abastados ou banqueiros, começam a assumir a função de realizar habitações do tipo "civil", em geral usufruindo das contribuições especiais dos municípios (cessão de áreas etc.).

Nas maiores cidades italianas, o problema da habitação para as classes menos favorecidas é enfrentado, por volta de 1870, por associações privadas que continuam como tais, mesmo quando os municípios lhes concedem as necessárias áreas edificáveis. São desse tipo as associações surgidas em Florença, Milão e Turim, entre 1862 e 1868, para a construção de casas operárias com lavanderia. Intervenções privadas do mesmo tipo são dirigidas para a construção de casas econômicas oferecidas em quantidade irrisória para satisfazer uma demanda limitada; seus preços são acessíveis no máximo à categoria da "aristocracia operária".

Nessa mesma direção, movem-se as iniciativas legislativas que vão se instaurando em todos os países europeus. Na Itália, a lei Luzzati para a habitação econômica e popular (1903) prevê a instituição de entidades intermediárias, sociedades financeiras e cooperativas que, com capital de caixas econômicas, bancos populares e sociedades de assistência mútua, respondem às necessidades mediante a construção de casas para venda ou aluguel. Essa lei promove a fundação, em 1908, dos Instituti Autonomi per le Case Popolari (IACP), entidades que nascem em Roma, Trieste, Milão e, aos poucos, em todas as cidades italianas, grandes ou pequenas. Durante décadas, foram os principais instrumentos da política de construção local. Entidades de direito público dotadas, porém, de poder decisório autônomo, os Institutos representarão uma alternativa eficaz, tanto à excessiva pluralidade de sujeitos atuantes quanto a uma gestão onerosa dirigida pelos municípios, garantindo ao mesmo tempo um significativo incremento na construção de moradias a baixo custo.

Aqui, como na lei francesa (*Loi pour les habitations à bon marché* [Lei em favor das habitações baratas], 1894), trata-se de facilitar os investimentos mediante isenções fiscais e facilitar o crédito com juros baixos. A iniciativa privada, que vê no setor da construção civil um investimento vantajoso, exige, como condição para estar presente nessa parte do mercado, a participação do setor público.

Nesse processo geral de atenção para os investimentos na construção civil, há um caso particular que é o das vilas operárias, já mencionadas. Trata-se da reestruturação do processo de produção de algumas grandes indústrias, que reinvestem o lucro da fábrica na construção de casas para os próprios empregados, com a consequente diminuição da mobilidade da força de trabalho.

Portanto, por um lado, têm-se as primeiras leis estatais ou locais para a construção habitacional, subvencionada por entidades públicas, e a realização de bairros pelo município, em geral na periferia das cidades existentes e sujeitos a um aumento populacional; por outro lado, a construção de vilas operárias baseadas em avançadas concepções urbanísticas, adjacentes às fábricas e longe de assentamentos existentes, obra de industriais esclarecidos, para os quais a operação representa um modo de controle mais elegante da força de trabalho. Ambos os casos são intervenções que fazem parte de um plano urbanístico, porque utilizam os instrumentos particulares, o desenho das ruas, quadras, lotes, tipologias. A infraestrutura é aquela utilizada para o resto da cidade.

A CONSTRUÇÃO PÚBLICA

No Reino Unido, entre 1800 e 1845, foram aprovadas, pelo Parlamento, quase quatrocentas leis de "local improvement" (melhorias locais), relativas a normas para edificações e ao controle sanitário de 208 cidades da Inglaterra e do País de Gales. Tal fervor de atividade legislativa confirma a urgência do problema habitacional, mesmo que seja pouco para mudar radicalmente a falta de estrutura e de salubridade das habitações. Todavia, a partir da metade do século, na Inglaterra existe uma legislação específica. Em 1868, o Artizan's and Labourers' Dwellings Act (Ato das Habitações dos Artesãos e Trabalhadores) permite às autoridades locais ocupar-se de habitações insalubres, obrigando os proprietários a melhorar suas casas. Em 1875, a mesma lei confere às autoridades locais o poder de demolir áreas inteiras e construir novas habitações. Porém, a lei mais significativa permanece o Public Health Act, de 1875, que prescreve padrões mais elevados no que concerne à largura das ruas e aos espaços em torno dos edifícios residenciais (a norma se refere somente às novas construções). A Royal Commission on the Housing of the Working Classes exprime, em nível nacional, grande preocupação pelo estado de deterioração das casas operárias (1885); há limites objetivos às possibilidades concretas da atividade filantrópica privada e são raras as intervenções subvencionadas por entidades públicas; além disso, os planos de saneamento são lentos e caros. O ano de 1890 (ano de aprovação do Housing of Working Class Act) constitui-se em um período de mudança: na década sucessiva verifica-se uma evidente ampliação da intervenção do setor público. Sobretudo em Londres, a lei confere às entidades locais o poder de construir casas para as classes trabalhadoras.

Essa fase vê com um novo interesse o subúrbio; de fato, supõe-se que o problema da habitação possa ser resolvido mediante novas construções, em vez da demolição e reconstrução de edificações existentes.

O London County Council (1890-1904)

As primeiras intervenções do LCC são de alta densidade, construídas após a demolição de áreas insalubres, definidas como "*slum clearance*" (remoção de favelas). Com esse critério serão construídas, no período 1890-1905, moradias para 15.500 pessoas. Devido ao nível relativamente alto dos aluguéis, os grupos sociais mais beneficiados não conseguem ser os destinatários, mas a aristocracia operária (*artizan workers*), enquanto para os pobres a provisão é das iniciativas filantrópicas e das Poor Laws (Leis dos Pobres). Nas primeiras intervenções, as referências tipológicas são as dos grandes imóveis "continentais", amenizadas pela vontade de romper a contradição entre frente e fundos, decoração e característica utilitária (os arquitetos do LCC falarão que o *double standard*, padrão duplo, está superado). Uma característica geral de variação deverá distinguir, de qualquer forma, as implantações públicas da lúgubre monotonia das intervenções especulativas, com elementos do léxico doméstico (o frontão, os *bow windows** e os efeitos fora de escala, segundo regras que aproximam os arquitetos da linha de pensamento mais culta em vez da vernacular).

Boundary Street substitui um dos *slums* com a taxa de mortalidade infantil mais alta do East End. Em 1890, o LCC planeja uma implantação para 4.600 pessoas contra os 5.700 habitantes anteriores. Dois anos

* De formato arredondado e com mais de três faces, *bow window* é um tipo específico de *bay window*, janela que se projeta para fora da superfície da fachada da edificação (N. da E.)

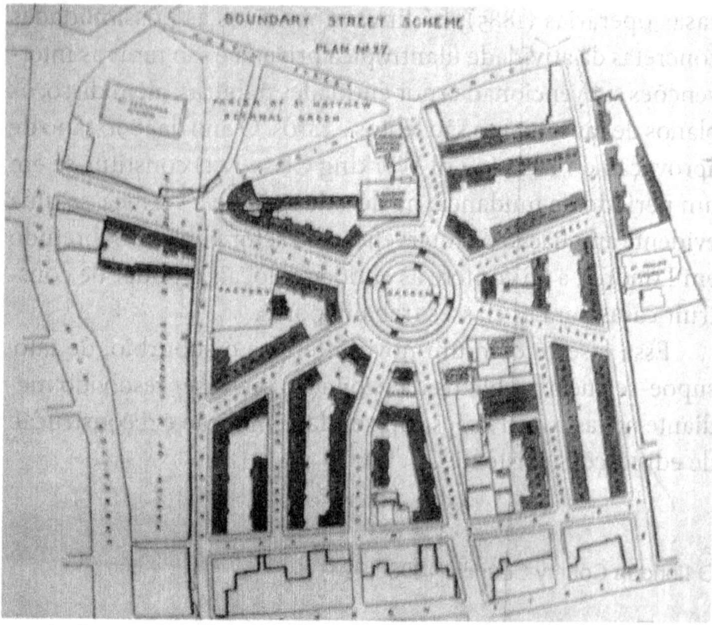

LCC, implantação de edificações subvencionadas em Boundary Street: planimetria geral, 1890.

mais tarde, são completados os primeiros dois blocos, dotados de padrões particularmente elevados e com serviços autônomos.

Porém, o excessivo custo obriga a retomada do tipo "associated", codificado pela construção de caráter filantrópico, que prevê um núcleo de cozinha e banheiro para duas ou mais moradias, colocado em cada andar no patamar das escadas. Entre 1895 e 1898, é progressivamente definido o plano que assume a característica de uma malha radial que parte de um centro fortemente caracterizado, um *circus* sobrelevado, construído sobre o entulho dos edifícios demolidos. Em 1898, são finalizados os dezenove blocos que o circundam, e o conjunto é definitivamente completado em 1900. Naquele mesmo ano, Millbank Estate, no West End, fica destinado a receber 4.450 pessoas expulsas em função dos alargamentos e reorganizações viárias. Se em Boundary Street os grandes volumes eram suavizados por hábeis artifícios de decoração, aqui o caráter denso da implantação é expresso em toda sua severidade. Mesmo em Millbank existe um fulcro, um baricentro representado por um jardim retangular que gera eixos de simetria segundo os quais o bairro é rigidamente subdividido. Em ambas as intervenções, as moradias, na maioria de pequenas dimensões, são organizadas de modo a eliminar os desperdícios, e a sala de estar funciona como corredor de distribuição para os quartos. Alguns detalhes construtivos, caixilhos e portas são unificados. Outros bairros de alta densidade são Webber

Road (1899-1905), para 1.143 habitantes, e dois projetos para Islington, para 3.900 pessoas. Em ambos, o esquema de distribuição dos apartamentos se dá através de um terraço. Além disso, entre 1893 e 1904, foram realizados quatro grupos de casas somente para homens, para pouco menos de duas mil pessoas.

Mais tarde, o LCC exercita a faculdade concedida pela lei de 1890, de ampliar suas propriedades, particularmente após a vitória dos progressistas de 1898. Adquire enormes áreas de terreno ao sul, nordeste e oeste da cidade, para a construção de novos bairros de amplas dimensões e baixa densidade. Em 1907, com a volta dos moderados ao poder, o LCC modifica categoricamente sua linha de conduta política e inicia-se uma nova tendência: a intervenção direta das autoridades locais na construção de moradias em áreas suburbanas, para servir de contraposição à velha política da demolição e substituição dos *slums*. A atividade dos arquitetos do County Council de Londres nesse período é decisiva e inovadora, contribuindo para renovar a arquitetura doméstica da Grã-Bretanha, segundo a linha de pensamento da cidade-jardim. Entre 1890 e 1913, a entidade realizou casas para 47 mil pessoas, uma quantidade significativa, mas limitada se comparada ao milhão de "pobres" mal alojados classificados por Charles Booth.

A RESIDÊNCIA NA PERIFERIA: UMA APLICAÇÃO REDUTIVA DO MODELO DA CIDADE-JARDIM

Em resposta à degradação da cidade, facilitada pela fase de maior prosperidade e pela presença de transportes públicos (bondes, cavalos, ferrovias locais e, em Londres, o metrô subterrâneo), a classe média começa a abandonar os centros congestionados para aproximar-se da vida suburbana com otimismo e alívio, acompanhada pelo esforço de separar casa e trabalho. Muitas das propriedades liberadas pela classe média são ocupadas por artesãos e pela pequena burguesia, enquanto outras são subdivididas em apartamentos para as classes trabalhadoras. Como resultado, por volta de 1850, uma segregação definida por áreas residenciais, baseada em rendas diferentes, polariza geograficamente a sociedade urbana. As primeiras expressões desse processo determinam círculos concêntricos com *slums*, indústrias e depósitos no coração da cidade; no anel sucessivo,

Karl Henrici, perspectiva da rua de uma cidade-jardim, 1912.

residências para operários respeitáveis; e, no anel perimetral, casas para a classe média. A ideia de zonas distintas colhe a essência da desintegração da grande cidade entre *slums* e subúrbios. A fase crucial de tendência à suburbanização é sentida por aqueles que ficam de fora, comodamente longe da comparação direta e cotidiana com a miserável situação das moradias dos pobres e da degradação moral do centro da cidade.

Não somente na Inglaterra, mas também na Alemanha a ideia da cidade-jardim inspira a política urbanística antes da guerra. A DG, Deutsche Gartenstadtgesellschaft, fundada em 1902 por um pequeno grupo de intelectuais berlinenses de tendência socialista, adapta-se à conjuntura e influencia o movimento em favor da melhora das condições de moradia. Em 1904, no congresso sobre habitação em Frankfurt, a DG defende uma reforma baseada no princípio da descentralização planejada em torno de grandes cidades, promovendo, assim, certo número de cidades-jardins antes de 1914, mesmo que nenhuma tenha a complexidade de Letchworth. A mais ambiciosa delas, Hellerau, próxima de Dresden (1908), é apenas uma cidade-satélite, rapidamente absorvida pela periferia da capital, à qual está interligada por uma linha de bonde. As outras iniciativas de baixa densidade são realizadas no quadro nacional das sociedades imobiliárias de interesse público, que constituem o núcleo essencial das entidades alemãs ativas em matéria de habitação popular. O objetivo da descentralização certamente não é o de colocar as grandes cidades em debate, mas limitar o anel da especulação para construir no seu exterior, em terrenos de menor custo.

Na Bélgica e na França, outros dois países que acolheram a ideia de cidade-jardim, a preocupação com a especulação é pouco relevante e as aplicações do modelo limitam-se a algumas realizações privadas nos bairros periféricos. Com um quadro legislativo urbanístico não comparável ao alemão, nem mesmo ao inglês, a ideia de cidade-jardim tem dificuldades em criar raízes, mesmo na sua forma mais reduzida.

O principal instigador desse modelo na França é Georges Benoit-Levy, um jurista parisiense que se interessa por reforma social. Membro do Musée Social e fundador da Association des Cités-Jardin de la France, ele publica *La Cité-Jardin* (1904). Sua ideia é que o operário deve ter acesso à propriedade da moradia e fixar-se no território. Suas referências são por um lado Le Play e, por outro, os ingleses (Cadbury, Lever, mas também Howard, Morris e Geddes). Pela troca de ideias com Risler, também membro ativo do Musée Social, nasce a tendência crescente de associar a construção das habitações a baixo custo (HBM, Habitation à Bon Marché), na região parisiense, com a ideia da cidade-jardim, que tanta influência terá no pós-guerra. Em 1913, Robert de Souza designa a cidade-jardim como elemento que integra o urbanismo do plano de ampliação, prenunciando assim a obra de Sellier.

Na Itália, o conceito de habitabilidade da moradia nos edifícios de nova construção ou de reestruturação recente é definido pela lei de 1888. Os requisitos determinantes são paredes secas, ventilação e iluminação dos ambientes, as interligações com tubulação de esgoto da rua, os banheiros, as pias e tanques, a água potável e o respeito à higiene do solo. A falta de um desses requisitos poderia induzir o oficial sanitário a pedir autorização para desapropriação e até mesmo para demolir. Instruções e regulamentos sucessivos têm valor executivo de vinculação, mas o rigor local nem sempre foi suficiente. Derrubados os obstáculos das normas, permanecem os sólidos entraves políticos e econômicos. Os interesses dos proprietários de moradias, as resistências dos administradores locais para preparar planos diretores, a incapacidade das autoridades cen-

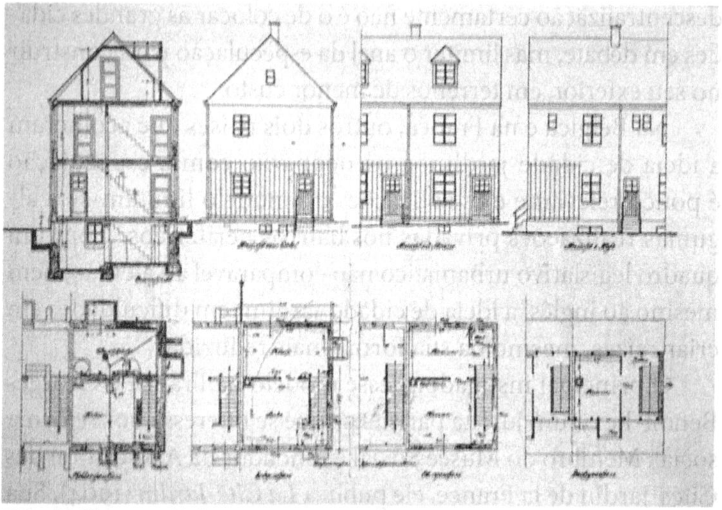

Heinrich Tessenow, Hellerau, casas geminadas para quatro famílias: cortes e fachadas do edifício de esquina, 1914.

trais em adotar medidas contra o desleixo das administrações locais e sua inércia, a escassa propensão das entidades privadas e públicas para raciocinar em termos de interesses comuns, a competência incerta do oficial sanitário e do técnico municipal para arbitrar, tornam vagarosos esses procedimentos tão complexos e inovadores.

E depois, paradoxalmente, a diminuição da atenção em relação ao saneamento, ou o desvio de seu percurso, é a questão fundamental da construção de habitações operárias.

O interesse por uma moradia econômica e popular, onde possam ser experimentadas tecnologias, materiais e critérios de construção inovadores, torna-se a alternativa política privilegiada. A pressão para a construção de moradias novas e econômicas leva o tema do saneamento dos velhos centros históricos ao segundo plano e cria dúvidas sobre o interesse e conveniência de mexer nas velhas e insalubres habitações destinadas às classes populares. O centro histórico saneado não é mais reservado às classes populares. Para eles é previsto um destino fora do centro, nas novas periferias.

Alessandro Schiavi (1872-1965)

Ao enfrentar os problemas italianos, Alessandro Schiavi amplia suas considerações ao panorama internacional. No início do século, esse método lhe permite iniciar, primeiro na Itália, o debate sobre o modelo da cidade-jardim. Sua obra, publicada em 1909, *Le case a buon mercato e la città giardino* (As Edificações a Baixo Custo e a Cidade-Jardim), traz as experiências de viagem na Inglaterra e descreve as realizações que o fascinaram. Aos tradicionais projetos de habitações operárias, com implantações urbanas de alta densidade habitacional, arquitetonicamente monótonas e sem áreas verdes, ele contrapõe a ideia de um bairro de casas unifamiliares realizadas nos limites da área urbanizada, onde a disponibilidade de espaços livres é maior. Ele era consciente da limitação de importar o modelo em solo italiano, mas, apesar de tudo, foi seu defensor mais convicto.

Como diretor do IACP, Instituto Autonomo Case Popolari, milanês (1910-1923) e em seguida do instituto de Forli no segundo pós-guerra, persegue o mito da cidade-jardim, adaptando-o realisticamente às exigências de construir, nas áreas suburbanas, novos bairros de casa populares a baixo custo. Jurista de formação, inscrito no Partido Socialista desde sua fundação, em 1892, colabora com o *Risveglio*, periódico da federação de Forli, do qual é também secretário. Personalidade excepcional e poliédrica, sua vida é entrecruzada com os acontecimentos da edificação pública na Itália, mesmo sendo apenas um dos setores de sua atividade. Redator de *Avanti* (1896), transfere-se para Roma, onde começa também a escrever em *Critica Sociale*, intensificando seus contatos intelectuais com outros países europeus, em particular com a Inglaterra. Foi colaborador de Filippo Turati e, em seguida, seu biógrafo. Em 1903 é chamado em Milão para assumir a direção do Departamento de Trabalho da Sociedade Humanitária, onde desenvolve pesquisas e indagações sobre as condições de vida dos trabalhadores (salários, instrução, trabalho no domicílio, habitações). Em 1904, publica *Il censimento delle abitazioni popolari a Milano* (O Censo das Habitações Populares em Milão), que constitui o primeiro ensaio dedicado ao tema. A partir desse momento, a habitação permanece o centro de suas elaborações teóricas e principalmente de sua intensa atividade de administrador público.

Em 1908, é fundado o Intituti Autonomi per le Case Popolari de Milão e, no ano seguinte, é realizado o concurso para o lugar de diretor, do qual participa. Na ocasião, prepara o volume citado, onde destaca seus estudos e as experiências realizadas nas suas visitas a Letchworth e sobre as obras de Howard. Sob sua direção, o instituto chega a construir 4.895 moradias, das quais, colocando-se na

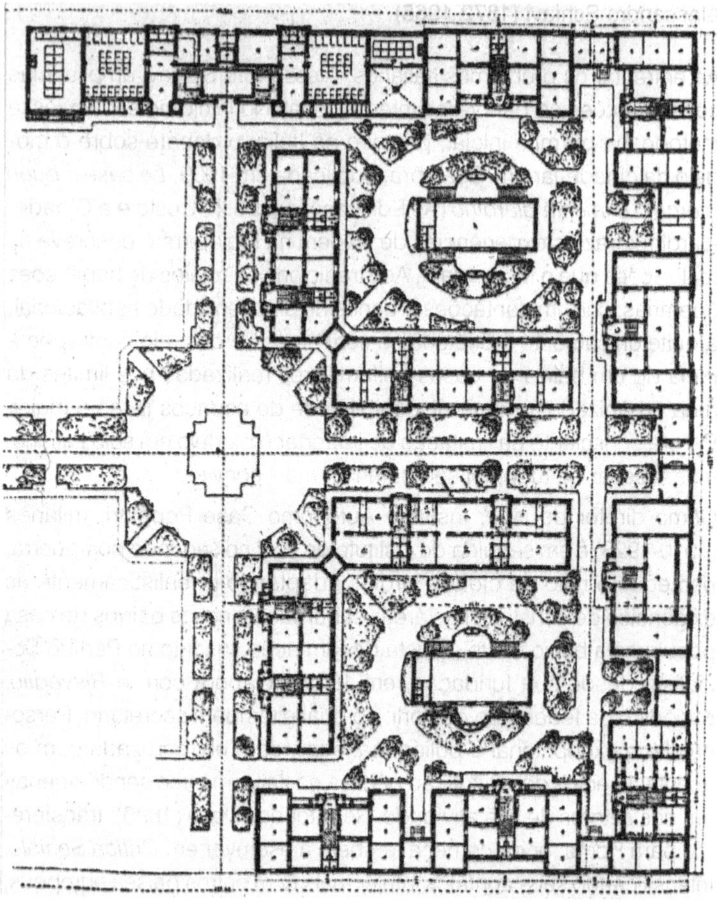

Sociedade Humanitária, bairro de casas populares em Milão, 1903: planimetria do andar térreo.

vanguarda italiana, aproximadamente um sexto são casinhas com horta e jardim. Schiavi foi também conselheiro municipal diversas vezes, assessor do trabalho, de obras e dos serviços sociais. Em 1922, a administração socialista de Milão cai com a ofensiva fascista e o IACP também é atingido, sendo Schiavi o primeiro a ser afastado. Em 1927 tiram-lhe também a residência popular onde mora e ele volta para Forli, onde se dedica a estudos sobre as questões sociais. Em 1929, é encarcerado por alguns dias na prisão de Forli. Entre 1942 e 1943, retoma as relações com alguns grupos antifascistas que operavam clandestinamente na zona e mantém contatos com Ragghianti, que está organizando o Partido da Ação. No pós-guerra, volta a atuar como administrador; em 1944, é designado comissário do IACP de Forli e, a partir do ano seguinte até 1954, presidente.

3. A Circulação e as Áreas Verdes

SISTEMA VIÁRIO E TRANSPORTES

Para a circulação urbana, em primeira instância, são destinadas as vias públicas e as praças.

No sentido mais amplo, também estão relacionados à circulação os problemas relativos aos meios de transporte público, como o bonde, a ferrovia, mas também os cursos d'água e as infraestruturas que ladeiam, passam por baixo ou sobre as próprias ruas. Diversas direções dos deslocamentos (tráfego radial, aneliforme ou diagonal) e suas relações com a forma da planimetria urbana, intensidade do tráfego e os limites impostos pela superlotação, separação entre os percursos de natureza diversa e meios de transporte diferentes, operadores envolvidos e conflitos de interesse são alguns dos capítulos que os principais manuais do século XIX enfrentam quando tratam do assunto.

O horizonte técnico do projetista de planos parece ser muito pontuado pelas questões de engenharia viária. São muitos os novos termos utilizados quando se fala de planejamento, como "retilíneo", "anel", "ramificação", "derivação", "rede secundária" e "rede principal". A infraestrutura viária, em particular, é um instrumento importante à disposição do projetista, capaz de in-

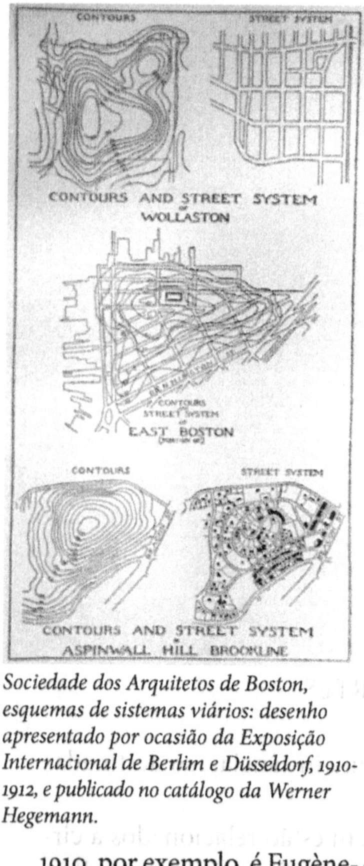

Sociedade dos Arquitetos de Boston, esquemas de sistemas viários: desenho apresentado por ocasião da Exposição Internacional de Berlim e Düsseldorf, 1910-1912, e publicado no catálogo da Werner Hegemann.

troduzir modificações e ajustes na organização urbana e propor um projeto de modernização da cidade histórica.

Na ideologia do plano, é dada certa proeminência à infraestrutura em relação às outras questões. Admite-se sua capacidade implícita de resolver os problemas e as contradições da cidade.

Ao fazer referência a uma metáfora biológica, alguns autores pensam a cidade do futuro como um gigantesco organismo mecânico que "respira" através dos grandes parques, comparáveis a pulmões verdes, e que sobrevive graças à circulação sanguínea das artérias principais e das vias de tráfego mais capilares, que conectam o coração direcional aos circuitos periféricos.

Quem fala nesses termos, em 1910, por exemplo, é Eugène-Alfred Hénard, delegado francês na Town Planning Conference de Londres: seu trabalho se vincula, por um lado, à proteção dos espaços livres e programação de novos parques; e, por outro, à invenção de dispositivos futurísticos de organização da circulação da metrópole.

Eugène-Alfred Hénard (1849-1923)

Hénard está entre as figuras mais representativas de um método de planejamento urbano amplamente baseado na reelaboração da rede viária. Filho de um professor de arquitetura na École des Beaux-Arts, em cujo ateliê estuda com o irmão mais velho, forma-se em 1880, após brilhante carreira universitária marcada por um prêmio de mérito. Começa a trabalhar no serviço municipal das Travaux de Paris, ocupando-se principalmente da construção de escolas. Encarregado de dar sugestões para as duas exposições universais de 1889 e 1900,

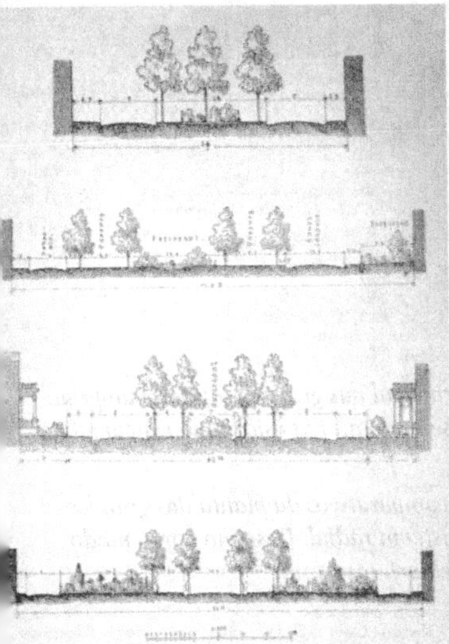

▲ *Seções viárias com meio-fio e calçadas de várias medidas e posições diferentes, publicadas por Joseph Stübben em seu manual, 1890.*

▶ *P. Witting, desenho de detalhes do metrô de Londres, apresentado na Exposição Internacional de Berlim e Düsseldorf, 1910-1912, e publicado na revista Der Städtebau em 1910.*

vence o Grand Prix com suas contribuições. Entre 1900 e 1909, com atenção crescente, ocupa-se dos problemas urbanos. Seus estudos são publicados em oito fascículos intitulados *Études sur les transformations de Paris* (Estudo Sobre as Transformações de Paris), sua obra principal, uma coletânea de análises e planos para a capital. Em 1910, torna-se presidente da nova subcomissão para as perspectivas monumentais da cidade de Paris, nascida em substituição aos comitês encarregados da salvaguarda dos edifícios individuais. Sob sua direção são catalogadas, descritas e elencadas, em ordem de importância e de urgência de obras de conservação, as áreas historicamente significativas. Participa de convenções e exposições internacionais, apresentando relatórios em Washington (1905), Londres (1906 e 1910) e Berlim (1910). Com Sitte, Stübben e Buls, faz parte de comissões julgadoras internacionais.

De 1910 a 1912, Hénard integra o Departamento de Higiene Urbano-Rural do Musée Social e, ao mesmo tempo, está entre os fundadores da Société Française des Architectes-Urbanistes, da qual é eleito o primeiro presidente. Em 1913, devido a uma hemorragia cerebral, afasta-se da atividade.

O percurso de Hénard, a partir de sua saída da escola, desenvolve-se todo dentro das instituições parisienses, onde assume uma visão da capital como rede de equipamentos. O gosto pela técnica e a

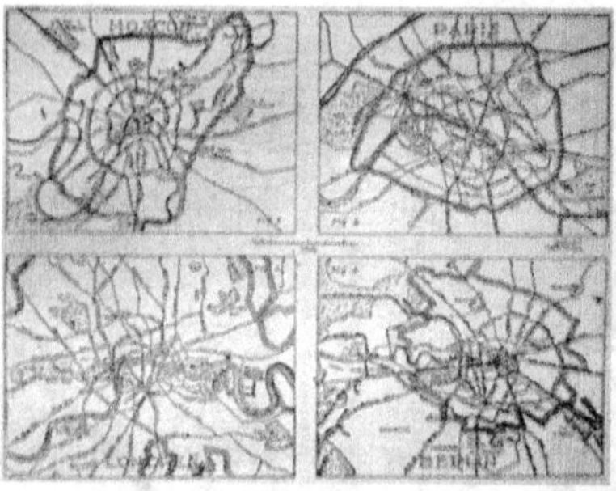

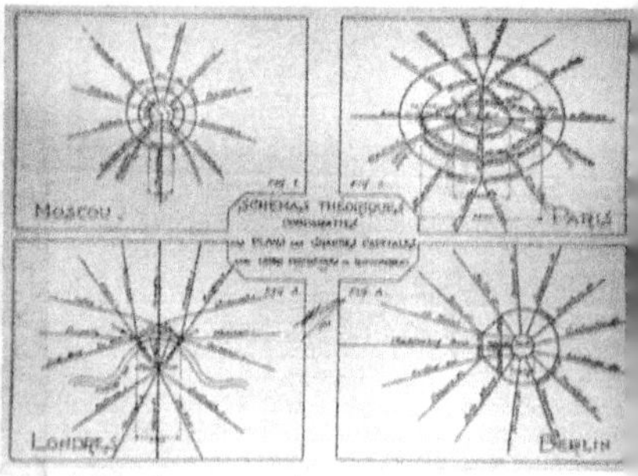

▲ *Eugène-Alfred Hénard, o sistema viário principal nas grandes capitais europeias: Moscou, Paris, Londres e Berlim. Desenho apresentado na Exposição Internacional de Berlim e Düsseldorf, 1910-1912.*

▶ *Eugène-Alfred Hénard: esquemas teóricos comparativos da planta das grandes capitais europeias com o respectivo perímetro e sistema radial. Desenho apresentado na Exposição Internacional de Berlim e Düsseldorf, 1910-1912.*

intervenção direta com os meios do arquiteto no espaço parisiense, como antípoda às técnicas do mesmo período de regulamentação experimental na Alemanha, pesa na definição das "transformações" que Hénard estuda a partir de 1900 para a capital e que publica, sob forma de fascículos, entre 1903 e 1909. Suas análises tendem a subdividir os problemas do planejamento de Paris em três grupos de questões, ligadas respectivamente à circulação e ao sistema viário, aos espaços livres e à construção propriamente dita. É exatamente nos problemas de circulação que são desenvolvidos seus maiores esforços, através de tentativas de adaptar a cidade existente àquilo que ele chama "movimento moderno".

Entre as engenhosas engrenagens viárias, o "carrefour à giration" (rotatória), o "carrefour à vois superposées" (cruzamento em níveis, com vias superpostas), e a ponte em x sobre o Sena merecem atenção especial; como também o ideograma da rua Future, que prevê uma articulação na vertical dos circuitos deslocados nos vários níveis, com base em uma hierarquia lógica que se movimenta dos canais de trânsito pesado, no subsolo, para a superfície, com os percursos para pedestres, e para os planos superiores, com equipamentos de serviço doméstico e transportes aéreos. Com ele, o espaço é tridimensional.

Além disso, com os "boulevards à redans", pensados como uma linha viária de interligação, arborizada e em ziguezague, em um sistema de parques periféricos, que substituiria o perímetro das muralhas fortificadas por um anel de áreas verdes, ele sugere uma inovação mais formal do que técnica, que se baseia na estética da continuidade. Uma nova tipologia "à grega", particularmente idônea para conjugar a área verde com a área construída em uma alternância rítmica calibrada.

Eugène-Alfred Hénard: uma cidade do futuro, vista aérea, 1909.

Seja a ponte em x sobre o Sena, projeto tardio de continuidade dos não realizados alargamentos de ruas haussmanianos, seja o cruzamento do Palais Royal, são tentativas de inserir um sistema viário de peso no ambiente histórico.

No quinto fascículo, ele esboça uma proposta de conjunto para Paris, posicionando-se contra as demolições abusivas dentro da cidade e lançando um apelo apara salvar os conjuntos monumentais, modificando-os o menos possível. Dobrando o grande cruzamento haussmaniano, pretende curar o langor da cidade. A partir desse ponto, ele tenta modificar o conjunto do sistema parisiense. O sexto estudo parte de uma classificação sistemática dos espaços de circulação, avançando a ideia de um perímetro de irradiação que regule o sistema viário convergente e se inscreva como a "grande cruz", em uma visão biológica da metrópole. No sétimo estudo, com a análise do movimento dos veículos em seus aspectos normais e naqueles "trágicos" (os acidentes), chega a inventar um novo tipo de circulação giratória, experimentada em 1907 na Place de l'Etoile, que se tornou basilar no planejamento do século XX. No que se refere aos espaços livres, após análise comparativa com Londres, pretende substituir a rede de parques existentes por um sistema geral de grandes parques repartidos harmoniosamente dentro da cidade. A praça é a modalidade intermediária (entre jardim e rua) de utilização dos espaços livres. Criticando Sitte, é através dos novos meios de acesso que o autor dos *Études* espera a volta da vida pública na praça.

Em resumo, Hénard não pensa em um plano global, mas em uma sucessão de intervenções setoriais que se sobrepõem, ou seja, um programa de trabalho a ser realizado em etapas.

OS PLANOS URBANÍSTICOS DE FLORENÇA E DE MILÃO

Os instrumentos, procedimentos e ideologias que a engenharia viária fornece ao plano diretor aparecem de forma exemplar no urbanismo italiano.

Em Florença, Giuseppe Poggi, encarregado de traduzir em propostas as novas exigências para uma cidade destinada a ser a capital do reino (com previsão para receber cinquenta mil novos habitantes), atua, antes de tudo, sobre a malha viária. As funções governamentais encontram sede nos grandes espaços do desenvolvimento histórico, referidos na denominada "planta dos ministérios". Entre 1864 e 1877, o plano de ampliação é realizado em uma atmosfera febril, e o Estado formula novas leis para a desapropriação dos bens privados e eclesiásticos, instrumentos que Poggi sugere utilizar da maneira mais ampla possível. O engenheiro, por um lado, engloba os projetos precedentes (por exemplo, aquele para a área do mercado velho), e por outro, acompanha a faixa adjacente à avenida das muralhas e a solução das linhas ferroviárias, com a obtenção de amplas áreas a serem desapropriadas. Mas sua primeira escolha consiste na demolição das muralhas daquele lado do rio Arno para, em seu traçado, fundindo as duas ruas – externa e interna –, realizar a interligação entre cidade antiga e novas expansões. Essa demolição (1864-1869) exige providenciar uma

▼ *Giuseppe Poggi: Florença, plano de ampliação para a capital, 1865.*

▶ *G. Alvino: perspectiva das avenidas de Florença previstas no plano de Giuseppe Poggi, 1865.*

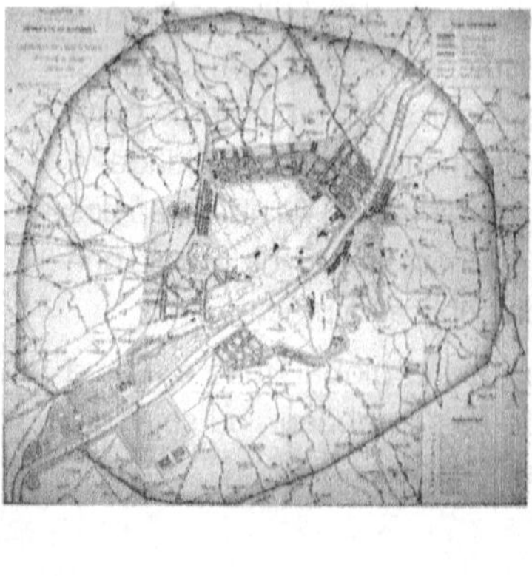

nova "cinta daziaria"*, depois que a cidade perdeu um elemento fundamental de definição formal. Porém, o elemento principal do plano são as avenidas com as praças e rampas do piazzale Michelangelo, no desenho das quais o projetista usa como referência os exemplos europeus de Paris e do Ring de Viena. As avenidas encontram uma qualificação formal nas longas perspectivas dirigidas para as antigas portas de acesso à cidade, isoladas como monumento no largo de novas praças. São intervenções grandiosas que permanecem, apesar das críticas, as principais obras planejadas e realizadas desse cenário.

Em 1868, ainda estão sendo aprovados alguns trechos de estradas suburbanas, o prosseguimento das avenidas que ladeiam o rio Arno (1869), e de outras vias. O plano de Florença permanece essencialmente um grande plano de sistema viário. O problema das edificações, criado com a passagem da cidade para o papel de capital, oferece nova ocasião de atividade para a Società Anonima Edificatrice (fundada em 1848) e outras sociedades de construção de moradias operárias; porém, é a predisposição do sistema viário que dá suporte às ampliações.

Com a transferência da capital (Florença) para Roma, o desenvolvimento, precipitadamente iniciado em 1865, não progride. O município se encontra próximo à falência, a população diminui e, todavia, o relatório do plano diretor de edificações (1885-1895) evidencia de novo a necessidade de facilitar as vias principais entre os acessos da cidade e sua parte central, isto é, entre os lugares onde é maior a afluência de população. Torna-se necessário liberar os monumentos, e é evidente que a maior preocupação permanece ainda na dificuldade de circulação na rede viária do centro.

O plano diretor de Milão (atípico em relação ao estabelecido pela lei de 1865, pela qual o "plano diretor de edificações" estabelecia leis somente para a cidade existente), elaborado entre 1883 e 1884 pelo engenheiro Cesare Berutto, nos parece ser a mais precisa expressão técnica de engenharia aplicada aos

* *Cinta daziaria* era o limite da cidade e, para superá-lo, era necessário pagar o *dazio* sobre a mercadoria transportada (*Dizionario Italiano Sabatini Coletti*, 2002). *Dazio*: no período da Antiga Roma, era imposta uma taxa de trânsito para passar por territórios ocupados; daí o termo *datium* (em latim, dar), que ainda hoje é utilizado na Itália como o *dazio*, imposto sobre a mercadoria (N. da E.).

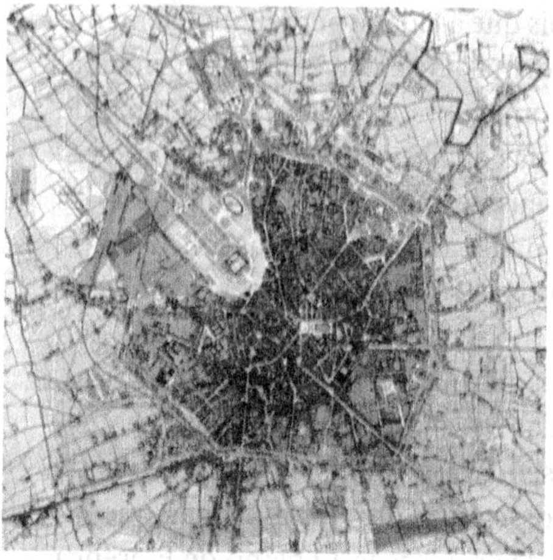

▲ *Cesare Beruto, plano diretor da ampliação de Milão, 1884.*

▼ *Detalhe do foro Bonaparte no plano Beruto de 1884.*

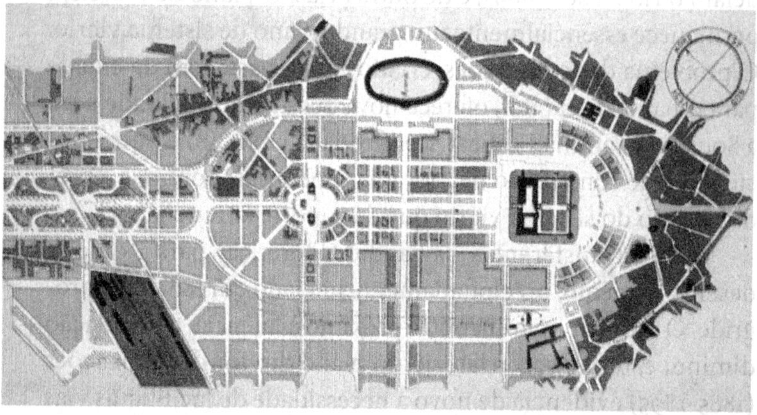

problemas da cidade, tanto em sua organização atual como nas previsões futuras. Além dos ritmos de expansão, o plano parece ser ditado por razões de prestígio municipalista. De fato, Milão, a partir da Exposição Nacional de 1881, pretende apresentar-se como a "capital moral" da parte mais dinâmica e eficiente do país. Da mesma maneira, seu plano, atento em reproduzir os melhores casos europeus, deve parecer um exemplo de vanguarda: é formado por uma rede com "trama larga" constituída pelos traçados viários que englobam a cidade dentro dos muros, através de radiais e anéis. Desenvolvendo-se ao longo de uma faixa de largura constante, o sistema viário com ramificações fundamenta-se em "buscar a maior interligação possível, a união maior entre as duas grandes partes, interna e externa, nas quais a cidade é dividida, fundindo-as, por assim dizer, em um conjunto, de modo a formar um todo único".

Através do traçado da malha viária, a engenharia de tráfego resolve uma série de problemas particulares que não estão relacionados somente com o sistema viário. Por exemplo, o edifício é definido em negativo como constituído por tudo aquilo que está contido entre as diretrizes viárias. O problema do tipo de uso também é agnosticamente resolvido por Beruto com o desenho do sistema viário (ao englobar novas estradas, é necessário deixar grandes quadras, que se prestam a qualquer tipo de uso). A indeterminação do plano e a excessiva dimensão das quadras são o motivo do comportamento do Ministério do Interior, que rejeita a declaração de "interesse público". Beruto refuta e formula suas observações como quem se considera um técnico de vanguarda, criando obstáculos para a miopia dos burocratas; ele concebe seu desenho como um "esquema elástico de diretrizes principais". Suas referências culturais, expressamente citadas, são as cidades americanas, Turim com suas quadras regulares, e, principalmente, a Paris de Haussmann e o Ring de Viena.

A DEMOLIÇÃO DAS FORTIFICAÇÕES

As possibilidades cada vez menores de uso militar das velhas muralhas, que nas cidades europeias serviam pouco contra as artilharias dos vários exércitos, e o interesse crescente pela superfície ocupada pelas fortificações e pelo campo de tiro, foram motivações para que em Viena, já em 1777, e ainda mais em 1817, fossem feitas propostas sérias e prestigiosas sobre a demolição dos bastiões.

Por outro lado, muitas cidades da Europa central já no século XVIII se desfazem de suas muralhas: Berlim, em 1734, Hanover, em 1763 e Graz, onde o Glacis, em 1784, tinha sido transformado em um passeio arborizado. Em Frankfurt, em 1809, Napoleão faz demolir as fortificações situadas em frente ao Hofburg, mais tarde reconstruídas sem os bastiões. Durante todo o século XIX, em vários países europeus, principalmente na Alemanha, a remoção do perímetro das muralhas oferece a ocasião e o pretexto para resolverem um grande número de soluções urbanas decentes, em geral inspiradas no Ring de Viena. A solu-

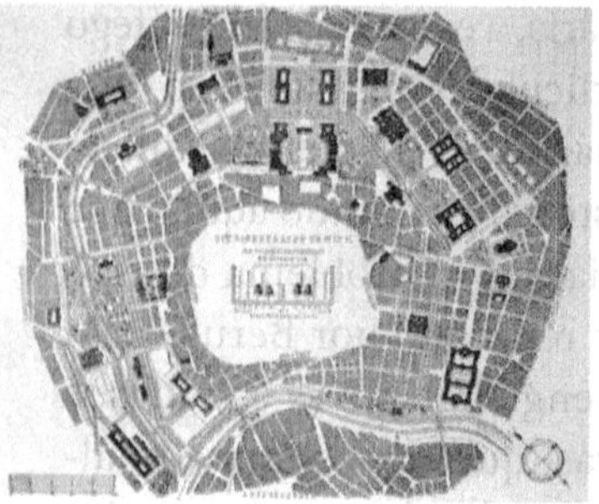

Joseph Stübben: plano de ampliação da cidade de Brunswick.

ção proposta para a capital austríaca, com o desmantelamento das fortificações, é seguida ao longo dos anos de 1870 em Mannheim, Meinz, Colônia, Estrasburgo, Augsburgo e Würzburg, onde, porém, a pobreza de funções urbanas em relação àquelas de uma grande capital terminam por estabelecer a dualidade entre a cidade velha, com características aristocrático-burguesas e a cidade nova da periferia proletária. Os espaços resultantes são utilizados com frequência, graças à presença de fossos e cursos de água, como agradável separação entre a cidade velha e as áreas em expansão, por exemplo, em Wrocłav (Polônia), Lübbecke e Brunswick, na Alemanha.

O tema da ampla avenida periférica reaparece mais tarde, nas primeiras décadas do século XX, na Antuérpia, com o plano de Stübben (1908-1913). Aqui a área do anel fortificado e das relativas concessões militares é reorganizada com amplos recursos, destinando aproximadamente 60% a espaços verdes e a campos de jogo. Mas a fama do Ring, como já vimos, chega também à Itália, exatamente quando se pensa na transferência da capital do reino para Florença. De fato, o plano de Giuseppe Poggi (1865) é largamente inspirado nos grandes eventos urbanísticos europeus do momento, isto é, ao modelo vienense (além do parisiense de Haussmann). Demolidas as muralhas do tempo dos Medici, uma ampla avenida arborizada deveria ser realizada, criando um anel viário à guisa de uma grande "estrada parque", e em seu perfil externo, do lado setentrional em relação ao rio Arno, deveria ser adaptada uma faixa bem elástica de loteamento com malha em forma de xadrez.

Todavia, apesar de sua nova condição de capital necessitar certo número de edifícios públicos, não é feita nenhuma intervenção ao longo da avenida arborizada. Por conseguinte, apesar da semelhança física com a situação vienense, o resultado é bem diferente.

O ANEL VIÁRIO DE VIENA

Em Viena, a divisão anacrônica entre a cidade velha, o anel de defesa e os subúrbios, além do aumento da população, que chegou a meio milhão de habitantes por volta de meados do século XIX, determinam o momento propício para a mudança.

Um dos mais obstinados defensores da demolição é Christian Friedrich Ludwig von Förster, apoiador da renovação artística e técnica da cidade e que, nos jornais, insiste na inutilidade da divisão da cidade. Torna-se necessário mesclar o tecido urbano, demolindo os bastiões, e reunir as partes através da construção de um Ringstrasse (anel viário ou grande avenida em torno do centro histórico), dotado de uma coroa de edifícios públicos e comerciais, com museus e teatros funcionais, apesar da imagem de estado absolutista criada pelo imperador Francisco José e seus conselheiros. Para alcançar esse objetivo, foi projetada uma avenida do império, um cordão de pedra destinado a conter a monarquia dos Habsburgos. Há abaixo-assinados para que a obra não seja realizada, pois comporta escavações, barulho, tráfego, lucro para poucos e, além disso, é a demonstração que o poder do Estado é superior ao dos vienenses.

Sem considerar esses humores, em 1857, quando a cidade já contava com seiscentos mil habitantes, a elaboração do primeiro projeto de reestruturação foi confiado a técnicos estatais. A proposta prevê três elementos que serão constantes nas elaborações sucessivas: a praça das armas ao noroeste, a residência imperial ao sul e a poligonal aberta de uma grande avenida arborizada, mais especificamente, o anel viário. Um abaixo-assinado dos arquitetos vienenses dirigido ao ministro do Interior propõe que os projetistas sejam escolhidos por meio de um

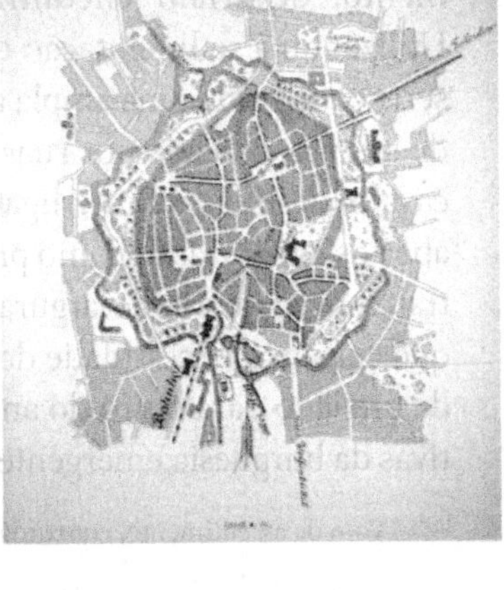

O anel viário de Viena do Danúbio ao Danúbio, publicado por Joseph Stübben no seu manual, 1890.

Perspectiva total do anel viário de Viena, Giuseppe Poggi.

de concurso. Obtido o *placet** do imperador – que deixa transparecer o espírito absolutista da obra ao recomendar que, além de ampliada, a capital seja embelezada –, institui-se um fundo para a ampliação da cidade. É realizado um primeiro concurso. Mais tarde decide-se destinar quatro quintos do terreno do Glacis a monumentos, espaços públicos, estradas e parques, reservando somente um quinto para a construção privada. O curso do Donaukanal (canal do Danúbio) deveria ser canalizado entre dois ancoradouros e regularizado. Edifícios públicos, como um novo ministério da Guerra, um escritório para o marechal da cidade, um teatro de ópera, os arquivos imperiais, a biblioteca, o município, além de museus, galerias, mercados e o edifício do parlamento, deveriam encontrar uma implantação adequada. Utilizando a sedimentação dos fossos, em toda a volta do anel seria construída uma ampla avenida com pelo menos 50 metros de largura, ladeada por ruas de pedestres e veículos puxados a cavalo, destinada a interligar os edifícios alternados a espaços abertos, organizados como praças e jardins públicos. A pista central, com 27 metros de largura, satisfaz as exigências dos militares, que exigem a necessidade de rápidos deslocamentos das tropas de um lado para outro do anel, com as monumentais e celebrativas da burguesia emergente. Depois é preciso pensar em orga-

* Voto de assentimento, concordância (N. da E.).

nizar convenientemente as ruas da cidade velha, interligando-as com as novas artérias.

Os primeiros três anos veem surgir edifícios monumentais fortemente expressivos dos valores do absolutismo dinástico. A unidade do poder político com o religioso, em um lugar de transição entre a cidade velha e os perigosos subúrbios, é celebrada na *Neue Freie Presse*.

O concurso obtém sucesso: são apresentados 84 projetos provenientes de todo o mundo. Os membros da comissão julgadora adotam uma linha moderada e condescendente, dando muitos prêmios *ex aequo*. O projeto mais ambicioso (premiado junto a outros) é o de Förster, que pretende a reorganização global da capital, considerando principalmente o problema dos transportes. Além de reorganizar a cidade velha e equipar a área do anel com passeios, avenidas, parques, propõe regularizar o curso do Danúbio e equipá-lo com um porto fluvial, realizar uma linha ferroviária em forma de anel em volta do Linienwall e reorganizar o sistema viário. Em outros projetos, o anel segue junto à cidade velha e na direção sul, e a disposição das quadras todas iguais é regularizada, a tal ponto que a curva do Wien é oportunamente suavizada ou então integrada aos espaços verdes. Nenhum dos três projetos ganhadores foi integralmente aceito, mas suas indicações formam a base para uma reelaboração executiva confiada ao arquiteto Löhr, com a colaboração de uma comissão da qual fazem parte os três vencedores e técnicos estatais.

A versão executiva, elaborada em 1859 e aprovada pelo imperador naquele mesmo ano, é muito influenciada pelo plano de Förster corrigido, considerando as questões de defesa militar.

O sistema de anéis, que enfatiza a circulação em volta da cidade velha, é complementado, no seu lado interno, com importantes edifícios representativos, deslocados diversas vezes na fase de projeto acima e abaixo do anel, como testemunho de uma certa indiferença em relação à localização. Suas realizações arquitetônicas apelam com desenvoltura a um amplo repertório de evocações estilísticas, coerentes com a função que devem conter. A tipologia dominante para a habitação é um edifício uniforme, tanto na fachada quanto na distribuição interna, um edifício de apartamentos, com quatro ou seis andares, com dezesseis apartamentos, em geral. Altstadt (cidade antiga) e o Ringstrasse, apesar de fortemente independentes sob o ponto de vista físico e funcional, são urbanisticamente destacados. Entre as duas partes não se estabelecem interligações viárias nem visuais de relevo.

A realização, objeto de acaloradas polêmicas entre o governo e o município, não é rápida nem contínua.

A ORGANIZAÇÃO DAS ÁREAS VERDES

O sistema de parques deve ser concebido simultaneamente ao plano da cidade – o crescimento urbano é definido e controlado por um conjunto de espaços livres e de jardins públicos, interligados a um sistema viário rigorosamente hierarquizado, que define um zoneamento. O conjunto é regulamentado por um *corpus* de instrumentos legislativos. Trata-se de uma visão global que na Europa é promovida, sobretudo, por estudiosos franceses. Em um período onde o urbanismo de Paris se transforma radicalmente, dos últimos episódios do ciclo haussmaniano às grandes intervenções de planejamento, aqui também a cidade se confronta com o problema da organização das fortificações. Pensada, antes de tudo, como ocasião para construir um anel contínuo de habitações – esse é o sentido do projeto de Alphand de 1883 –, a operação de substituição das muralhas é aceita por razões mais ou menos admiráveis, com o pretexto de realizar também um cinturão verde em torno de Paris. Os primeiros estudos conduzidos em alguns trechos do perímetro das muralhas ainda não constituem obras de desqualificação; porém, a ênfase dos projetistas nos jogos e esportes indica uma das funções a ser acolhida na organização do conjunto das fortificações, vistas como possibilidade de incrementar as condições da higiene urbana. Um componente decisivo é o próprio sistema de áreas verdes, que toda grande cidade modelo deve possuir e que deve ser composto de elementos hierarquicamente diferentes: as grandes reservas e paisagens protegidas, os parques suburbanos, os grandes e os pequenos parques urbanos, e os jardins de bairro, as diversas áreas de recreação e, enfim, as avenidas arborizadas que interligam esses conjuntos, com um papel específico na cidade.

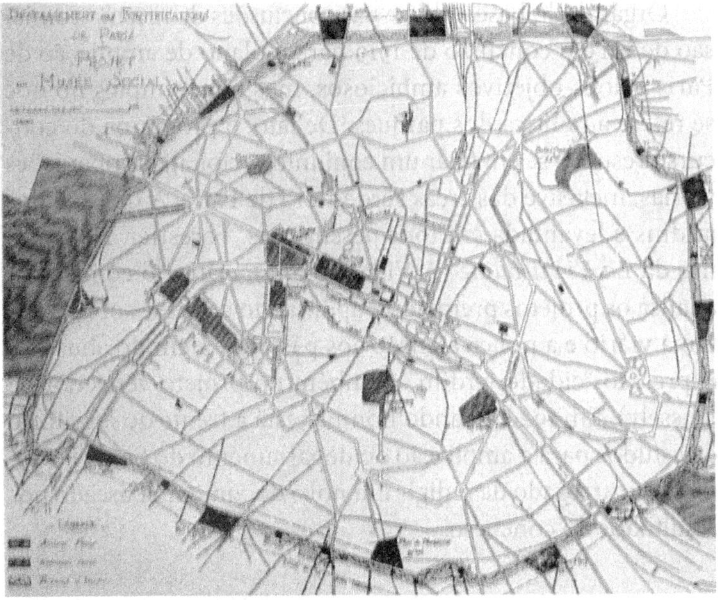

Musée Social: plano de reutilização da área das fortificações de Paris, com um sistema de avenidas arborizadas e parques, 1911-1913.

As ideias de muitos protagonistas do debate urbanístico desses anos convergem nas reflexões sobre projetos; existe uma sintonia explícita entre a problemática organicista do principal arquiteto do verde, Jean-Claude Nicholas Forestier (1861-1930) e as posições saturadas de bergsonismo de Marcel Poëte (1866-1950). O Musée Social e seu Departamento Urbano-Rural de Higiene (cujo presidente é Eugène Hénard) têm um papel fundamental. Já depois da segunda reunião, constitui-se uma subcomissão encarregada dos espaços abertos internos e externos de Paris. Esse grupo é particularmente ativo em relação à desqualificação da cinta militar. Em 1909, Forestier publica uma proposta para um segmento da área liberada entre as duas portas. Ele não privilegia as soluções radiais, mas as tangentes à cidade garantidas por um "parkway"*, com edifícios públicos instalados em correspondência às portas. Suas ideias serão retomadas por Marcel Poëte e Louis Bonnier no relatório elaborado para a Commission pour L'Extension de la Préfecture de La Seine (1913), à qual ele está em débito por uma boa quantidade de ideias diretrizes.

* *Parkway* denomina uma estrada ou avenida ampla com pistas separadas por canteiro central e que atravessa uma paisagem natural (N. da E.).

Organizado baseando-se nas conclusões da mesma comissão de 1913, o concurso de 1919 para o plano de ampliação de Paris coloca objetivos ambiciosos, mas bem simples no que se refere à política dos parques. De fato, o programa do concurso resume-se em fixar um conjunto racional das operações viárias, inclusive das áreas verdes fora de Paris. A questão dos jardins é levantada em tons pessimistas. Forestier, nas páginas da *La Vie urbaine* (A Vida Urbana), critica o concurso e analisa os projetos premiados, apontando a ênfase sobre o sistema viário e a pouca atenção aos passeios, além do abuso da expressão "cidade-jardim" (também no projeto vencedor de Jaussely). Em 1920, quando Bonnier está à frente do escritório de estudos para a ampliação do departamento do Sena, Forestier é encarregado de redigir um novo documento baseado nos resultados do concurso.

Jean-Claude Nicholas Forestier (1861-1930)

Aluno da célebre École Polytechnique e depois da École Forestière de Nancy, participa ativamente no debate cultural e profissional francês sobre as formas de transformação da cidade no fim do século XIX e início do XX, com seus textos, projetos e realizações. Paralelamente à sua obra, participando do serviço para as Promenades et Plantations de la Ville de Paris, realiza pesquisas sobre os espaços abertos e redige projetos para uma série de jardins privados na França, Marrocos e Espanha, e para os jardins públicos de Sevilha, Barcelona e Lisboa, além daqueles para os planos de embelezamento de Buenos Aires e Havana.

Sua história tem raízes especialmente nas transformações de Paris na passagem do século XIX para o século XX e no urbanismo desse período. Ator em algumas etapas importantes que consolidam o novo saber, em 1908, torna-se membro fundador do Departamento de Higiene Urbana e Rural no Musée Social; em 1911, da Société Française des Architectes-Urbanistes, em 1916; da École d'Art Public, em 1919; da École des Hautes Études Urbaines; além de, em 1928, ser presidente da Ligue Urbaine.

Com Robert de Souza (1864-1946), homem de letras e jornalista, é um dos mais ardentes defensores dos espaços abertos. Expõe sua teoria em *Grandes villes et systèmes de parcs* (Grandes Cidades e

Sistemas de Parques) em 1906, pegando emprestado de Olmsted o "park system" que aplica na rede viária haussmaniana, organizando ligações entre espaços verdes na escala de toda a aglomeração parisiense. Sua autoridade como botânico e a experiência sobre a arte dos jardins eclipsa sua figura de urbanista: suas competências aparecem inteiramente em *Jardins, carnet de plans et de dessins* (Jardins, Apontamentos de Planos e Desenhos), onde os jardins são somente um dos elementos do sistema projetado de parques.

Forestier começa a trabalhar para a cidade em 1887 e permanece até sua morte em 1930. Não parece que tenha feito projetos mais amplos antes de publicar *Grandes villes et systèmes de parcs,* mas é claro que o problema do anel viário está constantemente presente em seu opúsculo. Longe de pensar somente na conservação de áreas verdes, sua reflexão, no início do século, se inscreve mais naquela geral, sobre a expansão da capital.

Em 1906, em sua importante obra comparativa e teórica, Forestier explora a relação entre a experiência americana, com a qual esteve em contato em Paris, em 1901, durante a passagem da Comissão para a Organização de Washington, e a inglesa, a propósito do tema da cidade-jardim (difundida na França graças à obra incansável de Benoit-Levy). Lança um apelo ao poder de decisão parisiense, convencido de que a reflexão sobre a capital não possa mais se limitar à "cidade intramuros", porque Paris e sua periferia já formavam uma só e indissolúvel aglomeração. Portanto, evoca com força a necessidade de um planejamento das metrópoles. Por fim, continua a refletir sobre uma política de conjunto dos espaços livres parisienses, mesmo no âmbito do Musée Social. Os projetos que elabora no exterior, durante esses anos, também são influenciados.

Aliás, já em 1909, havia reivindicado que fosse constituído um organismo independente dos municípios para o plano de ampliação, com financiamentos garantidos pelos impostos sobre a mais-valia. Em 1922, retoma a ideia dessa instituição e elabora um plano dos espaços abertos para o conjunto do departamento do Sena, para além de Paris. Ademais, na espera da lenta decantação desse plano, trabalha para aperfeiçoar um sistema regional de parques. Até sobre as fortificações ele "regionaliza" o estudo dos terrenos para esporte e jogos.

Forestier se aposenta quando o planejamento da região parisiense entra em uma nova fase, com a criação, em 1928, do CSAORP, Comité Supérior d'Aménagement du Territoire et à l'Action Régionale, e o estudo do plano regional de Prost, adotado em 1934. Naquela fase, suas reflexões, publicadas em *Principes d'urbanisme* (Princípios de Urbanismo, 1928), não têm mais impacto direto sobre a realidade.

Suas ideias não são mais aplicadas em sua globalidade, somente fragmentos são aproveitados pelas administrações parisienses, talvez muitos anos depois (por exemplo, a proposta de um passeio que interligue os fortes será retomada no fim dos anos de 1980, no trabalho Banlieues 89).

4. A Higiene

AS CONDIÇÕES SANITÁRIAS URBANAS

No século XIX, o nascimento de um movimento a favor do urbanismo é diretamente ligado a uma sensibilidade generalizada para questões de higiene pública. É necessário pôr um limite ao risco de que a cidade possa ser a origem de mortes por poluição, falta de água potável e edifícios com superlotação. O desafio é poder aperfeiçoar uma legislação que permita planejar um futuro no qual os "males" urbanos possam ser debelados. Na Inglaterra, essa passagem a um comportamento fortemente positivo é marcada pelo Town and Country Planning Act de 1909, o qual, no entanto, apresenta inúmeras dúvidas; contudo, também nos outros países europeus verificam-se importantes iniciativas.

A história desse período é essencial para entender o contexto da mudança, representado pelas relações entre poder central e poder local, e pelo modo em que os acontecimentos políticos influíram na vida da população. Recorre-se a uma intensificação das vistorias nacionais e municipais sobre as condições sanitárias urbanas.

Intervenções construtivas à parte, a primeira aplicação em ampla escala dos princípios científicos e inovações tecnológicas refere-se ao abastecimento hídrico e à eliminação do lixo.

Na Inglaterra, após as grandes epidemias de cólera, organiza-se um verdadeiro movimento de pressão social e reforma; são iniciadas pesquisas sobre as condições higiênicas da habitação após ser divulgado de que a transmissão de epidemias estaria, de algum modo, ligada a essas condições. Edwin Chadwick (1800-1890), um brilhante advogado, assistente literário de Jeremy Bentham, pressiona para que a Poor Law, de 1834, adote novas cláusulas de organização administrativa para o controle da higiene. Esses primeiros passos estão na base da adoção do primeiro Public Health Act (Ato de Sáude Pública), de 1847, que autoriza, sem tornar obrigatória, a instituição de uma entidade centralizada, comissões locais específicas e de técnicos municipais, os oficiais médicos. Particularmente em Londres, esse tipo de instituição é pressuposto no projeto da rede hídrica, de esgotos e da iluminação e organização das ruas. Mais tarde, o segundo Public Health Act (1875) constitui-se numa das leis europeias mais importantes nesse setor, determinando uma grande quantidade de regulamentos locais de higiene. No fim do século, tais expedientes se ligam à questão das moradias, pois estabelecem a realização de pesquisas detalhadas sobre a qualidade do bairro, da casa e de seus espaços internos, além de outras sobre a qualidade do ar e da luz nesses espaços. Esse movimento cultural e legislativo a favor de uma melhoria das questões higiênicas, em meados do século XIX, ocorre, poucos anos depois, também na Alemanha e na Holanda. No primeiro caso, Max van Pettenkofer, célebre professor de medicina de Munique, desenvolve e imprime suas pesquisas estatísticas – objeto de referência dos principais congressos internacionais –, muitos manuais de higiene e especificamente alguns de urbanismo, e a Associação Alemã para a Saúde Pública e outros organismos retomam e difundem os interesses da burguesia urbana esclarecida. Na Holanda, os engenheiros estão, antes de qualquer coisa, ocupados com as pesquisas sobre a qualidade do hábitat nas principais cidades da região, todavia, mais tarde, encarregam-se de indicar procedimentos operativos no setor das instalações de água e de esgotos e normas para construções.

A CONSTRUÇÃO DA REDE DE ÁGUAS, DE ESGOTO E DA ILUMINAÇÃO VIÁRIA

Em todas as grandes capitais europeias, a construção de redes de água, esgotos e fornecimento de gás e eletricidade já constitui, desde as primeiras décadas do século XIX, um dos encargos técnico-administrativos mais importantes. Em Londres, são instituídas sociedades para dotar de água potável todas as habitações das áreas centrais. Na Alemanha, primeiro em Hamburgo e depois em Frankfurt, alguns engenheiros encarregados também das pesquisas, em contato com o movimento internacional anteriormente mencionado iniciam a construção de um sistema hídrico, inicialmente promovido por sociedades privadas, e municipalizado após a década de 1870. Em Paris, a questão é enfrentada pelos chefes de polícia e do Sena ainda antes da chegada de Haussmann, cujas realizações, seja nas áreas centrais da capital, seja nas de expansão, tornam-se tão famosas que, no âmbito da Exposição Universal de 1867, são organizadas as primeiras visitas ao subsolo da metrópole (exatamente nos anos em que Victor Hugo celebra sua horrenda complexidade). Os engenheiros da Ècole des Ponts et Chaussées preveem que a água deva chegar a todos os apartamentos, portanto, que os imóveis de vários andares sejam equipados adequadamente, além de interligados às canalizações de escoamento. De forma simples e tradicional, o sistema de abastecimento hídrico utiliza a presença do rio extraindo a água graças à força das bombas

Joseph Stübben: tipos de canalização abaixo do nível da rua, 1890.

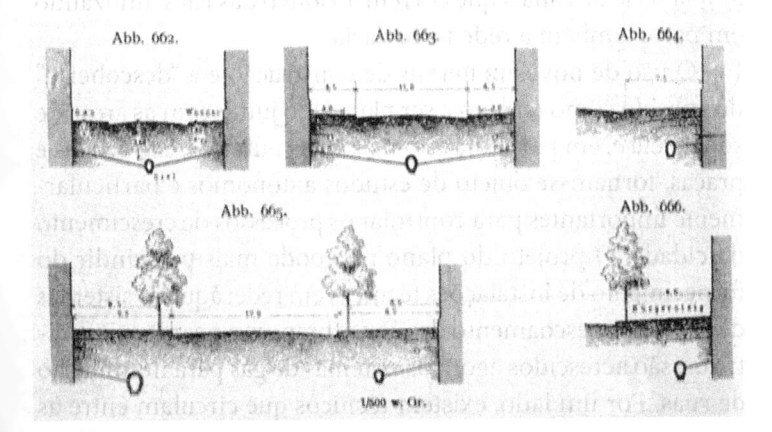

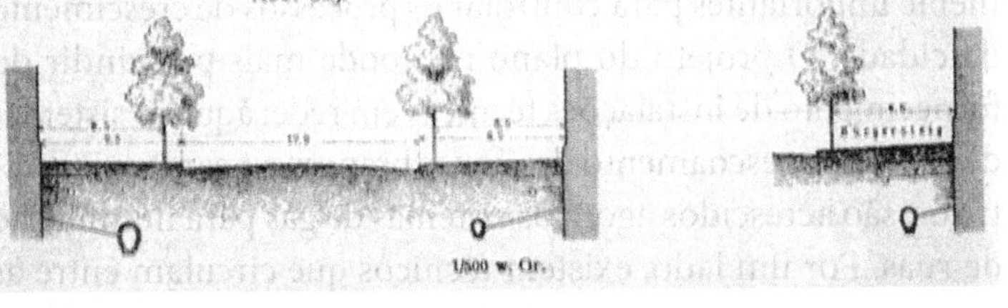

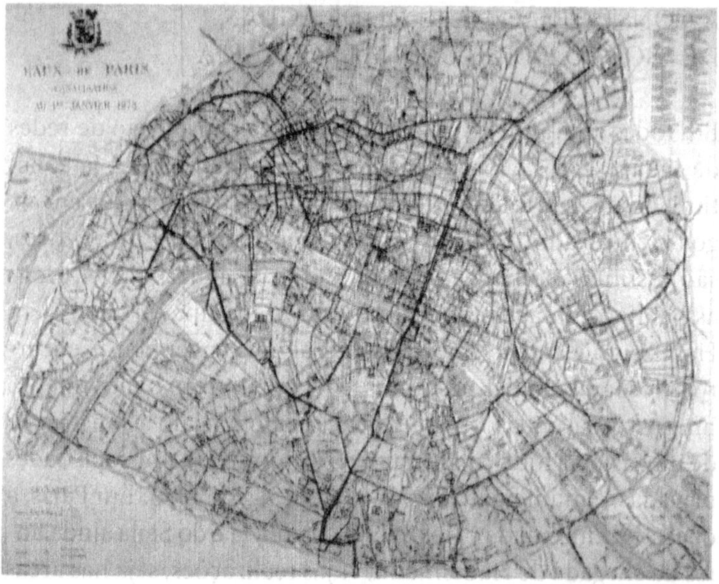

Rede das canalizações de Paris, 1878.

hidráulicas: com a chegada de Napoleão III, o Dhuis, afluente do Marna, também se torna fonte de fornecimento graças à construção de longo aqueduto dotado de elementos importantes e inovadores. No que se refere aos esgotos, o barão Haussmann, também preocupado com as questões de manutenção, predispõe uma série de mecanismos "naturais" para evitar os condutores forçados, seja no âmbito da casa privada, seja no das instalações de produção: sua "cloaca máxima" está interligada com o Sena, ao longo da margem direita, e coleta uma ampla série de canais que correm ao longo das ruas, utilizando em parte também a rede ferroviária.

O uso de novos materiais de construção e a "descoberta" do subsolo como terreno a ser planejado junto com as áreas de superfície e, em particular, com as áreas públicas, isto é, ruas e praças, tornam-se objeto de estudos autônomos e particularmente importantes para controlar os processos de crescimento da cidade. O projeto do plano não pode mais prescindir do fornecimento de instalações técnicas em rede: àqueles sistemas de captação e escoamento das águas brancas e negras acima citados, são acrescidos agora os sistemas de gás para iluminação de ruas. Por um lado, existem técnicos que circulam entre as grandes capitais (Hamburgo, Frankfurt, Paris, Londres, Glasgow), exportando as soluções adotadas em cada uma delas; por outro, empresas nacionais (inglesas, francesas, belgas) que atuam no campo da construção e da gestão de redes urbanas, e não somente em seus países de origem. Tais empresas exportam os materiais de construção (tubos, aparelhos) e as competências técnicas de modo que, antes que avance o processo de municipalização, do final do século até a Primeira Guerra Mundial, muitas cidades confiam a essas grandes companhias estrangeiras a gerência de seu sistema de gás. O processo de fornecimento de eletricidade é análogo no início, limitado às vias públicas, depois chega às habitações e se intensifica nos anos de 1880 .

Na Itália, o processo é similar ao dos outros países europeus, e quase simultâneo. No período de consolidação do Estado unitário (1880-1910), as políticas dos serviços técnicos em rede constituem instrumentos de governo de grande importância. Para a história urbana, é a fase da "cidade radial"; as redes de serviço (transportes públicos, aquedutos, gás, eletricidade, esgotos) confirmam e ratificam esse modelo de crescimento e constituem um padrão para organizar a expansão. Atividades e decisões municipais relativas a infraestruturas e serviços condicionam a elaboração do plano urbano quando este existe, mas mais frequentemente o substituem, obtendo como resultado, da mesma maneira, uma conformação do território: exatamente a de um desenvolvimento radial. De fato, na Itália, o urbanismo está mais presente nos processos de iniciativa pública para dotar o território de infraestruturas em rede do que naqueles de construção civil; mais nas estruturas institucionais do que em um verdadeiro *corpus* disciplinar, e mais nas atividades de gestão do que nas de planejamento urbano. A certeza de que esses serviços gerem lucros às empresas gestoras é uma característica dessa fase, ou seja, busca-se a segurança de que a empresa dos serviços seja produtiva. A forma compacta das áreas urbanizadas (como nas cidades italianas) e, em especial, as áreas centrais, a serem equipadas com serviços, explica, além do baixo custo da mão de obra, o fato de as tarifas serem contidas. A certeza de balanço positivo não é desmentida até os anos de 1930, e constitui a base da visão empresarial dos problemas. Nela se amparam ora os que apoiam uma possível licitação dos próprios serviços para empresas concessionárias, ora os que apoiam a gestão pública. De fato, é em torno dessa questão que giram as amplas convergências que, após anos de debate, veem reformadores liberais, socialistas e grandes industriais entrarem em acordo para alterar a legislação vigente e aprovar a lei de 1903, que reconhece e regulamenta o instituto de emprego direto dos serviços públicos por parte dos governos municipais, justificado pela vontade de encontrar uma fonte de renda para as autoridades locais. Com as municipalizações, os municípios se transformam em empregadores.

UMA LEGISLAÇÃO SOBRE A SAÚDE

Na Itália, na segunda metade do século XIX, o quadro técnico cultural é muito condicionado por duas leis que evidenciam a higiene como chave de leitura dos problemas atinentes à cidade e ao território: a Lei de Saneamento da Cidade de Nápoles e o Código de Higiene e Saúde Pública de 1888, aprovadas logo após a dramática epidemia de cólera que afetou a península entre 1884 e 1885.

Diferente das outras epidemias que tinham afetado o país, essa faz amadurecer uma série de propostas que os higienistas haviam feito há tempos. Já era clara, então, a origem bacteriana da doença e era de conhecimento público que a bactéria se desenvolvia nas aglomerações urbanas onde faltavam sistemas eficazes de abastecimento e eliminação das águas. Os manuais alemães, de modo particular os de Pettenkofer, são muito conhecidos na Itália, assim como os resultados obtidos por Koch e Pasteur e as vacinas de prevenção. Após o período 1884 a 1885, os estudos de higiene pública se transformam de questões científicas em propostas operativas para a construção de uma rede capilar de controle e instrumentos de prevenção.

A partir dos anos 1880, o espectro de novas epidemias é incitado continuamente. Acelera-se o processo de transformação dos preceitos de higiene em normas legais e dos higienistas em técnicos do Estado. De fato, o Código de 1888 prevê um sistema hierárquico de entidades onde o pessoal técnico-

-sanitário ocupa papéis-chave em níveis diferentes. Por meio da higiene, são introduzidos novos instrumentos de pesquisa e intervenção, mas principalmente técnicas anteriormente experimentadas, as quais sofrem uma espécie de exagero ideológico. Operações de manutenção ordinária, como alargamento de ruas e retificação, agora são justificadas por expressões obtidas no vocabulário de cirurgia elementar e por metáforas do corpo humano como "sventramento" (extirpação). Extirpar, significa atacar o mal em seu epicentro segundo procedimentos que se contrapõem polemicamente aos custosos esforços da arquitetura. Demolições e reconstruções assumem o nome de saneamentos ou "higienização".

O esforço realizado pelo Estado no setor da higiene deixa suas marcas na estrutura da administração pública. Não somente nos escritórios e nos regulamentos, mas também em outros setores, da instrução pública à assistência aos pobres, do sistema viário e manutenção das ruas ao desenvolvimento construtivo e ornamental da cidade. A higiene pública aparece em condições de determinar até mesmo a configuração planivolumétrica das quadras. Luz e ventilação tornam-se parâmetros indiscutíveis para definir a altura das fachadas, a largura dos recuos dos edifícios, as características dos pátios internos. Além disso, a higiene pode estabelecer, em bases objetivas, as dimensões ideais de uma habitação saudável, as características dos equipamentos coletivos, a evolução dos serviços de rede. Essa ampla gama de questões, uma vez submetidas ao domínio da higiene, torna-se objeto da "engenharia sanitária". Matéria de cunho positivista, ela estabelece relações diretas entre causa e efeito, diagnóstico e terapia, conhecimento e intervenção. A pesquisa de conhecimento das condições higiênicas e sociais torna-se uma premissa da fase operativa.

Através de análises conduzidas minuciosamente sobre o corpo doente da cidade, a higiene tem condições de esclarecer quais são os problemas das zonas mais degradadas e do subsolo, elaborando instrumentos que revelam também aquilo que não é visível ao olho humano. Amostras de água potável, inspeções de fossas e de habitações permitem reorganizar os dados segundo quadros e tabelas estatísticas. A pesquisa interligada com o saneamento de Nápoles representa a amostra tipo, o modelo que a lei de 1885 estende a todos os municípios italianos que pretendam realizar obras de saneamento urbano.

A partir de 1890, com a criação de escolas e divulgação de manuais, são publicadas diversas revistas especializadas. Duas delas, *L'Ingegneria Sanitaria* (1891), dirigida pelo engenheiro Francesco Corradini, e *L'Ingegnere Igienista* (1900), fundada por Giulio Bizzozzero e Luigi Pagliani, nascem em Turim, cidade que pode ser considerada a capital italiana da higiene aplicada. O plano de engenharia sanitária, quer se trate somente de esgotos ou da cidade em seu conjunto, tem a pretensão de definir as melhores condições ambientais compatíveis com os orçamentos públicos.

As prefigurações urbanísticas preveem quantidades ideais (número de mercados, hospitais, igrejas, escolas) e relações proporcionais (altura das edificações em relação à largura das ruas, quantidade de superfície construída em relação às áreas livres, dimensão dos pátios em relação ao bloco construído, distâncias entre edifícios vizinhos). Disso origina-se o *corpus* de normativas que começa a fazer parte das normas e regulamentos construtivos a partir do final dos anos de 1880 e, mais tarde, do vocabulário do planejamento, com um termo emprestado ao linguajar específico de pesos e medidas: *standard*.

O PLANO DE SANEAMENTO URBANO

As imagens literárias da grande cidade frequentemente se baseiam em uma ideologia antiurbana, e isso só em parte corresponde ao cotidiano da cidade média da península. Mas o ponto de referência está nos modelos europeus, por um lado tendo como hipótese uma condição de subdesenvolvimento da situação local em relação à de outros países; e, por outro, lendo as condições italianas em função de seu atraso, com juízos de valores expressos instrumentalmente. Assim, a cidade, de lugar insalubre, torna-se a sede mais adequada para receber obras de saneamento.

Na Itália, Nápoles, primeiro símbolo de descuido e depois de recuperação nacional, sacode as consciências a ponto de, em 1900, ser candidata a receber a Grande Exposição sobre higiene. A súbita transformação de sua imagem baseia-se exatamente no projeto de saneamento, aperfeiçoado nas últimas duas déca-

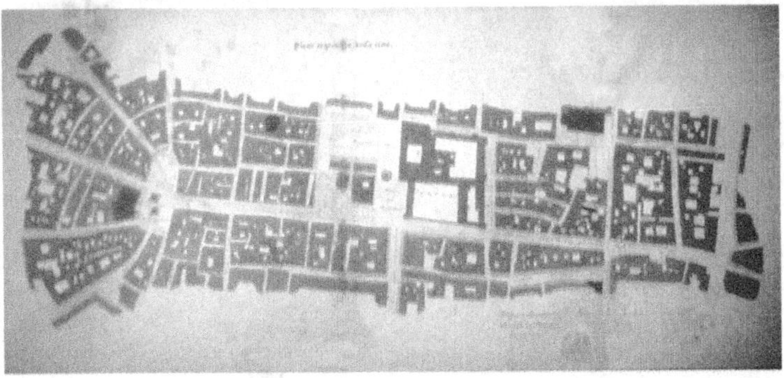

Bolonha: plano de saneamento da área situada entre as vias Rizzoli e Ugo Bassi, 1889.

das do século XIX e que tem origem em uma lei de importância extraordinária, que entra no léxico habitual evocando iniciativas de reorganização higiênico-sanitárias, de reestruturação dos serviços públicos realizados com financiamento estatal. Os alargamentos de ruas de Bolonha, o saneamento de Turim, os aquedutos de muitas cidades italianas, grandes e pequenas, são postos em prática com base naquelas disposições.

A higiene se ocupa dos "males" produzidos pela intensa proximidade de moradia e vida, partindo da ideia de que a concentração altera a normalidade, isto é, a salubridade natural do lugar. É uma questão positiva, nova e paralela ao nascimento do urbanismo, na moda no fim do século, com objetivos ao mesmo tempo especulativos, concretos e muito ambiciosos. Almeja a manutenção da saúde e preocupa-se em educar os homens sobre si próprios e sobre o ambiente. Dessa forma, interfere com o urbanismo; elabora e transforma em lei um novo código sanitário para elaboração de propostas operativas. A transformação do espaço urbano para torná-lo melhor, similarmente aos modelos europeus, é concretamente buscada na península. As diretrizes das normas construtivas e das intervenções concretas no corpo da cidade descendem da higiene pública. A exigência de fornecer água potável para cada casa, construir edifícios saudáveis e confortáveis, ampliar e endireitar as ruas e afastar as indústrias nocivas tem condições de corrigir os defeitos das construções existentes, modernizando-as.

Com a Lei de Saneamento da Cidade de Nápoles, datada de 1885, de instrumento excepcional, o plano diretor torna-se uma norma administrativa de uso corrente. O artigo 18 estende os

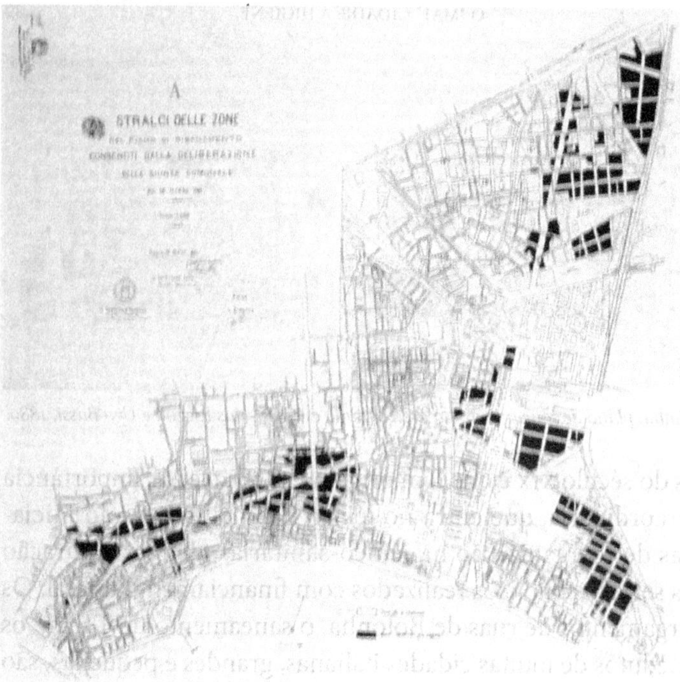

Turim: plano diretor de edificações e de saneamento, 1885.

benefícios do decreto (de ordem financeira) a todos os municípios onde as condições de salubridade das habitações o exijam.

A Lei sobre a Desapropriação de Interesse Público, de 1865, permanece como o termo de referência geral, com sua rígida distinção entre o plano de ampliação e o plano diretor de edificações* e com o longo tempo previsto para aprovação por parte do parlamento, chamado a estabelecer o interesse público das obras projetadas. A Lei Especial para Roma, de 1883, recorre ao princípio segundo o qual o Estado pode encarregar-se diretamente dos problemas de uma cidade quando, devido a situações graves ou excepcionais, eles superam os limites da administração ordinária. Essa lei introduz na prática administrativa italiana o uso frequente de instrumentos legais excepcionais, um uso que caracterizará a história do governo do território do país por mais de um século (ver leis aprovadas por ocasião de eventos traumáticos como terremotos, inundações etc.), mas o caso

* O primeiro plano diretor na Itália foi aprovado pela lei 2.359/1865 e era dividido em duas partes: um plano diretor de edificações, cuja área de intervenção era o perímetro da cidade existente; e um plano de ampliação, cuja área de intervenção compreendia todo o município (N. da E.).

de Nápoles não oferece somente um novo horizonte legislativo, também representa um modelo técnico-operativo.

Nos anos seguintes, o *crack* financeiro e os escândalos anulam aquele valor exemplar que, através de um esforço financeiro excepcional, os governos Depretis e Crispi lhe haviam conferido. Todavia, baseando-se no caso de Nápoles, outras cidades como Turim, Bolonha e Veneza adotam um plano de saneamento. Particularmente em 1886, o município de Turim, o primeiro entre os municípios italianos, apresenta um plano de saneamento e melhorias higiênicas e construtivas para a cidade, requerendo a extensão dos benefícios previstos pela lei de 1885. O esquema prevê algumas artérias novas em áreas insalubres e, com a declaração de interesse público, inclui obras de embelezamento para melhorar o sistema viário urbano. Poucos anos depois (1891), Veneza também adota seus treze projetos de transformação de algumas áreas. E como Veneza, nas mesmas condições, outros pequenos e médios centros experimentam mudanças funcionais, a reconstrução de alguns bairros e a realização de uma rede de serviços públicos.

O Caso de Nápoles (1885)

Em 1885, logo após uma violenta epidemia de cólera e uma eficaz campanha divulgada através de jornais mostrando as dramáticas condições de vida da população de Nápoles, o governo Depretis se encarrega de promover intervenções radicais; e o faz através de uma lei com a qual financia o redesenho higiênico de quarteirões insalubres inteiros do centro da cidade velha. O instrumento utilizado é a extirpação, isto é, a demolição de quarteirões inteiros e o alargamento das ruas), termo adquirido do léxico médico que tem sucesso imediato no ambiente urbanístico.

De fato, a situação de Nápoles era desastrosa após a epidemia de cólera. A estratégia de saneamento (que parecia ser resolutiva) deveria ser desenvolvida em três aspectos: a realização de uma nova rede de esgotos, racional e completa; a introdução e distribuição de água potável; a redução da população dos bairros centrais mais baixos, com a demolição de boa parte dos edifícios, que deveriam ser substituídos por outros novos, separados por ruas regulares e espaçosas, e sucessiva construção de bairros populares em alguns pontos da periferia urbana.

Quem realiza o projeto é um consórcio de bancos, sociedades imobiliárias e empresas de construção do norte: a Societá per il Risanamento,

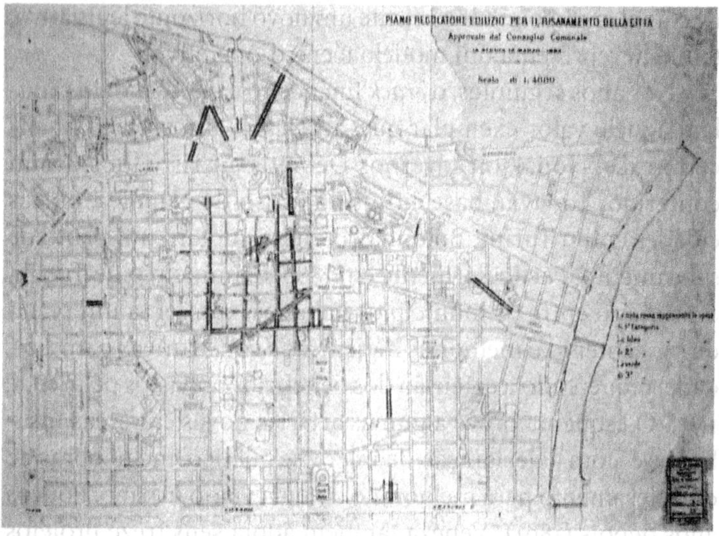

Nápoles: trechos de algumas áreas do plano de saneamento da cidade, 1885.

constituída especificamente para a ocasião. Com ela, em 1888, o município estipula uma convenção de 25 anos; a sociedade deveria elaborar os projetos executivos e o Estado se incumbiria de depositar uma cota igual a três quartos do valor orçado. A sociedade assume os riscos e ônus da operação, a ser realizada segundo um plano de interesse público. Desapropriações, expulsão da população de aluguel, demolições, novas construções estão a cargo da sociedade, que, em troca, torna-se proprietária dos imóveis. O município permanece proprietárioi somente das áreas livres, ruas, praças e jardins.

Rapidamente, a limitada eficácia desse tipo de operação é criticada, por exemplo, pela escritora Matilde Serao. O colapso do sistema bancário italiano de 1893 arrasta na bancarrota também a sociedade imobiliária; é declarada a falência e são divulgadas irregularidades na gestão das obras. Mas, ainda antes do *crack* financeiro, o saneamento urbano revelava-se um negócio pouco rentável para a sociedade.

Movido pela miragem de uma rápida especulação, mais do que uma política imobiliária a longo prazo, o capital investido em Nápoles sofre um colapso devido à carência de análise do mercado local. Boa parte dos escritórios e habitações de luxo construídos ao longo do Rettifilo* serão absorvidos pelo mercado somente muito mais tarde. Paradoxalmente, ainda se revela mais rentável o investimento na edificação

* O Corso Umberto I em Nápoles, conhecido como *Rettifilo*, tem 1,3 quilômetros de comprimento e é considerada uma das ruas mais elegantes da cidade (N. da E.).

econômica, naquelas ilhas para as quais tinha sido convencionada uma renda análoga a 5%.

Os conceitos de "bem público" e "interesse público", em nome dos quais se realiza boa parte das obras de demolição para alargamento de ruas, estão isentos de retórica; satisfazem interesses privados e favorecem as desapropriações. Além disso, têm altíssima repercussão nacional, capaz de estimular um processo de imitação nas grandes cidades do norte e centro da península. A maior parte das pesquisas é realizada depois que o plano já foi elaborado em suas linhas essenciais: em 1887, devido à falta total de dados, é instituída uma entidade com a competência de acertar as propriedades sujeitas à desapropriação e recolher dados preliminares necessários para elaborar o plano de saneamento. Daí resulta a pesquisa mais ampla daqueles anos, o relatório demonstrativo mais detalhado sobre as necessidades de obras; toda a população que interessa ao plano é classificada segundo seu núcleo familiar, o censo e a ocupação. Todas as quadras são fichadas por índices de morbidez, superlotação e mortalidade; além disso, são controlados os deslocamentos da população e as distâncias entre casa e lugar de trabalho.

A enorme quantidade de dados recolhidos encontra motivação no programa de saneamento higiênico; eles se propõem a demonstrar a objetividade sobre a qual se fundam os trabalhos projetados e o quanto era inquestionável a grande quantidade de demolições previstas pelo plano. Definitivamente, o caso de Nápoles demonstra, de maneira impecável, a capacidade de a higiene constituir um ponto de vista unitário em relação à enorme quantidade de sujeitos tomados em consideração pelas pesquisas estatísticas. O episódio passa à história como uma das mais brutais operações especulativas e como uma das mais cínicas transações entre capital e dinheiro público; todavia, o projeto tem um peso inovador extraordinário (os mecanismos de cálculo das indenizações de desapropriação permanecem vigentes na legislação italiana até 1977).

5. A Estética da Cidade

O ESPAÇO URBANO COMO OBJETO EPISTEMOLÓGICO

Nos últimos anos do século XIX, a contribuição mais importante na formulação de uma teoria urbana, baseada na descoberta do espaço como objeto de percepção estética e como figura epistemológica, vem do ambiente vienense e de seus movimentos de reforma artística. Em particular, Camillo Sitte, em 1889, em uma obra que aparentemente se encontra de acordo com o urbanismo institucional, faz uma detalhada análise do espaço interno das cidades a partir da Antiguidade, e esclarece a força morfológica, usando como referência a disciplina da psicologia do espaço, ainda em formação, e as teorias artísticas.

As descobertas científicas sobre a fisiologia do olho e os mecanismos da visão têm um impacto importante sobre o controle das transformações urbanas. Um novo modo de ver e representar os objetos desenvolve concepções estéticas diferentes e uma releitura das características morfológicas da cidade do passado e da cidade de hoje. Seu início é colocado convencionalmente na proposta de Sitte de como entender o urbanismo como "arte de construir".

É uma inversão conceitual completa, porque representa a tentativa de passar do conceito newtoniano do espaço absoluto ao conceito de um espaço subjetivo e relativo, a ser compreendido paralelamente com o emergir das geometrias não euclidianas. O livro ilustra o percurso dessa descoberta científica, uma aproximação ligada à situação das ciências humanas experimentais da época, em particular a percepção, a psicologia e as tentativas de fundar uma teoria da arte (paralelas aos trabalhos de Riegl e Fiedler). O objeto privilegiado de investigação é o centro urbano, com estudos de casos situados na Antiguidade e gradualmente em épocas mais recentes; dessa análise emergem as características do espaço, em uma abordagem que vai do particular ao geral e que opõe passado e presente.

A escolha dos mecanismos da visão como critério de crítica sobre as características estéticas das praças permite aceitar um plano com perímetro irregular, porque o olhar não pode perceber o espaço a não ser de maneira fragmentária, cinética e por sequências. Disso deriva a crítica sobre a regularização obtida na prancheta; disso deriva também a rejeição das consequências últimas da descoberta da perspectiva e da supremacia de um desenho de projeto preliminar e simétrico. O arquiteto vienense convalida suas análises com excursos que alargam o campo da análise empírica e que devem demonstrar, com método indutivo, a validade dos princípios encontrados. A primeira extensão é geográfica e trata das cidades do norte da Europa; a segunda é temporal e conduz o autor a estudar as praças do Renascimento e as barrocas. Ele descobre as divergências que se instauram, a partir daquele momento, entre o projeto do edifício e o projeto do espaço urbano; interpreta a história da cidade como sendo uma passagem de teorias cognitivas para teorias normativas (de urbanismo), isto é, para princípios aos quais arquitetos e urbanistas se submetem para realizar cidades dotadas de algum valor estético.

O espaço urbano, representado pelo vazio entre os edifícios (a praça e a rua), será estudado também por pesquisadores ativos em outros contextos, em particular por Raymond Unwin, na Inglaterra. Ao situar em uma linha operacional tradicional, Unwin, com uma preocupação de teoria normativa, se aproxima globalmente da questão da melhoria da cidade industrial com seus problemas econômicos, higiênicos e de justiça social. Reconhece e aprecia os resultados práticos adquiridos em âmbito técnico (utilização racional dos terrenos e circulação) e da higiene, mas situa a prática de resolução das transformações urbanas na arquitetura e no aprimoramento do objeto construído. Isto é, propõe uma crítica de ordem estética sobre o urbanismo moderno, apoiando-se no reconhecimento da cidade como obra de arte total. A cidade não é somente um agrupamento de edifícios, mas se torna o negativo, o perfil que dá forma ao tecido edificado.

Camillo Sitte (1843-1903)

Camillo Sitte, nascido em Viena, segue a tradição da família (o pai, Franz, era um arquiteto bem considerado, que se ocupara principalmente do restauro e de uma arquitetura religiosa, projetando igrejas em Viena, Voslaw e Erland). Camillo estuda no Politécnico de Viena, onde aprende a composição arquitetônica sob a direção de Heinrich Von Ferstel, e também se deleita com a pintura; é principalmente um cultor das artes aplicadas e nutre forte aversão à industrialização, que sufoca as velhas corporações de artes e ofícios. É Rudolf Von Eitelberger, além do pai, quem lhe imprime um grande interesse pela arte antiga. Com 32 anos, é nomeado diretor de uma escola técnica profissional em Salsburgo, que deixa em 1883 para dirigir a de Viena. Viaja muito pela Europa central, Ásia menor, Egito, mas principalmente pela Grécia e Itália, países decisivos para sua formação artística. Assim como o pai, projeta muitas igrejas (a dos mequitaristas em Viena, as do Jubileu em Privoz e a igreja da paróquia de Temesvar); contudo, dedica-se também a uma atividade profissional urbanística, elaborando os planos de ampliação de Olomouc, Teschen, Liubliana, além dos planos gerais de Mahrisch-Ostrau (Ostrava) e Marienberg. Grande admirador de Richard Wagner, é amigo do cenógrafo Josef Hoffmann e do projetista de teatros wagnerianos Gottfried Semper.

Anton Brenek (amigo de Sitte), baixo-relevo do retrato de Camillo Sitte, apresentado na Exposição Internacional de Berlim e Düsseldorf em 1910-1912.

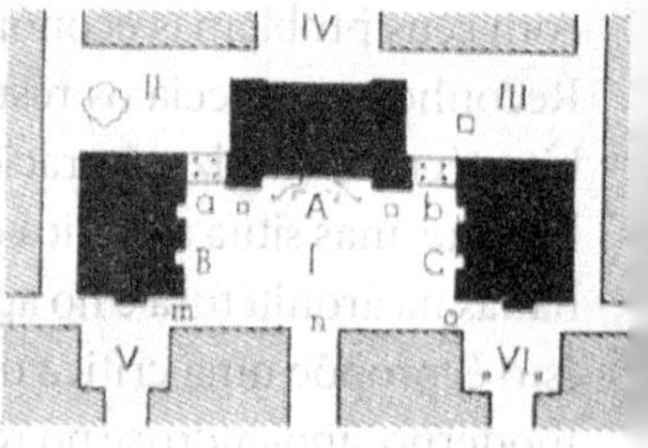

▲ *Camillo Sitte: plano da construção de Marienberg, 1903.*

▶ *Camillo Sitte: projeto de uma praça com a disposição dos edifícios públicos, 1889.*

Seu *Der Städtebau nach seinen künstlerische Grundsätzen* (A Construção de Cidades segundo Seus Princípios Artísticos), publicado pela primeira vez em Viena em 1889, é um texto simples e claro na implantação teórica, muito ilustrado, com uma série de casos e exemplos esquemáticos. Obtém sucesso imediato e clamoroso em um público de especialistas ou semiespecialistas de planejamento urbano. As traduções do livro não seguem um esquema literal, mas substancialmente são transposições semânticas (na Itália sai pela primeira vez em 1907, editado por Ugo Monneret de Villard, em forma resumida, com o título de *Note sull'arte di costruire la città* (Anotações sobre a Arte de Construir a Cidade). Assim, ele é contextualizado de várias maneiras, no que se refere a questões que, nos diferentes países, gravitam em torno a uma matriz comum.

A atuação de Sitte se verifica no registro do conflito entre os progressos da técnica urbanística contemporânea e a mediocridade de seus aspectos artísticos, em particular sobre a organização dos espaços vazios, reduzidos na maioria das vezes a cruzamentos de ruas. As retificações amplas e intermináveis, as imensas praças, a regularização geométrica dos traçados, mesmo motivados por princípios urbanísticos válidos, como o escoamento do tráfego, a higiene e as exigências técnicas das instalações em rede, geram, segundo ele, um conflito agudo entre as motivações de interesse prático e aquelas ligadas à arte. O urbanismo deve reivindicar o próprio papel artístico, ficando acima das banalidades do tecnicismo. Acusado por alguns de ser um esteta dotado de bom senso, que soube integrar algumas verdades primárias em um método de concepção do ambiente em escala reduzida, por outros foi considerado, junto de Cerdà, um importante teórico do urbanismo do século XIX.

Boa parte de seu texto é dedicado a uma análise de ruas e, principalmente, praças da Antiguidade grega ou romana, além do período medieval ou do Renascimento, em vários países europeus e, de modo particular, na Itália. Porém, diferenciando-se das práticas canônicas da história da arte, que tinham uma tendência à observação estática, Sitte introduz um novo elemento, o tempo. Ele restitui ao ambiente urbano as qualidades visuais e cinéticas, as quais tinha sido conferida muita verossimilhança pelos grandes mestres do passado. Sitte percorre, não somente admirando, a paisagem artificial e tridimensional das cidades antigas. Não deixa passar as condições climáticas.

Menciona a resolução da associação dos arquitetos e engenheiros alemães votada em Berlim em 1874, mas acrescenta "depois dessa excelente declaração, uma banalidade penosa continua pesando como uma maldição em todas as operações de divisão dos lotes".

Coerente, dedica o último capítulo de seu livro a um exemplo prático como consequência das teorias, uma contraproposta da organização do Ring concentrando a própria atenção no Votivkirche, na praça do município e naquela do parlamento, obtendo assim um plano de conjunto. Reflete certa rigidez acadêmica, mas, mesmo com esses limites, consegue fazer chegar sua mensagem, circundando os "caixotes vazios", englobados pelo Ring (anel viário), por um tecido conectivo de edifícios mais baixos, pórticos e terraços, que impõem uma relação diferente entre cheios e vazios, recuperando sistemas visuais que estavam esquecidos.

Com base nessas mesmas ideias, define o escopo de uma nova revista, *Der Städtebau*, do qual é fundador, em 1904, junto com Theodor Goecke. Escreve o editorial publicado no primeiro número, que, por causa de sua morte, não chegará a ver. Com suas teses, exerce enorme influência sobre toda uma geração de urbanistas europeus. Seu livro teve a capacidade de catalisar humores que havia muito tempo estavam no ar.

Capa do primeiro número da revista Der Städtebau, janeiro de 1904.

OS MANUAIS DE ARTE URBANA

É principalmente nos primeiros anos do século XX que, em toda a Europa, são publicados manuais dedicados especificamente ao aspecto emergente da cultura urbanística da época, representado pela estética urbana. A proteção do ornato como delimitação da esfera pública é o outro lado da apropriação privada da cidade. Parece mesmo que seja possível distinguir, entre o fim do século XIX e o início do século XX, um período no qual os teóricos insistem, de forma bem mais evidente que no passado, sobre a necessidade de recorrer a princípios "artísticos" no projeto de transformação urbana. Essa fase normalmente é classificada como a do nascimento da "arte urbana" (chamada também de "arte de construir a cidade" e, em outros lugares, "Art Urbain", "Art Public", "Civic Art", "Stadt-Baukunst", "City Beautiful").

Na realidade, é muito difícil defini-la. Essa expressão é utilizada de diferentes maneiras nos vários países europeus, fazendo referências a exemplos e cronologias distantes entre si, muitas vezes com alusões gerais e contaminações semânticas, mais do que com um esforço para especificar os instrumentos técnicos. Portanto, ela não é imediatamente traduzível (não só do ponto de vista linguístico, mas também do conceitual).

Apesar disso, em alguns planos, em artigos publicados nas revistas especializadas, nos documentos dos congressos, nos manuais ou nos tratados de urbanismo, é possível reconhecer um esforço para estabelecer parâmetros de interpretação, das categorias (positivas e negativas) para medir a estética das transformações urbanas. Ao mesmo tempo, e por outras vias, a noção de patrimônio se faz presente no debate sobre a arquitetura. As descobertas arqueológicas, as teorias sobre a beleza, os estilos "ideais", segundo os quais é estudada a história da arquitetura, condicionam o horizonte disciplinar do desenho urbano. Algumas iniciativas, realizadas com o escopo de registrar e conservar o passado, respondem à vontade de resistir às transformações da metrópole moderna, outras a legitimam (especificamente nas capitais entre os séculos XIX e XX), reivindicando, porém, a necessidade de uma seleção dos testemunhos dos diversos períodos históricos.

Na Viena de Francisco José, Camillo Sitte inicia uma batalha contra o fácil monumentalismo do Ring, recorrendo à estrutura do manual, que sugere tipos de intervenção e uma ação governamental "sob o ponto de vista da técnica artística". Seu livro, baseado em documentação detalhada, reunida diretamente nas diversas cidades europeias, quer demonstrar as qualidades estéticas dos espaços medievais e do Renascimento, tentando estabelecer, para o futuro, leis permanentes de composição urbana. Ele escreve como técnico, a partir do contexto real administrativo que elabora os planos de organização urbana, pedindo para que os diversos princípios operativos sejam considerados; isto é, sugere mudar a rígida geometria da malha urbana para respeitar as ruas existentes, constituir núcleos privilegiados de vida coletiva onde possa reunir edifícios públicos e monumentos, proteger os jardins dos blocos residenciais e introduzir maiores liberdades no desenho de praças e ruas.

Esse tipo de estudos foi simultaneamente retomado também na Alemanha, por parte de projetistas e principalmente historiadores da arte, os quais fizeram um salto de escala, no sentido de ampliar seu objeto de análise: do edifício individual, expressão artística de uma época passada, ao complexo edificado e seus critérios de composição, que determinaram o projeto.

Um dos personagens mais significativos dessa aproximação ao estudo da cidade do passado é Cornelius Gurlitt (1850-1938), nascido na Saxônia e professor na Technische Hochschule de Dresden. Ele é principalmente um historiador de arquitetura, mas também um grande urbanista profissional (estendeu os planos de Dresden para todo seu entorno). Adotando as ideias de Sitte sobre o modo de estudar os fenômenos e a estrutura urbana, escreve um livro em doze volumes que é uma coleção extraordinária de imagens das velhas cidades europeias, *Historische Stadtbilde* (Imagem da Cidade Histórica), publicado em Berlim em 1902; dois anos depois, escreveu o ensaio teórico *Über Baukunst* (Sobre Arquitetura), impresso, como usual, em Berlim.

O ensaio compreende duas partes, uma relativa ao restauro dos edifícios e a outra sobre as questões mais discutidas pelos protagonistas do urbanismo, colocadas pelo autor em forma de quesitos sobre como são as ruas (retas ou curvas? Largas ou estreitas? Íngremes ou planas? Silenciosas ou barulhentas?) e os

Thomas H. Mawson, 1910.

tipos de cruzamentos viários. Enfim, conduz uma batalha contra a monotonia da imagem urbana, individualizando um campo operativo que se localiza entre um plano diretor geral e o projeto arquitetônico, que reivindica da mesma maneira que o da "arte urbana".

Publica, também, uma série de artigos em diversas revistas, alguns dos quais serão traduzidos em inglês e reeditados. É diretor da revista *Stadtbaukunst (alter und neuer Zeit)*, que dirige com Möhring e Bruno Taut, nos anos seguintes à Primeira Guerra Mundial. Seu livro mais famoso permanece sendo *Handbuch des Städtebaues* (Manual de Construção de Cidades, 1920), uma ampliação do precedente *Über Baukunst*, que chega a assumir a dimensão de um manual de ensino. A tese fundamental é que, na construção da cidade, não existem contradições entre o ponto de vista estético e o técnico: "Somente o útil pode ser belo, somente o belo pode ser útil". Atribui enorme peso ao estudo da história da arte e ao conhecimento das cidades antigas para o desenho das novas expansões urbanas. O autor assume a fisiologia da visão e seus instrumentos como premissa para a arte de construir a cidade. Por exemplo, na cidade histórica, os edifícios importantes deveriam constituir pontos de referência para redesenhar uma área, ser vistos como centro geométrico-ótico. A dimensão das praças, dos vazios e dos cheios, a largura e comprimento deveriam ser fixados segundo considerações de natureza óptica.

As mesmas questões, apesar de serem pensadas tendo como referência maior a paisagem natural, estão presentes também no Reino Unido, onde Thomas Hayton Mawson (1861-1933) analisa e liga essas questões à arte dos jardins: seu *Civic Art* (Arte da Cidade), publicado em Bradbury em 1911, para todos os efeitos se apresenta como um manual amplamente ilustrado e denso de sugestões práticas. Mas não permanece como uma contribuição isolada; será retomada, por exemplo, por Henry Vaughan Lanchester (1836- 1953) em *The Art of Town Planning* (A

Arte do Planejamento da Cidade), de 1925, e também dentro do apaixonado debate sobre o urbanismo considerado como arte.

A CONSERVAÇÃO E AS POLÍTICAS DE PRESERVAÇÃO

Nesse meio tempo, então burgomestre de Bruxelas, Charles Buls (1837-1914) segue também o mesmo caminho de Sitte, e com seu panfleto *L'Esthétique des villes* (A Estética das Cidades, 1893), sem nunca tê-lo conhecido pessoalmente, chega a obter resultados similares. Vindo também de um ambiente de artesãos independentes, em uma capital em plena mudança, e da mesma maneira que o arquiteto vienense, a partir da história da arte desenvolve uma doutrina própria, em boa parte como autodidata. Como Sitte, manifesta um profundo interesse por tudo que está relacionado com a cultura artística da época, tendo se dedicado à carreira de jornalista antes de se voltar para o urbanismo, diretor didático e educador enciclopédico, suas ideias se formam em relação a outros campos de conhecimento, em particular as artes decorativas, e diferem profundamente das elaborações dos técnicos, que tentam resolver os problemas aplicando teorias gerais a casos específicos. Buls percorre o caminho inverso: profundamente desiludido com as transformações urbanas ocorridas na cidade, sem confiar em teoremas preestabelecidos, avalia os resultados antes de chegar a conclusões operativas. Sua abordagem decididamente provém da história da arte, através de uma compilação e classificação de exemplos com base em suas semelhanças formais ou funcionais. Ligado ao movimento Art Public, cujos congressos ocorridos, a partir de 1898, em Bruxelas, Liège e Gent, tiveram notável ressonância no ambiente dos urbanistas, defende um ideal de civismo que se constrói com a formação do espaço urbano. Era necessário conservar e embelezar

Prefeito de Bruxelas, Charles Buls.

Charles Buls: perspectiva, ao nível dos olhos, para determinar os perfis dos beirais e as claraboias da futura rua Ravenstein em Bruxelas, em função do efeito produzido a partir da passagem da biblioteca, 1912.

a cidade, mais do que expor as joias da arquitetura do passado em um museu e, para isso, conservação e organização do sistema viário deveriam ser estudadas juntas. Com análogas motivações, em Bruxelas, chegou a ser lançada uma revista, *Art Public*, que teve poucos números publicados, mas que permanecia como evidência de um clima de interesse. Em toda a Europa, a partir dos últimos anos do século XIX, é escrita uma grande quantidade de livros e artigos sobre o tema; ao mesmo tempo, tomam-se iniciativas, constroem-se sociedades para a preservação de monumentos e de sítios urbanos. Em 1866, o barão Haussmann promove até mesmo a redação de uma *Topographie du vieux Paris* (Topografia da Velha Partis), no âmbito da construção de uma história geral da cidade; ao mesmo tempo, criam-se inúmeras comissões constituídas para a conservação de monumentos e de sítios históricos, em particular a Commission du vieux Paris, da qual são membros personagens famosos (por exemplo, Marcel Poëte), e que mantém relações de intercâmbio com organismos similares de outros países. Em 1916, em Paris, graças aos esforços conjuntos do próprio Marcel Poëte com George Risler e Louis Bonnier, abre também as portas uma Escola de Arte Pública que, com o próprio nome, importa de Flandres uma noção um tanto vaga e pouco usual, mas de notável sucesso. Alude à cultura dos arquitetos belgas refugiados na França durante a guerra e aos já mencionados congressos. Acaba sendo também uma difusora da estética urbana, um dos setores de competência do próprio Bonnier, dentro dos departamentos municipais, e do desejo de embelezamento que existia no projeto francês de lei urbanística, ainda não aprovado. Mas é também uma transposição semântica da expressão anglo-americana *Civic Art*. Não chega a ser o objeto de um trabalho doutrinário específico, todavia é mais uma tentativa de discutir a compartimentação dos conhecimentos, o que, pouco a pouco, sugere a identificação de uma profissão.

Em suma, os temas de caráter histórico-artístico estão cada vez mais associados às políticas de preservação, e cada vez mais referem-se não só a bens móveis e imóveis, mas também a questões de identidade histórico-artística dos centros urbanos; nesse caso, fala-se de "ambiente artístico" e de características típicas da cidade. Na Itália, os esquemas planivolumétricos de Sitte, as sugestões de Unwin para uma adaptação da natureza, os cruzamentos viários propostos por Buls e Gurlitt permitem transformar as instâncias genericamente antiengenharia em um complexo de sugestões operativas sobre o planejamento das ruas e das praças, ou a "liberação" dos monumentos de edifícios menores que as circundem; chamado, a cada vez de modo diferente, "arte de construir a cidade" (em uma tradução literal de Stadtbaukunst), "arte cívica", "arte pública" ou então "estética urbana", esse conjunto de preceitos é legitimado com autoridade pelos exemplos estrangeiros.

A LEITURA DA CIDADE HISTÓRICA

É possível basear-se nos aspectos qualitativos na análise da cidade, referindo-se à arte, à história e aos valores monumentais. Mas existem bases objetivas para esta análise? Há quem considere que as bases devam ser encontradas no relevo topográfico, na fotografia aérea, em aquisições recentes, na escavação estratigráfica, na pesquisa comparativa entre essas fontes e a cartografia histórica.

Um dos protagonistas dessa interligação entre cidade e sua visão fisiológica é Albert Erich Brinckmann, entre 1908 e 1923, nos volumes que dedica à cidade histórica.

Aluno de Wöllflin, Brinckmann utiliza o método do mestre aplicando-o aos objetos arquitetônicos. Wöllflin, na sua tese de 1886, sustenta que os instrumentos sensoriais permitem ler o tecido construído com reflexões que provêm da estética em-

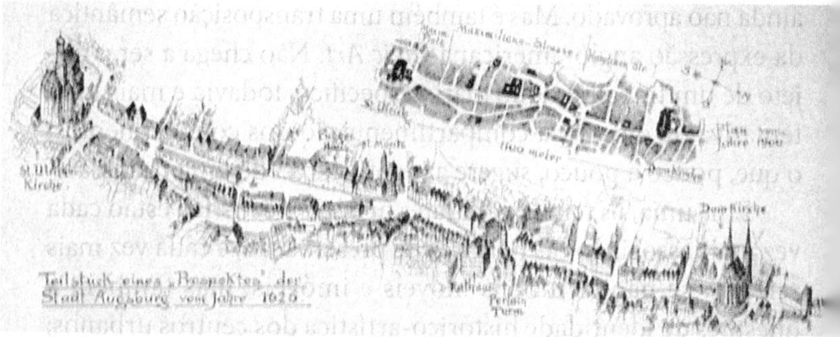

Estética da cidade: ritmo e contraste em urbanismo exemplificados por uma rua de Augsburgo em 1626, desenho publicado em um dos primeiros números da revista Der Städtebau.

pírica e da crítica da arte. Vinte anos depois, Brinckmann reconduz a mesma metodologia "de visibilidade" sobre a cidade, que pode ser entendida como obra de arte indivisível ou como sucessão de espaços caracterizados e volumes ligados entre si por relações de continuidade e descontinuidade.

Em seu livro *Platz und Monument* (Praça e Monumento, nas três edições sucessivas dedicado a Wöllflin), os parâmetros de leitura são regularidade, simetria, proporções, harmonia, sempre analisados em relação a elementos de antinomia, tais como irregularidade e assimetria. Segundo essa aproximação, qualquer pedaço de cidade pode ser catalogado tendo como base um par de opostos; por exemplo, a cidade medieval irregular e os espaços barrocos harmônicos. A irregularidade é também uma sequência de normas e leis, e pode ser examinada para ser redescoberta. Entre a versão de 1908 e a de 1920, mais do que o sujeito, a iconografia utilizada muda radicalmente, que nesse segundo volume consiste de plantas, fotos aéreas e vistas em perspectiva.

Imerso na história da arte alemã do fim do século, ele conduz estudos sobre a arquitetura do renascimento e, principalmente sobre a barroca (Borromini, Guarini). Os estudos sobre escultura e pintura também são úteis para a distinção entre visão aproximada e imagem distante, que ele considera passível de transferência na perspectiva urbana. A segunda, mais nítida em sua globalidade, não fornece detalhes que, ao contrário, somente a primeira permite perceber; da segunda é possível obter, com o olho, o efeito geral, portanto, a forma de conjunto. Ele responde, assim, à importância de um estudo científico sobre a percepção com uma leitura que pode ser aplicada na análise tanto da cidade como dos monumentos individualmente. Trata, então, de Stadtbaukunst, que, para ele, é um gênero histórico, um instrumento que permite estabelecer analogias entre crítica de arte e análise urbana, e transferir algumas categorias da primeira para a segunda. Conceitos de unidade, axialidade e simetria, utilizados no estudo da obra de arte para definir o estilo (gótico, românico etc.), podem ser utilizados também para definir a característica (homogênea, variada, ligada a uma manifestação súbita) de um conjunto urbano. A relação entre praça e monumento permite desenvolver as análises, medindo sua percepção óptica (extensão, altura, relações planivolumétricas), e fornecendo regras gerais para toda a cidade, expressas em fórmulas matemáticas. É um procedimento que vai do geral ao particular, individualizando, antes de qualquer coisa, uma série de constantes e variáveis presentes na história da cidade, e relevando as maneiras em que tais relações se modificaram no tempo. Desse estudo, é possível extrapolar algumas regras artísticas (Künstlerischen System) que, implícita ou explicitamente, regularizaram a forma visível (Gestaltung). Outras categorias são aquelas do desejo individual (Einzelville) que deu a forma, ou da obra de fundação (Gegrundete) ou de estratificação gradual (Gewordene), usadas especificamente para ler a cidade medieval.

A polêmica com Sitte está na suposta maior cientificidade da transposição da história da arte para a análise da cidade. Para Brinckmann (conservacionista), a cidade antiga é um objeto a ser contemplado e catalogado; para Sitte, assim como para Gurlitt, ela deve ser transformada segundo as leis da percepção. Para o primeiro, deve-se evitar qualquer intervenção que altere "a natureza e o espírito dos lugares"; para os outros dois, no entanto, existe uma ampla casuística dos lugares, modos, projetos, que permite conservar e readaptar sítios históricos e "liberar" (isto é, isolar) os monumentos.

Instrumentos

1. A Legislação e a Administração Pública

PROBLEMAS DE GESTÃO: OS URBANISTAS E OS TÉCNICOS DA ADMINISTRAÇÃO PÚBLICA

Os instrumentos "comuns" do corpo disciplinar codificado têm como pressuposto que o objetivo fundamental do urbanismo seja a satisfação da necessidade de habitar. A partir do fim do século XIX, legislação, regulamento construtivo, zoneamento, plano diretor (em suas várias formas) preocupam-se, essencialmente, em fornecer um critério sobre a criação de espaço para milhões de pessoas que, em uma determinada fase de desenvolvimento das forças produtivas, se concentram na cidade. Por definição, esses instrumentos têm a função de garantir o crescimento "natural" da cidade, regulamentando o mercado das áreas e considerando também o decurso do tempo, com sua consequente edificação.

A figura do urbanista vai adquirindo uma série de conotações que, pouco a pouco, definem sua fisionomia e a pluralidade das competências. Como afirmavam Agache, Auburtin e Redont, em 1915, no debate, podem ser individualizadas as origens das diferenças profissionais entre especialistas que se ocupam da cidade: "O engenheiro fornecerá soluções lógicas, o arquiteto saberá ornamentar a cidade com construções nobres e pitorescas, mas é papel do urbanista coordenar todos esses valores em uma concepção unitária"; um profissional especializado em questões urbanas, que intervém em diversas situações, trazendo consigo uma bagagem crescente de experiências e conhecimentos e que, por isso, é chamado para dar uma consultoria (como o médico a um doente). Esse é o caso de personagens como o alemão Joseph Stübben (1845-1936) ou o italiano Gustavo Giovannoni (1873-1947), muitas vezes convidados a dar seu parecer sobre as necessidades de uma cidade e sobre os planos para ela elaborados.

Mas, ao lado da categoria dos urbanistas, forma-se a dos técnicos especializados e competentes da administração municipal e da gestão de diversos setores. Eles assumem um peso extraordinário no desenvolvimento da organização urbana do século XIX: engenheiros sanitários, técnicos de transportes, administradores projetam e realizam sistemas de serviço e rede de infraestruturas que constituem o esqueleto do crescimento físico da cidade daqueles anos. A figura do arquiteto não detém mais o monopólio; parece mesmo superada. Sozinhos, nem os técnicos da administração nem os profissionais liberais esgotam a totalidade de operadores envolvidos no projeto de transformação urbana das últimas décadas do século XIX.

Também devem ser evidenciadas as diversas e, muitas vezes, contrastantes esferas de competência das administrações individuais (entidades locais, entidades do Estado, sociedades públicas, concessionárias). O governo municipal tende a se dividir em uma série de setores com campos de ação distintos; começa a se formar um âmbito disciplinar autônomo para cada setor. A casa, o sistema de fornecimento de água, a rede de esgoto, os transportes são temas de convenções, ocasiões de troca de dados, de informações, de aquisição técnica e de gestão.

De maneira análoga à grande empresa, esses setores também tendem a ser administrados com um orçamento autônomo e a manterem os critérios de eficiência e produtividade. Assim é organizado o crescimento urbano da cidade contemporânea: as iniciativas individuais e os vários setores se sobrepõem cada um segundo sua própria lógica de funcionamento, não inserida em um quadro geral. Na Alemanha, para a modernização da legislatura, também foi relevante a ação das associações profissionais, entre as quais a Verband Deutschen Architekten und Ingenieur Verein, fundada em 1870. Em 1874, com iniciativa de Reinhard Baumeister, o departamento berlinense ditava os principais fundamentos para a redação dos planos de ampliação das cidades.

Nesse quadro, é potencializada a educação técnica e surge uma boa literatura de referência, capaz de divulgar as aquisições urbanísticas entre o número crescente de responsáveis.

Florescem consideráveis manuais, que também alcançam grande sucesso em outros países europeus. Se, em geral, esses manuais tendem a definir os modos de utilizar a disciplina e o papel do operador, a própria subdivisão da matéria (como apresentada por Baumeister e dali em diante) tem a função de fixar os argumentos (nem sempre ligados um ao outro), as respostas de conjunto ou parciais, indicando a consequência operativa.

A própria informação histórica, quando existe, tem um valor imediato de comparação, ou até mesmo de proposta. Enfim, o processo tem enfoque normativo; são indicadas as disfunções e soluções são propostas, sem deixar muito espaço à reflexão sobre a natureza dos objetivos e dos parâmetros de juízo adotados, ou sobre as filosofias às quais se refere. Não faltam tentativas teóricas; porém, os modelos de organização propostos (tipologia de edificações, do sistema viário, das áreas verdes) são todos do tipo operativo, raramente do tipo interpretativo. Portanto, uma postura pragmática do urbanismo oficial, que muitas vezes foi classificado como puramente tecnicista, sem que se percebesse sua importância em relação ao saber de quem o pratica cotidianamente.

Reinhard Baumeister (1833-1917)

Baumeister nasce em 1833, em Hamburgo, e trabalha como engenheiro urbanista na elaboração dos planos (em particular naqueles de Altona e Mannheim) para associações profissionais, municípios, entidades públicas. Professor da Technische Hochschule de Karlsruhe (Escola Técnica Superior de Karlsruhe) e presidente de numerosos comitês públicos e semipúblicos, dedica muito tempo à elaboração de

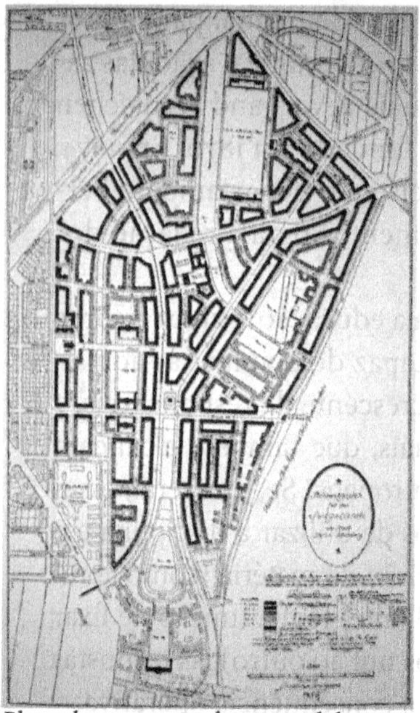

Plano de construção da zona sul de Berlim Schöneberg, 1911.

textos e artigos nas principais revistas técnicas, ao ensino de questões urbanísticas a engenheiros, e à presença em congressos de urbanismo e exposições internacionais (em particular, a de Berlim, 1910). Deve-se atribuir-lhe o mérito de ter lançado as bases do urbanismo "científico" na Alemanha. Seu texto mais importante é *Stadt-Erweiterungen in Technischer, Baupolizeilicher und Wirtschaftlicher Beziehung* (A Expansão das Cidades e sua Relação com os Aspectos Técnicos, Construtivos e Econômicos), de 1876. Participa na elaboração dos estatutos da Deutschen Architekten und Ingenieur Verein de Berlim (1874) e de Manheim (1906), mais tarde publicados no manual de Stübben e adotados como modelo de referência nas normas para edificações.

Seu livro, traduzido de maneira antológica com o título *A Expansão Urbana em Seus Aspectos Técnicos, Legislativos e Econômicos*, é o primeiro manual alemão difundido em larga escala. Comentado e citado em muitos textos célebres (Stübben, Goecke, Eberstadt), foi imediatamente apreciado. É organizado em quatro partes e 22 capítulos. A primeira parte trata das características gerais da cidade contemporânea: o aumento da população, questões sobre as habitações, tráfego, regulamento construtivo e plano. É digno de nota a importância atribuída desde o início aos dados do censo: o incremento da população nas várias cidades e suas atividades, a vida média, a mortalidade infantil, as doenças; para depois abordar a questão das habitações e o elevado preço das mesmas, com dados relativos aos habitantes, às moradias, ao terreno construído em períodos sucessivos, aos custos para a manutenção da casa, às influências sobre a saúde e também sobre as características das habitações. Um segundo tema abordado nessa primeira parte do volume é o do plano urbanístico, com especificação de seus papéis e limites, referindo-se a casos peculiares (Viena, Berlim, Munique, Colônia). O projeto do plano consiste principalmente em assegurar o desenvolvimento da circulação, a rede viária principal e a secundária, isto é, a hierarquia das linhas de tráfego. A demolição das fortificações é o tema central, que volta, repetidas vezes, na expansão da grande cidade.

A segunda parte do livro refere-se às características principais de implantação sob o ponto de vista técnico: ruas, bondes puxados por cavalos, cursos d'água, praças, limpeza pública urbana e esgoto. Baumeister analisa a questão das portas da cidade e a passagem das novas ruas. A capital Florença é um exemplo positivo, porque a ampliação da cidade não garantiu somente a manutenção das muralhas em suas partes peculiares, sob o ponto de vista histórico e artístico, mas também prolongou sua presença através de oportunas obras de restauro. A terceira parte aborda os papéis e decisões do Departamento de Obras Públicas e sua normatização, a partir da consideração de que ele deveria tutelar o interesse geral da cidade contra os frequentes abusos do indivíduo; daí as competências dos diversos departamentos (alinhamento dos edifícios, medidas de prevenção de incêndios, saúde pública, relações entre vizinhos). A quarta parte, enfim, aponta para as questões econômicas: desapropriação, dimensões dos terrenos, cobertura dos custos, ruas públicas, ruas particulares e complementação da expansão urbana. Portanto, o manual de Baumeister descreve os instrumentos gerais do urbanismo: em síntese, a normatização, o zoneamento e o loteamento são os objetos de comparação do plano em suas características mais gerais.

A DESAPROPRIAÇÃO

Na Inglaterra, o direito de propriedade privada da terra e dos imóveis não pode ser lesado a não ser pelo parlamento ou pelo próprio rei, o único autorizado a intervir por razões superiores de segurança ou interesse público, com base em uma lei de 1845, que fixa critérios de indenização e compensação. Em outros lugares da Europa, a França é a precursora em matéria de desapropriação. Esse tema, cuja intenção era subtrair do cidadão um pedaço de terra para que a entidade pública lhe desse uso coletivo, adquire um destino particular nessa nação em 1841 e, mais tarde, em 1850, quando são aprovadas leis para simplificar a construção de novas linhas ferroviárias e obras urbanas de interesse geral. Uma declaração de "interesse público" e o pagamento de uma indenização permitem à entidade local requerer lotes, edificados ou não, para mudar com urgência o tipo de uso. Especificamente, agora edifícios insalubres e às vezes quadras inteiras podem ser adquiridos e demolidos; boa parte da Paris do barão Haussmann é realizada com base nessa legislação.

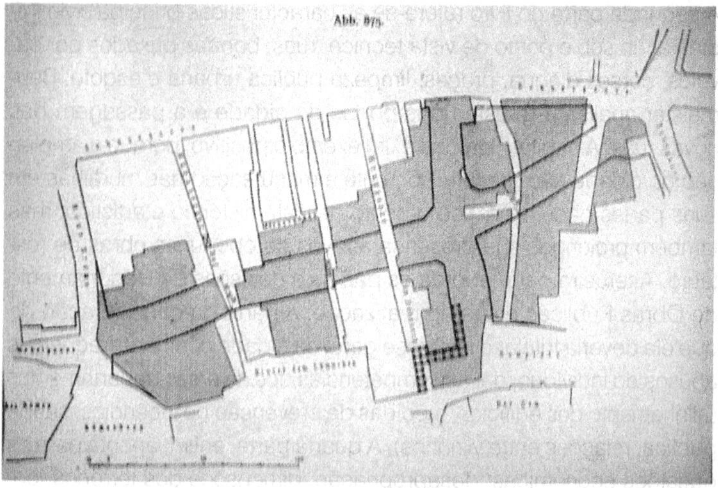

Joseph Stübben: plano de abertura viária em Frankfurt, publicado no manual, 1890.

Na Espanha e na Holanda, após a aprovação de um regime constitucional, por volta de meados do século XIX, o modelo de referência é substancialmente o mesmo: a adoção de um plano de ampliação pode seguir em paralelo com a declaração de interesse público da superfície interessada, com resultados notáveis para o urbanismo. No Estado do Piemonte, graças a Carlos Alberto, e ainda antes, no austríaco Reino Lombardo-Vêneto, uma norma específica, retomada daquela que existira na era napoleônica (1804), previa a obrigação dos proprietários de venderem (a um preço estabelecido com base em uma perícia) casas e terrenos necessários para a realização de estradas, quer esta fosse incumbência do Estado, da província ou do município. A Lei para a Unificação Administrativa do Reino da Itália, de 1865, sobre a desapropriação para interesse público é, basicamente, uma tradução da lei francesa de 1841, que considera a normativa vigente em alguns Estados da pré-unificação. Essa lei contém as disposições gerais relativas à desapropriação, e as particulares relativas aos planos diretores para edificações e planos de ampliação; por quase oitenta anos fica como base da atividade urbanística do país (até a aprovação da primeira lei urbanística propriamente dita, de 1943), atribuindo às províncias, aos municípios ou às entidades que elaboram o plano geral o papel de realizar obras de interesse público para construção de estradas nacionais, ferrovias, canais navegáveis, Obras Públicas de interesse geral, bem como de um relatório de acompanhamento. Nos casos acima elencados, a declaração de interesse público é feita pelo ministro das obras públicas para as obras de caráter provincial, nos outros casos pelo prefeito, enquanto para as fortificações e intervenções militares essa declaração é feita pelo rei. Na Itália, a normativa sobre a desapropriação é confirmada e reformulada mais tarde, pela lei de Nápoles de 1885, logo após a epidemia de cólera que atingiu a cidade e após as decisões de continuar com ações de recuperação dos bairros centrais.

Munique: projetos de alinhamento das ruas, 1908.

No entanto, na Alemanha, e em particular no Estado prussiano, após adotar o código geral de 1794, somente o parecer do rei poderia originar um direito inequívoco de compra da propriedade dos terrenos e imóveis, em primeira instância, para a construção de grandes obras públicas (ferrovias, diques, minas), mesmo quando, a partir de 1850, a propriedade privada foi declarada inviolável. Todavia, em 1874, com a Gesetz über die Enteignung von Grundeigenthum (Lei sobre a Desapropriação da Propriedade Fundiária), e a partir de 1876, com a aprovação de norma administrativa, a desapropriação é regulada, de maneira unitária, nos diversos *Länder*, seguindo o caminho do governo francês, em 1841, e do italiano, em 1865.

INSTRUMENTOS NORMATIVOS

Além da compra de terrenos, com finalidade de urbanização, os regulamentos construtivos e os planos de ampliação controlam a organização do sistema viário. O decreto imperial francês de

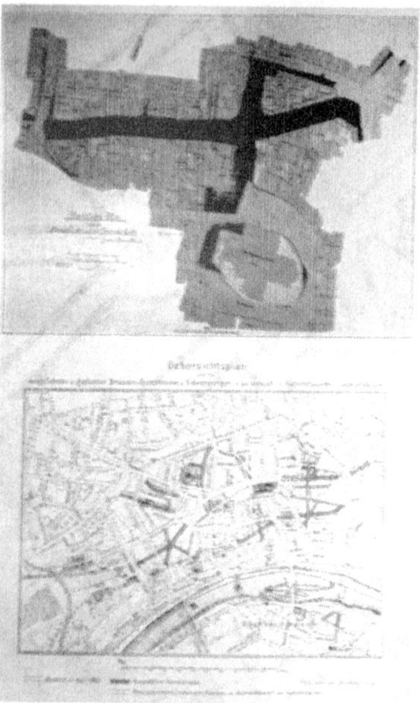

Frankfurt: projetos de abertura de novas ruas, apresentadas na Exposição internacional de Berlim e Düsseldorf, 1910-1912.

1811, como já acontecia antes daquela data, continua classificando as ruas com base nos organismos encarregados de sua manutenção, mas também de seu redesenho (o Estado e os departamentos para a *grande voirie*; o município e os *arrondissement* para a *petite voirie*, que de fato compreende ruas urbanas, praças e ancoradouros fluviais). Indica uma classificação também para os estabelecimentos produtivos, sendo que, com um zoneamento *ante litteram**, alguns deles devem ser afastados do aglomerado urbano.

As primeiras obras de alinhamento remontam ao século XVII; essa prática foi muito utilizada durante o século XVIII, e retomada maciçamente nos planos urbanísticos do século XIX**. Porém, é com Napoleão III, em 1852, que a desapropriação de áreas inteiras é autorizada, com base em um conceito de zona. Contextualmente, o decreto estabelece a necessidade de uma licença preliminar à construção, com obrigação de alinhamento ou de nível e imposições para a pintura das fachadas pelos proprietários; isto é, estabelece uma série de providências cujo objetivo é instituir e conservar um nível de decoro urbano, a ser obtido por meio da qualidade da rua. Enfim, por volta de meados do século, na França, existiam normas técnico-administrativas articuladas que acompanhavam a elaboração dos planos urbanísticos.

Os mecanismos jurídicos e as competências municipais e estatais na Bélgica são análogos. Na Inglaterra, exatamente na

* A expressão latina significa o mesmo que *avant la lettre*, antes de o termo existir (N. da E.).

** No âmbito institucional, o alinhamento trata da separação nítida entre público e privado, o que, técnica e esteticamente, manifesta-se quer na demarcação das construções, quer nas intenções de retificação e alargamento (*sventramento*) de ruas, que tem seu grande exemplo em Paris, no século XIX (N. da E.).

mesma época, é ainda o Common Law que governa os processos de urbanização; essa lei confirma os limites de não interferência entre o direito público e o privado no aproveitamento do solo. Sob a pressão do crescimento físico urbano do século XIX, são também aprovadas leis de caráter particular (*bills*), e é autorizada a constituição de trustes, aos quais são confiadas operações especiais de transformação. Sem ser uma verdadeira lei urbanística, o Town Improvement Clauses Act, de 1847, confere aos municípios ou aos particulares o poder de traçar novas ruas e alargar as existentes, mediante a desapropriação de terrenos necessários. Na segunda metade do século, uma série de sucessivas leis sanitárias se preocupa com as condições higiênicas e confia a entidades locais o poder de decidir sobre o sistema viário, controlando a direção, os níveis, alinhamentos e fachadas dos edifícios. O papel de aprovar, no entanto, permanece com um instituto central, como o Local Government Board.

Na Espanha, normas análogas sobre os "ensanches "(ampliações) são aprovadas com as Ordinanzas Municipales de Madri, em 1847, e de Barcelona, em 1856, constituindo a base de uma primeira legislação urbanística, que traz o estímulo para as obras de transformação da Porta del Sol (1854-1862) e para o plano de ampliação de Carlos María de Castro, no primeiro caso, e para as intervenções de Cerdà, no segundo.

Na Itália, a lei sobre desapropriação por interesse público fixa as regras que servirão de base para autorizações das transformações urbanas, respectivamente na forma de planos diretores de edificações (relativos às cidades existentes, com a finalidade de melhorar as condições higiênicas e de circulação) e planos de ampliação (para as áreas em fase de desenvolvimento, visando adequar a disposição dos edifícios e sua habitabilidade).

Os planos diretores para edificações são facultativos para cidades preexistentes, com população superior a dez mil habitantes, enquanto a única condição para um plano de ampliação, independentemente das dimensões demográficas, é a necessidade de ampliar o aglomerado urbano. A lei prevê uma limitação dos planos no espaço (as zonas interessadas pelas obras e as laterais) e no tempo (a ser indicado, não superior a 25 anos) para a execução das obras previstas. Além disso, é importante ressaltar que existem as disposições para desapropriação de imóveis de valor histórico-artístico, se o proprietário não tiver condições de garantir sua conservação.

Diferentemente do Estado prussiano, onde, como veremos, valem previsões mais amplas, na Itália, na falta de um quadro geral que exprimisse as indicações e escolhas sobre o futuro desenvolvimento da cidade, tanto um plano como o outro deveriam prever somente intervenções limitadas, em condições de satisfazer exigências imediatas e objetivas. Isso significa que a lei, enquanto regulamenta o direito de administrar as propriedades privadas para fins de interesse geral, não enfrenta o problema das transformações urbanas em termos inteiramente urbanísticos, visto que não fornece indicações sobre a colocação dos programas individuais em um quadro coordenado de intervenções para todo o território municipal e em uma previsão específica de plano geral.

Para certos estudiosos, a inclusão da questão urbanística na da desapropriação revela-se fatal para a evolução da legislação italiana, mesmo se a inclusão do plano diretor – no contexto de sua regulamentação construtiva, em consonância com os aspectos mais avançados do pensamento urbanístico europeu (sobretudo o alemão) – estivesse, ao contrário, mais alinhada com a crescente autonomia municipal, considerada por boa parte dos juristas contemporâneos como elemento basilar da organização estatal e de seu direito administrativo.

Essas normas urbanísticas contidas nos decretos particulares são utilizadas por todo o século XIX. No entanto, nenhum dos planos famosos (Florença, Roma, Nápoles) pode ser considerado uma simples aplicação de rotina das leis vigentes. Pode-se dizer que eles correspondem a medidas especiais voltadas para resolver problemas temporários, emergências ou circunstâncias excepcionais. Por outro lado, os mesmos parágrafos urbanísticos da lei de 1865 foram aprovados, em primeira instância, para permitir a transferência da capital de Turim para Florença, como resposta a uma demanda de reestruturação das habitações e a uma necessidade geral de requalificação do desenvolvimento urbano daquela cidade. Assim, Florença, que como nova capital enfrentaria problemas de espaço, tempo e dinheiro, entre 1864 e 1867 introduz uma série de esquemas municipais visando impor aquisições de terreno, instituição de empréstimos, uso de companhias imobiliárias. Tudo isso se torna parte do plano de ampliação de Giuseppe Poggi. Sucessivamente, as obras realizadas entre 1885 e 1895 são incluídas no plano diretor de edificações. Mesmo o plano diretor de Roma de 1873, que difere dos outros pela particularidade da classe dominante romana e pela influência incomum dos proprietários de terrenos e imóveis sobre a cidade, tem uma estratégia especial, motivado, em primeira instância, pela transferência da capital de Florença para Roma.

Na Suécia, um aparato jurídico que impõe a elaboração de planos urbanísticos municipais é datado de 1874. Na Alemanha, é o grande desenvolvimento urbano, sucessivo ao inglês, vigente há vinte anos, que pressiona em direção a uma institucionalização de uma normativa urbanística autônoma em cada um dos diversos *Länder*, enquanto a definição de zonas industriais permanece competência do império (1869); tudo isso até a aprovação da primeira lei prussiana sobre o alinhamento (1875), que pode ser considerada uma verdadeira lei urbanística, aplicável seja nas áreas já urbanizadas, seja naquelas a serem urbanizadas. Com essa lei, é autorizada uma subdivisão em zonas com destinação clara de uso e um regulamento para edificações que, juntos, definem um plano definido ao longo do tempo, cuja responsabilidade recai sobre as autoridades estatais. Mas o município pode proceder ao reagrupamento (*Umlegung*) e à redistribuição das áreas em função do crescimento urbano, do desenho das ruas e praças e das quadras a serem urbanizadas de maneira mais regular. Em 1902, Franz Adickes, prefeito de Frankfurt, retoma esse tipo de questão, predispondo, para a própria circunscrição, a possibilidade de lançar no mercado áreas edificáveis com preço contido, e portanto suscetíveis de serem subdivididas em quadras e lotes por uma rede viária, onde seja evitada a especulação fundiária e imobiliária, constituída pelo congelamento da oferta de terrenos. Em 1918, uma série de emendas da lei de 1875 permite uma aplicação melhor da solução dos problemas residenciais e das áreas verdes públicas.

Além da legislação geral, constituem mecanismos fundamentais de controle urbanístico as práticas e as concessões, por parte de entidades locais, do direito de construir ao longo de ruas ou mesmo dentro das quadras, de ocupar os lotes definidos, segundo proporções prefixadas, de limitar a altura dos edifícios em relação às construções confinantes, a rua, o pátio, o jardim. Além do mais, nas mesmas décadas, com o incentivo do governo imperial, as cidades alemãs investiram uma parte consistente de seu orçamento na compra de amplos terrenos inseridos na sua jurisdição e, algumas vezes, fora dela, constituindo dessa maneira propriedades municipais de grande monta para planejar seu desenvolvimento, por longos períodos e com previsões gerais, as quais podem impor contribuições financeiras aos proprietários cuja edificação traz vantagens. Resumindo, nas últimas décadas do século XIX, as entidades locais do estado prussiano se encontram em condições de poder tomar iniciativas de desapropriação, alinhamento e recomposição fundiária, intervindo também sobre os impostos dessas áreas e imóveis, impostos que também devem permitir a realização de instalações hidráulicas, de esgotos e de limpeza urbana a cargo dos proprietários próximos. É possível, portanto, fazer uma política urbanística bem mais articulada do que nos outros países europeus. Os organismos da polícia local (ver o caso de Berlim, cujo chefe de polícia era o engenheiro Hobrecht) estabelecem cláusulas para a colaboração entre governos locais e centrais no campo do planejamento da ampliação urbana.

AS LEIS URBANÍSTICAS GERAIS DO INÍCIO DO SÉCULO XX

Na virada do século, a Europa vê iniciar uma nova fase de desenvolvimento urbano, caracterizado principalmente pela variação da situação demográfica. Tem início a era da descentralização, um período que possui como elementos específicos o desenvolvimento suburbano e a transferência da indústria para a periferia. Entre as várias reformas, evidenciam-se as da habitação popular. Se quisermos considerar os reflexos dessas reformas na cultura urbanística sucessiva, são particularmente significativas a lei holandesa (Wonungwet, 1902) e a britânica (Town and Country Planning Act, 1909).

A Holanda, após 1848, segue o caminho do liberalismo político e vive uma fase de desenvolvimento econômico acelerado, beneficiado pela expansão da indústria têxtil, pelo crescimento colonial e pelo aproveitamento de seus portos, principalmente por parte da Alemanha Ocidental. Nas cidades maiores, com o final da proibição de construir fora das muralhas e o avanço da industrialização, e consequente urbanização, começam a se formar verdadeiras periferias urbanas, muitas vezes sujeitas a um plano de ampliação. Protagonistas do novo desenvolvimento de edificações, junto com os empreendedores privados, são as associações filantrópicas e operárias e os industriais que constroem para os próprios funcionários. Sociedades de beneficência apoiam a construção de habitações que garantam aos investidores uma remuneração equivalente à taxa de juros corrente. Associações culturais, crescentes camadas da burguesia e movimentos organizados pelos operários criam o clima propício para a introdução de normas de edificação que, em 1897, adquirem forma e substância. Em 1899, são apresentados ao parlamento dois projetos de lei complementares: para a casa e para a saúde pública. A lei sobre a casa é aprovada, após uma série de dificuldades, e, em 1902, o decreto real entra em vigor no Reino da Holanda. É uma lei que obriga os municípios com mais de dez mil habitantes a elaborarem um plano de ampliação, mas o início é lento: em 1908, após seis anos de aprovação, somente um quarto dos municípios tinham cumprido sua obrigação – aquelas com uma forte expansão da indústria e do comércio. Mesmo que muito simplistas na definição dos tipos de uso, trata-se, porém, de planos que interessam a toda a área municipal. O importante é o princípio colocado pela Wonungwet, que prevê uma periódica revisão dos planos e, com efeito, sejam gerais (Haia, Utrecht), ou parciais (Amsterdã Sul), eles são reelaborados diversas vezes. Além de seus conteúdos higiênico-sanitários, destinados a melhorar a qualidade das habitações, inclusive com a demolição daquelas insalubres, a importância dessa lei deve-se principalmente à introdução de um regime financeiro inovador, depois considerado modelo para outras leis, graças às normas que regulam subsídios e facilitações. De fato, são previstas subvenções estatais (até 20% de toda produção residencial holandesa das primeiras quatro décadas do

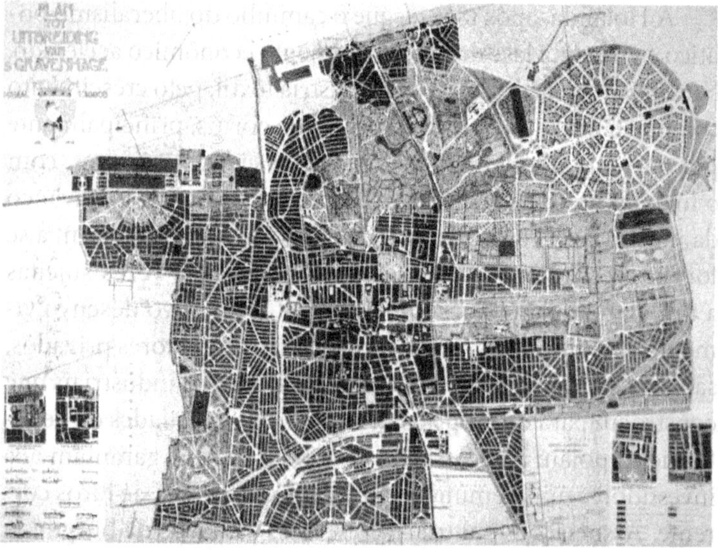

Plano de Ampliação de Haia na escala 1:10.000, dezembro de 1908: resultado da aprovação da Wonungwet de 1902.

século XX) em favor da edificação popular. A ação do governo torna-se, assim, uma componente estável do setor construtivo (posição importante na economia holandesa), capaz de incentivar uma experiência pioneira dos modelos habitacionais. As fundações e as associações de edificações, para realizar projetos aprovados pelos municípios, podem pedir empréstimos e garantias estatais. Em 1921, apesar dos custos das construções terem aumentado substancialmente, segundo essa lei, a fatia de mercado atingida pelas habitações construídas chega a 64%.

Sob o ponto de vista urbanístico, tal lei introduz medidas de desapropriação e a obrigatoriedade dos planos diretores – aliás, as duas ordens de medidas estão estreitamente ligadas e constituem a base para a criação das propriedades fundiárias municipais. Além disso, todos os municípios são obrigados a possuir um regulamento para construções, cujos conteúdos, porém, não são especificados. A lei sofre emendas em 1905, 1915, 1919, 1921 e 1931. Até a data de sua aprovação, o urbanismo era campo de engenheiros (para a realização de obras hidráulicas), mas novas normas urbanísticas inseridas em uma lei sobre a casa abrem as portas aos arquitetos.

Na Inglaterra, as disposições e as normatizações, que se sucedem ao longo de todo o século XX, sublinham a existência de pressupostos e de um contexto geral de maior atenção aos problemas de transformação urbana e territorial. O estabelecimento, pela lei sobre urbanismo de 1909, de novas competências conferidas às autoridades locais e da administração pública e a posteiror regulamentação (1910) do Local Government Board, constituem uma reação e uma resposta aos processos quantitativos descritos nos parágrafos anteriores – autorizam recorrer à elaboração de planos sem, no entanto, estabelecer uma solução de continuidade com relação às abordagens da legislação anterior relativas às questões de saúde pública e de governança local, enquanto aceleram decididamente a demanda de novas competências específicas (as urbanísticas), assumindo um papel não secundário na especialização gradual do mercado de trabalho dos técnicos. A nova lei (Housing and Town Planning Act), de fato, permite (mas não impõe) às entidades locais, caso estejam interessadas em fazê-lo e tenham aprovação do Local Government Board, elaborar planos urbanísticos para áreas de nova e previsível urbanização, fixando, em linhas gerais, os conteúdos de operação do plano (ruas, linhas de comunicação, edifícios, espaços abertos e públicos, serviços técnicos em rede, conservação de ambientes históricos ou de interesse natural). Todavia, durante o processo de aprovação da lei, já houve quem percebesse que, nesse país, eram poucos os que tinham competência para o planejamento urbano. Em outras palavras, se a transferência da ação legislativa corresponde a uma exigência generalizada de enfrentamento dos problemas sociais e de gestão, ela deve também modificar gradualmente as relações entre entidades locais, operadores imobiliários e cidadãos no tocante à expansão das edificações urbanas. De fato, desencadeia um mecanismo de criação dos planos por parte das autoridades locais e uma necessidade de novas competências urbanísticas.

Essa lei também exerce uma grande influência na incorporação, na práxis do plano do princípio geddesiano segundo o qual o projeto deve ser precedido de uma *survey*, isto é, a realização de um estudo de todo o território objeto de planejamento, estudo que Geddes e seus discípulos recomendam seja o mais amplo e cuidadoso possível. Isso representa uma etapa importante da longa evolução da legislação britânica após as

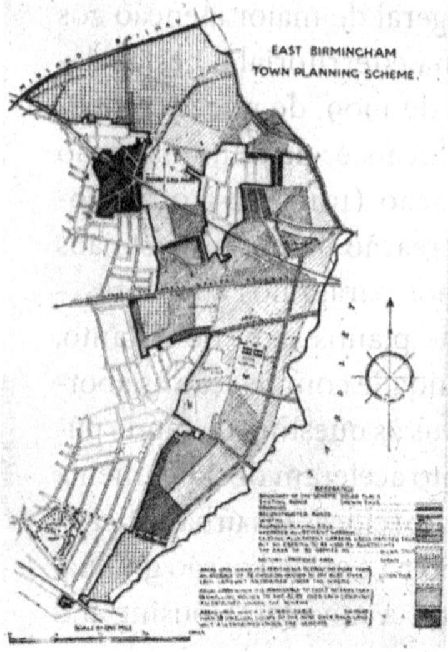

Plano de ampliação de um bairro de Birmingham, 1909. Trata-se de um dos primeiros planos urbanísticos aprovados pelo Local Government Board após a aprovação do Town Planning Act de 1909.

leis sanitárias de 1847 e 1875 – já publicadas pelas autoridades municipais para impor padrões higiênicos às novas construções – e depois do London Building Act de 1894, que continha elementos para uma regulamentação da construção e ampliação das ruas alinhando os edifícios mais longe do meio-fio, além de fixar um limite para a densidade das construções. Afinal, existem as premissas para que as administrações municipais realizem melhorias até mesmo notáveis.

As motivações da lei de 1909 são bem articuladas. De fato, para sua aprovação concorrem os apelos dos pioneiros do urbanismo (como Howard, Geddes, Unwin), a conscientização de amplos estratos da população sobre a situação de mal-estar criada em muitas cidades, a perspicácia de muitos administradores (como Nettlefold e Thompson) e ainda uma espécie de orgulho nacional originado por uma psicose, a superação pela Alemanha. A lei é aprovada por um governo liberal e tem grande impacto na cultura e na mentalidade da classe dirigente. Os primeiros projetos aprovados pelo Local Government Board, no perfil da própria lei, são aqueles de Edgbaston, Harborne e Quinton, na zona oeste de Birmingham, mas, de fato, os procedimentos caóticos, a crise da construção e a Primeira Guerra Mundial reduzem a produção dos planos a um número irrisório.

2. As Normas Construtivas e o Zoneamento

O PLANO DE ZONEAMENTO

O zoneamento, instrumento destinado a obter grande sucesso, foi certamente um produto original da cultura urbanística alemã, que o elaborou após a guerra franco-prussiana, com o escopo de regular o crescimento das cidades interessadas pelo inesperado desenvolvimento industrial e pelo consequente processo de concentração urbana.

Um precursor foi o edital napoleônico de 15 de outubro de 1810, que sem dúvida foi reelaborado, explicado e aplicado em larga escala pela Alemanha guilhermina.

Seus fundamentos teóricos remetem à deliberação da Deutschen Architekten und Ingenieur Verein, proposta por Reinhard Baumeister e Franz Adickes e, em 1874, aprovada em Berlim. Essa votação expõe o seguinte:

> Segundo as exigências, será necessário destinar determinadas ruas ou zonas inteiras da cidade para funções comerciais, industriais, residenciais etc. Além disso, será necessário prever a construção de edifícios públicos e deixar sem edificações áreas inteiras oportunamente escolhidas. Para a realização de tais reagrupamentos

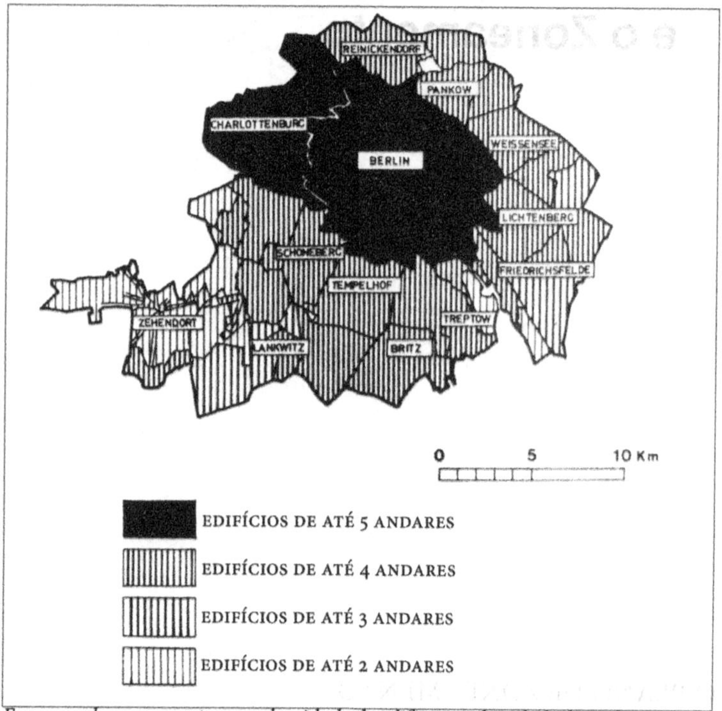

Esquema de zoneamento para densidade de edificações da cidade de Berlim e dos subúrbios externos, segundo o regulamento de 1897.

funcionais são necessários: localização adequada, meios de transporte apropriados, dimensões volumétricas convenientes, normas racionais para construções e uma regulamentação precisa das atividades industriais.

A matriz higiênica do zoneamento é evidente: para assegurar ventilação e iluminação às habitações, é necessário diminuir a relação entre a altura do edifício e a largura das ruas, ampliar os pátios internos e, onde possível, realizar casas individuais. A paternidade da ideia de "regulamentação diferenciada para edificações", uma das maiores contribuições do urbanismo alemão para a formação da disciplina na Europa, deve provavelmente ser atribuída a Ernst Bruch e à sua reação totalmente negativa ao plano de Hobrecht para Berlim, de 1862, que, ao contrário, é um exemplo de comportamento neutro em relação à propriedade da terra. Uma tendência que no urbanismo se exprime mediante planos de alinhamento, capazes de promover condições de aproveitamento construtivo muito denso.

O zoneamento, pertinente à volumetria*, é introduzido principalmente como técnica aplicada aos planos de ampliação das cidades, onde, diferentemente da cidade velha, a operação é facilitada pela ampla disponibilidade de terreno a baixo custo e garante condições higiênicas melhores para a habitação. Daí, decorre uma dupla regulamentação para edificações, uma para a cidade velha e outra para a cidade nova, onde, na maioria das vezes, as normas variam segundo faixas concêntricas.

A técnica de zoneamento é aplicada *ante litteram* no plano de Budapeste de 1874, tomado depois como modelo para as primeiras experiências na Alemanha, adaptando-o, pouco a pouco, aos valores fundiários e às características locais. Ao reduzir progressivamente a possibilidade de aproveitamento construtivo do solo, há a promessa de se obter aqueles mesmos resultados para os quais o instrumento fiscal se revelou ineficaz, isto é, diminuir os valores da terra e incentivar os construtores. Mais tarde, na Alemanha, o primeiro plano de zoneamento desse tipo é o de 1878, de Dresden, que prevê três zonas destinadas preferencialmente à construção de casarões, e exclui totalmente a indústria de um determinado setor da cidade. Com o mesmo critério foram elaborados os planos de Altona (1882), nas proximidades de Hamburgo, de Darmstadt (1886) e Wrocław (1887).

Sob a forma de regulamento para edificações (acompanhado por uma planta), em 1891 o zoneamento foi adotado em Frankfurt. Em 1892, é a vez de Berlim, onde uma organização válida para os subúrbios periféricos impõe densidades construtivas diferenciadas e decrescentes em relação às densidades altíssimas da área central. Nos mesmos anos, um zoneamento por densidade é introduzido nos centros que constituem a conurbação de Ruhr. Tais planos são extremamente esquemáticos, mas abrem caminho para a difusão desse novo instrumento que, em aproximadamente vinte anos, será aperfeiçoado e aplicado em todas as cidades alemãs. É uma resposta específica de mediação para os problemas de natureza econômica e

* Segundo os parâmetros europeus, o cálculo do coeficiente de aproveitamento corresponde ao número de m^3 construídos por m^2 de terreno; a equivalência para os parâmetros convencionais brasileiros é dividir esse valor pela altura (N. da E.).

social. Com isso, o operador público garante margem de manobra e o controle dos grupos econômicos e sociais.

Os planos de zoneamento dos anos de 1890 – preparados em função do sucesso dos de Frankfurt e resultando, na maior parte dos casos, em uma imitação impessoal destes – começam a ver um agudo contraste entre os valores teóricos e reais da terra.

Embora administradores esclarecidos (Adickes) não queiram admitir, o zoneamento não reduz o aumento do valor dos terrenos. Com a adaptação progressiva e metódica da densidade da área construída à estrutura esboçada dos valores fundiários, caem as valências reformistas dos regulamentos diferenciados, já comprometidos pela divisão social do espaço, implícitas na multiplicidade das tipologias residenciais. Desaparece a diferenciação dos espaços urbanos em zonas edificáveis uniformes (Zonenbauordnung), em favor de uma malha organizada para pequenos setores, chamada "regulamentação gradual para edificações" (Staffelbauordnung), enquanto as tradicionais categorias construtivas são modificadas em intensiva, semi-intensiva e extensiva.

A eficiência do controle do processo de construção por parte dos municípios alemães não tem similar na Europa; totalmente

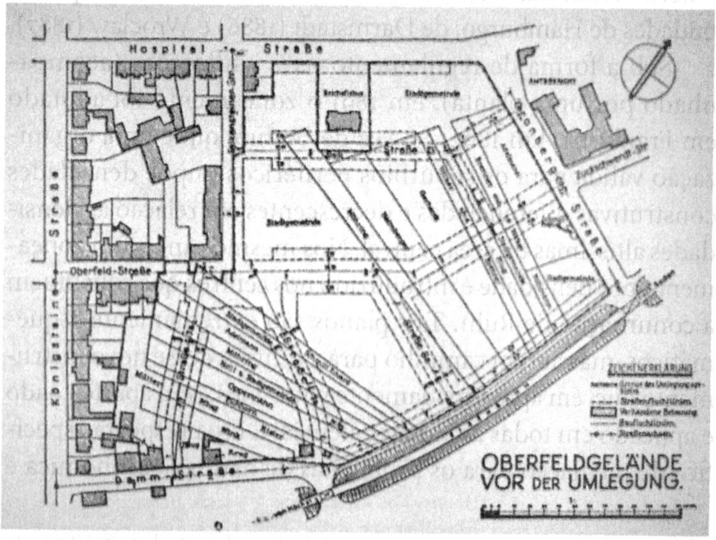

A aplicação da Lei Adickes em uma zona de expansão de Frankfurt. A reintegração é feita redistribuindo as áreas em cotas proporcionais às propriedades precedentes, excluídas as partes utilizadas para ruas e praças.

ciente desse fato é, por exemplo, Thomas C. Horsfall, um dos pioneiros do movimento inglês para a reforma municipal, que em 1904, após uma visita feita pela Manchester and Salford Citizen's Association, redige um relatório intitulado *The Improvement of the Dwellings and Surroundings of the People: The Example of Germany* (A Melhoria das Habitações e Arredores do Povo: O Exemplo da Alemanha), no qual é evidente a grande admiração pelo uso dos instrumentos urbanísticos por aquele país.

Porém, o próprio crescimento da cidade, segundo tendências que não mais conduzem ao esquema das coroas circulares, determina a crise da primeira geração dos planos de zoneamento. Devido ao aumento da importância das comunicações diretas para os novos subúrbios e municipalidades próximas, percebe-se muito rapidamente que os valores fundiários se distribuem radialmente ao longo das vias principais. Portanto, um modelo por setores começa a se impor, cujos primeiros reflexos são os planos de Colônia, Magdeburgo (1896) e Halle (1898), e que encontra sua consagração na proposta de Eberstadt, ganhadora do segundo prêmio no concurso para a Grande Berlim (1910).

O EXEMPLO DE FRANKFURT

A mais conhecida realização do plano de zoneamento, como já se disse, é a de Frankfurt am Main, grande cidade comercial caracterizada por um forte processo de industrialização. Esse instrumento urbanístico, totalmente novo em relação àqueles utilizados até o momento no quadro da legislação vigente na Alemanha, é adotado pelas municipalidades e imediatamente aplicado. A escolha coincide com o início do mandato de Franz Adickes como prefeito da cidade (1890-1912) e com seu programa de sanar os danos provocados pelo uso indiscriminado de habitações coletivas de aluguel. Esse programa subdivide a cidade em zonas dispostas em faixas concêntricas e atribui, a cada uma, normas diferenciadas por atividades de construção. Na prática, consiste de um regulamento construtivo que traz em si normas diferentes para as diversas porções do território municipal e um mapa que define essas mesmas zonas no solo (Bauzonenplan). As normas estão diretamente relacionadas com a densidade das

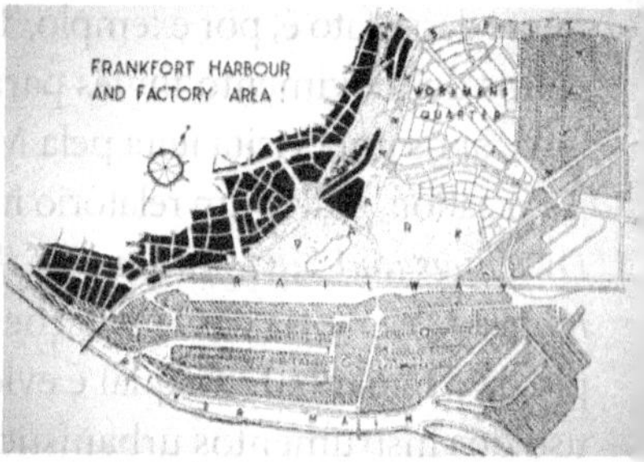

▲ *A cidade de Frankfurt em 1900, com as primeiras grandes intervenções viárias projetadas e parcialmente realizadas pela municipalidade sob a direção de Franz Adickes.*
▶ *Redesenho do plano da zona portuário-industrial de Frankfurt, retomado a partir dos estudos preparatórios para o plano de Birmingham de 1912 (após o Town Planning Act de 1909), onde é evidenciada a presença simultânea da zona industrial, do bairro residencial operário e do parque urbano.*

edificações, definida através de parâmetros relativos à altura dos edifícios, número de andares, a área coberta de cada lote edificável e os tipos de uso do solo, diferenciados em industriais, residenciais e atividade mista. Trata-se do primeiro plano de zoneamento completo e detalhado, já que envolve todo o território municipal e abrange todos os setores da construção.

O plano faz história porque é o primeiro instrumento que une as duas linhas presentes em movimentos de reforma, a dos regulamentos construtivos diferenciados e a dos planos de alinhamento modificáveis no tempo e no espaço, à medida que se prevê a urbanização de novas partes do território municipal. Se a prática do afastamento de funções nocivas das áreas centrais é do século XV, agora, a criação sistemática de bairros industriais é uma novidade: as fábricas localizadas no território municipal, eliminadas alguns anos antes, agora são bem aceitas. Os incentivos dessa localização para as empresas são a malha viária menos densa, portanto, mais econômica, a economia nos custos de distribuição elétrica e, às vezes, vantagens fiscais.

Uma reforma construtiva tão radical certamente não pode ser recebida com entusiasmo por todos. Muitos proprietários se consideram prejudicados em seus direitos e citam o município em juízo. Porém, a magistratura, com sentenças inovadoras, afirma que não existem direitos de propriedade absoluta e salva o direito de zoneamento. Além de social, a composição política, do conselho municipal, provavelmente não fica indiferente ao sucesso da aplicação desse regulamento.

Franz Adickes (1846-1915)

Formado em direito, Adickes é burgomestre adjunto de Dortmund e mais tarde de Altona. Publica numerosos textos de urbanismo sobre a questão das habitações e sobre o problema da terra. Em 1874, escreve com Reinhard Baumeister a célebre deliberação da Deutschen Architekten und Ingenieur Verein de Berlim, cujos conceitos são retomados em seu ensaio *Stadterweiterungen* (Expansão Urbana), escrito para a primeira edição do texto de Conrad (1893), mas também publicado no manual de Baumeister. Em 1890, substitui o autoritário prefeito de Frankfurt e permanece no cargo até 1912. Naquele ambiente, propõe-se a conter o aumento dos preços dos terrenos e enfrentar o problema das habitações operárias. Aplica, portanto, pioneiramente, em uma grande cidade alemã, aquela normatização da qual já se tornara paladino em Altona.

Incorporadas ao novo regulamento edilício da Baupolizei (Inspeção de Construção, 1891) e integradas em um mapa que define os limites das zonas interessadas no território municipal (Bauzonenplan), as normas realizam uma subdivisão da cidade externa em zonas organizadas segundo faixas concêntricas, em que a construção é normatizada de maneira diferente em cada uma. Cidade externa e cidade interna já possuíam regras diferentes, que datavam do século XIII. Adickes, em linhas gerais, deixa as coisas como estão na cidade interna, mas é bem inovador na faixa externa, garantindo a transição entre as duas áreas por uma ampla faixa intermediária.

O zoneamento era relativamente simples: o território diferenciava-se em zonas industrial, residencial e de atividades mistas. Para as zonas residenciais, as normas construtivas forneciam um maior grau de detalhe, que fixava a densidade e as tipologias, regulamentando a altura dos edifícios, a distância entre um e outro, o número de andares e a superfície construída do lote.

Graças à intuição desse prefeito, Frankfurt torna-se uma cidade modelo para o urbanismo guilhermino. Sua fama de cidade progressista expande-se para além dos confins da Alemanha, confirmando-se também no primeiro pós-guerra, graças à obra de outro prefeito, Ludwig Landmann (1868-1945) e do arquiteto Ernst May (1886-1970), que planeja, e em parte realiza, a Neue Frankfurt.

A ARQUITETURA DA CIDADE INDUSTRIAL

O plano proposto por Tony Garnier para sua cidade industrial imaginária é outro exemplo de plano de zoneamento, cuja primeira formulação (1901) foi quase contemporânea à dos alemães, mesmo se conhecida somente em uma edição bem posterior (1917). Inteiramente baseado na clareza do desenho e na forma arquitetônica dos edifícios, em vez de fundamentado em um regulamento escrito, o plano tem origens históricas e culturais totalmente diferentes. O esquema se refere a uma cidade média (a referência é a cidade de Lyon); graças à demografia e ao equilíbrio entre área construída e natureza, o projeto pode ser associado ao ideal howardiano da cidade-jardim. Na realidade, mostra-se bem distante do idílio antiurbano; aliás, seu escopo é demonstrar os aspectos inevitáveis, e de qualquer forma positivos, do desenvolvimento industrial, dos quais o autor do projeto é uma testemunha atenta e entusiasta.

Na arquitetura de Garnier, não é difícil encontrar a persistência de uma rigorosa formação clássica. Em seus projetos, retomar os princípios da implantação da Antiguidade não tem um significado involutivo, mas uma intenção polêmica no tocante à concepção oitocentista do crescimento compacto e ilimitado. O autor se reaproxima de um passado remoto para contrapô-lo a um passado recente e projetá-lo para o futuro. Sua proposta é uma segmentação do tecido urbano em zonas funcionais bem distintas. A zona industrial (simplesmente chamada "Usinas") é situada na enseada entre os dois rios e em contato direto com a linha ferroviária, distante do tecido residencial por motivos higiênico-funcionais. A zona residencial, de nova fundação, a meia encosta, é separada, seja do centro histórico, seja da zona industrial, por uma faixa verde. A zona hospitalar, localizada bem no alto da colina, assemelha-se a uma acrópole moderna, com os edifícios brancos voltados ao sul em direção ao rio; ela se inspira nas ideias mais avançadas da época em matéria de hospitais e sanatórios. É prevista uma distribuição justa das escolas primárias, que a administração de Lyon já havia tentado pôr em prática, mas que Garnier utiliza como um princípio absoluto.

Trata-se de uma visão territorial do planejamento capaz de acatar as teorias regionalistas, que haviam encontrado em Lyon um polo de elaboração e de ressonância nas pesquisas conduzidas por um qualificado grupo de geógrafos, entre os quais Paul Vidal de La Blache. Em vez de considerar a indústria como um mal a ser extirpado, ela é vista como um produto inevitável do nosso tempo e, portanto, como um problema de projeto a ser resolvido racionalmente. Garnier, com seu projeto, rompe a ideia da cidade compacta; decide fragmentar a imagem urbana por motivos de higiene e também para deixar uma margem de crescimento autônomo às várias partes. O ideal subjacente ao plano não é o de uma forma fechada e definida, mas o de uma composição aberta, articulada por núcleos distintos, posicionados em distâncias avaliadas no território.

As casas são principalmente individuais, os edifícios coletivos são baixos (três andares no projeto inicial, cinco no definitivo na edição de 1932) e curtos, além de serem abertos para passagens e separados do meio-fio por canteiros de árvores e flores. O projeto é, de certa maneira, a base de um regulamento de higiene e do sistema viário. A zona administrativa, localizada no centro do conjunto residencial e cortada pela rua principal, reúne, de um lado, os edifícios que se ocupam das necessidades sociais e políticas da população e, de outro, os edifícios culturais (museus, bibliotecas, salas de exposição, de espetáculos e construções esportivas). A zona universitária, que reúne todas as escolas secundárias, é aberta a noroeste, na direção do vale, mas permanece sempre integrada ao tecido residencial. Na cidade, há lugar para as indústrias não nocivas, como as têxteis que funcionam com energia elétrica, um cemitério e, ao longo do rio, uma estação para o tratamento do lixo, um porto fluvial, um matadouro e os tanques para piscicultura. Nos arredores, o verde está presente em todo lugar: árvores, pequenos bosques, canteiros de flores, não somente próximos a monumentos principais, mas nas zonas residenciais, onde *logge* e terraços estão decorados com pergolados e vasos floridos. O princípio da natureza associada à arquitetura é avidamente perseguido e fica evidente em todos os estudos.

Tony Garnier (1869-1948)

A partir de 1889, após longos anos de aprendizagem na École des Beaux-Arts de Lyon, Garnier ganha uma bolsa de estudos na sede nacional da mesma escola em Paris cuja figura de maior prestígio era Julien Guadet, então professor titular da cátedra de Teoria da Composição Arquitetural. A influência dessa experiência transparece nos desenhos do arquiteto de Lyon no período (1894-1899) e em seus projetos apresentados no concurso para o Grand Prix de Roma. Em suas obras, fica evidente a ligação com os princípios da didática *beaux-arts*. Garnier continua também profundamente ligado às suas origens, influenciado pelo *milieu* familiar e pelo clima socioeconômico dentro do qual Lyon se transforma; adere ao movimento socialista. Enquanto isso, determina alguns dos projetos de melhoria de sua cidade, introduzindo novas técnicas para os edifícios industriais, as represas para fornecimento de água, produção de eletricidade e meios de transporte.

Em 1899, vencedor do prêmio, parte para Villa Médici. Realiza uma viagem para Atenas no terceiro ano do seu estágio romano e completa a recuperação da antiga cidade de Tusculum, hoje Túscolo, com a acrópole que a domina e a magnificência de seus templos. Os monumentos são restaurados escrupulosamente em suas proporções e ordens, mas as ruas urbanas sugerem um verdadeiro renascimento da cidade antiga. O jovem arquiteto está convencido de que os detalhes acadêmicos devem ser substituídos por problemas mais atuais do desenvolvimento industrial.

Em Roma, ele realiza projetos predominantemente sociais, mais do que exercícios escolares. É ali que concebe a sua cidade industrial. No livro que acompanha os desenhos, o autor apresenta sóbria e claramente o escopo da obra, as particularidades do lugar imaginado, as condições ideais de implantação, a nomenclatura e programa de cada um dos elementos da cidade, as regras a serem respeitadas. Com o

▼ *Tony Garnier, projeto da cidade industrial: vista do conjunto, 1917.*

► *Tony Garnier, projeto da cidade industrial: desenho em aquarela da metalúrgica, 1917.*

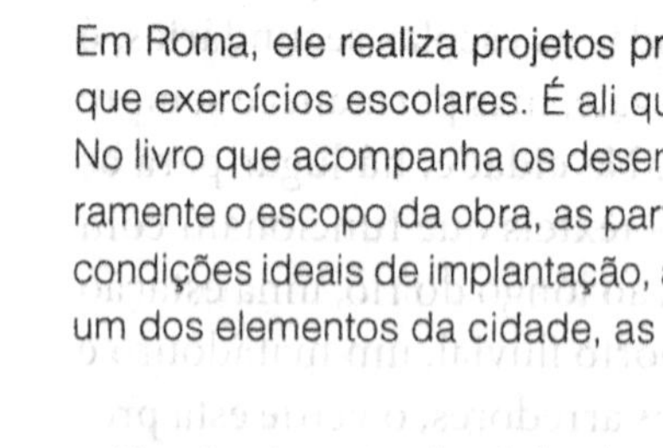

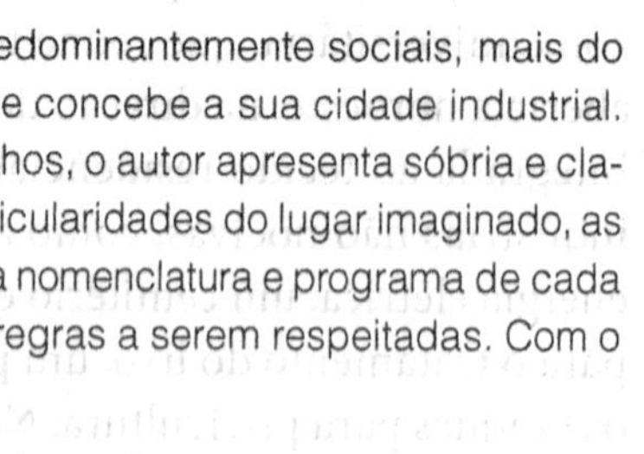

título de *La Cité industrielle* (A Cidade Industrial), o projeto é publicado, em 1917, em um volume ricamente ilustrado por 164 desenhos. Antes de tudo, o autor determina as condições geo-orográficas do local e as dimensões demográficas a serem previstas para a implantação de um assentamento, totalmente novo, a ser ocupado por 35 mil habitantes. O lugar escolhido é um vale dominado por colinas, um curso de água é a fonte primária de energia elétrica (suficiente para produzir luz e aquecimento para as fábricas e toda a cidade), graças a uma imponente hidroelétrica central. A preexistência de um núcleo histórico importante e a proximidade relativa às minas de extração das matérias-primas são outras condições essenciais.

Tony Garnier: o bairro dos Estados Unidos em Lyon, 1919-1935.

As ideias de Garnier deixam marcas sobretudo no papel. O projeto, apresentado no concurso para um bairro residencial, promovido pela Fundação Rotschild em 1905, propunha um programa de casas com pequenas moradias salubres e econômicas em um amplo terreno localizado em Paris, no XII *arrondissement*: seu desenho, classificado em segundo lugar, é adotado, mas não realizado. Em 1906, o projeto de renovação da área da bolsa de Marselha tem resultado análogo.

Essas mesmas ideias são reencontradas, em parte, no bairro dos Estados Unidos, em Lyon (1919-1935), uma espécie de núcleo satélite nas proximidades de uma grande cidade existente. O esquema do conjunto, publicado em um desenho de *Les Grands travaux de la ville de Lyon* (As Grandes Obras da Cidade de Lyon, 1919), retoma, em escala reduzida, as disposições do bairro residencial da *Cité industrielle*. As habitações são distribuídas em ambos os lados de uma artéria principal de grande tráfego, e as ruas secundárias também são abertas para circulação de veículos. Os espaços livres previstos em ambos os lados, próximos aos imóveis e destinados aos pedestres, servem para a distribuição dos serviços. Lojas localizadas ao longo da avenida principal garantem o abastecimento, sem que seja necessário prever travessias perigosas. Os edifícios possuem ainda uma série de serviços. É previsto o aquecimento coletivo do conjunto. Previsto para doze mil pessoas, acabará tendo muito mais, a pedido da municipalidade, graças ao acréscimo de cinco andares em todos os edifícios e ao fechamento da planta geral. Mas, além da definição de conjunto, permanece o modelo tipológico dos edifícios gêmeos, diferenciado pelo grupo de escadas entre dois blocos e a repetição da tipologia construtiva. A implantação se torna também uma etapa significativa da experiência de técnicas de racionalização do canteiro de obras.

3. A Tipologia, os Padrões de Higiene, o Plano Diretor

A CLASSIFICAÇÃO DOS EDIFÍCIOS, RUAS E JARDINS

Delinear uma série de soluções operativas possíveis e alternativas entre si, catalogando-as segundo uma série de "tipos" (de edifícios, ruas, áreas verdes), é uma operação urbanística largamente praticada entre o fim do século XIX e as primeiras décadas do século XX, coerente com os instrumentos até agora descritos, em particular com o regulamento para edificações e com o plano de zoneamento.

Em um primeiro momento, nas publicações, a edificação é diferenciada em "aberta" ou "fechada"; em seguida, são analisados casos de edifícios mistos, "semiabertos" ou "semifechados". Nesse contexto, o discurso sobre a edificação não é desenvolvido em termos de tipos de uso, mas de características de cada unidade. Isto significa que tal regulamentação não se refere somente à edificação residencial, mas também à comercial ou industrial; ao mesmo tempo, não se refere à forma da cidade em sua totalidade, e sim às modalidades de seu crescimento, através de módulos tipológicos reconhecíveis.

A edificação aberta compreende edifícios esparsos que, na maioria das vezes, não superam dois andares de altura; se destinados ao uso habitacional, são compostos por unidades unifamiliares; em geral, são construções isoladas em um lote, portanto, circundadas por um jardim, cujos recuos em relação ao próprio terreno ou aos edifícios confinantes são regulados por uma norma (que estabelece os mínimos admissíveis).

Esse é o modelo predominante nas construções dos bairros nobres, nos quais cada lote se identifica como uma propriedade individual.

A edificação aberta é pouco usada na indústria, mas muito na habitação, e pode ser subdividida em uma série de categorias: dos casarões urbanos com parque no entorno às pequenas casas construídas em um lote mínimo, com uma separação de trezentos metros. As vantagens dessa tipologia estão em toda a cidade, por seus pulmões de áreas verdes; incluí-la no desenho da expansão urbana torna-se um objetivo do plano urbanístico, que vai além do beneficiário direto e individual.

A edificação fechada, ao contrário, permite altas densidades residenciais, cobrindo, entre construções e pátios internos, toda a área edificável, muitas vezes em lotes de pequenas dimensões. É uma tipologia adequada para casas de aluguel (além de edificações não residenciais): isto é, permite investimentos de capital proporcionais ao preço do terreno, quando este é particularmente oneroso. Comporta ainda uma regulamentação complexa (que existe para a edificação aberta, mas, nesse caso, é ainda mais necessária) para proteger os requisitos mínimos de higiene e segurança (incêndios, estática da construção) e a relação entre indivíduos (propriedades comuns, usos individuais, muros divisórios, escadas, passagens, dutos).

As pesquisas relativas à tipologia de edificações comportam a definição de padrões arquitetônicos ideais e seguem em paralelo ao objetivo de se obter um crescimento ordenado das implantações, equilibrado sob o ponto de vista do valor dos terrenos e do nível dos serviços.

Os urbanistas preferem uma área edificada de baixa densidade (sua genérica batalha social é também a favor de melhores condições higiênicas). Todavia, a noção de que essa não pode ser uma regra geral, por motivos econômicos, obriga-os a lidar com uma articulação tipológica variada, a aceitar, no desenho do plano, soluções graduais e até mesmo construções fechadas em torno de um pátio central.

Um raciocínio análogo, acompanhado (tanto nos manuais alemães como nos escritos de Eugène-Alfred Hénard) de uma série de desenhos que ilustram as categorias às quais se referem, é desenvolvido nos diversos tipos de rua urbana, que pode ser distinguida pelas características do lugar: ladeada ou não por edifícios contínuos, baixos ou altos, com ou sem calçadas, pórticos ou arborização; utilizada por pedestres, carros individuais ou por meios de transporte público; dotada de canais subterrâneos ou que a ladeiam; realizada com materiais e dispositivos técnicos diferentes.

A mesma disposição mental permite catalogar os diversos tipos de verde urbano, nas infinitas possibilidades de características formais e materiais que podem adotar, da avenida arborizada ou ladeada por arbustos ao jardim colocado no centro de uma praça pública, ou do bairro ao parque urbano.

Joseph Stübben (1845-1936)

Personagem de relevo no urbanismo alemão, já mencionado a propósito do plano para Viena em 1892. Em sua longa vida, produz uma ampla literatura técnica e redige uma quantidade de planos, não somente na Alemanha, mas também na Suíça, Bélgica, França e Polônia. Após uma intensa atividade como arquiteto urbanista da administração municipal em Berlim (1864-1866 e 1868-1870) para a administração das ferrovias, no escritório de urbanismo de Aachen (1876-1881), de Colônia (1887) e mais tarde de Poznań (1904-1920), atua também como profissional liberal, elaborando planos de ampliação de muitas cidades, alemãs ou não: Altona, Antuérpia, Basileia, Bilbao, Bruxelas, Darmstadt, Düsseldorf, Lyon, Luxemburgo, Madri, Varsóvia, Viena. Participa de muitos congressos internacionais e acaba por ser muito conhecido e de grande sucesso profissional. Tem um papel importante em publicações e escreve artigos em revistas técnicas como *Der Städtebau*, *Deutsche Bauzeitung*, *Zeitschrift für Bauwesen*, *Hannoverische Zeitschrift* e *Städtebauliche Vorträge*. Entre congressos e conferências dos quais participa citam-se o de L'Art Public de Bruxelas, em 1898, o do Riba em Londres, em 1910, e o da International Federation for Housing and Town Planning de Gand, em 1913.

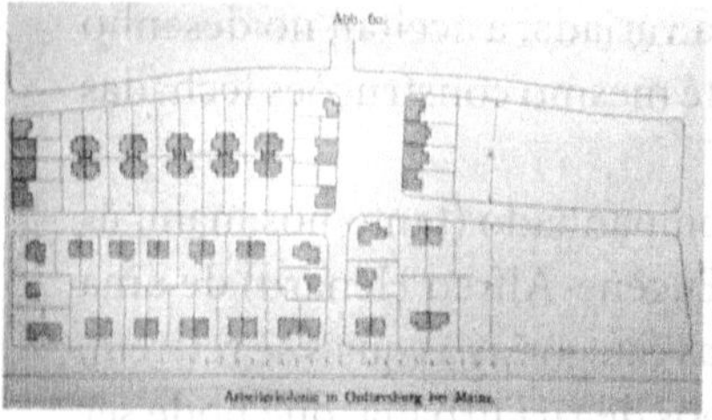

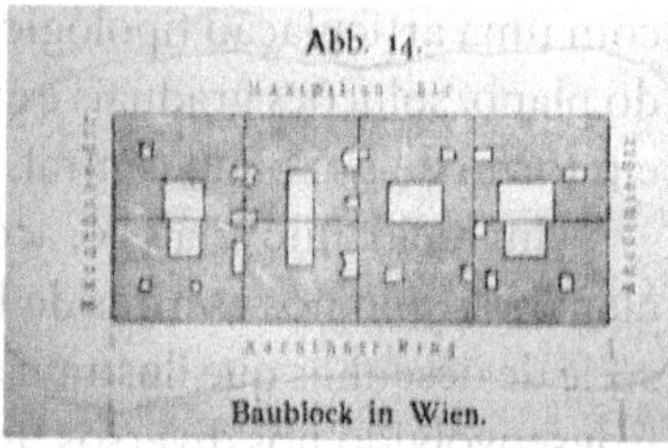

▲ *Tipos de edificação aberta, publicados por Joseph Stübben em seu manual, 1890.*
▶ *Tipos de edificação fechada, publicados por Joseph Stübben em seu manual, 1890.*

Entre os planos em que é consultor, destaca-se o da capital do Reino da Itália: provavelmente pouco mais do que um parecer e um esquema desenhado, mas sintomático de seu papel internacional de profeta do urbanismo. Os Cultores de Arquitetura, uma associação de engenheiros e arquitetos italianos, que possui seu centro de operações em Roma, requisita seu parecer sobre o plano de Sanjust, de 1908. Encontrando-se na cidade por ocasião do congresso internacional dos arquitetos, torna-se promotor de uma tentativa de organizar um concurso internacional, bloqueada imediatamente pelo próprio Sanjust. Por outro lado, os próprios projetos de Stübben, se existem, têm pouca repercussão, a não ser entre um pequeno movimento cultural (talvez devido a motivos linguísticos). Ele propõe uma cidade nova externa (como apresentado nas exposições internacionais) e o uso da área verde como sistema contínuo de interligação unitária na escala urbana. Enfim, oferece, ao panorama cultural romano, novos elementos e alternativas de projeto da cidade moderna, afirmando a necessidade de uma racionalização do plano de ampliação que deixe inalterada a realidade tipológica e a implantação da cidade existente.

O manual *Der Städtebau, Handbuch der Architektur*, com o qual Stübben adquire notoriedade, na realidade é a quarta parte do nono volume de um grande livro publicado entre 1883 e 1933. O volume sobre o urbanismo é editado pela primeira vez em 1890, em Darmstadt, uma segunda edição totalmente revista sai em Stuttgart, em 1907, e outra ainda, com acréscimos e notas de rodapé (leis, regulamentos, estatutos de associações) é publicada em Leipzig, em 1924; foi traduzido, em partes ou totalmente, em várias línguas. O sumário é constituído por cinco partes. A primeira, sobre os princípios fundamentais do urbanismo, é a mais famosa, e nela o autor descreve a tipologia das edificações, especificando, através de numerosos exemplos, o que se deve entender por "edificação aberta" e "edificação fechada". A segunda é destinada à organização hierárquica dos planos e aos casos mais frequentes de projetos. Por exemplo, pode ser necessário projetar de novo a forma de um assentamento após a eliminação imprevista de um obstáculo (a demolição de fortificações ou o desvio do curso de um rio). É importante principalmente fazer uma comparação com o agrupamento por tipo de função de diversas partes de cidade, portanto, com a construção de quadras, praças públicas, o desenho das ruas (as quais, da mesma forma que as casas, podem ser descritas por "tipos", segundo sua largura e comprimento, os cortes, os cruzamentos, as obras secundárias, as reformas efetuadas). A terceira parte aponta para a atuação do plano diretor. A quarta, para as instalações que existem acima ou abaixo das ruas (os serviços técnicos em rede). A quinta parte é inteiramente dedicada ao verde urbano.

NENHUMA VANTAGEM NA SUPERLOTAÇÃO: A EDIFICAÇÃO SUBURBANA DE BAIXA DENSIDADE

Na Inglaterra, a questão da edificação aberta (open development) é amplamente discutida, junto com a difusão das teorias sobre descentralização da metrópole. No início do século XX, são publicados artigos, de caráter científico ou de divulgação, sobre o tipo de construção suburbana: possibilidade de reunir casas para uma ou duas famílias, *cottages* e casas geminadas, em suas relações com as ruas principais e as secundárias e com diversos tipos de tráfego. Particular atenção é dedicada aos custos e vantagens para a coletividade e para indivíduos das diferentes soluções apresentadas.

Alguns teóricos enfatizam a qualidade visual do ambiente planejado, enquanto outros preparam uma longa seção histórica pensada para treinar o olhar dos que se propõem a ser planejadores, mostrando a eles os exemplos do passado de maior sucesso das cidades inglesas e europeias. Assim, em uma sociedade contemporânea, o papel do urbanista é justificado com motivações de bom senso comum, não somente sob o ponto de vista ideológico, mas também no operativo, justamente pela capacidade de darem indicações práticas e proporcionarem uma série de exemplos fáceis de serem copiados. Tendo lido Sitte, do qual é seguidor, Raymond Unwin é protagonista indiscutível desse período, aplicando esses ensinamentos em seus projetos destinados a abrigarem uma população socialmente mista.

Raymond Unwin, colocação de edifícios ao longo de uma rua curva, exemplo de implantação de baixa densidade, 1912.

Em princípio, os assentamentos deveriam incluir também uma grande cota de operários que foram expulsos das áreas insalubres; porém, na realidade, eles foram ocupados principalmente pela classe média.

Em particular, um panfleto de grande sucesso sob o ponto de vista teórico e de divulgação, assinado por Unwin junto com o cunhado Parker, "Nothing Gained by Overcrowding!"(Nada se Conquista com Superlotação!, 1912), retoma as ideias de Howard e as traduz em projeto, demonstrando como é possível substituir a monotonia dos subúrbios geminados em fila do século XIX pela variedade arquitetônica do subúrbio jardim, por meio de um desenho de tipologia viária e de edificações. Para Unwin, o problema fundamental permanece o de garantir um índice suficiente de áreas verdes. Como veremos, suas sugestões se traduzem em prática corrente por parte das administrações locais inglesas, principalmente após a Primeira Guerra Mundial, quando participa da *housing commission* do governo (Tudor Walters Committee on Working-class Housing), constituída, em 1918, por sir John Tudor Walters. Seu relatório, com a lei de 1919, desencadeia o grande florescimento da edificação municipal da primeira reconstrução promovida pelo ministro Christopher Addison. Como para Sitte, o ponto de partida se encontra na crítica das qualidades formais da cidade do século

XIX. Contudo, Unwin se insere em outro contexto empírico, o do crescimento de Londres, metrópole contemporânea, cujo desenvolvimento assumiu formas bem diferentes das vienenses. De resto, suas referências teóricas não são tanto os textos técnicos e legislativos alemães, mas a teoria da cidade-jardim de Howard. Assim, em seus projetos, ele aplica o princípio do fechamento do espaço urbano, com referências explícitas aos trabalhos de Sitte. Considera, no entanto, todo o complexo urbano levando em conta a nova realidade, que não é mais aquela de uma implantação pré-industrial, mas a de uma explosão urbana. Do ponto de vista epistemológico, há uma notável diferença entre os esquemas de Unwin e os de Sitte: bem entendido, o espaço urbano aqui também é considerado como um vazio em relação aos edifícios, e sua característica ideal é que ele seja fechado sob o ponto de vista visual. No entanto, o contexto empírico ao qual ele pertence e a tradução do esquema de projeto em teoria legislativa não mudam: não se trata de um centro urbano, mas de novas unidades em escala metropolitana. O sistema de assentamento proposto pelos estudiosos ingleses é colocado às margens da cidade, em uma faixa não muito precisa, onde as vantagens do ambiente rural deveriam prevalecer sobre os efeitos urbanos devastadores; é organizado em função dos meios mecânicos de locomoção. Se a posição física parece incerta, é clara a colocação cultural: a proposta se coloca na cultura da descentralização, indicada, de forma unânime, como panaceia para os males que afligem a sociedade e o indivíduo. Esses urbanistas, com certa distância das teorias de Howard, têm a intuição de que a demanda emergente não é fundar novas comunidades com vida própria totalmente autônoma, e sim a de definir as linhas de uma expansão racional da cidade grande. Em torno dos centros urbanos ingleses, agora proliferam numerosos subúrbios jardins, sustentados por dois importantes grupos de pressão: o National Housing Reform Council, que, mais tarde, em 1909, transformou-se no National Housing and Town Planning Council, dirigido por um enérgico secretário, Henry Aldridge, e o Co-Partnership Tenants Housing Council, dirigido por Henry Vivian. Junto com o movimento da "garden city", esses grupos transmitem o entusiasmo em favor da baixa densidade, desviando a atenção das zonas centrais para as suburbanas, a partir da ideia de que a batalha da casa pode ser vencida construindo moradias agradáveis para os operários, em áreas cujo valor do terreno é inferior. É exatamente sob esse aspecto que a política habitacional e a política urbanística na Inglaterra apresentam um contexto de origem comum.

Raymond Unwin (1863-1940)

No início de sua carreira, Unwin trabalha como engenheiro-aprendiz em uma fábrica de aço e carvão. Encarregado de projetar *cottages* para mineradores, ele também desenha igrejas, escolas e banheiros públicos. Exprime simpatias juvenis pelo socialismo fabiano, chegando a fazer parte do grupo de Oxford, em contato com William Morris, Piótr Kropótkin, Thomas C. Horsfall, George Bernard Shaw. Em 1893, casa-se com a irmã de Barry Parker (1867-1947), um decorador com o qual inicia uma longa associação profissional. Com ele projeta, entre outros, a pequena cidade de New Earswick (1902-1903), em York, para os Rowntree. São os próprios Rowntree, fascinados pelas ideias de Howard, que em 1904 promovem um concurso para Letchworth, do qual participam três grupos de arquitetos: Ricardo e Lethaby, Lucas e Cranfield, Parker e Unwin. Letchworth se torna lugar de aplicação dos princípios de zoneamento sobre o uso do solo, do parcelamento em lotes edificáveis – em cada um deles evitando a rigidez do alinhamento das edificações –, da realização de ruas arborizadas e gramados, de uma grande variedade na distribuição espacial dos grupos de *cottage*. Unwin, que havia trabalhado junto com Parker na elaboração do projeto do conjunto, acreditando no sucesso do esquema em vias de realização, em 1903 muda-se com a família para a nova cidade-jardim, onde conduz minuciosa análise do lugar. Em 1906, transfere-se para Hampstead, subúrbio-jardim, cujo projeto (1905-1909) o ocupa muito. A iniciativa ocorre graças ao zelo antiespeculativo da dama Henrietta Barnett, que tinha conseguido subtrair 320 hectares

Raymond Unwin, 1910.

de uma operação imobiliária. Trata-se de uma ampla superfície de terreno na colina de Hampstead, adquirido por filantropos e grandes industriais, que, mais tarde, é loteado segundo o projeto de Unwin e Parker. O primeiro esquema do plano fica pronto em 1905: ele prevê uma faixa de lotes de casas individuais voltadas para a colina, cujo objetivo era serem vendidas aos clientes mais ricos, além de uma série de edifícios com pátio, para os pobres (que deveriam ser transferidos do East End); por fim, foram previstos pequenos grupos de *cottage* para operários assalariados. Quem investe no projeto tem a garantia de lucro de 5%. O segundo e definitivo esquema do plano é desenhado por Unwin em 1906: uma malha homogênea de casas, de baixa densidade, dispostas de forma a circunscreverem espaços verdes definidos (quadrados, ferraduras e outras figuras elementares). Os poucos edifícios com pátio sobrevivem também como testemunhas da característica filantrópica do investimento. Unwin é arquiteto da Co-Partnership Tenants Housing, como também um dos organizadores da exposição realizada em 1910, por ocasião da Town Planning Conference do Riba. De 1910 a 1914, financiado pelo industrial Cadbury, é professor titular de um curso de planejamento urbano na faculdade de engenharia civil da Universidade de Birmingham. Em 1914, substitui Adams como inspetor-chefe de urbanismo do Local Government Board (Conselho do Governo Local). Durante a guerra, é nomeado diretor do departamento de habitação do Ministério da Saúde, onde define os padrões mínimos para os planos de reimplantação rural e, mais tarde, para as pequenas aldeias de guerra. Em 1915, é chamado por Lloyd George para participar do novo Ministério das Munições, como superintendente dos projetos de assentamentos para operários de fábricas de explosivos, a serem situados longe dos centros urbanos. Se a intenção inicial do ministério é a de construir habitações provisórias, Unwin sustenta desde o início a necessidade de conceber implantações definitivas, consciente da função de modelo que bairros financiados e projetados pelo Estado podem exercer. As pequenas cidades de guerra, Gretna em particular, reproduzem, com características simplificadas, os esquemas de baixa densidade experimentados nos subúrbios-jardins pré-bélicos.

Raymond Unwin: diagrama ilustrado do método de zoneamento de uma cidade e sua divisão em áreas distintas definidas por espaços abertos, 1922.

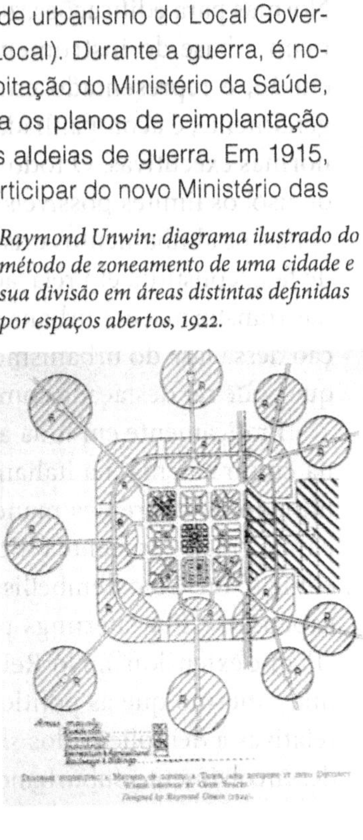

É membro fundador do Town Planning Institute (Instituto de Planejamento Urbano), do qual se torna presidente em 1915. De 1923 a 1933, é consultor da Comissão para o Plano Urbanístico da Grande Londres. Após 1936, vai cada vez com mais frequência aos Estados Unidos, onde é chamado como *visiting professor* na Universidade Colúmbia. Entre suas principais publicações: *The Art of Building a Home* (A Arte de Construir uma Casa), 1901 (com Parker); *Cottage Plans and Common Sense*, 1908; *Town Planning in Practice* (Urbanismo na Prática), seu livro mais famoso, 1909; *Greater Regional Planning Committee, I Report* (Comitê de Planejamento Regional Maior, Relatório I), 1929; *Greater Regional Planning Committee, Report on Decentralization* (Comitê de Planejamento Regional Maior, Relatório sobre Descentralização), 1931. Também escreve muitos artigos em importantes revistas inglesas (*The Town Planning Review, Journal of the Town Planning Institute, Riba Journal*) e estrangeiras.

O PLANO DIRETOR

Normas para edificações, zoneamento e tipologia, juntos, formam a base do instrumento de plano que, à guisa de conclusão, é representado em uma planta bidimensional que, geralmente, é acompanhada por um relatório descritivo e por normas executivas. O todo reúne as indicações sobre os tipos de uso, os limites possíveis de edificação das várias áreas urbanas, os alinhamentos e as densidades a serem respeitadas, e, de fato, constitui, em relação aos séculos anteriores de projeto das transformações urbanas, o verdadeiro elemento de distinção dessa fase do urbanismo. É exatamente essa característica que pode ser destacada como sendo o novo *corpus* disciplinar.

Praticamente em toda a Europa continental (com certeza na cultura alemã, na italiana e na francesa), o plano é denominado de diferentes maneiras de acordo com as diretrizes para a cidade existente ("Bebauungs plan", "Piano Regolatore edilizio" ou "Plan d'embellissement"), ou para as áreas de nova expansão ("Erweiterungs plan", "Piano di ampliamento" ou "Plan d'extension"). No Reino Unido, os limites são mais tênues, mesmo que as políticas (e as fontes de financiamento) relativas à demolição dos *slums* sejam diferentes daquelas de desenvolvimento suburbano.

Além disso, o plano urbanístico percebe uma série de distinções funcionais possíveis, relativas aos tipos de uso ("Bauzonen plan", "Piano di zona" ou "di azzoneamento"*, "Zonage"); pode impor a retificação viária ("Baulinien plan", "Piano di allineamento"** ou "Plan d'alignement"). Nesses casos, em geral, trata-se de uma escala mais detalhada, que corresponde ao plano de setor de uma parte da cidade existente ou de nova edificação.

Na fase da história do urbanismo aqui analisada, os planos mencionados concernem à cidade (e somente à cidade), chegando a abarcar, no máximo, a circunscrição administrativa do território municipal. Acertando as contas com uma dinâmica de crescimento da população e da superfície urbanizada, considerada não somente inevitável, mas também permanente, isto é, uma dinâmica destinada a durar infinitamente (nessa fase não são previstas inversões de tendência), os mecanismos de conjunto partem da hipótese de poder corrigir os "males" da cidade decorrentes de um desenvolvimento deformado – porque especulativo – trazendo de volta o próprio desenvolvimento no caminho de "normalidade". Uma data limite para a realização das previsões não é considerada; pelo contrário, os planos descrevem uma adequação da implantação possível de se alcançar em um período muito longo (de 25 a cem anos) e, de qualquer forma, indeterminado nas suas diversas fases de realização.

* "Piano di zona" ou "di azzoneamento" no Brasil é chamado de plano de zoneamento (N. da E.).

** "Piano di allineamento" se refere à retificação ou alargamento do sistema viário (N. da E.).

4. As Análises Cognitivas

AS PESQUISAS CÍVICAS

As análises urbanísticas permitem conhecer o território, objeto do plano (em geral a cidade ou a circunscrição municipal, mas gradualmente uma área mais ampla) e fazer previsões sobre as tendências vigentes. São "preliminares" à elaboração do projeto, no sentido de que, a partir do momento em que são feitas como prevenção, garantem sua credibilidade, ou, em outras palavras, sua cientificidade. São geomorfológicas na medida em que apontam as características do lugar onde deve ocorrer a intervenção; demográficas sobre o ritmo de crescimento da população, mas também sobre as taxas de natalidade, endêmica, de mortalidade e os movimentos migratórios; são socioeconômicas sobre a estrutura das classes e as atividades produtivas; históricas relativamente à morfologia da implantação e às transformações sucessivas de suas características físicas, desde sua fundação até o momento da intervenção.

Alguns urbanistas esclarecidos reivindicaram em congressos e exposições internacionais a necessidade da realização de pesquisas cognitivas. Na exposição de 1910, Berlim é considerada um exemplo pela quantidade e qualidade de

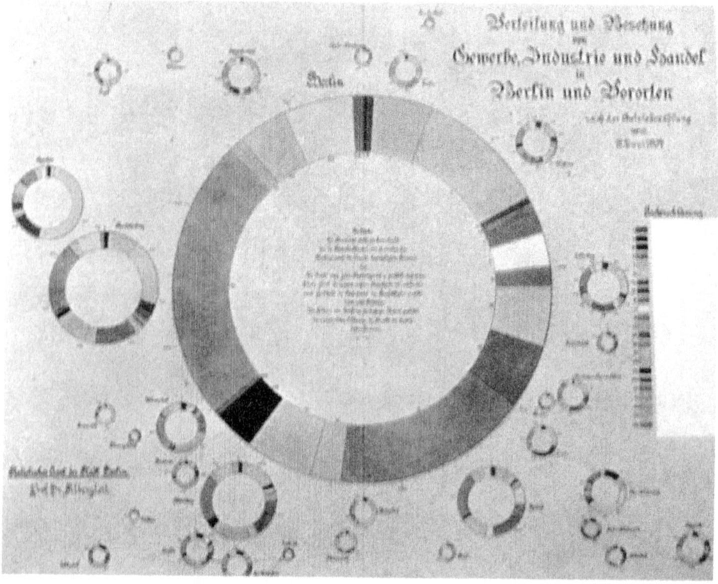

Serviço de Estatística de Berlim, diretor prof. Silbergleit, diagrama das atividades da cidade de Berlim e entorno: comércio, indústria, artesanato, Berlim, 1907. Apresentado na Exposição Internacional de Berlim e Düsseldorf, 1910-1912, e publicado por Werner Hegemann em seu catálogo.

levantamentos feitos e por suas representações em esquemas gráficos e diagramas sobre a população e o tráfego na capital, sistematicamente comparados com aqueles de outros períodos e de outras cidades e, mais tarde, publicados pela Hegemann em um catálogo que teve ampla circulação na Europa e Estados Unidos.

A batalha também foi conduzida por pessoas não facilmente classificáveis pela formação, como urbanistas *tout court* (históriadores, geógrafos, sociólogos, biólogos); de fato, mais tarde foram considerados pela historiografia como profetas do urbanismo europeu.

Na França, nesse sentido, existe uma grande tradição, e esse âmbito de estudos tem especialistas entre os geógrafos mais importantes, como Paul Vidal de La Blache (1845-1918) ou Elisée Reclus (1830-1905). No Reino Unido, o escocês Patrick Geddes (1854-1932), escritor e orador incansável, antecipa aquele setor disciplinar das ciências sociais que hoje é frequentemente indicado com o nome de "ecologia humana" e que ele chamava "Civic Survey" ou "Civics" (pesquisa cívica). Conhece a

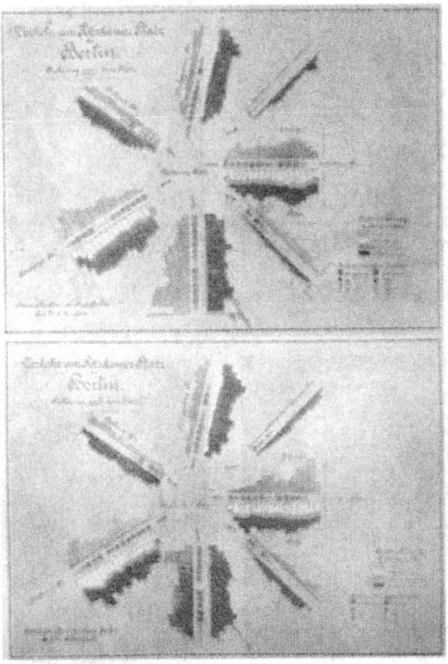

Serviço de Estatísitca de Berlim, diretor prof. Silbergleit, estatísticas sobre o tráfego na saída e na entrada na Potsdamer Platz: apresentado na Exposição Internacional de Berlim e Düsseldorf, 1910-1912, e publicado por Werner Hegemann em seu catálogo.

obra filosófica de Comte, inspira-se também no sociólogo francês Frédéric Le Play (1806-1822), enfatizando as relações existentes entre as implantações humanas e o território, mediados por relações econômicas de escala local. Considera que as formas da natureza são expressão de um fenômeno vitalista unitário, e que as ciências relativas aos vários aspectos da vida estão inter-relacionadas entre si mais intimamente do que parece por sua separação em campos diferentes de ação. O urbanismo deve fundamentar-se no estudo da realidade, investigando cuidadosamente as relações entre as tipologias de implantação, os sistemas econômicos locais e o ambiente. Dessa forma de proceder, junto a um aprofundamento conceitual, nasce também uma dilatação de escala que delineia uma nova fase da história do urbanismo, passando dos limites urbanos para toda a região, entidade geográfica preferida também pelos geógrafos franceses. Essa visão regional de integração das relações entre cidade e campo só pode, de fato, dilatar o próprio conceito de urbanismo, perorando a causa do Town and Country Planning em alternativa ao simples Town Planning. Todavia, esses estudos não têm o objetivo de uma simples reorganização urbanística, mas o de uma reforma social e política em sintonia com a tradição anárquica retomada também por Reclus.

Patrick Geddes (1854-1932)

Geddes realiza estudos irregulares antes de frequentar a Royal School of Mines (1874-1878), onde se forma como biólogo seguidor de Huxley, mais tarde professor de botânica em Dundee. Apesar do início brilhante, sua atividade como pesquisador em biologia interrom-

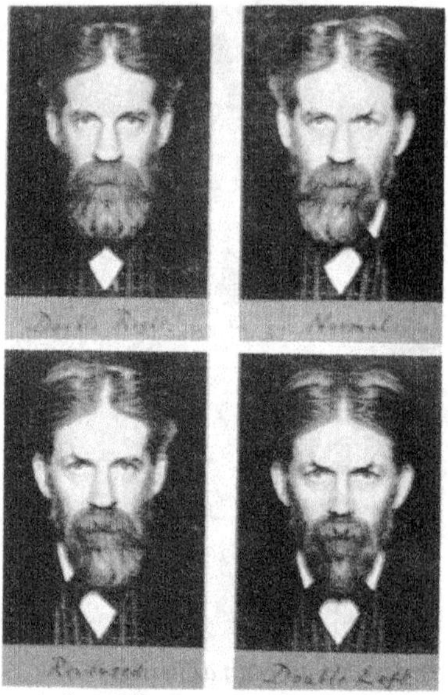

Patrick Geddes.

peu-se rapidamente, devido a uma doença nos olhos contraída durante uma expedição científica no México. Naquele ano, começa a se interessar por economia e sociologia, disciplinas nas quais acredita ter encontrado os instrumentos mais adequados para o estudo da evolução humana. Nisso se encaixam suas reflexões, que oscilam entre filantropia, pesquisa social e o estudo científico da cidade.

Impossível lembrar todas as suas iniciativas. Em 1885, funda a Edimburgh Social Union e, em 1896, a Town and Garden City Association, para a recuperação das habitações degradadas e a revitalização de Edimburgo. Em 1890, institui a Outlook Tower, organizando-a como museu regional e centro de animação de uma pesquisa permanente sobre a cidade de Edimburgo. Aqui, ele tenta ilustrar graficamente seu método de estudo com um desenho chamado "Plano do Vale da Civilização", que mostra o perfil de um vale com a localização inicial das várias ocupações. Formula, então, os princípios metodológicos que, alguns anos depois, se tornarão regras canônicas para o urbanismo: o levantamento das condições e tendências da região, sua descrição e análise e finalmente o plano, na sucessão *survey – analysis – plan*. A partir de 1887, cria programas interdisciplinares na escola de verão de Edimburgo, para a qual chama também biólogos como Ernst Haeckel, filósofos como William James e geógrafos como Elisée Reclus. No âmbito da Exposição Universal de 1889, em Paris, organiza também uma escola de verão. Além disso, é autor de inúmeros livros e opúsculos sobre economia, sociologia e questões urbanas.

De certa maneira, estreia no campo do urbanismo graças ao Carnegie Trust, fundo dotado de grande patrimônio doado por um abastado industrial de origem escocesa. Para realizar um parque na sua cidade natal, com o intuito de levar um pouco de doçura e luz à vida monótona das classes trabalhadoras de Dumferline, em 1903, o industrial encomenda dois projetos alternativos, um a Geddes e outro a Thomas Mawson, célebre representante da "landscape architecture". Geddes vence o concurso, convencido de que o planejamento tem que ser interpretado como serviço social. Esse episódio lhe oferece a ocasião

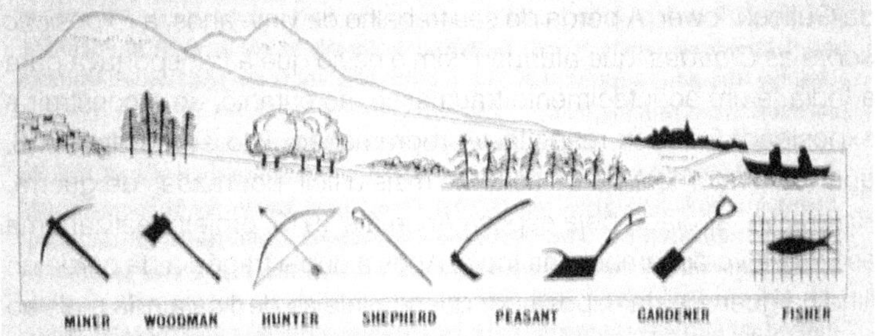

Patrick Geddes, corte do vale, síntese do esquema de desenvolvimento regional elaborado em 1905: a cidade no centro, em perfeita harmonia com os lugares naturais e de trabalho.

de estrear na literatura urbanística com o relatório do projeto (*City Development: A Study of Parks, Gardens and Culture Institutes*, 1904)*, que já contém a essência de seus conceitos sobre a matéria. Seu ciclo de palestras ministradas na London School of Economics divulga os princípios da pesquisa e exerce notável influência em personalidades então emergentes no campo da disciplina (entre outros, Unwin e Abercrombie). Em 1903, funda a Sociological Society, e mais tarde participa com autoridade da discussão sobre o Town Planning Act (Ato de Urbanismo) de 1909 e da fundação, como promotor e bibliotecário, do Town Planning Institute de 1913. São os anos em que sua pesquisa adquire peso profissional, em particular com a organização da exposição Cities and Town Planning (Cidades e Urbanismo), que, em 1913, obtém o Grand Prix na Exposição Internacional de Gand, e com a proposta de uma espécie de nova disciplina, Civics, dedicada ao estudo prático da cidade. Mesmo a produção científica, que continua a percorrer caminhos disciplinares diferentes, parece mais sólida: do projeto de Dumferline de 1904 às pesquisas cívicas mais estruturadas em diversas áreas do país, e uma obra de síntese sobre a biologia, em 1911, *Evolution*. Em 1914, em Dublin, monta a Cities Exhibition e estimula uma série de iniciativas experimentais: uma escola de verão em Civics, a recuperação de espaços coletivos na cidade, a revisão do plano junto com Raymond Unwin. Além disso, publica seu livro mais importante, *Cities in Evolution*, lançado em 1915,

* Trad. bras.: *Cidades em Evolução*, Campinas: Papirus/M. R. Cornachia, 1994 (N. da E.).

e viaja para a Índia, onde pretende morar, com a intenção de voltar à Inglaterra durante o verão, pois ainda ensina Biologia em Dundee; passa os longos invernos na Índia, dedicando-se a exposições itinerantes sobre a cidade, e realiza consultorias em urbanismo, esperando restaurar sua situação financeira, desequilibrada devido à operação da Outlook Tower. A perda de seu trabalho de vinte anos, a *Exposição sobre as Cidades*, que afundou com o navio que a transportava para a Índia, é um acontecimento traumático; no entanto, ao reconstruir a exposição, Geddes respeita a programação. Isto se dá até 1916, quando o retorno à pátria se torna mais difícil, por razões de guerra. Hiperativo, apoiado pela esposa Anne até 1919, projeta realizar uma escola de verão também na Índia. Após a dupla tragédia da perda do filho na guerra e da esposa por doença, ele se dedica ainda mais ao trabalho de planejador. Volta para a Inglaterra e procura interlocutores entre a Índia, a Grã-Bretanha, Jerusalém, Nova York e Genebra, entrando em contato com Gandhi, Bergson e Mumford. Recebe a cátedra de Sociologia na Universidade de Bombaim e é encarregado do plano para a Universidade Hebraica de Jerusalém; em Bombaim, os alunos abandonam seu curso Civics, atraídos por cursos profissionalmente mais promissores, e o Institute of Sociology and Civics não sobrevive ao seu fundador; em Jerusalém, o sonho de uma nova "cidade de Deus" em volta de uma grande universidade internacional entra em conflito com o sectarismo de partidários de um estado teocrático. Em 1924, sai definitivamente da Índia, após ficar muito doente durante o inverno, passando um curto período de convalescência na Suíça, indo mais tarde direto para Marselha. A constituição de um Indian College em Montpellier será sua última tentativa de criar uma pequena parte daquela grande cidade universitária internacional, que é um sonho de conexão entre o Oriente e o Ocidente.

A HISTÓRIA URBANA

A mudança de século representou um momento crucial para a geografia e sociologia, mas também para a história, principalmente na França, abrindo uma série de discussões sobre as questões urbanas.

É exemplar o "caso" Fustel de Coulanges, historiador da França antes mesmo que das instituições antigas, mas conhecido e celebrado principalmente graças a estas últimas. O objeto de estudo pré-escolhido o faz aprofundar análises sobre as

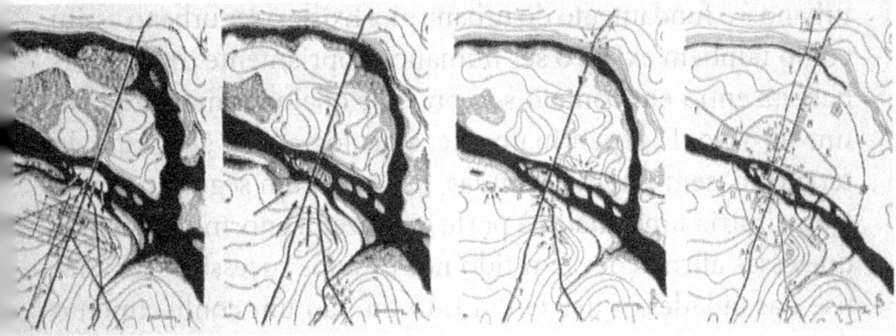

Gaston Bardet: esquemas que ilustram as teorias de Marcel Poëte sobre a "evolução" da cidade.

estruturas sociais e seu desenvolvimento (da família à cidade), tornando-se uma referência para todos os que quiserem estudar a cidade antiga. Outro pai nobre da historiografia francesa do início do século, Henri Pirenne, tem um papel importante justamente no setor dos estudos urbanos, em particular medievais. E ainda outros grandes historiadores como Berr, Bloch, Febvre, fundadores de revistas mais inovadoras sobre a disciplina, nessa fase parecem estar atraídos pelos estudos da história da cidade.

Portanto, esse clima favorável da França permitiu o surgimento de indivíduos que desenvolvem estudos históricos tais que também são aceitos pelos que têm atividade profissional no campo urbanístico. Trata-se de quem acredita ter alguma mensagem civil a ser transmitida: para eles, para corrigir os defeitos da cidade de hoje é necessário sondar a cidade antiga para descobrir-lhe seus aspectos físicos e morais, sua "fisionomia", suas condições de existência e de desenvolvimento. É necessário saber discernir – "como em um álbum de família, onde estão reunidas as imagens sucessivas de uma pessoa querida" – as características distintivas de uma cidade moderna e, em consequência, da contemporânea, na qual, em um segundo momento, alguns deverão intervir, mas onde todos devem viver dia após dia. Marcel Poëte, defensor dessa tese, insiste, em muitos de seus textos, sobre a necessidade do contato direto com o objeto de estudo: a história da evolução urbana deve ser, antes de qualquer coisa, uma ciência de observação. Esse é um aspecto de particular importância para quem se ocupa de configuração do espaço e da arquitetura. E, daqui à aplicação da disciplina, o passo é breve. "O conhecimento do organismo urbano é o fundamento do urbanismo. Existe o ser urbano assim como também existe o ser humano propriamente dito." O urbanista entra em contato sempre e de qualquer maneira com um ser vivo. E, repentinamente, a geologia ou a geografia do território, sem serem excluídas, ficam em um segundo plano. Constituiria um tratado à parte enfatizar a enorme influência que essas afirmações têm tido nos estudos sucessivos de análise das cidades. Quer tenha tido ou não um conhecimento direto dos textos que aqui nos interessam, a dívida do urbanismo do pós-guerra em relação à cultura do início do século é muito grande. Quando se fala em "evolucionismo" e em "organicismo", enquanto os países anglo-saxões têm como referência Geddes, os franceses têm Marcel Poëte. E, nesse contexto, a maior atenção às questões morfológicas, a sensibilidade pelas condições do lugar ou pela estrutura geológica do terreno, são explicadas com a importância crescente da geografia humana, em um âmbito cultural onde, por mais de cinquenta anos, alguns estudiosos da matéria foram unanimemente reconhecidos como os grandes mestres do saber.

Marcel Poëte (1866-1950)

Poëte não é personagem pouco conhecido. Muitas vezes, foi celebrado como um dos protagonistas do pensamento urbanístico europeu do começo do século XX, mesmo que, em geral, refira-se mais à sua obra através de algumas citações e certo número de palavras-chave do que à sua totalidade. Os quatro colossais volumes sobre a Paris dos anos de 1924-1931, *Une Vie de cité: Paris de sa naissance à nos jours* (Uma Vida de Cidade: Paris de Seu Nascimento aos Nossos Dias), e aquele sobre o urbanismo como "ciência da observação", *Introduction à l'urbanisme: L'Évolution des villes* (Introdução ao Urbanismo: A Evolução das Cidades) são seus textos mais mencionados. Com os primeiros, em 1937, ganhou um prêmio literário importante pela prosa criativa e poética. O segundo, lançado em 1929, é o único que foi reeditado na França e, muitos anos depois (1958), traduzido em italiano. Outros textos seus, numerosíssimos e às vezes repetitivos, as sínteses das aulas realizadas na École des Hautes Études Urbaines e as anotações manuscritas não são muito conhecidas, e menos ainda sua atividade realizada durante os anos juvenis como bibliotecário, arquivista, organizador de exposições e historiador. No entanto, ela é fundamental para avaliar a originalidade desse autor.

Marcel Poëte.

Marcel Poëte é um arquivista-paleógrafo de formação e, portanto, os interesses urbanos não fizeram parte de sua educação nem das suas atividades juvenis. Formado em 1890 na École des Chartes como historiador especializado no período medieval, em 1908 lembra-se que existia uma tradição de historiografia da cidade, e em Paris existia um serviço (os Travaux Historiques) que havia sido institucionalizado há dois séculos; achou então que era oportuno recuperá-lo. De qualquer modo, candidata-se para a função de historiador oficial da cidade. Desde 1904, retoma a ideia sobre a utilização possível de uma instituição da memória, insistindo na necessidade de continuidade na transmissão do conhecimento. Poëte também combate pela causa da cientificidade da documentação. O trabalho de historiador não se improvisa, mas pode ser ensinado. E o bibliotecário pode contribuir diretamente sugerindo, para quem quiser realmente estudar Paris e a cidade em geral, que o indivíduo não se acomode com uma bibliografia útil, mas insuficiente. É necessário retornar às fontes originais, desde que se saiba como manusear um amontoado de documentos de natureza e proveniência diferentes e, a cada vez, questionar-se sobre qual pode ser a contribuição específica de cada um. Enfim, deve-se passar das fontes diplomáticas às narrativas, das literárias aos vestígios materiais, e depois fazê-las falar. E aqui as considerações metodológicas tornam-se sugestões concretas que ele propõe também para as técnicas mais recentes, como, por exemplo, a fotografia da paisagem urbana e o cinema.

Seu papel de professor é também de importância capital.

Em 1917, nos espaços do Institute d'Histoire, de Géographie et d'Économie Urbaines de la Ville de Paris, graças ao esforço conjunto de técnicos franco-belgas, é inaugurada uma escola de arte pública. Mais tarde, em 1919, realiza uma iniciativa bem mais prestigiosa: nasce de modo definitivo a Écoles des Hautes Études Urbaines, atual Institut d'Urbanisme, que se agrega à universidade a partir de 1930. Nesse quadro, seu seminário sobre a história de Paris tinha-se transformado em uma verdadeira cátedra sobre a evolução das Cidades.

5. Os Institutos Profissionais

O TOWN PLANNING INSTITUTE

Junto com os instrumentos técnicos acima descritos, não podemos esquecer aqueles que contribuíram para consolidar a disciplina de urbanismo em sua fase de definição.

A Inglaterra foi o primeiro país europeu a se manifestar com veemência sobre a importância de se constituir uma entidade de consultoria central para promover o estudo do urbanismo, uma associação profissional capaz de defender, dar consistência e divulgar o novo *corpus* disciplinar. Ao mesmo tempo, é institucionalizado o ensino universitário, em particular com a inauguração dos cursos de Civic Design, em Liverpool, 1909, e Birmingham, 1911. Essa manifestação acontece pela primeira vez em 1909, na conferência da Garden City and Town Planning Association e, a partir daquele momento, multiplicam-se as opiniões nesse sentido. A necessidade de colaboração entre as diversas disciplinas e as profissões parece ser a exigência maior. Thomas Adams, primeiro secretário da Garden City Association, primeiro administrador da Letchworth, *surveyor* e consultor urbanístico, além de primeiro inspetor do Local Government Board e promotor da Regional Planning Association, será também o primeiro presidente da nova entidade. Devido à sua biografia, parece a pessoa mais adequada, já que, com outros colegas, apoiara a formação dessa associação com entusiasmo e paixão. Em 1913, em Londres, é realizada uma primeira reunião de um grupo de cinco arquitetos e três *surveyors*, com o escopo de redigir uma lista de possíveis membros do consenso; essa reunião constitui o primeiro gesto da associação profissional, ao qual se segue um convite e a constituição de um comitê provisório e, mais tarde, uma série de reuniões que constituem um verdadeiro instituto profissional de urbanismo. Entre os primeiros 52 associados encontram-se personagens ilustres, arquitetos, engenheiros, *surveyors* e representantes de outras corporações, mantidas juntas pelo entendimento de que nenhuma profissão deve prevalecer sobre as outras e de que, juntas, elas serão capazes de cooperarem.

Pode-se fazer parte do instituto apenas por convite, o que significa a consolidação e autopromoção por parte de um grupo fechado e reconhecido de profissionais, com títulos diferentes e envolvidos com o setor de transformação do ambiente físico: entre outros, Abercrombie, Adams, Adshead, Geddes, Mawson, Pepler, Unwin, Horsfall, Howard, Reilly, Cadbury, Stübben, Eberstadt, Hegemann e alguns outros.

O mito da cooperação e o objetivo genérico e comum a todos de melhorar as condições de vida urbana, o imperativo da reconstrução (necessidade de casas), o debate que antecede a legislação sobre o investimento público na edificação na Inglaterra e no exterior (na Bélgica) são os pontos na ordem do dia. Assim, o instituto se ocupa da atividade profissional, sendo principalmente estabelecido um esquema dos regulamentos para concursos e tarifas para serviços urbanísticos. O tema de maior importância é a qualificação, o que significa o reconhecimento e consolidação de um conjunto de leis e comportamentos que vão sendo elucidados.

A ação do Town Planning Institute não é tão relevante do ponto de vista quantitativo devido ao fato de parecer voltada ao exercício de um ato de monopólio e de efetivo poder, correspondente a uma ação rígida de proteção dos níveis de competência dos próprios associados. Qualificação significa identificação de um profissionalismo dotado de seus próprios níveis de autonomia.

A SOCIÉTÉ FRANÇAISE DES ARCHITECTES-URBANISTES

Na França, um novo instituto, aprovado em 1911, integrado por personagens bem conhecidos no mundo profissional e na estrutura municipal (Alfred Agache, Eugène-Alfred Hénard, Léon Jaussely, Jean-Claude Nicholas Forestier, Henri Prost), mesmo bem menos estruturado, assume um significado e um papel análogo ao do Musée Social. Mais tarde, em 1913, torna-se definitivamente uma sociedade sob a presidência de Hénard. Ao nomeá-la Société Française des Architectes-Urbanistes, o binômio arquiteto-urbanista é usado propositalmente, um sinal evidente da importância e do papel que o ensino das *beaux-arts* tem para alguns associados fundadores, mesmo que o estatuto da organização inclua (como no caso precedente) economistas, engenheiros, arquitetos, com o escopo de "reunir as iniciativas e as competências consagradas no estudo dessa nova ciência chamada urbanismo, que trata de planejamento, reformas, organização e ampliação da cidade".

Em ambos os casos, a confiança na aprovação de uma nova lei urbanística (que na Inglaterra já é um fato com o Town Planning Act de 1909, e que na França está em vias de amadurecimento e não chegará ao término senão em 1919, após a Primeira Guerra Mundial) e, portanto, a necessidade de recorrer a um novo mercado de trabalho a ser reconhecido, em função da necessidade de elaborar novos planos diretores, é um pressuposto dessa primeira fase. A coincidência cronológica substancial dessas duas instituições não pode ser totalmente casual: de uma forma ou de outra, ela indica um ponto fixo no processo de codificação disci-

Frente do cartão postal/cardápio do jantar organizado para a Conferência Internacional de Urbanismo, Riba, de 1910. O desenho é de McGregor Wood, aluno da primeira escola europeia de urbanismo, a de Liverpool.

plinar, mesmo que em outros países esse processo ocorra bem mais tarde. Por exemplo, na Itália, a formação de uma associação profissional ocorreu em 1931, com a constituição do Istituto di Urbanistica, aprovado pelo sindicato de arquitetos e com a fundação da Escola de Aperfeiçoamento em Urbanismo, na Faculdade de Arquitetura de Roma, onde são explícitas as aspirações hegemônicas e o objetivo de monopolizar a formação de técnicos encarregados do plano.

Nos três casos mencionados, é fundamental a função de reforço desempenhada, em paralelo, pelas revistas de urbanismo.

Casos Exemplares

1. As Capitais

O PAPEL EXEMPLAR DE ALGUNS PLANOS FAMOSOS

Lugares das maiores e mais rápidas transformações no setor comercial e de serviços, e também na densidade do tecido edificado, mas, sobretudo, lugar de crescimento incontrolável em direção aos subúrbios, cada vez mais as grandes cidades representam para os urbanistas uma precisa categoria de análise. Seus diversos setores (circunscrição administrativa, situação das moradias e superlotação, andamento dos valores da terra e dos aluguéis, mecanismos de desapropriação e indenização, circulação e transportes, sistema de áreas verdes e distribuição de parques) oportunamente podem ser comparados e oferecer ideias de métodos e sugestões operativas. Em alguns casos, as intervenções projetadas para essas cidades por seus planos tornam-se modelo de referência e fator primário de divulgação das ideias. Constituem um capítulo à parte em conferências e congressos, e alimentam as viagens de estudos de grande número de técnicos municipais. De repente, estes percebem que é possível medir os efeitos de algumas escolhas políticas, evitar erros e exportar métodos e procedimentos considerados positivos. O que mais surpreende a fantasia dos técnicos e dos políticos das cidades menores é a capacidade que as capitais demonstram, durante o século XIX, de modificar-se rapidamente, mesmo conservando aspectos fundamentais de sua fisionomia. Devido a essas características, elas são vistas como emblemas de modernidade e de progresso.

Por exemplo, o ritmo acelerado da realização dos *travaux publics*, isto é, as grandes aberturas viárias do barão Haussmann, em Paris após meados do século, parece ditar as leis na França, em boa parte da Europa e até mesmo do outro lado do Atlântico. Nas cidades italianas, por exemplo, em Turim, Florença e Roma, aquele modelo parecia constituir um texto a substituir a falta geral de uma preparação cultural específica, uma espécie de frase feita como elemento da composição, exemplo por si mesmo positivo. Igualmente em Viena, primeiro através da experiência do Ring e depois da rede ferroviária metropolitana, desloca-se a indicação de um crescimento urbano em anéis concêntricos com expansão progressiva, como círculos na água. A experiência planejada de Milão, como também a de Amsterdã, observa essa lógica, enquanto que a experiência de Berlim é o exemplo de um possível desenvolvimento radial.

Portanto, em seu conjunto, as cidades capitais resumem todas as questões urbanísticas a serem discutidas (as examinadas nos capítulos precedentes) e se mostram como lugar de aplicação e verificação de todos os instrumentos aperfeiçoados entre meados do século XIX e a Primeira Guerra Mundial.

OS *GRANDS TRAVAUX* NO PLANO DE PARIS

As obras públicas efetuadas em Paris, entre 1853 e 1869, referem-se a todos os setores da administração urbana e foram realizadas com tal eficiência e grandiosidade que se constituíram em parâmetro de comparação para toda a Europa.

Assim que sobe ao poder, em 1848, como presidente da Segunda República, Luis Napoleão Bonaparte demonstra apreciar esse tipo de obra. Em 1852, proclama-se imperador e é principalmente durante o Segundo Império que se assiste a um crescimento do mercado financeiro e do poder dos bancos, instrumento principal da expansão econômica, industrial

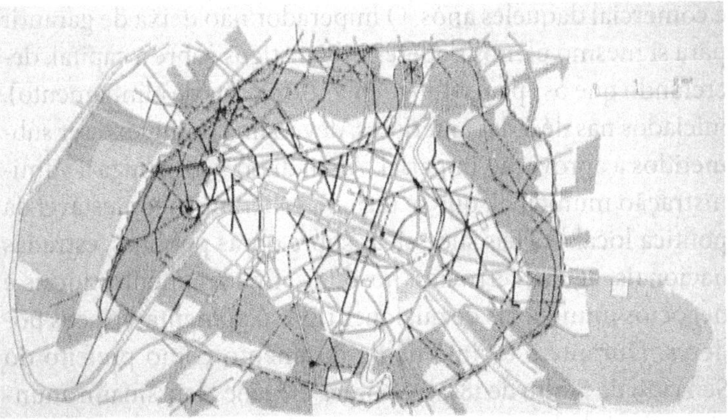

Planta de Paris com os grands travaux *realizados no período de Napoleão* III*, 1853-1870.*

George-Eugène Haussmann: vista do Boulevard Sebastopol, foto de aproximadamente 1890.

e comercial daqueles anos. O imperador não deixa de garantir para si mesmo plenos poderes urbanísticos sobre a capital, decretando que os "plans d'alignement" (planos de alinhamento), iniciados nas décadas anteriores, deveriam continuar a ser submetidos à aprovação imperial. Além disso, reorganiza a administração municipal, que se tornara soberana incontestável da política local. As leis sucessivas sobre obras públicas, estradas nacionais, águas, ferrovias, hospitais, financiamentos locais e negócios municipais de qualquer tipo só aumentarão seus poderes. Durante a cerimônia de juramento como prefeito do Sena (29 de junho de 1853), Georges-Eugène Haussmann anuncia as finalidades e meios que pretende empregar na execução dos "grands travaux" (grandes obras); apesar de ser evidente que o plano haussmaniano complementa um desenvolvimento já iniciado, é também inegável que aquele momento representa um salto de escala conceitual mais do que dimensional: é a maneira de pensar a cidade que muda.

Com o objetivo de obter apoio político e financeiro para a atuação de um projeto relevante, o barão Haussmann, prefeito do Sena, apresenta motivos de segurança social e higiênicos. Mas, na prática, um resultado não secundário obtido com seu plano é o de incrementar a renda fundiária como mecanismo estimulador da expansão urbana, não somente para as áreas centrais, mas também nas novas áreas edificáveis. O primeiro ato do prefeito é a reorganização dos departamentos técnicos: uma escolha inicial de grande importância metodológica e operacional consiste em promover uma triangulação do solo parisiense na cidade *daziaria*. Em seguida, essa operação é estendida para a zona suburbana até as fortificações. Esse meticuloso e dispendioso levantamento dura mais de um ano, porém, oferece uma base sólida para todas as obras sucessivas.

Em meados do século XIX, os limites da capital não são mais constituídos pela linha das antigas fortificações, e sim pela *cinta daziaria* dos *fermiers généraux* (oficiais dos impostos de *dazio*), construídas entre 1785 e 1790 e alternadas por imponentes portões de acesso, projetados por Ledoux. Em seu interior, o território é subdividido em doze *arrondissements*. A população dessa área cresce de 577 mil habitantes, em 1801, para um milhão em 1846, quase dobrando a densidade territorial (de 159 a 306 habitantes por hectare). Em 1856, a população sobe para 1.174.000 pessoas, com uma densidade de 342 habitantes por hectare. O ritmo do crescimento dos subúrbios também é muito rápido. Diferentemente de Londres, a maior densidade do tecido urbano e a disseminação de imóveis de aluguel com diversos andares impedem uma segregação social em vasta escala, com a coexistência de burgueses e proletários. Com os *grands travaux* começa a delinear-se também uma divisão social do espaço inusitada para Paris. A burguesia se localiza cada vez mais nos bairros ocidentais, próximos ao Bois de Boulogne, enquanto o proletariado, expulso pelos rasgos realizados pelos novos *boulevards*, vai morar nos bairros orientais. O bulevar Sebastopol torna-se um divisor de águas entre a Paris rica e a pobre.

Em 1859, ano da Grande Paris, é aplicado um novo regulamento para edificações que subordina sua construção à apresentação de um alvará de licença e ao respeito de algumas regras sobre as saliências das fachadas, a altura dos edifícios e certa homogeneidade estilística. Assim, Haussmann tem condições de estabelecer alguns decretos em arquitetura, os quais contribuem para conferir unidade e dignidade às novas ruas da capital. Seu protótipo por excelência deve ser procurado nas "ordonnances" (disposições), utilizadas na realização da Place Royale. Graças a essas normas e às limitações arquitetônicas impostas nos contratos de venda dos terrenos municipais, os novos edifícios estão vinculados a normas férreas: os vários andares devem estar alinhados aos edifícios adjacentes, as alturas são adequadas com a largura das ruas, o perfil dos telhados e sua declividade devem ser uniformes.

A atividade das imobiliárias é febril, os enriquecimentos são colossais e há cumplicidade entre administradores e especuladores, mesmo muito pouco documentada; porém, de fato, tudo isso constitui a Paris que conhecemos e que é considerada, pelo mundo todo, como exemplo a ser imitado.

A realização das obras do sistema viário, cujo custo supera um bilhão de francos, é programada segundo critérios puramente financeiros; elas são subdivididas em três redes, sob responsabilidade do Estado e da prefeitura, em proporções diversas, de acordo com o estabelecido por uma lei criada para esse fim (1849). Para Napoleão III, o plano deveria não só resolver as questões de tráfego, mas contribuir para dar à cidade um aspecto grandioso. Haussmann tentou tirar proveito da valorização dos terrenos em consequência das próprias obras. Acontece que os bairros mais demolidos eram não só os mais insalubres, mas também os mais turbulentos sob o aspecto político, e as longas avenidas retilíneas acabaram sendo úteis para a circulação dos regimentos de cavalaria.

Portanto, motivos econômicos, higiênicos, estratégicos e funcionais justificavam as imponentes transformações viárias do Segundo Império. A avenida arborizada se torna um pouco a imagem simbólica da nova Paris.

Os parques merecem uma menção particular nessa complicada e exemplar situação: inicialmente, a organização à inglesa do Bois de Boulogne (no modelo do Hyde Park), graças a um trio de técnicos formados pelo engenheiro Alphand, o arquiteto Davioud e o horticultor Barillet-Deschamps (que Haussmann tinha conhecido em Bordeaux). A metade meridional da planície se torna um hipódromo (1857), a rede viária é totalmente refeita, o solo movimentado com colinas e rico plantio. Grandes máquinas hidráulicas construídas e adaptadas para essa finalidade recuperam a água do Sena e a distribuem mediante um sistema de pequenos riachos e cascatas, poços artesianos fazem-na brotar do solo, grades em ferro fundido substituem aquelas de madeira. Para interligar o Bois com os Champs Elisées, decide-se pelo corte da Avenue de l'Impératrice. No Bois de Vincennes é organizado um outro parque igual que, diferentemente do Bois de Boulogne, pesa enormemente nas finanças parisienses.

Além disso, Haussmann foi responsável pelo parque Monceau, localizado na região noroeste e nos Buttes-Chaumont (zona montanhosa com terreno arenoso, difícil para a vegetação) na região nordeste. Declaradas bens de utilidade pública em favor dos habitantes dos XIX e XX *arrondissements*, as obras são iniciadas em 1864, e o parque logo fica em condições de mostrar sua beleza selvagem.

A formação de áreas verdes é completada com a realização de numerosas *squares*, com um rápido parentesco com o modelo inglês: poucas vezes têm a forma quadrada regular e possuem um jardim público central, não privativo dos condomínios. De qualquer forma, com esse sistema, Haussmann aplica o princípio da hierarquia das áreas verdes do bairro ao setor urbano e à cidade toda, o que se tornará um cânone para o urbanismo da primeira década do século seguinte.

Georges-Eugène Haussmann (1809-1891)

Haussmann nasce em Paris em 1809, filho de um intendente-militar de Napoleão I; em 1820, entra como aluno interno no exclusivo Collège Bourbon, onde tem como companheiros de escola o filho de Luís Filipe, Alfred de Musset e outras personalidades importantes. Conclui os estudos em 1825 e frequenta a Universidade de Direito, formando-se advogado; inicia a carreira de prefeito, mudando-se com frequência até ser nomeado prefeito de Bordeaux, em 1851. De lá é chamado para Paris e ocupa um dos cargos mais prestigiosos do país, pois, de fato, reúne os poderes típicos de encarregado oficial do imperador, responsável pela reforma de Paris. Desde o início (1853), transforma os departamentos técnicos da prefeitura do Sena, subdividindo-os em setores bem específicos, coordenados por técnicos de sua confiança. Convida Adolphe Alphand, de Bordeaux, para o cargo de engenheiro-chefe do Departamento da Gironda*, encarregando-o da administração dos jardins, passeios e praças junto com o arquiteto Davioud. Além disso, Haussmann chama Belgrand para supervisionar o sistema de distribuição da água, e Pierre Barillet-Deschamps para o de áreas verdes. Depois, em um clima de desacordo e conflitos, nomeia o arquiteto Hittorf, já pupilo de Rambuteau, para realizar o projeto de l'Étoile. Encarrega um antigo companheiro de colégio, Baltard, de construir Les Halles.

Caricatura do barão George-Eugène Haussmann como artista munido de picareta de demolição, desenho do final do século XIX.

* A Gironda é um departamento francês, situado no sudoeste do país, na região da Aquitânia, próximo à cidade de Bordeaux. Foi criada durante a Revolução Francesa, a partir das antigas províncias da Guiana e Gasconha. Entre 1793 e 1795, recebeu a denominação de Bec-d'Ambès, pois à época o termo "Gironda" designava a origem do grupo político dos girondinos, que naquele momento tinha todos os seus líderes presos (N. da E.).

Praça l'Étoile em obras: para realizar uma praça aberta ao tráfego, o barão Haussmann mandou demolir as muralhas de Ledoux.

Mais tarde, cria três departamentos sob a responsabilidade do arquiteto Deschamps: o departamento do plano, que também deve gerenciar os alinhamentos, alargamentos de ruas e a revenda dos lotes e terrenos desapropriados, mas não utilizados para a realização de ruas; o departamento para as concessões de ocupação de áreas públicas e para nomeação das ruas; o departamento das habitações insalubres e fossas negras.

Haussmann consegue regulamentar uma corporação de Architectes de la Ville, encarregados seja das obras de manutenção, seja de novas construções, mas o Service d'Architecture não sobrevive. O encarregado recebe ordens diretamente do imperador, que desde o início lhe impõe seu programa. Desde o famoso esboço, provavelmente perdido no incêndio do Hôtel de Ville, do qual, porém, se tem uma ideia através de outro célebre desenho "colorido", ele prevê a Grande Croisée (isto é, o traçado de dois eixos norte-sul e leste-oeste que se cruzavam na Place du Châtelet), um sistema de boulevard, a reorganização dos grandes cruzamentos (Étoile, Alma, Opéra, Madeleine, Trocadéro) e as demolições da Île de la Cité. Na prática, trata-se de um grandioso plano viário, essencialmente baseado no cruzamento central e em anéis viários.

A rue de Rivoli, que faz a ligação leste-oeste, é um dos exemplos daquilo que Louis Bonnier, arquiteto-chefe do início do século XX, chama de "architectures obligatoires" típicas do período haussmaniano, isto é, conjuntos de edificações submetidas a vínculos arquitetônicos bem precisos. O eixo norte-sul, uma artéria paralela às ruas existentes, é uma operação grandiosa justificada pela economia nos custos de desapropriação (a intervenção ocorre em pátios secundários em vez de em fachadas importantes). Os dois braços da cruz se encontram em Châtelet, que, de repente, se torna o centro de Paris, celebrizado por dois teatros. Além disso, durante os anos de 1860, o prefeito prevê eliminar o circuito dos boulevard, alinhando os trechos existentes com os de nova construção. Mais tarde, abre outras ruas no tecido edificado: o Boulevard Saint-Germain (que tinha o mérito de passar em um bairro muito turbulento) e outras avenidas em áreas mais externas. Além disso, os caminhos que acompanham o perímetro das fortificações tornam-se parte do sistema dos boulevard, e são transformados em ruas públicas em uma intervenção de grande monta. O evento dobra a superfície do território municipal e determina o aumento de um terço da população, além de obrigar as indústrias a pagarem o *dazio*, que ali haviam se estabelecido exatamente para evitá-lo.

A intervenção na Île de la Cité, cujo interesse público foi decretado em 1854, sintetiza de maneira brilhante os conceitos higiênicos que inspiram Haussmann e evidenciam seu modo de interpretar a salvaguarda de monumentos. Aquele conjunto de casinhas degradadas que se concentravam em volta da catedral revelava uma propensão à revolta política. Haussmann intervém com energia, reduzindo a população de quinze mil para cinco mil habitantes; no final da operação, a parte central da ilha é dominada por três edifícios públicos: a nova sede do Hôtel-Dieu, o tribunal de comércio e o quartel da Cité (hoje sede da polícia), em sintonia com o restauro da catedral e dos espaços próximos, projetados por Viollet-le-Duc. Os cultores da velha Paris se manifestam, mas Haussmann exprime seu pensamento definindo-se "artista demolidor":

> Que as ruas estreitas e tortuosas, principalmente aquelas do centro, fossem quase impenetráveis à circulação, sujas, fedidas, insalubres: com isso eles não se preocupam. Que os nossos rasgos, nossos "desejos de embelezamento" tenham proporcionado espaço, ar, luz, plantas e flores aos bairros velhos e novos, em uma palavra, aquilo que proporciona salubridade, para a alegria dos olhos, que beleza! Mas de qualquer maneira não aos olhos deles. Porém, boa gente enfurnada em suas bibliotecas, que parece que nada viram, citem

pelo menos um velho monumento merecedor de interesse, um edifício precioso para a arte, curioso pelas suas lembranças que minha administração tenha demolido.

Outro aspecto significativo da obra de Haussmann é o uso de normas para desapropriação. De fato, desde o início ele utiliza instrumentos jurídicos e financeiros com grande desenvoltura. Obtém uma série de aprovações, primeiramente, do próprio imperador, mas também sofre sérias críticas. Em 1858, uma sentença do Conselho de Estado modifica o decreto sobre as desapropriações, favorecendo os proprietários e estabelecendo que os terrenos não utilizados para ruas públicas deveriam ser devolvidos aos mesmos proprietários. Portanto, é superada a *partita de giro** na qual o *prefetto* se baseara, e sua imagem fica muito prejudicada. Por outro lado, os empréstimos públicos constituem a fonte principal de financiamento. Em 1869, às vésperas de sua queda, Haussmann gastou em Paris dois bilhões e meio de francos, um valor igual à disponibilidade anual do plano orçamentário da França inteira. Em 1870, é deposto por decreto, mas ainda goza de grande estima como administrador, tanto que é convidado para seguir a carreira política na Córsega, onde institui a linha ferroviária Ajaccio-Bastia. Em Paris, Belgrand e Alphand sobrevivem a ele.

A GRANDE VIENA E AS FERROVIAS METROPOLITANAS

Os projetos de planejamento do fim do século XIX, em Viena, tornam a cidade particularmente emblemática por duas soluções do urbanismo contemporâneo a problemas em discussão: o aperfeiçoamento de uma rede ferroviária metropolitana, como suporte para o desenvolvimento dos subúrbios, e o zoneamento, como instrumento de projeto dos mesmos.

Em 1862, quando se percebe que Viena espalha-se bem além do Linienwall, o ministro dos Interiores solicita a elaboração de um plano geral de alinhamento. O conselho municipal tenta estender o plano também aos subúrbios (1866), e é somente devido a estes últimos que o projeto torna-se efeti-

* *Partita de giro*, em italiano, é quando, no âmbito de uma mesma contabilidade, uma operação é registrada no mesmo valor, tanto no ativo quanto no passivo, sem produzir um efeito econômico (N. da E.).

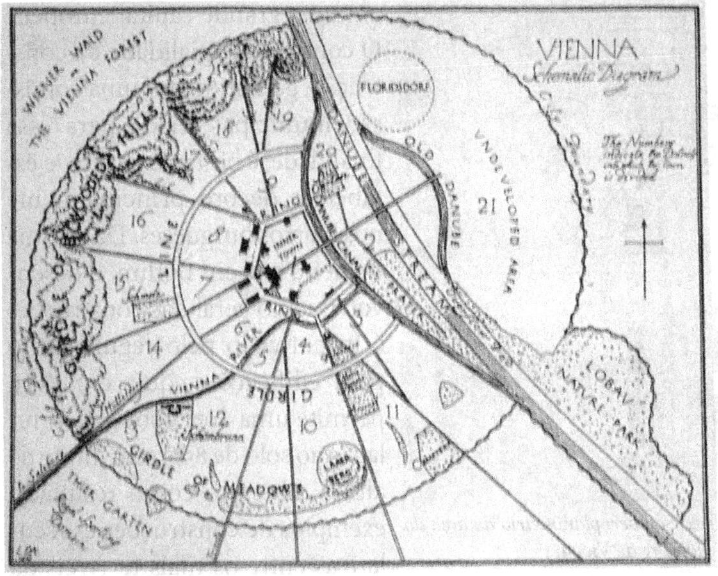

Patrick Abercrombie, esquema interpretativo do crescimento de Viena, 1910.

vamente geral, porque para a cidade interna ele se limitava a alguns alargamentos viários.

Entre 1867-1873, um período de *boom* econômico provoca um incremento nos preços dos terrenos e dos aluguéis, problema que o município enfrenta constituindo uma comissão encarregada da questão das habitações e propondo interligar o centro com os subúrbios externos graças a uma rede ferroviária metropolitana. Porém, os 23 projetos apresentados são suspensos pela alarmante crise da bolsa de 1873.

A cidade, porém, continua crescendo, chegando a alcançar, dentro de seus velhos limites administrativos, 740 mil habitantes, enquanto os subúrbios acolhem seiscentos mil. Por volta de 1870, é nítida a necessidade de ampliar o território municipal, incorporando os subúrbios; mas somente em 1890, após longas tratativas, é ampliado o perímetro da área sujeita a impostos sobre o consumo. Abruptamente, a superfície da circunscrição administrativa passa de 5.540 a 17.812 hectares, e o número de habitantes chega a 1.342.000, dos quais 61% moram na velha Viena, e o restante nos subúrbios. Portanto Viena, trinta anos depois de Paris e vinte antes de Berlim, consegue acionar a estratégia administrativa que colocaria as bases para, no novo século, transformá-la

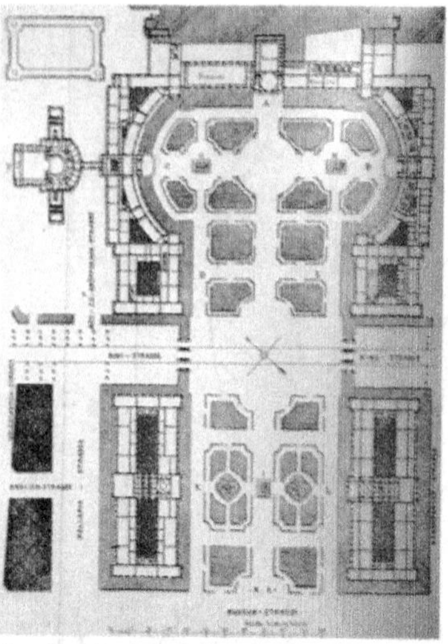

Gottfried Semper: planimetria da área do novo Hofburg de Viena.

em uma grande capital europeia. O controle da qualidade da construção, garantido por uma comissão municipal criada para essa finalidade, é bastante severo, e estabelece decoro principalmente nos bairros burgueses. Da mesma maneira que em Berlim, o desenvolvimento geral das construções é incentivado pelo regulamento para edificações, que, em 1883, permite uma área coberta em relação ao solo de 85% sem limite de altura, obtendo como resultado exemplos de construções especulativas entre os mais terríveis da Europa. Verdadeiros loteamentos favorecem também a construção das chamadas "casernas de aluguel"*.

Em 1892, para impor aos subúrbios há pouco englobados pela Groß-Wien (1890) um desenho urbanístico unitário, é realizado um concurso para o plano diretor. Procuram-se propostas para uma melhor organização do tráfego na parte central da cidade, para a reorganização da rede ferroviária metropolitana, da rede viária, em particular a periférica, e para um programa de ampliação da capital. Aos concorrentes, é também exigida a elaboração de um plano geral de edificações nas áreas externas ainda livres, distinguindo-as de acordo com critérios de edificabilidade. Os dois projetos vencedores trazem assinatura dos ilustres arquitetos Otto Wagner e Joseph Stübben.

Este último se dedica principalmente ao problema do tráfego urbano, propondo uma melhoria das linhas de bonde e da ferrovia metropolitana. Ao contrário de Wagner, e coerentemente com o que defende em seu manual, evita longas retas, optando, de preferência, por soluções com praças fechadas; além disso, utiliza um amplo repertório representativo, prevendo monumentos, fontes, arcos do triunfo. Seu projeto apresenta inúmeras solu-

* Edifícios públicos ou privados, destinados às classes trabalhadoras ou à pequena burguesia, de altíssima densidade e sem áreas verdes; têm esse nome porque, inicialmente, serviriam para alojamento de famílias dos soldados (N. da T.).

ções técnicas até mesmo avançadas, como a construção de uma ponte fluvial sobre o Danúbio dotada de uma bacia portuária para navios provenientes do planalto, além de outras duas gigantescas bacias, no vale, para os navios provenientes do baixo curso do rio, interligados por linhas ferroviárias. O sistema de anéis, constituído por um terceiro anel além dos outros dois já existentes, seria complementado por uma série de radiais. O plano prevê ainda uma notável quantidade de áreas verdes: parques, jardins, *squares*, um pequeno porto fluvial nas margens do Wien. A divisão do trabalho entre Wagner e Stübben prevê que ao alemão sejam confiados os aspectos técnicos e disciplinares, e ao fantasioso e refinado austríaco o controle estético e ambiental. A colaboração entre os dois é difícil: o pensamento de Stübben, influenciado por Sitte, reprovava o excessivo entusiasmo de Wagner pelas grandes retas haussmanianas e por mostrar certo desprezo pelas curvas viárias irregulares, todavia respeitava sua posição. Distribuídos os prêmios, o departamento urbanístico do município tem o papel de projetar a versão definitiva do plano, tomando como referência os dois projetos vencedores. Em março de 1893, o plano das áreas edificáveis (*Bauzonenplan*) é aprovado sem obstáculos. Não agrada de forma alguma à propriedade imobiliária, mas deixa-a livre a ponto de a tentativa de mudar o plano ocupar os movimentos reformistas até a Primeira Guerra Mundial. Pela primeira vez, surgem as expressões "sistema edificado aberto" e "zona industrial". A perspectiva de edificações de alta densidade cria forte expectativa de valorização que, evidentemente, a administração tenta reduzir. A exigência de planejar os subúrbios encontra, na verdade, uma correspondência pontual no projeto definitivo, com uma divisão em seis tipos de zonas caracterizadas por diversas tipologias e alturas. O uso do zoneamento e a introdução de elementos estruturadores do desenvolvimento urbano, tais como a ferrovia metropolitana, equipamentos sociais e os serviços, pertencem a uma escala bem diferente em relação à de Viena de meados do século XIX. Com o novo *Bauzonenplan*, que consiste na localização das zonas industriais, é também adotada a primeira e verdadeira estratégia urbanística para a capital após a operação do Ringstrasse. A função de realizar as propostas de Stübben, Wagner e Fassbender fica com o prefeito Karl Lüger (1844-1910), que, merecidamente, disputa com Franz Adickes o título de melhor administrador local dos Estados de língua alemã. Uma carreira não isenta de críticas. Apesar de sua modesta origem – filho de um zelador do Instituto Politécnico de Viena –, consegue entrar no colégio mais exclusivo de Viena e, após estudar direito, dá início a uma brilhante carreira política entre os liberais. Ele luta para ampliar o sufrágio, e administra a cidade entre 1895 e 1910 com critérios inspirados na socialização municipal dos serviços urbanos, como a distribuição do gás, da eletricidade e da água potável, das linhas ferroviárias, a organização funerária (segundo o modelo de Chamberlain em Birmingham, por volta dos anos de 1870). Garante, aos cidadãos, um consistente patrimônio de parques e bosques nos arredores da cidade; realiza uma reestruturação geral do transporte público, separando e integrando as redes locais e nacionais. Porém, o sonho da grande capital cosmopolita dura pouco mais de dez anos, uma vez que a tragédia da Primeira Guerra Mundial reduz Viena ao papel de capital de um pequeno Estado nacional de segundo plano. Em particular, a experiência de realizar uma cota de residências com baixa densidade não obteve êxito.

Otto Wagner (1841-1918)

Otto Wagner, filho de um tabelião da corte, cresce naquele ambiente burguês que tinha feito do Ring seu próprio hábitat. Como Camillo Sitte, estuda no Politécnico e frequenta a Academia de Belas Artes, onde é aluno dos projetistas do teatro de ópera.

No concurso para o plano diretor de Viena, como normalmente costuma fazer, apresenta um projeto com desenhos extremamente sofisticados. Procura principalmente pôr em prática aqueles princípios que comprovará em *Moderne Architektur* (1895), esforçando-se por conciliar uma visão estética superior com as exigências funcionais de uma metrópole contemporânea, que, para ele, é organizada pela rede de transportes; concebe a cidade como uma grande forma concêntrica, estruturada por sucessivos anéis. Seu projeto (assim como o de Stübben) é caracterizado por um tríplice anel de avenidas perimetrais, sendo que o segundo deles, o Gürtel, alinhado com o Linienwall, seria realizado logo; o projeto é também caracterizado por pontos (Stellen), isto é, estações da rede ferroviária local, cada uma delas cobrindo uma área de um quilômetro.

Otto Wagner, ponte do metrô sobre Wienzeile, 1898: foto da construção.

Elas também deveriam permitir transportar os mortos e seus familiares, dos diversos velórios ao cemitério central. Os Stellen, portanto, além de um edifício para cadáveres, localizado em área verde, deveriam ter depósito de materiais de construção e combustíveis, além de espaços para descarga de lixo e evacuação da neve.

Em 1894, Wagner resume, na revista dos engenheiros e arquitetos austríacos, os critérios do plano de 1893. Determina um modelo de crescimento indefinido, de tipo radiocêntrico, parcialmente acrescido por interligações retilíneas realizadas mediante um sistema de diagonais entre os pontos fundamentais do tecido urbano.

Atribui função estrutural fundamental para o transporte público, e, em primeiro lugar, para a ferrovia metropolitana realizada por ele mesmo entre 1894-1897. De fato, ele já havia sido nomeado arquiteto-chefe e projetista de mais de trinta estações, além das construções indispensáveis, como viadutos, pontes e galerias.

Otto Wagner, cuja vitória no concurso de 1892 e o papel destacado no âmbito do movimento artístico da Sezession tinham-lhe conferido fama internacional, exprime suas ideias principalmente no pequeno volume teórico, publicado em 1911, *Die Großstadt, eine Studie über diese* (A Grande Cidade: Um Estudo), originalmente apresentado como texto em uma conferência sobre arte urbanística no Congresso da Universidade Colúmbia. O primeiro objetivo do planejamento de uma grande cidade deveria ser aquele de dar "a palavra à arte e aos artistas, tolher a influência do engenheiro, que destrói a beleza, e afastar o poder do vampiro 'especulação'". As administrações municipais deveriam

Otto Wagner, arquiteto-chefe: estação da Akademie Strasse da ferrovia urbana de Viena.

adquirir, no momento oportuno, os terrenos do entorno ainda com valor agrícola, para revendê-los somente no momento certo para serem edificados. O dinheiro obtido poderia ser revertido em um fundo com o qual o município poderia realizar novas instituições e obras de renovação urbana. Teria dirigido a expansão da cidade regulando os valores venais, favorecendo as construções de edifícios mais altos, que aumentariam o valor dos terrenos. Wagner não tem dúvidas de que a grande cidade seja o melhor lugar para se viver; portanto, esta deve poder crescer sem empecilhos conforme uma proliferação de grandes células ("Bezirke", distritos, de 150 mil habitantes, com uma rica gama de funções urbanas). De fato, as densidades urbanas que ele prevê são consideráveis (novecentos ou mil habitantes por hectare nos bairros residenciais, com densidade fundiária superior a dezoito metros cúbicos por metro quadrado). Os Bezirke deveriam ser posicionados em intervalos regulares em volta do centro, formando diversos satélites. A capital, portanto, seria organizada como uma grande teia de aranha, com malhas que se alargariam progressivamente do centro em direção à periferia; dentro das malhas, uma trama indiferenciada, com blocos de cinco andares e espaços verdes dispostos de maneira regular, quase monótona. Uma cidade asceticamente normatizada por um regulamento para construções que determina, para cada indivíduo, sua área edificável: um gigantesco recipiente, animado porém por grandes arquiteturas graças à capacidade criativa do próprio Wagner e de outros arquitetos que ele emprega (Olbrich, Hoffmann), com uma população ilimitadamente grande e em expansão contínua.

A DIFUSÃO DE IDEIAS E O PLANO DE AMSTERDÃ

Também na Holanda, nos anos de 1890, uma série de conferências, artigos e alguns projetos importantes para Amsterdã refletem as recentes influências urbanísticas de outros países, contribuindo – em particular as obras de Unwin, Sitte e Henrici –

ao mesmo tempo, para a difusão europeia das ideias sobre a estética urbana. Não só; além disso, eles mesmos se tornam um modelo exemplar de intervenções realizadas em escala urbana no campo da construção pública residencial.

Os conceitos fundamentais nos quais se inspiram são a continuidade ambiental, a qualificação arquitetônica do espaço urbano, a relação entre pitoresco e monumental. Para o plano de Amsterdã Sul, em 1900, pede-se, pela primeira vez, que Hendrik Petrus Berlage (1856-1934) elabore um projeto, fato que se insere em uma fase muito significativa do debate urbanístico da Holanda. De fato, no ano seguinte, a Woningwet* é aprovada no parlamento holandês, estendendo em escala nacional a práxis da desapropriação para as áreas de nova edificação.

Na realidade, o que se pede para Berlage é uma revisão de um modesto plano de expansão realizado por um engenheiro para a mesma área, em 1899, porém não implantado porque foi considerado inadequado do ponto de vista higiênico e estético.

Hendrik Petrus Berlage: perspectiva aérea do plano para Amsterdã Sul, 1915.

* Woningwet, Lei de Habitação de Interesse Social, cujo objetivo era resolver o problema da habitação popular a partir de uma política de Estado através de financiamentos, subsídios, desapropriações e de uma política de aluguéis (N. da E.).

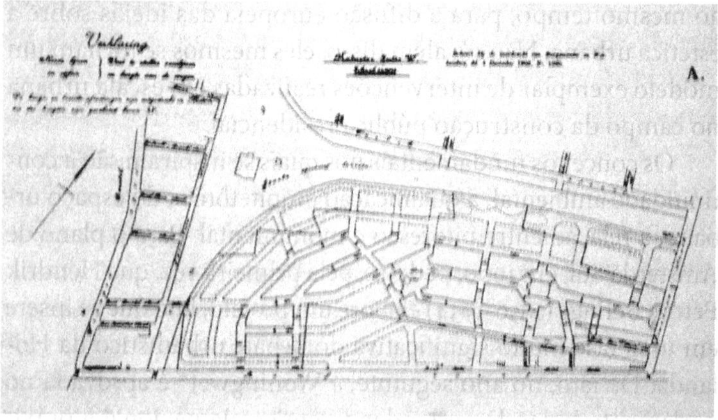

Hendrik Petrus Berlage: plano para Amsterdã Oeste, 1903.

Em 1904, a radical revisão do plano torna-se de domínio público e objeto de debate na cidade e na Europa. A proposta é realizar uma espécie de "bairro-jardim", mesmo não explicitamente definido dessa forma, onde as áreas verdes são predominantes no espaço a ser urbanizado. Um amplo e sinuoso canal ladeia uma avenida arborizada – espinha dorsal do bairro – e gera a morfologia orgânica da implantação, livremente inspirada nos jardins ingleses. As edificações de baixa densidade são situadas no amplo parque e seguem o traçado curvilíneo das ruas, remetendo aos modelos propostos, em 1893, por Karl Henrici, para a expansão de Munique. Alguns criticam o desenho por se aproximar muito dos propósitos "românticos" de Sitte. Apesar da busca de equilíbrio almejada pelo arquiteto, argumentam que no desenho o pitoresco prevalece sobre o monumental.

Contratado em 1914 para a elaboração do projeto executivo, Berlage modifica o plano, apresentando uma visão monumental mais resoluta. O motivo da revisão é a necessidade de considerar um novo elemento técnico, ou seja, a localização de uma grande estação ferroviária na área ocidental da intervenção. As condições haviam mudado notavelmente, porque nos últimos três anos o município iniciara uma política de desapropriação dos terrenos em vasta escala, já possuindo a maior parte da área sul. Aqui o arquiteto prevê ocupar pouco menos da metade da área com edificações chamadas de "terceira classe". Concebe a forma e altura dos edifícios, respeitando as novas normas: de fato, o projeto prevê três categorias de alturas, que vão diminuindo em direção à periferia. A questão técnica e a morfológica acabam por convergir na mesma direção. Até mesmo a maneira de serem representados não é casual: deriva do axioma de pensar o espaço urbano em três dimensões, como uma composição unitária na qual ruas, quadras, praças e árvores se adequam em um desenho proporcional harmônico. Essa ideia da cidade como uma obra de arte total não exclui a prioridade dada à rede viária no processo projetual; a água dos canais também interfere no terreno. Nesse sistema primário persiste o sistema secundário das ruas menores, para garantir a integração do novo assentamento com o contíguo e preexistente bairro do século XIX.

Continua significativo, no entanto, o rasgo determinado pelo enfoque de Berlage, em seu plano de expansão, sobre o amplo processo de construção da cidade histórica, desenvolvida até a metade do século XIX, sobretudo sobre o princípio de um crescimento sobre a água dos canais, em semicírculos concêntricos, como uma meia-lua. A relação entre a nova expansão ao sul e a cidade histórica não é direta, mas mediada pela malha do século XIX.

Provavelmente mais do que a antiga Amsterdã, é a Paris de Haussmann que está na base da nova forma do Plan Zuid*.

Hendrik Petrus Berlage (1856-1934)

Berlage estuda na escola de arquitetura Bauschule de Zurique e inspira-se nas ideias de Semper e de Viollet-le-Duc, que influíram muito em sua formação, fazendo-o assumir um papel de mediador entre tradição e renovação. Viaja para a Itália, Alemanha e Estados Unidos. Ao voltar para Amsterdã, em 1882, torna-se sócio do arquiteto Theodor Sanders, com o qual participa, entre outros, do concurso internacional para a construção da bolsa de Amsterdã, uma de suas mais significativas construções (1896-1903), realizada no centro da cidade. Mais tarde, é encarregado de uma série de projetos de arquitetura: escritórios, casas particulares, bairros de habitação popular, museus. Mas desenvolve também uma intensa atividade no setor urbanístico.

* Plano de espansão de Amsterdã Sul (N. da E.).

Além do célebre plano de expansão de Amsterdã Sul, realizado em duas fases, 1901-1905 e 1914-1917, elabora planos para outras cidades holandesas, como para Haia (1907-1911), Roterdã (1913-1916) e Utrecht (1920-1924). Projeta e, em alguns casos, parcialmente realiza intervenções de construções em grande escala, em Amsterdã e em outras cidades da Holanda: a intervenção na área dos museus (1895-1896), o conjunto do Mercatorplein (1923), o bairro-jardim Vreewij (1913-1916). Escreve ensaios teóricos e realiza conferências.

No primeiro plano para Amsterdã Sul (1902), Berlage (que em 1892, três anos após a primeira edição vienense, havia feito uma resenha crítica extremamente positiva do livro de Sitte) reconhece as praças como elementos fundamentais do plano: "Devem ser as primeiras a ser projetadas e devem abrigar edifícios públicos, como as praças antigas; porque uma praça sem edifícios públicos não é importante e, em geral, para o bom resultado de um edifício público, ele deve estar situado em uma praça". Depois, aproxima-se, cada vez mais convencido, das teorias apresentadas por Brinckmann em sua primeira versão de *Platz und Monument* (Praça e Monumento, 1908) e em *Deutsche Stadtbaukunst* (Urbanismo Alemão,1911).

Em seu projeto para Amsterdã Sul, Berlage propõe quadras fechadas, ou seja, edificações dispostas perimetralmente em volta de um pátio interno, como a melhor solução para responder às ingentes demandas de habitação popular. Reconhecem-se três tipos fundamentais de edificações: habitações unifamiliares, de baixa densidade, que preenchem uma pequena parte da extensão da área; habitações bifamiliares com média densidade, que ocupam cerca de setenta hectares da área; e habitações multifamiliares, ocupando 190 hectares, que correspondem a 75% do total da área destinada ao projeto. Não é uma réplica do *immeuble de rapport** haussmaniano nem mesmo da Mietkaserne (caserna de aluguel) berlinense; a quadra fechada é, sim, reproposta, mas com uma grandeza cuja mudança de escala representa a verdadeira maestria do arquiteto holandês. Os pátios internos são alargados a ponto de incluírem uma porção de terreno agrícola englobado na edificação urbana e aproveitado para hortas, ou formarem uma verdadeira praça, ou um parque equipado com serviços coletivos. O tipo de uso do espaço intermediário está ligado ao tipo da edificação. A planta do plano é um retângulo alongado (com uma largura de 40-50 metros e um comprimento de 100-200 metros), a cortina de edificações perimetrais composta por dois apartamentos duplex sobrepostos (atingindo portanto, quatro pavimentos)

* Imóvel do qual o proprietário obtém lucro através de locação, como uma propriedade de investimento (N.da E.).

e, em casos mais raros, apenas três pavimentos. As relações entre a altura da edificação e a largura do pátio são tais que limitam os danos da escassa insolação nos andares mais baixos. Dessa maneira, garante-se, para cada núcleo familiar, uma habitação tradicional, dotada de uma horta cultivável.

BERLIM E O DESENVOLVIMENTO DE UMA GRANDE CIDADE RADIOCÊNTRICA

Diferentemente, adotando um plano de desenvolvimento de ampla flexibilidade, Berlim representa para a cultura urbanística a possibilidade de contrastar a alta densidade de edificações em uma cidade que, pela sua forma, desenvolve-se de maneira homogênea em todas as direções. O que faz a maior cidade de casernas de aluguel (as *Mietskasernen*, como foi definidas por Hegemann) é principalmente a elaboração das normas construtivas e do plano diretor, por parte do departamento de polícia. A partir de meados do século XIX, a tipologia se difunde no tecido urbano de tal modo que acaba se tornando a particularidade negativa da Berlim oitocentista. Além de determinar o gabarito dos edifícios em relação à largura das ruas (fixando como altura máxima 25 metros), as disposições das normas da polícia, em 1853, estabelecem também as dimensões mínimas dos pátios internos (uma superfície quadrada de 5,30 metros de lado). Os critérios para definição das medidas não são determinados pela reflexão sobre as condições ideais de habitabilidade, e sim pela possibilidade de carros e equipamentos de bombeiros efetuarem rápidas manobras.

Casernas de aluguel em Berlim, fotografadas por Werner Hegemann (1930) durante sua denúncia da densidade excessiva das edificações das áreas centrais da cidade. Fachada de frente para a rua, primeiro, segundo e terceiro pátios internos: os três pátios mostram as melhorias realizadas pelo regulamento de edificações de 1887.

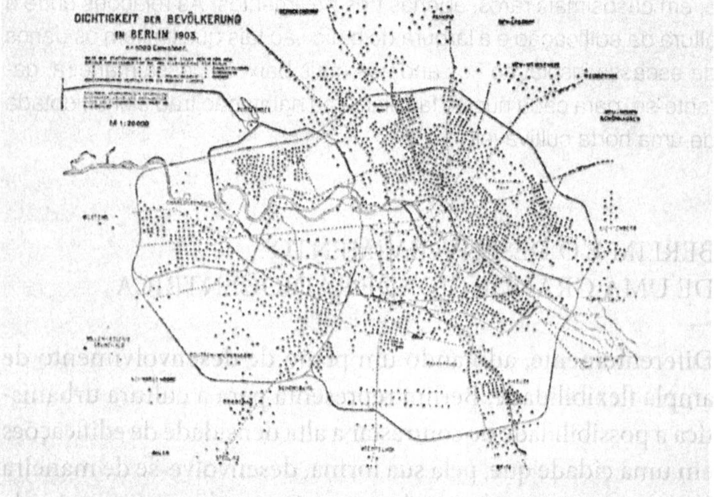

Densidade populacional em Berlim, 1913: cada ponto corresponde a mil pessoas. O desenho foi apresentado na Exposição de Berlim e Düsseldorf, 1910-1912, e publicado por Hegemann em seu catálogo.

Concretamente, as normas para construções determinam uma tipologia de baixo custo. À rigidez dessa regulamentação corresponde um radical esquematismo do plano elaborado pelo arquiteto J. F. L. Hobrecht para o mesmo departamento de polícia (publicado em 1862 e aprovado em 1873). Duas características emergem de sua estratégia urbana: a atemporalidade do plano e sua extensão (dimensionada para quatro milhões de habitantes) virtualmente indefinida, devido à malha viária (em lotes retangulares para grandes quadras de edificações verticalizadas, com pátio interno). Mesmo considerando a velocidade de crescimento da cidade, de qualquer forma, a previsão é surpreendente e substancialmente sem limite de tempo.

A simplificação da implantação (poucos trechos interrompidos por algumas praças retangulares ou em forma de estrela) acaba sendo funcional segundo as expectativas da própria propriedade fundiária, alimentando a ideia de que, em certas condições, o desenvolvimento natural (*Natürliche Entwicklung*) teorizado por Eberstadt pode ser perseguido. Não se deve ignorar a decisão de não intervir no centro histórico, já considerado resolvido graças às obras de embelezamento do período de Frederico II, para, em vez disso, dedicar maior atenção às infraestruturas (transportes, serviços técnicos em rede, esgotos), consideradas a verdadeira estrutura portante da metrópole. Assim, também devido ao plano, Berlim se transforma em uma cidade caserna, caracterizada por um ininterrupto desenvolvimento compacto de alta densidade.

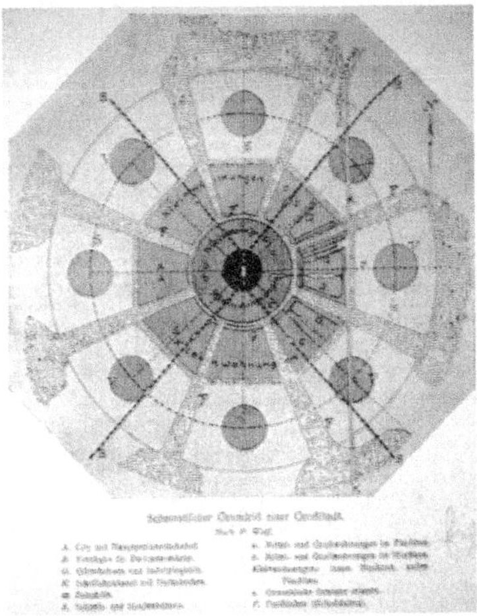

Paul Wolf, esquema de crescimento de uma grande cidade, publicado por Joseph Stübben em seu manual na edição de 1924: o plano elaborado por Eberstadt, Petersen e Möhring para o concurso da Grande Berlim de 1910, tornou-se um modelo geral de referência.

Nos primeiros anos do século XX, Hermann Muthesius, Werner Hegemann, Otto March e Paul Schultze Naumburg se aliam contra esse plano, e – inspirando-se nas teorias de urbanismo internacional e tendo como modelo os bairros suburbanos de baixa densidade –, por um lado, fincam as bases da estratégia de desenvolvimento das Siedlungen (unidades residenciais), e, por outro, fazem da cidade (em particular após o concurso de 1910 para a Grande Berlim) um laboratório extraordinário para experimentação de ideias sobre o crescimento da metrópole.

Em especial, podemos citar o esquema de expansão elaborado por Eberstadt, Petersen e Möhring, vencedor do segundo prêmio e muito divulgado em revistas, manuais e no catálogo da Exposição Internacional de Berlim e Düsseldorf (com curadoria de Werner Hegemann, que tinha ambição não só de documentação, mas também de divulgação teórica). O esquema de expansão mencionado prevê uma organização radial do sistema viário primário e a distribuição das áreas verdes e dos serviços; tornou-se um verdadeiro ícone do plano urbanístico de uma metrópole radiocêntrica, porque garante ser possível pôr ordem e governar formas excepcionais de crescimento urbano.

Parte II

Uma Mudança de Escala. O Entreguerras

O congresso da International Federation for Town and Country Planning and Garden Cities, realizado em Amsterdã, em 1924, teve como tema o plano regional para as grandes cidades e o problema dos parques urbanos, e contou com a participação de personagens muito conhecidos (entre eles Unwin, Abercrombie, Purdom, Adams). Com esse congresso, as questões da cidade-satélite e da cidade-jardim emergem com força em todos os países europeus, a ponto de se tornarem um paradigma que designa a prática do planejamento, através da melhoria de conjuntos habitacionais periféricos, como resposta às destruições bélicas. A figura da "descentralização" é também usada quando a casa individual e as baixas densidades são substituídas por edifícios coletivos. É um período em que até mesmo Le Corbusier sente a necessidade de batizar alguns de seus projetos de gabarito alto como "cidades-jardins verticais", quando, em 1922, já tinha abandonado a ideia da cidade-jardim na sua cidade contemporânea de três milhões de habitantes.

O urbanismo, então, já se apresentava como uma ciência baseada nas estatísticas, pesquisas e diagramas, tentando encontrar soluções para as contradições sociais. As análises são explicitamente compreendidas como uma metodologia para predispor os instrumentos de conhecimento, as previsões e o controle da distribuição da população e das atividades em um território que, no seu sentido mais específico, não é mais o urbano. Regiões inteiras passam por amplos programas de saneamento, localização de novas implantações produtivas e residenciais, redistribuição dos transportes aquáticos, além dos terrestres e, em toda a Europa, conferem ao planejamento uma importância bem maior que no passado.

No entanto, a guerra deflagrou em todos os lugares uma extraordinária mobilização e empenho para a habitação popular. Esse desenvolvimento da política do Estado, que, antes de 1914, não era facilmente previsível, e certamente não o era em todos os países, parece ser o resultado de uma dupla conscientização. Por um lado, a constatação do enorme déficit, decorrente da guerra, de um parque habitacional já insuficiente. Por outro, a ideia, cada vez mais apoiada pelos governos burgueses reformistas saídos do conflito, de que a construção das habitações econômicas pudesse representar um fácil meio de reforma social, sem prejudicar os interesses de capital privado. Visto que o problema mais urgente nesse setor habitacional é de carência quantitativa, mais do que qualitativa, na primeira fase do pós-guerra pensa-se principalmente em construir um novo estoque de baixa densidade nas periferias. Contudo, o crescimento suburbano é facilitado pelo desenvolvimento dos transportes públicos, que, nas grandes cidades, tiveram grande incremento a partir de 1890. Sobretudo na França e na Inglaterra, esse crescimento foi possível graças às inovações tecnológicas que acompanharam ritmos de urbanização bem acelerados. Nos anos de 1920, as obras de higienização dos bairros insalubres existentes na cidade, ou com casebres, são muito limitadas. Ao contrário, na década sucessiva, a política se orienta bem mais nessa direção, com escolhas de densidade mais elevadas e construções de edifícios de apartamentos. Portanto, as questões sobre as quais se concentra o debate urbanístico europeu, nos anos entre as duas guerras, giram em torno da necessidade de reconstrução nas cidades atingidas pelo conflito (e isso acontece como *slogan* político, até mesmo onde as destruições tinham sido limitadas); da possibilidade de se considerar, como horizonte de planejamento, territórios bem mais amplos do que aqueles normalmente definidos como superfície urbanizada, seja para a distribuição das atividades produtivas e de defesa do território, seja para uma localização equilibrada dos parques e áreas verdes e, finalmente, mas diretamente ligado às questões precedentes, de acionar os procedimentos econômicos, jurídicos e financeiros com o propósito de oferecer um parque habitacional de baixo custo a ser realizado por uma entidade pública.

Questões

1. Crescimento da Cidade e Produção Média

DA CIDADE-JARDIM AO DESENVOLVIMENTO SUBURBANO SEGUNDO SEUS PRINCÍPIOS

Na Inglaterra, o debate sobre a reconstrução é particularmente acalorado, e assume o aspecto de uma polêmica entre os defensores da cidade-jardim, que acreditavam que ela deveria ser realizada segundo o modelo original, e quem (após a experiência de Letchworth) pensava ser necessário procurar um desenvolvimento mais concreto, adaptando aqueles princípios às lógicas de uma situação suburbana. A Garden City Association oferece uma contribuição importante ao discurso, porém, estranhamente são suas próprias tomadas de posição – sentidas como uma traição das ideias iniciais – que justamente provocam um dos períodos mais tempestuosos de sua história. As origens da contestação residem no fato de se concentrar ou não as próprias energias na pura propaganda em favor da construção de novas cidades-jardins ou, ao contrário, em campanha maior que entenda os princípios, mas, com maior realismo, consiga adaptá-los a um contexto sociopolítico e econômico modificado.

Estimulado por Charles B. Purdom, que, em 1917, publica um fascículo sobre a casa, constitui-se um grupo de ruptura

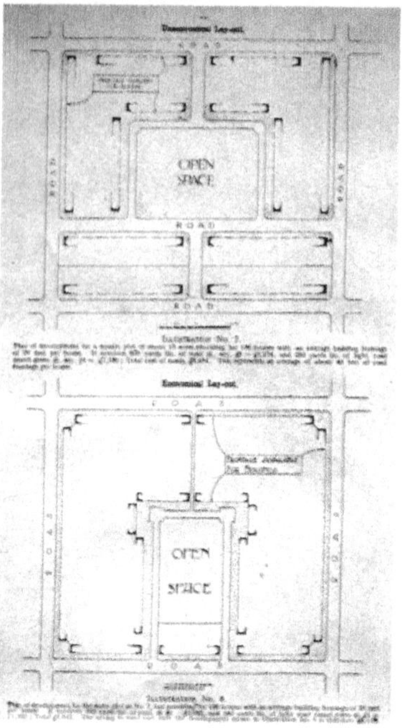

Ministério da Saúde da Escócia, esquemas-tipo propostos para o desenvolvimento de uma quadra de 13 acres, aproximadamente, para cerca de 130 ou 136 unidades imobiliárias, com 7,8 metros de frente cada uma, 1917.

que repropõe toda a questão. Frustrado com a obra da associação, como responsável pela cidade-jardim, e com sua própria incapacidade em convencer as figuras implicadas na operação de Letchworth para ampliar a experiência, Purdom se une a Howard e a W. G. Taylor para formar o National Garden Cities Committee. Seu escopo agora é promover a criação de New Towns (Novas Cidades) financiadas pelo Estado. O grupo atrai também Frederic J. Osborn, Patrick Abercrombie e G.D.H. Cole. Osborn, em particular, é persuadido a escrever um livro para divulgar a causa: *New Towns after the War* (Novas Cidades Depois da Guerra, 1918). Ele ratifica e repropõe, vinte anos depois, o modelo da cidade-jardim; no entanto, com a precedente experiência de Letchworth, exige um plano nacional que prevê a construção de casas nos primeiros cinco anos de paz, afirmando também que esse objetivo deveria ser considerado como parte de uma política econômica de reconstrução, renovando assim, por um lado, a base industrial do país e, por outro, seu parque habitacional.

A diferença em comparação à proposta inicial de Howard está no papel inequívoco agora atribuído ao Estado. O "homem das New Towns" (pseudônimo utilizado pelo autor) não tem dúvidas sobre esse propósito. Apesar de serem consideradas muito radicais, as ideias desse livro são bem aceitas no âmbito da própria Garden City and Town Planning Association. Mas a batalha permanece viva também entre os promotores privados. O New Town Council, um grupo de quacres constituído nesse meio tempo, movimenta-se com o objetivo de construir uma pequena cidade nova exemplar. Forma-se um *trust* para investigar a área a ser comprada; contudo, obrigado em seguida a abandonar seus

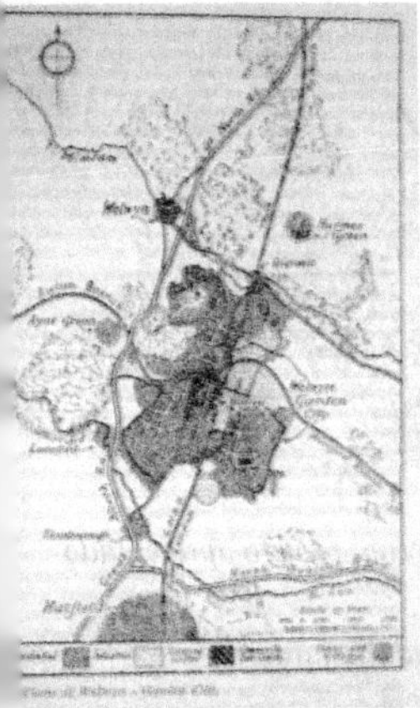

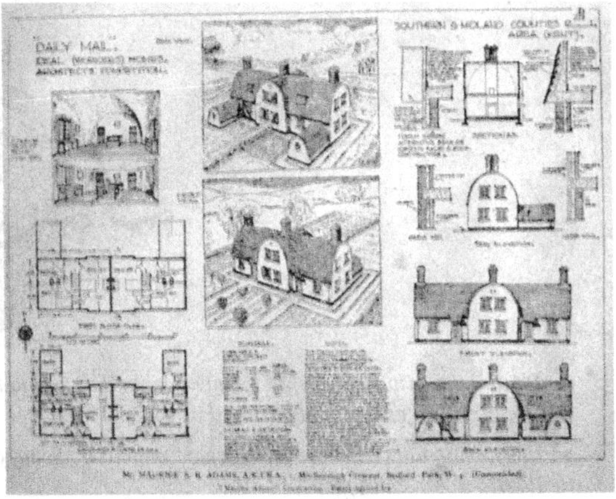

▲ *Louis de Soissons: Planimetria geral da segunda cidade-jardim, Welwyn, 1919.*

▶ *Maurice S. R. Adams: projeto apresentado no concurso de arquitetos para a casa ideal destinada aos operários, promovido pelo* Daily Mail *em 1919.*

planos, o grupo dedica-se à realização do esquema de Howard em uma segunda "garden city", a de Welwyn.

A sociedade, registrada em 1920, possui um capital de 250 mil libras esterlinas, e entre seus sócios constam Ebenezer Howard (fundador), Theodore Chambers (presidente), Charles B. Purdom (diretor financeiro), Frederic J. Osborn (secretário) e Richard L. Reiss (presidente do grupo New Townsmen). Aos acionistas é garantido um dividendo de 7%, enquanto os outros aumentos de capital devem ser empregados na tutela da beleza natural, na compra do terreno e na diminuição dos custos da obra. Segundo o programa, mesmo fazendo parte do perímetro urbano de Londres, a New Town seria totalmente autossuficiente, com uma população de quarenta a cinquenta mil habitantes, e circundada por uma faixa de terreno agrícola e de lazer.

O plano urbanístico é realizado por Louis de Soissons. Ele concentra as indústrias e parte das residências à direita da linha ferroviária que divide a área em duas partes e, à esquerda, projeta a primeira área residencial segundo o *slogan* unwiniano dos anos pré-guerras, com uma densidade de doze casas por acre. O desenho desta última área é caracterizado por uma avenida arborizada dupla em cuja extremidade norte localizam-se os edifícios públicos; na extremidade sul é prevista uma "vila ideal", patrocinada pelo jornal *Daily Mail*, para experimentar novos métodos de construção sob a direção de Unwin.

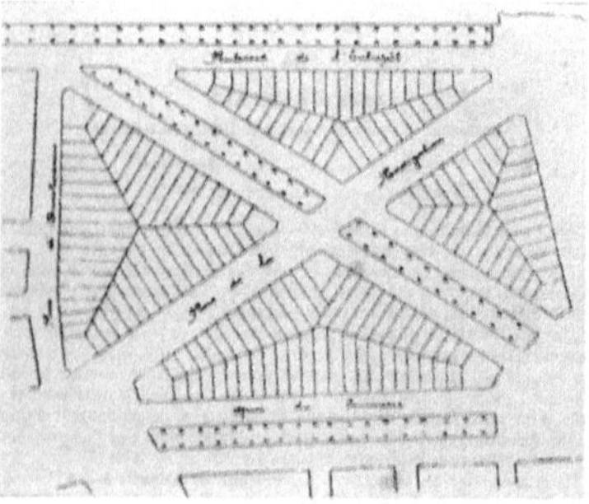

▲ *Planimetria-tipo e esquema de loteamento da vila moderna: projeto apresentado no Congresso Internacional de Gand de 1913.*

▶ *Escritório público das* HBM *do departamento do Sena, cidade-jardim de Plessis-Robinson, 1922.*

Uma perspectiva central converge para o centro cívico, enquanto a implantação viária da zona residencial adjacente assume um curso curvilíneo, reunindo os *cottage* em torno de vários tipos de *cul-de-sac*.

Todos os arquitetos participantes desse projeto devem se adequar às regras derivadas das experiências tipológicas de Unwin e seus alunos. O tema da variação das fachadas não é um simples detalhe para evitar a monotonia, mas corresponde a uma diferenciação acentuada dos custos da construção das moradias. Apesar disso, em 1932, as casas construídas são somente 2.500 para um total de nove mil habitantes. Esse desenvolvimento lento, comparado ao alto nível dos serviços, demonstra que Welwyn requer um investimento muito alto de capital por habitante e, portanto, é impossível estender a aplicação do modelo em escala nacional.

DA "CASA PARA HERÓIS" AO MOVIMENTO A FAVOR DAS CIDADES-JARDINS NA EUROPA

Lançada no ano precedente à deflagração da guerra, o International Garden City and Town Planning Association possui diferentes tarefas, seja internamente no país, seja internacionalmente, entre os países que estão em guerra entre si. A associação mantém contato com os entusiastas da ideia na Rússia, Espanha e França; são reforçados os laços com os Estados

Unidos. Tendo Culpin como secretário e com a direção de Unwin, ela começa a se ocupar da reconstrução nos países que tiveram as piores destruições, como a Bélgica. De fato, esse país tinha sofrido de maneira particular a violência da guerra, suscitando um movimento de solidariedade que se reconhece na conferência de Londres da Union Internationale des Villes e da Garden and Town Planning Association de 1915, onde todos os participantes reafirmam o compromisso programático com a construção dos bairros suburbanos, seguindo as linhas da cidade-jardim.

Na verdade, comissões bilaterais entre os países aliados (Bélgica, Holanda, Inglaterra, França) se questionam sobre quais caminhos seguir na obra de reconstrução, se uma reintegração histórica ou uma urbanização *ex novo*. Mas a destruição (que, antes de tudo, se traduz em um agravamento da falta de moradias) impõe procedimentos de uma produção maciça e rápida de habitações de baixo custo em quase todos os lugares. Na Inglaterra, a atividade de construção do ministério das Munições representa o anel de interligação entre antes e depois da guerra. As "vilas para heróis" (como foram enfaticamente chamados os núcleos realizados para os operários das fábricas de explosivos, mas depois também para todos os que voltavam do *front*), lugar de aplicação, ao mesmo tempo, do subúrbio-modelo e de qualquer experiência tipológica, representam a prova geral para a intervenção pública no setor habitacional.

Nessa conjuntura, por um lado, são reforçadas as influências dos movimentos europeus nas cidades-jardins; por outro, constituídas sociedades nacionais para auxiliar financeiramente as empresas de construção, com empréstimos a juros reduzidos. São registradas algumas intervenções exemplares no setor das edificações subvencionadas, na Alemanha, Holanda, em Viena, nos países escandinavos, onde as administrações municipais são responsáveis pela produção habitacional (mesmo se instituições estatais também participem da sua realização). Mas o que se assiste são, principalmente, realizações parciais do conceito do bairro suburbano derivadas da ideia da cidade-jardim. De fato, com o crescimento da periferia das cidades, alguns critérios de racionalização das tipologias construtivas permitem melhorar os modos de produção

Raymond Unwin: Gretna Eastriggs, esquema geral do plano para uma cidade de guerra, 1915.

da renda fundiária, enquanto os modelos da cidade-jardim, sem a preocupação de querer descongestionar a cidade monocêntrica, caracterizam a periferia das classes médias.

Na Alemanha, a atividade construtiva do período weimariano (1919-1933) faz parte do desenvolvimento econômico do país. A guerra tinha deixado ao país uma consistente herança de penúria de habitações, agravada pela inatividade do setor da construção e pelo êxodo das áreas rurais devido às maiores oportunidades de emprego no setor bélico. A população foi obrigada a se organizar em alojamentos de emergência, a viver em abrigos improvisados e até mesmo em vagões ferroviários e bondes inutilizados. O bloqueio dos aluguéis (1917) paralisa qualquer proposta de investimento privado no setor. Alguns encontram respostas na socialização da habitação que se torna assunto de debate (com a intervenção de Gropius, Taut, Poelzig). Pede-se o reconhecimento do caráter público de qualquer atividade de construção, seja estatal, seja privada, e uma administração unitária de todos os bairros urbanos, dos transportes públicos e dos aglomerados extraurbanos. Em Berlim, Martin Wagner, responsável pelo departamento de urbanismo da prefeitura, propõe a realização de programas de edificação municipal por cooperativas de construção, organizadas por operários do setor.

Até 1924, as Siedlungen (unidades residenciais), realizadas em Berlim, Hamburgo e Colônia, constituídas por casas individuais construídas ao longo da rua com hortas e jardins, baixo nível de conforto e sem equipamentos coletivos, são em sua maioria de baixa densidade, e frequentemente de caráter assistencial para os sobreviventes da guerra e para as famílias numerosas. Após 1924, com uma retomada econômica significativa, as entidades locais dedicam um orçamento considerável à construção residencial e às obras públicas. Os arquitetos modernos participam dessas realizações, às vezes chegando a ocupar cargos de responsabilidade nas administrações locais e regionais. Entre eles pode-se citar Martin Wagner em Berlim, Bruno Taut em Magdeburgo, Ernst May em Frankfurt, enquanto Mies van der Rohe fiscaliza o canteiro do Weissenhof de Stuttgart e outros, como Gropius, Haesler e Scharoun, possuem papel relevante nas realizações públicas.

▼ *Hannes Meyer,* Siedlung *Freidorf auf dem Schanzu a Muttenz perto de Basileia: planimetria do projeto, 1919-1921.*

▶ *Hannes Meyer,* Siedlung *Dessau-Törten: planimetria do projeto, 1926-1929.*

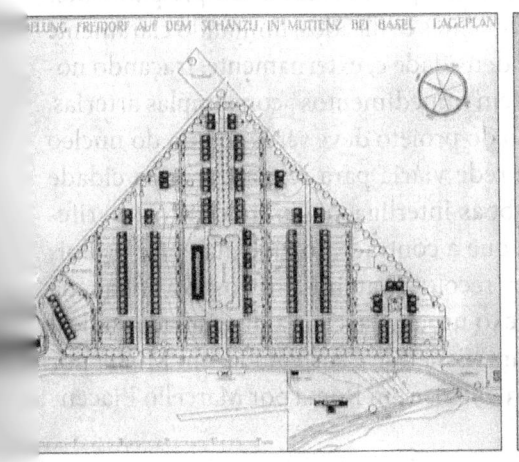

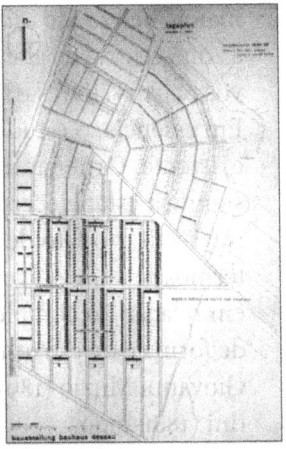

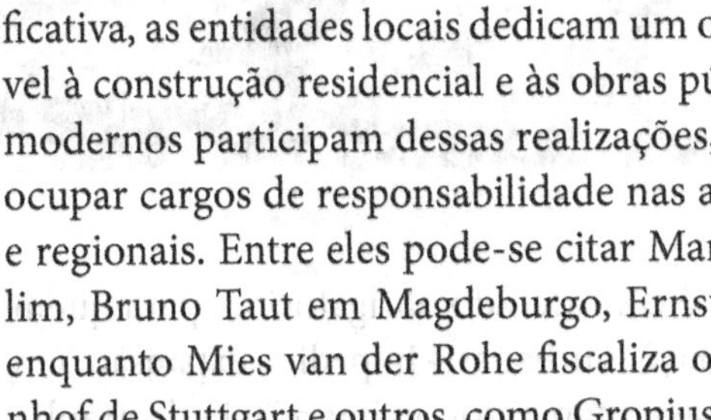

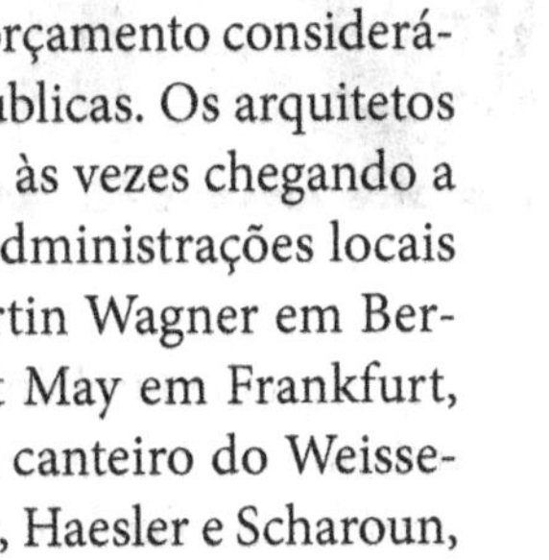

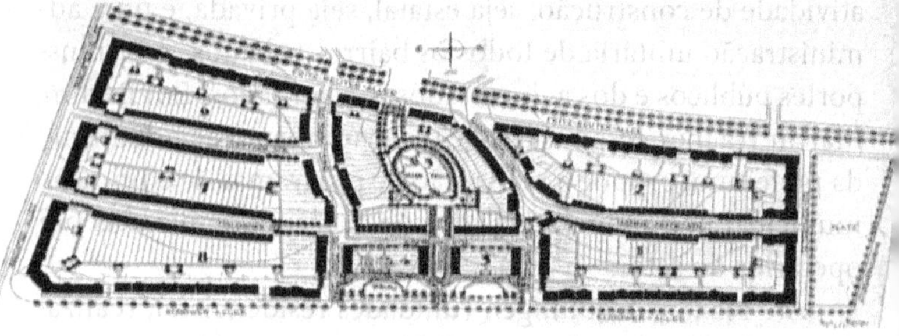

▲ *Bruno Taut e Martin Wagner, Berlin Britz:* Siedlung *próximo de Berlim, 1925-31.*
▼ *Mart Stam, Hellerhof: vista aérea, 1929-1930.*

Na Itália também é considerado obrigatório – para quem trabalha nas transformações urbanas – impedir a expansão "em mancha de óleo" dos assentamentos, evitar a "teia de aranha indefinida". É necessário sugerir uma direção preferencial de desenvolvimento, organizando bairros claramente distintos, tendencialmente autônomos, com dimensões "definidas", diferentes entre si em quantidade e tipo de habitantes. A descentralização é o modelo ao qual se recorre sempre para obter maior "beleza" dos ambientes edificados, limitando claramente a zona central de alta densidade e, externamente, traçando novos bairros "livres e sem impedimentos", com amplas artérias. Em essência, o estudo do projeto deve ser feito fora do núcleo existente. Ordenar a rede viária para revitalizar uma cidade significa estabelecer boas interligações entre centro e periferia, recusar o fato de que a contradição violenta entre os dois termos seja inevitável, recolocar ambos em posição adequada em relação ao complexo urbano, aceitar a diversidade radical de forma e de estrutura. Essa tese é sustentada, em Milão, por Giovanni Muzio (1893-1982), e em Roma por Marcello Piacentini (1881-1960).

A DEMOLIÇÃO DOS *SLUMS* E DAS QUADRAS INSALUBRES

Entretanto, existem países em que, durante os anos de 1930, a política habitacional toma uma direção nova, e o primeiro dos quais é o Reino Unido. De repente, o setor público enfrenta o problema dos *slums*, verificando-se um retorno à ótica higienista do século XIX, que identifica os males dos bairros degradados na saúde pública, na pobreza e na inadequação das residências; renasce um movimento popular e toda uma série de textos na imprensa local e nacional sobre esses temas.

O problema do saneamento dos *slums* demonstra ser desmesurado. Os cálculos oficiais sobre o número das moradias em condições degradadas sobem continuamente e, em 1939, o número reconhecido é de 472 mil. Nessa data, na Inglaterra, quase metade das casas inadequadas foram demolidas ou declaradas inabitáveis, e, contudo, as áreas mais velhas de Londres e das grandes cidades permaneciam deprimentes. O Greenwood Act de 1930 prevê uma subvenção especial para edifícios de apartamentos e, nos anos sucessivos, pela primeira vez eles são construídos em quantidade relevante. A atividade municipal de construção habitacional, de demolições e reedificações de alta densidade nas áreas centrais das grandes cidades, o saneamento dos *slums*, a reintegração dos habitantes, ocasiona uma batalha significativa para a história do urbanismo inglês em relação às políticas sociais e econômicas. "Slum Clearence and Rehousing" (Remover e Reabitar a Favela) é sinônimo de um debate

G. Topham Forrest arquiteto do LCC: planimetria geral do bairro de Ossulston em Londres, 1926.

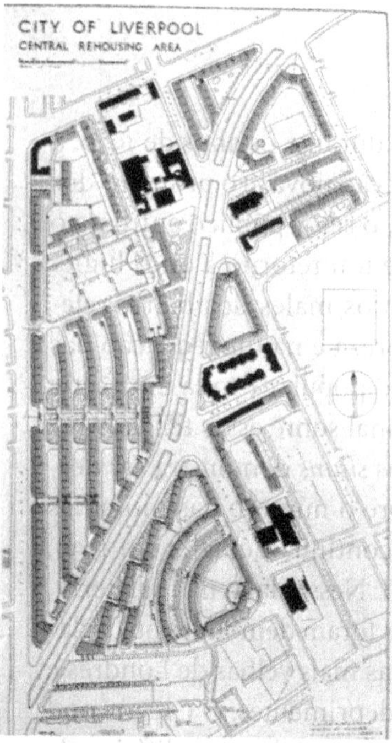

L. H. Keay: bairro público em substituição de uma área de slum *em Liverpool, 1936.*

com políticas reais: o *slogan* é do século XIX, mas tinha sido praticamente abandonado até 1925 – agora significa tornar a questionar a qualidade da habitação. O termo "slum" traz consigo a ideia mais geral de superpovoamento. A casa para os operários localizadas nas áreas de reestruturação torna-se uma reação contra as utopias das dez casas por acre. É um ato de rejeição, por parte das classes médias, da descentralização – considerada modelo de desenvolvimento global da cidade – e uma postura polêmica contra os *slogans* unwinianos do início do século. Ao mesmo tempo, é a retomada do centro como espaço de intervenção controlável. A renúncia de hipóteses ideais de nova organização urbana toca questões concretas de tipologia e linguagem arquitetônica, aspectos ligados ao projeto.

Em 1936, em Londres, a construção de edifícios de apartamentos supera, pela primeira vez, a dos *cottage*, e as cidades de província também têm programas em ampla escala. Em Leeds, o arquiteto R. A. H. Livett, com seu projeto do bairro de Quarry Hill, baseia-se nos altos padrões residenciais e apresenta uma série de serviços coletivos extraordinários. É evidente a influência das experiências vienenses. Análoga é a implantação de Kennet House em Manchester.

Existem, porém, outros casos que merecem nossa atenção, como aqueles do saneamento de Kassel ou os de Bruxelas, Antuérpia, Madri, Amsterdã, Porto, Oslo, Estocolmo e das cidades francesas. Se na Holanda as intervenções, conspícuas na capital entre 1916 e 1930, procedem normalmente com a garantia de uma nova organização para os habitantes das moradias insalubres, que são demolidas, na França, os planos estabelecidos com base na lei de 1919 propõem, ao contrário, uma simples

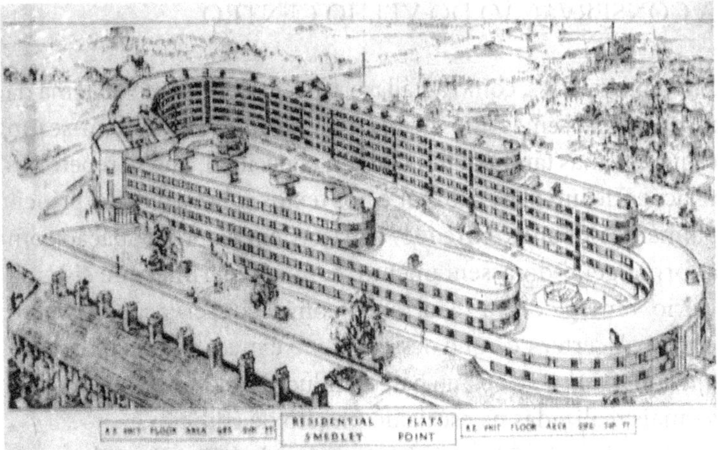

▲ *R. A. H. Livett, projeto para Kennet House em Manchester, 1935: perspectiva do conjunto realizado mais tarde sob a direção do arquiteto L. Heywood.*

▶ *Mapa das quadras insalubres no norte e leste de Paris, 1920.*

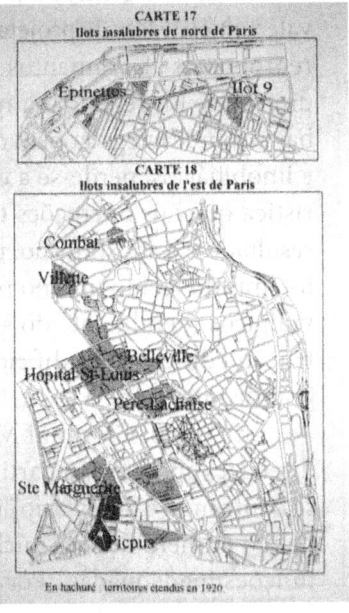

organização estético-funcional das habitações existentes. Às vezes (caso de Reims), apresentam-se como ocorrências particulares de aplicação da mesma lei, sob forma de um plano de reconstrução das cidades afetadas pela guerra. Em Paris, em 1920, a retomada do programa pré-guerra de reconstrução dos "îlots insalubres" (quadras insalubres)* obtém financiamentos modestos e resultados limitados. Apesar do bloqueio dos aluguéis nos anos da guerra e de uma lei (1924) que tenta frear as modificações de tipo de uso dos edifícios, na realidade, aumenta o processo de concentração das atividades terciárias e das atividades produtivas especializadas. Para o centro urbano, não é realizada uma política pública com o mesmo peso da inglesa.

* Pequeno grupo de casas isolado das outras construções ao seu redor (N. da E.).

A CONSERVAÇÃO DO VELHO CENTRO

Em outros países, como a Itália, o aspecto dominante do tema da reconstrução, em termos gerais, assume outra feição. Tem-se um esquema, mas também uma ordem conceitual, que se repete nas relações de um plano diretor e nos textos sobre a cidade, principalmente nos anos entre 1927 e 1933. Além da preocupação com a forma geral do assentamento, com seu perímetro e sistema viário, emerge outra recorrente, com a conservação do velho centro. A certeza de que nesse terreno é medida a qualidade de uma intervenção de plano parece influenciar também as escolhas formais realizadas na escala do projeto de edifícios.

Em alguns centros antigos, como Madri ou Bruxelas, prevalecem critérios de projetação tradicionais; continuam sendo repropostos alargamentos de ruas e demolições por meio de diretrizes. Entretanto, na recompactação rígida da malha urbana sobrecarregada pelo crescimento dos valores fundiários e imobiliários, perde-se a capacidade de opção, uma característica que tais operações tiveram ao longo do século XIX. O resultado é a substituição, promovida pelo governo, de partes inteiras do tecido urbano para a introdução de elementos nevrálgicos (geralmente do setor terciário), ao lado da reconstrução edifício por edifício ou da união de propriedades de grande importância.

Em Milão, Giovanni Muzio se limita a fornecer algumas diretrizes operativas a partir dos casos concretos com os quais se confronta; é necessário "não subverter as cidades existentes nem o número de seus núcleos centrais obrigando-os a terem funções inadequadas". Por outro lado, os custos das demolições e reconstruções o impõem; basta considerar, hoje, que formas assumiram algumas cidades de origem longínqua da Europa e que analogias estabelecem no crescimento constante e nas adequações às necessidades da vida moderna: com inflexões retóricas frequentes na Itália e fora dela daquilo que realmente acontecia em outros países, afirma-se ser necessário aprender "o carinhoso respeito pelo antigo que existe no exterior". As cidades estrangeiras tornam-se uma "fonte" genérica para evitar erros nas cidades italianas. O próprio Muzio (mas não apenas ele, movendo-se também nessa direção a Asso-

▲ *Giovanni Muzio, Milão: vista do projeto de requalificação do bairro Sempione, 1927.*

▶ *Marcello Piacentini: projeto de requalificação da area da praça della Loggia, Brescia, 1927-1932.*

ciazione Artistica fra i Cultori di Architettura e o Club degli Urbanisti) limita-se a sugerir uma pesquisa de caráter formal sobre a grande cidade, por ele considerada insubstituível como centro espiritual, político, econômico, artístico e científico da nação. A nostalgia pela beleza da arquitetura do passado alimenta o espírito cívico e direciona a avaliações dos projetos de reforma em termos de "dignidade" do ambiente urbano. O centro histórico corre o risco de ser sufocado pelo enorme desenvolvimento da periferia, e a parte antiga necessariamente se transforma. É preciso perseguir com obstinação a conservação do núcleo urbano existente, promovendo ações oportunas para apreciar os motivos estéticos e defender algumas das mais evidentes e conspícuas belezas da cidade. Lembrando algumas experiências "antigas" de reconstrução (a de Londres depois do incêndio de 1666, a de Catânia após a erupção do Etna, a de Lisboa após o terremoto), Muzio evidencia que tais exemplos acabaram estabelecendo uma lei: a persistência do plano. Constrói-se sempre em cima do traçado antigo; sendo assim, não se alude aos motivos impostos pelo valor da terra, mas ao que permanece na memória ou nos costumes da população. Enfim, remete-se mais aos valores culturais do que aos econômicos.

O que também significa questionar as competências profissionais (de urbanistas, arquitetos, restauradores): a conservação não admite acordos em seu interior. Deixar intacto o ambiente urbano em suas características arquitetônicas para os urbanistas significa deixar aos outros o papel de "liberar" ou "restaurar" o monumento, sem colocar, na operação, vínculos utilitários. Isto é, significa estabelecer uma divisão de tarefas, visto que o problema não é somente aquele dos monumentos individuais, mas dos ambientes históricos em seu conjunto (a área da catedral, alguns trechos valiosos de valor arquitetônico e panorâmico dos cursos de água, os jardins, as áreas agrícolas consideráveis. Significa trabalhar com técnicas diferentes, às vezes "liberando" a abside de uma igreja, ou redescobrindo a forma escondida de uma construção, às vezes sabendo substituí-la. Nessa perspectiva, o plano é, ao mesmo tempo, um instrumento de análise e de reforma que, em primeira instância, pode pôr fim a contradições insolúveis entre o velho centro e aquelas necessidades "modernas", que se exprimem através das necessidades da circulação.

Nos textos desse período, o uso de algumas expressões (velha cidade, centro antigo, conservação, fisionomia, ambiente, liberação do monumento, mancha de óleo) não pode ser subestimado. São quase palavras-chave de uma linguagem comum que os apoiadores da estética urbana estão construindo na Europa. E, junto às declarações de programa, os processos que investem sobre as cidades são a complementação direta da política territorial. Os alargamentos de ruas dos centros históricos são concebidos em função da requalificação funcional e monumental, com vantagens obtidas pelas sociedades financeiras, que trazem os frutos da renda urbana, determinando a terceirização dos centros.

Assim, o plano de 1929 do GUR – Gruppo Urbanisti Romani (Grupo dos Urbanistas Romanos, com Piacentini) para Roma, em resposta àquele do grupo La Burbera (com Giovannoni), é principalmente um programa onde se tenta desenvolver uma hipótese regional, com interligações diretas entre a cidade e o mar e entre a cidade e as colinas, criando cidades-satélites na forma de subúrbios rurais, operários, para a pequena burguesia ou elegantes, onde colocar campos esportivos e de lazer. O programa prevê um crescimento da população de 350 mil habitantes, em uma visão da grande Roma que ofusca, com toda a sua beleza, a velha cidade, ocupando-se de sua "desurbanização". Em 1931, é aprovado o novo plano diretor, cujo esquema é uma fotografia fiel da ideologia da política urbana do regime fascista na Itália. Requalificação dos monumentos do centro significa demolições para criar perspectivas no tecido urbano e a expul-

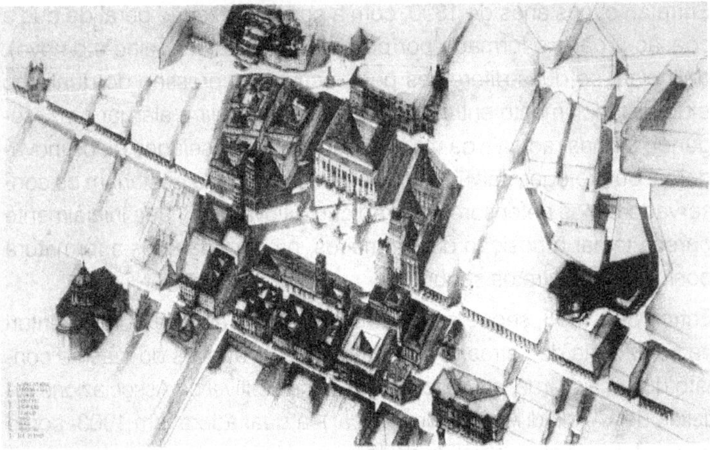

Plano diretor de Roma: projeto do grupo La Burbera, 1929.

são de classes populares em direção a subúrbios externos. Ou seja, são retomadas algumas hipóteses apresentadas, em 1929, pelo GUR – contudo, seu significado original é distorcido.

Gustavo Giovannoni (1873-1947)

Nasce e vive em Roma, exercendo a atividade de projetista, estudioso, professor, consultor ministerial por mais de quarenta anos, desde o início do século até a Segunda Guerra Mundial. Engenheiro, especializado em história da arte, ele dedica seus esforços a um espectro muito amplo de problemas, que vão do desenho das estruturas ao plano diretor, do estudo dos testemunhos do passado à salvaguarda do ambiente. Figura contraditória, formou-se em engenharia civil, em 1895, na Escola de Aplicações para Engenheiros de Roma, apresentando no exame geral um tema de edificação utilitária, um mercado coberto, em ferro e vidro. Após se formar, faz especialização na Scuola Superiore di Igiene Pubblica e, depois, torna-se professor assistente na disciplina de arquitetura técnica e na de arquitetura geral na Escola para Engenheiros. Finalmente, profissional liberal, projeta edificações estruturalmente complexas, isto é, voltadas para a ciência e para a técnica. Giovannoni, porém, possui ainda um papel decisivo na consolidação da história da arquitetura, do urbanismo e do restauro na Itália, considerando esses três setores como ligados na figura do arquiteto total (ou "absoluto"), capaz de envolver-se com uma gama de problemas que vão do capitel à cidade.

Entretanto, nos anos de 1890, com a conscientização geral de que a coesão urbana é formada por posições distintas (o velho e o novo), delineiam-se duas diferentes perspectivas, expressão do dualismo e do distanciamento entre arte e técnica. Demolir e alargar ruas, segundo formas radicais da cirurgia construtiva desejadas pelos inovadores, ou proteger, salvaguardar e congelar, como gostariam os conservadores, os defensores da tradição. Giovannoni, que inicialmente parece tomar a posição dos primeiros, na década após a formatura posiciona-se entre os segundos.

Entre 1897-1898, segue o curso de história da arte de Adolfo Venturi na Faculdade de Letras; é provável que seja através do mesmo contato que, mais tarde, ele se torne o líder indiscutível da Associazione Artistica dei Cultori di Architettura (Aacar), à qual adere, em 1903, como sócio efetivo, com o objetivo de "promover o estudo e levantar o prestígio da arquitetura".

Já entre 1911 e 1913, ele define uma série de critérios gerais sobre as noções de monumento e ambiente, fincando as bases para a teoria do "diradamento"* ambiental", além de uma estratégia do restauro que não se limita a lidar apenas com os maiores edifícios. Do cruzamento dessas questões emerge o problema urbanístico dos "centros históricos", cujo restauro arquitetônico, tutela e valorização dos monumentos são questões ligadas ao quadro ambiental. Em 1913, em um artigo da *Nuova antologia*, Giovannoni aborda a construção urbana, velha e nova, isto é, da inserção do novo no antigo, tema que repropõe com força no manual *Vecchie città ed edilizia nuova* (Velhas Cidades e Construções Novas), publicado em 1931 (que influenciou gerações inteiras de jovens arquitetos). Na primeira parte, são ilustrados os problemas da cidade histórica; na segunda, as questões ligadas à expansão urbana; na terceira, ele aborda os aspectos próprios do plano diretor (baseando-se na hipótese de que não existam fraturas entre a pequena e grande escala).

Nesse meio tempo, esforça-se em instituir uma Scuola di Perfezionamento in Urbanistica (Escola de Aperfeiçoamento em Urbanismo, 1934) e um Istituto Superiore di Restauro, além de tentar individualizar um método para o estudo da história da arquitetura (relacionando-os com os estudos contemporâneos europeus de Auguste Choisy e Banister Fletcher). Como inspetor a serviço da direção das Belas Artes, posiciona-se na intersecção entre restauro arquitetônico e dimensão

* Literalmente "desbastamento", conceito empregado por Giovannoni, em referência à remoção do excesso de construções e/ou à instalação de equipamentos que requalifiquem um espaço urbano, com o objetivo de reverter sua degradação, ou seja, "sanear" e não "demolir" (N. da E.).

urbana (no caso de Roma, mas também como consultor ou especialista em Verona, Bolonha, Bari, Siena, Taranto, Milão e muitíssimas outras cidades italianas, além de Split). Colabora para redigir a lei italiana de 1939, sobre a proteção das belezas naturais.

Desde 1915, está envolvido na reforma do plano diretor de Roma, como membro de uma comissão que conclui seus trabalhos em 1925, retornando depois em 1929 quando Roma é sede do XII Congresso da Housing and Town Planning Federation, tornando-se o campo ideal para verificar possibilidades concretas de acordo entre instâncias divergentes (transformar ou conservar, modernizar ou valorizar a identidade). Evidenciam os termos dos debates daqueles anos as causas de grande conflito com Marcelo Piacentini, defensor da descentralização de algumas atividades do centro antigo, o qual deveria permanecer intacto em vez de sofrer um trabalho cuidadoso de "acordo" e **"diradamento"** do ambiente construído, como melhoria dos núcleos internos, de que Giovannoni é agora portador. Apesar das referências às técnicas mais avançadas, ao zoneamento e aos arranha-céus, Giovannoni traz suas reflexões mais significativas relacionando-as com a história. No fim, Piacentini será vitorioso em relação à visão hiper-historicista do velho colega.

De seus diversos textos publicados, podemos citar: "Vecchie città ed edilizia nuova: Il quartiere del Rinascimento in Roma" (Velhas Cidades e Construções Novas: O Distrito do Renascimento em Roma) e "Il 'diradamento edilizio' dei vecchi centri. Il quartiere della Rinascenza in Roma" (O "Rareamento das Construções" dos Velhos Centros: O Distrito da Renascença em Roma), ambos em *Nuova Antologia*, respectivamente números 995 e 997 (1913); *Questioni di architettura nella storia e nella vita: Edilizia, estetica, architettura, restauri, ambiente dei monumenti* (Questões de Arquitetura na História e na Vida: Construção, Estética, Restauros, Ambiente dos Monumentos), 1925; *Saggi sull'architettura del Rinascimento* (Ensaios sobre Arquitertura dos Monumentos), 1931; *Vecchie città ed edilizia nuova*, 1931; o verbete "Piano regolatore" (Plano diretor) na *Enciclopedia italiana di scienze, lettere e arti*, volume XXVII, 1935; além de um número enorme de artigos, resenhas e notas em revistas especializadas e literárias.

2. A Descentralização

O CONTROLE DA CONURBAÇÃO: A GRANDE PARIS

De um lado, o planejamento do crescimento da periferia das maiores capitais; de outro, dos recursos naturais e da localização da grande indústria. De repente, após a Primeira Guerra Mundial, processos de urbanização observados com uma lente de aumento diferente têm o efeito de dilatar a dimensão dos programas e dos departamentos administrativos interessados.

Em 1919, na França, um concurso nacional para o plano diretor da Grande Paris individualiza três temas distintos: a reestruturação interna da cidade, a valorização e definição do tipo de uso da área das fortificações e o planejamento de cidades-jardins periféricas.

O projeto vencedor (Jaussely, Expert e Sellier), como também os dos outros participantes, estuda uma série de núcleos-jardins ao longo das linhas ferroviárias e uma reestruturação completa das infraestruturas em escala territorial. O concurso não tem resultados imediatos, mas constitui a premissa do Plano Prost de 1932 (*plan directeur* metropolitano para o departamento do Sena inteiro e para todos os municípios dos departamentos do Seine-

-et-Oise e Seine-et-Marne, distantes do centro da capital em um raio de 35 km) e do programa de habitações públicas realizado pelo departamento para a mesma área.

O conjunto dos desenhos exigidos limita a programação a dois aspectos: em primeiro lugar, a demarcação dos "perímetros de aglomerações" (a aglomeração é formada por um centro urbano e sua periferia), que indicarão as áreas cuja urbanização é de complementação de modo a reequilibrar os valores fundiários e a preservar as áreas livres remanescentes, em particular aquelas dotadas de qualidades ambientais; em segundo lugar, a previsão de uma malha viária de vias de trânsito rápido entre o centro, a periferia e a rede nacional.

Suresnes, administrado por seu prefeito Henri Sellier, é um caso exemplar. O plano de ampliação, estudado pelo Bureau de l'Extension de la Préfecture de La Seine (1927-1928), é uma parte do plano do sistema viário da aglomeração, enquanto a regulamentação dos alvarás de construção e para loteamentos será aplicada rigorosamente, embora sua eficácia fosse mais concreta somente se aplicada em toda a periferia.

Inesperadamente, o plano urbanístico não é somente uma questão municipal, embora, até 1919, nos debates preparatórios para a Lei Cornudet*, a esfera de atuação dos municípios não era questionada. Ainda subsistem ideias retóricas sobre as liberdades dos municípios no período entreguerras. Mas, quando se fala de urbanismo e, portanto, de desapropriações, manifesta-se o conflito entre liberdades locais e regulamentos estatais e o conflito entre os interesses privados dos proprietários e as apreensões fiscais da renda fundiária, na perspectiva da contribuição de um financiamento público para a urbanização. Quando, em 1930, se elabora o plano diretor parisiense definitivo, o Conselho Geral do Sena parece ameaçar as liberdades locais e o temor é intenso. Henri Sellier afirma que não existem contradições entre competências municipais e normas

* A Lei Cornudet foi a primeira lei urbanística em Paris sobre o desenvolvimento, o embelezamento e a expansão das cidades, sancionada em 1919 e reformada parcialmente em 1924. Essas legislações obrigavam os municípios com mais de dez mil habitantes a possuir um plano diretor; regulamentar as operações de loteamento por meio de licença da prefeitura; a regulamentar e controlar o licenciamento para a construção de edificações (N. da E.).

gerais: a coerência técnica constitui o princípio sobre o qual as especificidades locais devem se adaptar; o plano só pode ser pensado na escala das conurbações.

O ponto-chave é a coerência do projeto, que amadurece com base em uma série de propostas técnicas, pouco a pouco aperfeiçoadas (projeção de dados estatísticos, disponibilidade de terrenos, zoneamento por tipo de uso e funções econômicas), que legitimam o controle das transformações gerais.

Dessa maneira, para Sellier, o plano regional se torna o antídoto da periferia desordenada em torno de Paris, capaz de promessas maravilhosas para o futuro, mas também de um embelezamento imediato. Certamente, Paris não é a França inteira, porém seu plano conservou características exemplares.

Em 1932 e em 1935, a legislação na França sobre os planos regionais estabelece uma hierarquia entre o município e a aglomeração em relação à rede viária, aos equipamentos e à conservação de áreas verdes. As implicações práticas da intermunicipalidade são evidentes: aparecem as associações intermunicipais de gestão das redes de serviços das grandes cidades, e os investimentos das aglomerações na região parisiense serão divididos entre vários municípios, por decreto governamental.

Existe outro projeto que não se reflete nas realizações imediatas, e sim no debate e nos programas realizados nos anos sucessivos. Denominado "Cité-Jardin du Grand Paris" (Cidade-Jardim da Grande Paris) e elaborado em 1919-1920, esse projeto propõe a urbanização de toda a faixa meridional da cidade, além do perímetro das fortificações, com uso residencial, industrial e equipamentos sociais. O plano diretor, que inclui a substância dessas concepções, será aprovado somente em 1939, porém, em 1944, com o fim da guerra, já é declarado inútil.

Entretanto, nesse meio tempo, procede-se à construção das obras consideradas de maior impacto para o controle do crescimento metropolitano: a complementação do *métro*, segundo um plano aprovado em 1936 (com novos trechos localizados não só no perímetro urbano, mas também em direção ao *banlieu*) e a racionalização da rede ferroviária.

Henri Sellier (1883-1943)

Filho de operário, ainda bem jovem, Henri Sellier se inscreve no Partido Socialista, realiza seus estudos em direito e começa sua carreira como funcionário bancário; em seguida, trabalha no Ministério do Comércio e depois no do Trabalho. Em 1913, torna-se presidente da Union Internationale des Villes; em 1919, com Marcel Poëte, funda a École des Hautes Études Urbaines. No ano seguinte, é nomeado secretário da União Nacional dos Organismos de Habitação e Aluguel Moderado (*loyers moderés*) e naquela sede aprova (1913) o projeto de um Escritório Público para Habitações a Baixo Custo (Ophbm, na sigla em francês), do qual torna-se administrador. Em 1916, constitui uma equipe de arquitetos e inicia uma política de compra de terrenos na região parisiense com um objetivo tríplice: construir uma reserva de terrenos a baixo custo para as futuras cidades-jardins; subtrair os lucros dos benefícios da renda fundiária a favor da coletividade; e permitir um planejamento racional do crescimento urbano.

Adere à associação francesa das cidades-jardins; de 1910 a 1941, é membro do Conselho Geral do Sena, tornando-se presidente da mesma entidade no biênio 1927-1928. Já antes da guerra, participa de trabalho promocional, cujo objetivo era conciliar o capital privado e a iniciativa pública com a finalidade de construir moradias a baixo custo em Paris. Após a guerra, deve-se a ele a adaptação da cidade-jardim à óptica de uma produção de edificações de massa. O resultado mais avançado desse esforço será a realização de conjuntos residenciais em torno de Paris e a instituição de uma ligação concreta entre ação pública no setor da edificação de massa e a produção de vanguarda (por exemplo, Drancy).

Não foi somente Sellier quem decidiu orientar a ação dos departamentos para a construção da cidade-jardim, mas sem dúvida ele captou no texto da lei Bonnevay* a possibilidade de interligar objetivos municipais e higienistas e, em relação à cidade-jardim, percebeu ser um projeto que poderia ser aprovado tanto por parte dos conservadores como dos reformistas. Em 1919, quando a tão esperada Lei Cornudet é aprovada, Sellier e os arquitetos do departamento elaboram um programa sobre o plano de ampliação, que define aquilo que poderia ser chamado a "cidade-jardim à francesa". O papel de modelo de planejamento urbano dado ao programa é reforçado na medida em que é ampliado como modelo de vida. A cidade-jardim será o quadro material dessa nova vida. O aperfeiçoamento de um protótipo experimental de

* A lei Bonnevay, de 23 de dezembro de 1912, determinou a criação de organismos descentralizados junto aos municípios (*communes*) e ao Estado para cuidar da habitação popular (N. da E.).

Cidade-jardim de Suresnes, para cuja realização Henri Sellier se ocupou por muito tempo: vista aérea, 1936.

habitação urbana com valor de modelo ideal rejeita a segregação da utopia socialista do século XIX, aquela da cidade operária, e se baseia na valorização das relações sociais e liberdade do indivíduo. Sellier, diretor das obras, dá carta branca aos arquitetos do departamento com base em um programa elaborado em direta relação com as obras de Unwin, enquanto se dedica àquilo que chama de "ciência urbanística", na prática aos equipamentos administrativos, escolares, comerciais e sociais para os quais é necessário um estudo preliminar, conduzido à maneira de Geddes. Esse tema é também objeto de ensino na École des Hautes Études Urbaines et d'Administration Municipale. Os encargos sindicais e políticos o acompanham a vida toda, particularmente em 1919-1920, quando se torna prefeito de Suresnes, um dos municípios mais ativos da periferia parisiense, onde cria um departamento para as Habitations à Bon Marché (HBM); em 1921, organiza também o departamento de Higiene Social do Sena. Enfim, ele sempre se dedicou aos problemas habitacionais: já a sua tese (publicada em 1921) apontava *La Crise du logement et l'intervention publique en matière d'habitation populaire* (A Crise da Moradia e a Intervenção Pública em Matéria de Habitação Popular). Em 1927, funda a associação francesa para o urbanismo, profere conferências e participa de convênios; em 1935, torna-se senador do Estado do Sena pela frente popular e, em 1936, ministro da Saúde; no ano seguinte, torna-se presidente da Fédération Internationale de l'Habitation et de l'Urbanisme. Em 1943, *Urbanisme* publica "La Reforme administrative des villes" (A Reforma Administrativa das Cidades), um de seus textos mais importantes.

A CONTROVÉRSIA SOBRE AS CIDADES-SATÉLITES

Também na Holanda, em 1925-1926, é aperfeiçoado um plano para a Grande Amsterdã, cujos elementos principais são os cursos de água e as vias, os portos, as indústrias, a recuperação material de áreas, o lazer e o esporte, além da determinação de altura mínima para edificações. De fato, há aqueles que afirmam que o ilustre precedente do Plan Zuid de Amsterdã de Berlage é ainda um plano muito arquitetônico, reivindica a necessidade de um plano regional e de órgãos competentes em condições de elaborá-lo e executá-lo.

A proposta provoca muito interesse e sérias críticas, entre outros motivos, pela falta de um estudo de base das características econômicas e sociais preliminares ao estudo do plano. Na práxis habitual, no que se refere às modalidades de expansão urbana, o município de Amsterdã procede com planos mais detalhados de expansão, segundo diretrizes que envolvem quase todo o interior disponível. Lidos em seu conjunto, esses planos subentendem uma operação de descentralização para os núcleos contíguos ou satélites parcialmente equipados, sem que, no entanto, haja uma formulação explícita nesse sentido.

O plano diretor geral, preparado pela prefeitura de Amsterdã em 1934 e adotado em 1935, indica uma mudança de encaminhamento, devido a uma avaliação crítica do crescimento

Hendrik Petrus Berlage: plano de Amsterdã Sul, 1915.

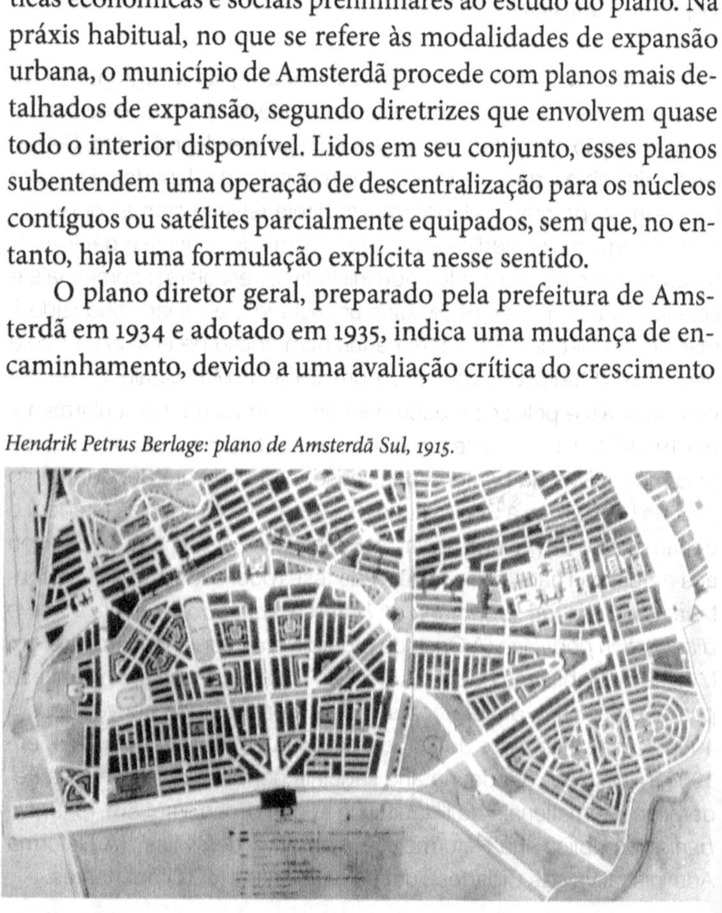

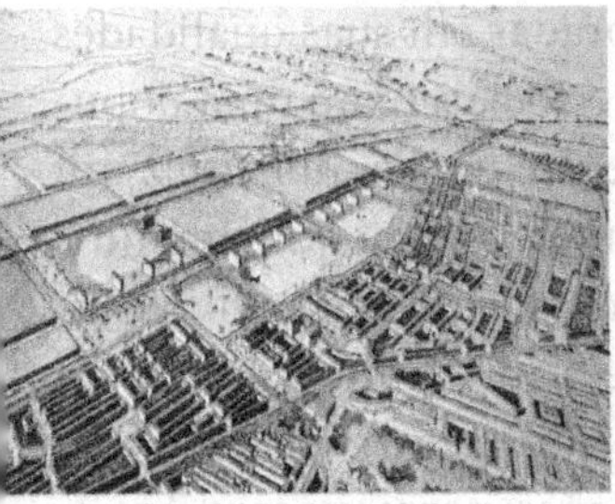

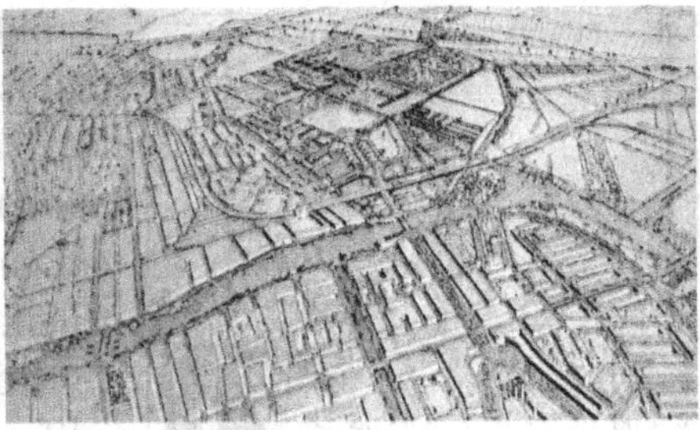

▲ *A. Staal, G.H. Holt, S. Van Woerden: concurso para tipologia construtiva organizado pela prefeitura de Amsterdã, 1933-1934.*

▶ *Cornelis van Eesteren: em colaboração com T. K. Van Lohuizen: plano* AUP *para Amsterdã, 1934.*

"por bairros" e à necessidade de uma concepção mais geral. Retomando os temas do plano de meados dos anos de 1920, tenta-se resolver seus defeitos com a constituição, em 1928, de um departamento urbanístico (que usa a obra do engenheiro Scheffer, de Theodore K. van Lohuizen, encarregado das análises, e de Cornelis van EEesteren, como arquiteto-chefe). Dessa vez, o plano é dimensionado para as necessidades residenciais, calculadas de maneira precisa. Entre a alternativa do desenvolvimento centralizado e a ampla descentralização territorial com bairros espacialmente independentes, a primeira hipótese é a que prevalece, devido à grande concentração de trabalho no centro histórico. As hipóteses de "cidade-satélite" são abandonadas definitivamente, para não exacerbar os fenômenos de pendularidade, atuando-se em direção a uma expansão mais cerrada de caráter semi-intensivo, em continuidade com a estrutura existente, por bairros, aos quais se atribui alto grau de concentração interna, separando, depois, as zonas residenciais com faixas de vegetação.

Enquanto isso, a Inglaterra segue um caminho decisivamente diverso: a herança da hipótese inicial de Howard influencia, por muito tempo, a formulação de projetos para a Grande Londres e seu condado, até o célebre plano de 1944 e até mesmo após a guerra, no programa das New Towns. Mas chegaremos até aí em etapas.

Entre as duas guerras, os departamentos técnicos do condado de Londres desenvolvem o critério das "neighborhood units" (unidades de vizinhança) como elementos de referência do planejamento urbano, para indicar unidades territoriais

Controvérsias sobre a designação de onde realizar uma New Town: desenho satírico sobre os funcionários dos escritórios públicos.

equilibradas em suas qualidades físicas e sociais (com uma população entre quatro mil e dez mil habitantes, com equipamentos em um raio de distância equivalente a 10-15 minutos a pé do centro do bairro). Os tipos de edificações permanecem aqueles da tradição suburbana. Essa práxis gera uma filosofia do planejamento como composição de unidades menores, elementos bases de entidades maiores segundo um processo molecular de agregação, fórmula que parece ser adequada para interpretar e controlar fenômenos de caráter metropolitano e que, importada dos Estados Unidos, encontra defensores também na França (Gaston Bardet) e na Alemanha (Paul Wolf).

Em Londres, porém, o princípio da descentralização e da distribuição equilibrada da população se une às elaborações dos primeiros anos do século e tem seu público. Esse princípio se modifica em função da convicção de que um programa dessa natureza não pode ser fruto de uma operação autônoma no espaço, mas deve ser examinado no quadro de uma política econômica nacional, a qual deve possuir um conhecimento profundo dos recursos, redes de transportes e do deslocamento de localização das áreas industriais. Assim, em 1936, o problema da superlotação e da falta de planejamento da região de Londres realmente parece não ser mais tolerável: persistem as migrações internas, a conurbação continua a se expandir e, com a guerra, a concentração de pessoas e indústrias no sul do país torna-se preocupante. Então, o governo institui uma comissão real, sob a direção de *sir* Montague Barlow, para controlar a distribuição da população industrial. Em 1940, seu relatório recomenda a instituição de uma autoridade centralizada de planejamento com amplos poderes de intervenção. A importância da Comissão Barlow, porém, consiste principalmente na natureza das decisões

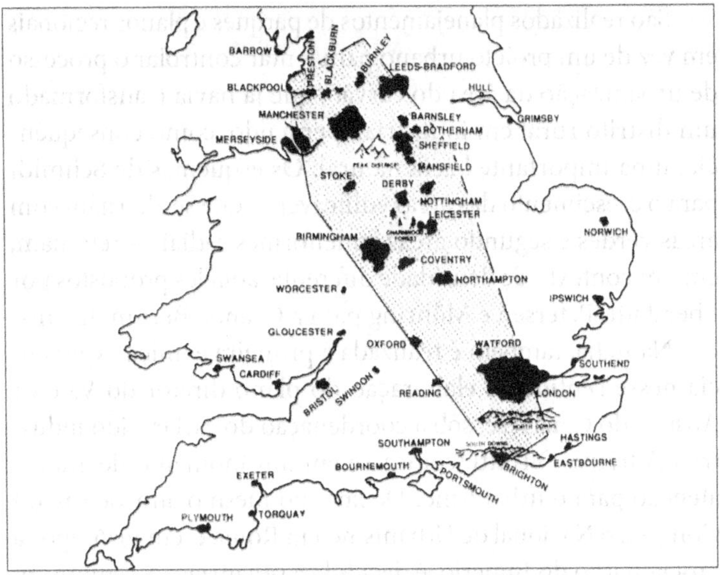

Após o relatório Barlow: concentração das New Towns ao longo de um eixo que vai de noroeste a sudeste da Inglaterra.

propostas, ou seja, na redistribuição das fontes de trabalho industrial e na construção de cidades novas autônomas em relação aos centros consolidados, na forma das cidades-satélites, mais especificamente para Londres e para seus seis condados.

O PLANEJAMENTO DOS RECURSOS NATURAIS E DAS ATIVIDADES PRODUTIVAS

Experiências de planejamento territorial são realizadas também em outras cidades da Europa. Na Alemanha, entre 1900 e 1930, o controle dos espaços abertos e dos parques é objeto de estudo em conexão com o crescimento das cooperativas e das estruturas de governo regional e produz rápidos resultados, principalmente na bacia da Ruhr, onde é consolidada uma estratégia para integrar as áreas verdes no território urbanizado. Robert Schmidt (1869-1934), consultor da cidade de Essen até os anos de 1920 e, mais tarde, chefe da Ruhr Planning Association, desenvolve uma política dos espaços abertos ligada à localização dos distritos de carvão e das indústrias e à otimização da infraestruturas de tráfego.

São realizados planejamentos de parques e planos regionais em vez de um projeto urbano para tentar controlar o processo de urbanização da área do carvão, que já havia transformado um distrito rural em industrial, perdendo, como consequência, uma importante bacia natural. Os esquemas de Schmidt para o crescimento das áreas edificáveis – que se alternam com áreas verdes e segundo áreas cuneiformes radiais – retomam, em um contexto de densidade diferente, aqueles propostos por Eberstadt, Petersen e Möhring para a Grande Berlim de 1910.

Na Itália, também é realizada a primeira e única experiência nesse sentido. A elaboração do plano diretor do Vale de Aosta e do Canavese, sob a coordenação do esclarecido industrial Adriano Olivetti, coloca-se em um momento de grande atenção para o urbanismo. De fato, no mesmo ano, ocorre o I Congresso Nacional de Urbanismo em Roma e, em 1936, após a proclamação do Império, é decidida a organização, sempre em Roma, da Exposição Universal de 1941. Esse plano parece configurar uma concreta vanguarda empresarial que tem como apoio a ação do Estado no setor do planejamento territorial, atuando em uma região decadente e propondo a recuperação através de um instrumento urbanístico que remete à "racionalização corporativa". Organizando a estrutura industrial, econômica e de implantação da cidade, o plano deveria alcançar, segundo a concepção já proposta por Adriano Olivetti para a fábrica de Ivrea, uma harmonia entre vida individual e vida coletiva, com a arquitetura colocada a serviço do social. A principal novidade do plano está nas pesquisas, nunca antes realizadas, sobre os problemas da montanha, sobre as condições de vida dos habitantes de Aosta e sobre as redes de comunicação. Elas foram conduzidas segundo uma linha que remete à *Carta de Atenas* de 1933, com a intenção de superar a divergência entre cidade e campo, a separação entre zonas de planície, mais desenvolvidas, e zonas de montanha, mais decadentes.

Os dois setores que poderiam restaurar a economia e as condições de vida da região são a indústria e o turismo, mesmo o programa industrial não sendo abordado diretamente. Os arquitetos, pelo contrário, estão ocupados na organização turística de algumas áreas de montanha. O plano geral e os projetos particulares foram elaborados em 1936 e apresentados no ano seguinte em Roma, contando com a participação de uma série de arquitetos de prestígio como Figini, Pollini, Banfi, Belgioioso, Peressutti, Rogers e Bottoni. O plano do Vale de Aosta é elegante em sua estrutura e forma, e também indeterminado nas possibilidades de atuação; permanece um caso isolado, dificilmente comparável com outros episódios.

A cidade de Aosta, no caso específico estudado por Banfi, Peressutti e Rogers, torna-se modelo de intervenção urbana. Devido às condições degradadas das habitações do centro, documentadas também por levantamentos fotográficos, o plano diretor propõe sua destruição e reconstrução integral, conservando somente os monumentos históricos. Uma resposta às hipóteses de *diradamento* e requalificação do terciário que se discute nas cidades italianas. A estrutura de apoio das novas casas populares, que substituem as construções degradadas, é constituída pelo cardo e pelo decumano (eixos viários ortogonais das antigas cidades do Império Romano) e pelas muralhas antigas, em uma estrutura considerada premissa para anular a especulação fundiária. Aqui o urbanismo torna-se político: as demolições são consideradas um ato de racionalização social e econômica.

OS TERRITÓRIOS SANEADOS

Nesse meio tempo, na Holanda, por um lado, continua o Plano Nacional das Estradas, surdo às necessidades de estabelecer uma coordenação com os órgãos municipais; por outro lado, em 1926, tem início a experiência de drenagem e colonização dos Pôlderes de Zuiderzee, com a execução de grandes planos territoriais. A mudança de escala é evidente nesse exemplo.

A Holanda tem condições de organizar o crescimento urbano em planos coerentes, confiando em uma tradição já verificada, renovada com a Woningwet de 1902, que é um ponto de referência da sua prática urbanística, sempre mediando entre atualização funcional e soluções compositivas e arquitetônicas tradicionais. Isso acontece através da integração de instrumentos de diferentes escalas, dos planos executivos para setores urbanos aos planos regionais. Nesse campo, a colonização do Zuiderzee, a colossal operação já programada desde o século XIX, mas sempre adiada devido a dificuldades técnicas e políticas, agora se torna um plano de recuperação definitivo, retomado logo após 1916, depois de uma inundação por causa de uma maré excepcionalmente alta. Foram drenados quase 250 mil hectares, resultando no incremento de terras cultiváveis de alta produtividade, na intensificação das trocas entre as cidades, melhoria dos transportes por água, potencialização e recuperação das cidades mortas da área e ampliação dos equipamentos coletivos de lazer. As obras são realizadas entre 1927 e 1935, após a construção de uma represa realizada por uma sociedade constituída para essa finalidade.

Assim, de forma comparativa, mesmo menos complexa do ponto de vista técnico, também na península italiana no final dos anos de 1920, a construção da *cittá* saneada do Agro Pontino é parte integrante de um projeto de relançamento da produção agrícola como um suporte ao desenvolvimento dos setores mais lentos da economia, o setor mecânico e o químico. A operação é inteiramente financiada e gerida pela Opera Nazionale Combattenti, que, para projetar novos assentamentos (dimensionados na escala de 5-12.000 habitantes), se vale seja das próprias estruturas operacionais, seja do sistema dos concursos, que contam com a grande participação de arquitetos das gerações mais jovens. O grupo composto por Cancellotti, Montuori, Piccinato e Scalpelli, membros do velho grupo GUR, vence o concurso para Sabaudia, com um projeto que, em uma planimetria com cardo e decumano, propõe uma série articulada de bairros "racionais" e cria no centro uma sequência marcada por torres do município, da casa do fáscio e da igreja. Sob o ponto de vista

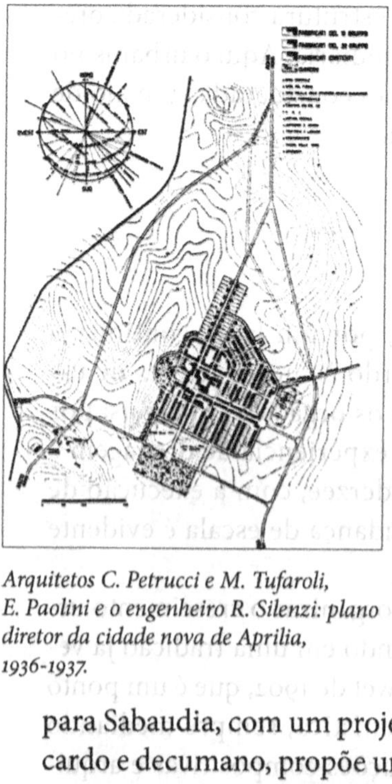

Arquitetos C. Petrucci e M. Tufaroli, E. Paolini e o engenheiro R. Silenzi: plano diretor da cidade nova de Aprilia, 1936-1937.

arquitetônico, Sabaudia se destaca da plana monotonia de Littoria e das medíocres edificações rurais de Pontinia. Naqueles anos, na verdade, o programa para as cidades novas prossegue entre fundações e inaugurações: Pontinia (1935), Fertilia (1936), Arisa (1936-1937), Aprilia (1936-1937), Carbonia (1937) e Guidonia (1935-1938).

Não são poucas as críticas sobre a organização de toda a operação, uma vez que esta é incapaz de uma batalha real contra os verdadeiros latifúndios: Marcello Piacentini denuncia o limite estrutural de todo o programa, demonstrando que ele não está em condições de promover um planejamento territorial integrado, somente permitindo pontilhar o território com intervenções desconectadas e autônomas.

3. A Edificação Residencial Pública

AS ENTIDADES PARA HABITAÇÕES DE BAIXO CUSTO

Um conjunto de motivos faz os defensores da paz social elaborarem um discurso, cujos elementos se fundamentam sobre a higiene pública e social, justificando-se sobre a questão da habitação popular, que progressivamente incorpora a noção de plano de ampliação da conurbação. A insalubridade e a falta de higiene, condições moralmente intoleráveis, constituem também uma ameaça social. É necessário, portanto, neutralizar os fatores de contaminação: a construção insalubre deve ser considerada da mesma forma que um indivíduo doente.

A missão ética do Estado consiste não somente em favorecer o tratamento de cura, mas também em assegurar a sua prevenção. A quadra insalubre, que é totalmente demolida, deve ser substituída por habitações saudáveis e confortáveis, com boas condições de vida físicas e morais, de modo a substituir as curas ambulatoriais.

Em 1919, na França, o princípio da intervenção pública foi imposto e consagrado pela lei Bonnevay, que cria departamentos públicos de habitações de baixo custo.

Henri Sellier encarrega-se da organização material das novas prerrogativas no Conselho Geral do Sena. Em 1913, já se ocupara do tema, com a ideia de uma solidariedade econômica entre Paris e os municípios vizinhos, que permitisse substituir a noção de cidade pela de aglomerado; o departamento é a forma administrativa correspondente. Sua ideia era fazer as autoridades públicas construírem um bom número de moradias de aluguel: os debates parlamentares foram numerosos, contudo, a questão é encaminhada somente após a Primeira Guerra Mundial.

A data de 1919 é considerada chave para a criação da Société Nationale des Habitations et Logements à Bon Marché (Sociedade Nacional das Habitações de Baixo Custo).

Logo após a grande crise, outro organismo é fundado, a Société Nationale de la Petite Proprieté Terrienne (Sociedade da Pequena Propriedade de Terrenos); além disso, são aprovadas leis para a desapropriação na luta contra os casebres, o que contribui de modo dramático para o desaparecimento do antigo tecido urbano.

No período entre as duas guerras, assiste-se a uma grande produção de habitações sociais em todo o país, mas esse processo perde boa parte das intenções originais. Claro, não é estabelecido outro modelo de sociedade, nem são criadas outras relações com a propriedade; os promotores das habitações em cooperativa tentam, no entanto, seus projetos são reduzidos sob o peso dos acontecimentos. De fato, nem os financiadores nem as autoridades nacionais e locais podem aceitar que a reconstrução social ocorra sem seu controle. Enfim, a cidade-jardim, transformada em edificação pública, foi aceita em sua forma de expansão urbana periférica porque baseada em uma baixa densidade construtiva e de ocupação do solo, e também porque a proporção de ideologia antiurbana que possuía era principalmente fonte de saúde para as classes médias.

De fato, a ideia da cidade-jardim morre, mas, após a Primeira Guerra Mundial, as realizações sob sua égide atingem duzentas mil unidades como reconstrução de habitações sociais. Chega-se a um consenso de que essa é a melhor resposta ao problema da habitação operária.

Paralelamente, também na Bélgica, em 1917, a Union des Villes et des Communes Belges (União das Cidades e dos

Municípios Belgas) organiza três concursos para a construção de cidades-jardins em Couillet, Jemappes e Willebroek. Em 1919, ali também é criada a Société Nationale des Habitations et Logements à Bon Marché, que se encarrega de coordenar as iniciativas das cooperativas locais oferecendo pequenos empréstimos com juros baixos e de longa duração.

Em poucos anos, em todo o país, são construídas dezenas de milhares de habitações sociais inspiradas na ideia da cidade-jardim. Jamais serão cidades autônomas, e sim bairros residenciais equipados com serviços coletivos de primeira necessidade (escolas, postos de saúde, lojas), com instalações culturais destinadas a reforçar a coerência e a solidariedade social (equipamentos esportivos, salas de conferência, bibliotecas).

Tornam-se também, aqui, um vasto campo de pesquisas formais e técnicas: blocos pré-fabricados, estrutura e vedações, estandardização de vigas em ferro ou em concreto armado, paredes de concreto magro executadas em formas reutilizáveis. Na Bélgica, na verdade, a cidade-jardim é um dos trampolins do modernismo (vide o canteiro de obras experimental de 1921, em La Roue, distrito de Anderlecht, com sessenta tipos de casas operárias diferentes).

Mais do que cooperativas de aluguel, o governo favorece a propriedade individual e a iniciativa privada, com um sistema de prêmios às construções e aquisições. Em novembro de 1930, em Bruxelas, o III Ciam (Congrès Internationaux d'Architecture Moderne [Congressos Internacionais de Arquitetura Moderna]) defende as construções altas como o único modelo que pode resolver o problema da habitação social.

Termina definitivamente a aventura da cidade-jardim, e começa a dos edifícios de apartamentos circundados por área verde.

OS CIAM: DA HABITAÇÃO À CIDADE "FUNCIONAL"

O primeiro ciclo dos Ciam foi aberto após a reunião de fundação em La Sarraz (1928), com a presença de arquitetos de todos os países europeus (com exceção da Inglaterra), sendo o segundo congresso, em Frankfurt (1929), organizado por Ernest May.

Fotografia de grupo no I Congresso Ciam, La Sarraz, Suíça, 1928: da esquerda para direita, Victor Bourgeois, Alberto Sartoris, Juan de Zavala, Hendrik Petrus Berlage, Fernando Mercadal, André Lurçat, Hélène de Mandrot, Henry-Robert von der Mühll, Gabriel Guévrekian, Huib Hoste, Hannes Meyer, Prins Rietveld e Max Steiger.

Capa dos Anais do II Congresso Ciam, *Frankfurt, 1929.*

Dedicado à moradia para a *existenz-minimum* (o mínimo para a existência), o centro do debate foi sobre o espaço habitável interno, enquanto eram discutidos os métodos para seu dimensionamento e estandardização tipológica. Continua com o terceiro encontro em Bruxelas sobre os "métodos construtivos racionais" (isto é, princípios de implantação). Então, as intensas trocas internacionais e o próprio congresso, como se viu, tiveram um papel importante na difusão do debate sobre a relação entre edificações altas e baixas (com Gropius e Le Corbusier, defensores dos edifícios altos). Para fazer a ponte entre alemães e franceses, Van Eesteren foi eleito primeiro presidente dos Ciam, onde teve papel de destaque até 1947.

O congresso de 1932 poderia ter sido em Moscou (devido à atividade da União Soviética, onde o plano quinquenal preparava a realização de centenas de novas cidades); contudo, as dificuldades políticas impuseram um adiamento para o ano sucessivo e a opção por outra sede. Fica estabelecido que o quarto congresso seria organizado como uma viagem de trabalho sobre "A Cidade Funcional de Marselha a Atenas", decidindo-se pela coleta de documentos dos planos diretores de cidades dos diferentes países de maneira uniforme (escala, técnicas de desenho, simbologia), assumindo, como modelo, a própria Amsterdã. Van Eesteren escreve o relatório preparatório da exposição (que será realizada nas salas do Politécnico de Atenas). Aqui são apresentadas as plantas e os dados coletados por vários grupos sobre as cidades funcionais. É apresentada uma seção sobre o Zuiderzee e sobre o plano de Amsterdã, relatado pelo próprio Van Eesteren, que insiste na importância da análise (uma pesquisa que deveria ter a colaboração de sociólogos, economistas e arquitetos), e na necessidade de que o planejamento conte com a compreensão do fenômeno urbanístico em seu conjunto.

Na viagem de volta, a maioria tenta fazer uma síntese do trabalho realizado. Nasce um documento com constatações, enquanto os dados operativos são apenas postergados. A *Carta de Atenas*, que representa as conclusões do quarto congresso, em suas várias edições, de 1933 a 1943, torna-se o símbolo do urbanismo do século XX (e de seus erros também); resume o percurso da disciplina e as aspirações dos urbanistas em geral, na primeira metade do século. Conclui os percursos de pesquisa do século XIX e dá início a práticas projetuais típicas da segunda metade do século XX. A *Carta* é um texto coletivo com uma particularidade indiscutível: a vontade de se propor como manifesto capaz de exprimir princípios e direitos fundamentais, fixar e codificar normas gerais. É organizada por meio de teses, artigos de leis (numerados sob a forma de enunciados), pontos doutrinários, constatações conclusivas e soluções sobre as quatro funções fundamentais (habitação, lazer, trabalho e circulação, acrescentando uma parte sobre o patrimônio histórico da cidade). Cada capítulo é desenvolvido com observações e expressões tipo "temos que exigir", isto é, contém descrições e propostas segundo o método das ciências positivas. É clara sua natureza voltada ao projeto, devido às sugestões categóricas e pelo programa a ser divulgado entre aqueles que governam a cidade. Entre todos os participantes emerge a figura de Le Corbusier, que, na última versão (a mais conhecida), com seus comentários explica e interpreta o que é afirmado em cada enunciado.

Esse encontro conclui o ciclo de debates, mesmo que o novo congresso de Paris, em 1937, sobre "Moradia e Lazer", aprofunde questões já colocadas em Atenas. Aqui se enfrenta a dimensão regional do planejamento, a "região cidade", como âmbito espacial para eliminar a diferença entre cidade e zona rural, a centralidade do plano como instrumento com o qual dimensionar e responder às necessidades fundamentais do homem. Um sexto congresso, para realizar uma compreensão do papel funcional da cidade, estava previsto para ser realizado em 1939, em Liège, mas foi cancelado em função do início da guerra. O segundo ciclo tem início em 1947, com o congresso de Bridgwater, e termina com a dissolução dos Ciam em 1959, em Otterlo, Holanda.

A presumível coerência do período inicial dos Ciam na definição de uma ideia de espaço que da moradia se amplia à quadra, à cidade, ao território, contribuiu para fazer acreditar

Capa do livro de José Lluis Sert (membro do grupo Ciam), Can our Cities Survive? An ABC of Urban Problems, their Analysis, their Solutions, *1942. A ilustração mostra uma lata de sardinhas cheia de gente amontoada, que flutua entre duas paisagens contrastantes, uma vista noturna da cidade densa, com quadras regulares, ruas iluminadas, e um cruzamento de autoestradas onde o território é somente um suporte.*

que as pesquisas realizadas pelos protagonistas do movimento moderno tenham sido realizadas por dedução, com um projeto que tem início de maneira linear a partir da moradia e se conclui com a análise da cidade e o plano urbanístico. Um processo que parece colocar a moradia em primeiro plano, basilar e condicionante para os projetos das escalas sucessivas. O que na realidade corresponde à adesão ao positivismo dos participantes, isto é, ao modo de classificarem o espaço em partes e escalas diferentes, tentando, assim, reduzir-lhe a complexidade. Esse comportamento supõe uma indissolubilidade dos diferentes níveis (moradia, edifício, bairro, cidade) e, portanto, também uma relação direta entre arquitetura e urbanismo.

Como já visto, o quarto congresso ocorreu a bordo de um navio, em quinze dias de intenso trabalho, com relações diretas entre os protagonistas e um clima especial de trocas de informações e debates. A viagem de Marselha para Atenas tinha assumido o valor metafórico do ato projetual desde um lugar conhecido (as 33 cidades analisadas e comparadas) à uma nova cidade pré-figurada, a cidade funcional. O símbolo da meta era a Grécia, o que não significava o retorno ao passado, e sim a uma tradição à qual os arquitetos modernos sentem pertencer, o "útero da natureza humana, [...] terra feliz do bem-estar, da racionalidade, onde se encontram as medidas da escala humana" (Le Corbusier). Ao mesmo tempo, existe o desejo de uma dimensão clássica, considerada ao longo do tempo e com valores universais. Outra metáfora de Le Corbusier é aquela do prisma dos tempos modernos, constituído pelo trabalho preparatório sobre as 33 cidades e tendo como modelo o plano de Amsterdã. A cidade é decomposta em imagens e, portanto, conhecida como evocação de objetos vitais.

Como conclusão dos programas precedentes, o encontro mostra como muitos dos princípios ali expressos já haviam sido enunciados e experimentados pelo urbanismo ao longo de seu desenvolvimento. Afinal, os pontos levantados pela *Carta* são ainda os mesmo apontados por Cerdà, que afirmava que as funções fundamentais da pausa e do movimento cadenciam a vida do homem e geram a forma do espaço urbano; mas também são afirmações de Tony Garnier, quando descreve, através de seus desenhos, a cidade industrial. E mais, o distanciamento do edifício em relação à rua, o desaparecimento da rua corredor, o uso do espaço aberto e das áreas verdes também são princípios já afirmados e aplicados não somente na cidade-jardim, mas pré-anunciados desde o século XIX com os modelos das cidades utópicas. E até mesmo a questão do regime dos solos, levantada pela *Carta* de maneira aparentemente inovadora (a urgência de, com um instrumento legal, regular as disponibilidades de solo útil para equilibrar necessidades individuais e coletivas), é um problema que os urbanistas alemães enfrentavam havia muito tempo.

O sistema auspiciado pela *Carta*, o da urbanização linear industrial, é construído com um esquema territorial mais do que urbano; é uma espécie de projeto para a diluição da cidade no campo. Sob o ponto de vista morfológico, não é apresentado um verdadeiro modelo urbano formalmente concluído, mas propõem-se princípios e regras para a construção da cidade futura (funcional e radiosa como proposta por Le Corbusier).

Le Corbusier (1887-1965)

Charles-Edouard Jeannneret (1887-1965) desde 1920 adota o pseudônimo de Le Corbusier; homem de múltiplos talentos, foi escritor, pintor, escultor e, principalmente, arquiteto, estendendo sua escala de atuação para a cidade. Sem abordar aqui sua ampla produção arquitetônica, serão mencionados brevemente apenas alguns de seus projetos urbanísticos que tiveram maior impacto na cultura europeia do período. Entre os primeiros, podemos citar a cidade-jardim de La Chaux-de-Fonds (1914) e a implantação da cidade operária de Saint Nicolas d'Aliermont (1917), que são experiências tipológicas, depois das quais se afasta polemicamente do modelo da "garden city". Na arquitetura, estuda a repetição de um módulo desenvolvendo-o no setor residencial, tanto em seus textos como em seus desenhos, com o célebre *slogan* de "machine à habiter"; nesse âmbito, os *immeubles-villas* (1925) desenvolvem o conceito de produção em série do tipo de edificação. Em 1922, convidado por Marcel Temporal para projetar uma fonte para o Salão de Outono, apresenta um diorama de cem metros quadrados no qual mostra um esquema de uma cidade para três milhões de habitantes. Defende princípios claros e absolutos, com ênfase no núcleo urbano central, constituído por um grupo de arranha-céus, em volta dos quais foram construídos edifícios

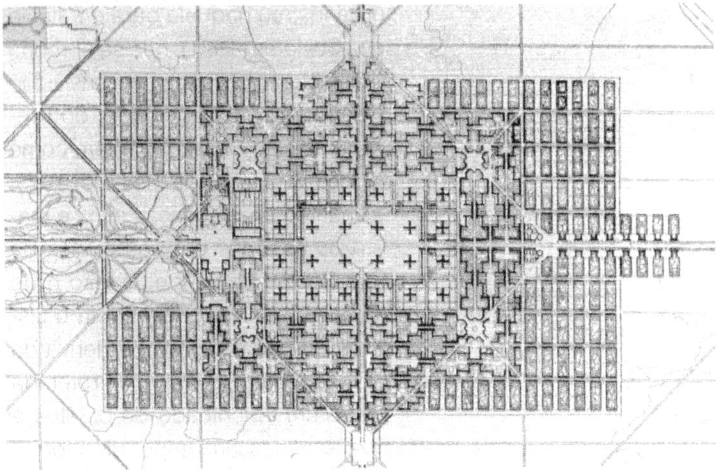

▲ *Planta para uma cidade de três milhões de habitantes, 1922.*
▼ *Esboço para o plano de Montevidéu, Uruguai.*

dispostos em *redents* (ou seja, edifícios dispostos em bandas denteadas), organizados segundo um rígido esquema axial: incremento da densidade geral, racionalização da circulação e potencialização das áreas verdes. Provavelmente lembrando-se dos desenhos para a cidade do futuro de Hénard, ele se refere ao desenvolvimento dos transportes, incluindo, em seus desenhos, alguns aviões. Em 1925, os mesmos princípios foram adaptados para o Plan Voisin de Paris, no qual trechos da cidade histórica foram englobados na composição como elementos insignificantes e, de qualquer forma, considerados incapazes de arruinar a racionalidade do modelo. A contraposição da lógica da arquitetura àquela do contexto se verifica também no projeto de Tsentrossoyuz de Moscou (1928-1935), que inclui fragmentos

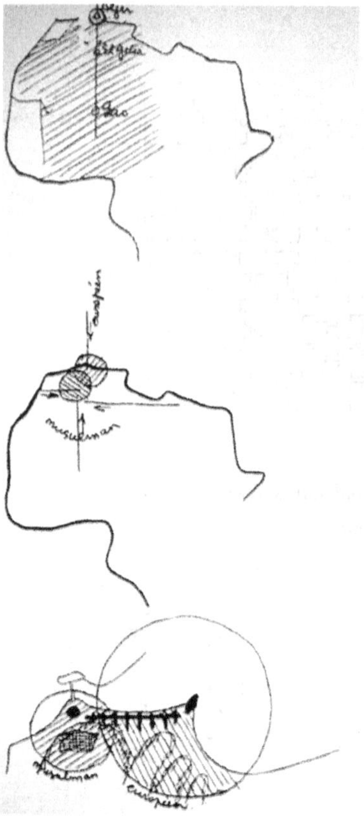

Esboços iniciais para o plano da Argélia. Cruzamento entre linhas de trânsito, ponto de contato entre diferentes civilizações, localização do centro de negócios, da cidade europeia, das instituições nativas e da Casbá, 1931.

urbanos, ou naquele para o Palácio dos Sovietes (1931), que se apropria do ambiente circundante, constituído pelas muralhas da cidade, do Kremlin, de São Basílio, que têm como modelo o Campo de Pisa. Em 1929, é chamado na América Latina e realiza os esboços para os planos de São Paulo, do Rio de Janeiro e de Montevidéu, nos quais adota o sistema de composição que deriva da própria cidade, sempre interpretada como um amontoado de objetos à qual é necessário impor uma forma organizada. A ordem pode ser imposta à cidade recorrendo também a invenções e territórios artificiais. Esses comportamentos são desenvolvidos especialmente no plano Obus para a Argélia (1931), onde a regra da montagem é aplicada ao território todo, ou seja, um longo edifício percorre a orla, enquanto na colina foram construídos alguns edifícios curvos; um eixo os interliga a um edifício para escritórios em frente ao mar. A forma do terreno e a implantação histórica da casbá se inserem no projeto como objetos que devem ser reinterpretados. São pressupostos teorizados claramente na *La Ville radieuse* (A Cidade Radiante, 1930). Sucessivamente, o Plan Macia para

Planta do pavimento de serviços sanitários na Unidade de Habitação, Marselha, 1947-1952.

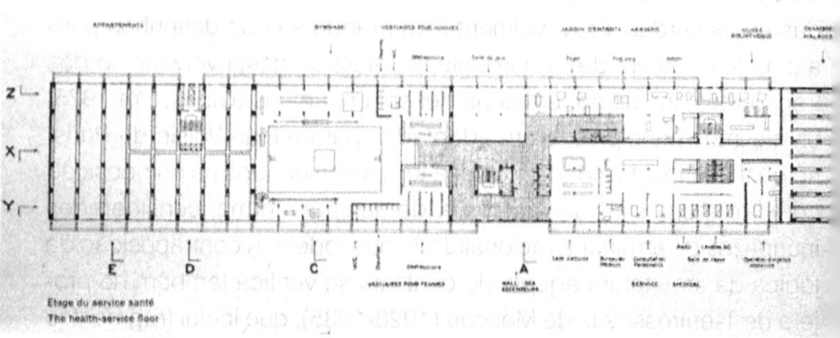

Barcelona (1932) e os planos para os estuários de Antuérpia são mais codificados. Na maior parte, os planos urbanísticos de Le Corbusier desse período não foram aceitos. Mais concreto e eficaz é seu trabalho na reconstrução (em Saint-Dié, em La Rochelle-La Pallice e em Marselha). Na realidade, o projeto para Saint-Dié também não foi realizado; antecipa porém as propostas para a Unité d'habitation (1947-1952), que, no entanto, será construída em Marselha, tornando-se elemento de polêmicas, e que acabará se tornando uma etapa de referência fundamental para toda a construção residencial europeia dos anos de 1950. Trata-se de um grande bloco de concreto à vista para 1.600 habitantes, com moradias que vão desde a quitinete até aqueles destinados a famílias com oito filhos; o edifício possui alguns serviços (uma rua de comércio a 25 metros de altura, um hotel, um restaurante, uma sala de reuniões, uma creche, uma escola média, uma piscina, um teatro ao ar livre) para torná-lo autossuficiente. Os apartamentos são duplex, encaixados entre si de modo que uma rua corredor intermediária os libera de vínculos e permite que o projeto recupere os estudos tipológicos feitos pelo arquiteto muitos anos antes, tornando-se um modelo repetível. De fato, a unidade construída sobre pilotis não deveria permanecer sozinha, mas constituir o elemento de base para uma expansão das edificações urbanas de alta densidade, capazes de garantir um uso livre e permeável de amplas áreas verdes.

Outra obra que não pode deixar de ser mencionada aqui é o capitólio de Chandigardh, nova capital do Punjab, onde o arquiteto intervém logo depois que um plano geral havia sido elaborado por Albert Mayer e estudos detalhados já tinham sido apresentados pelo polonês Matteh Novicki (1951-1965). Le Corbusier regulariza a malha de

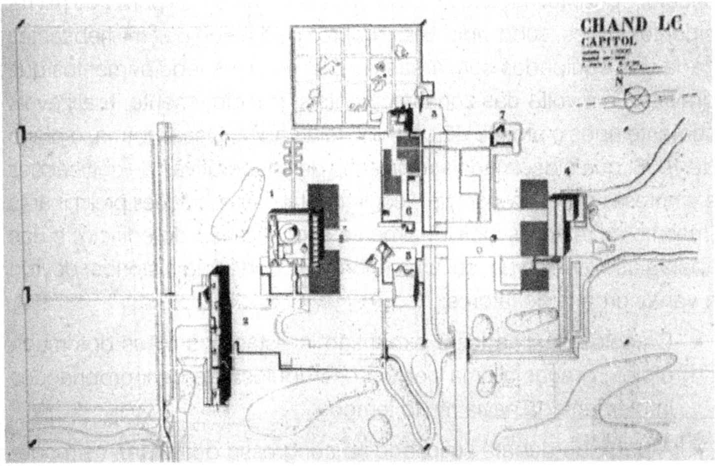

Planimetria geral do capitólio de Chandigardh, 1957.

Meyer com um módulo já experimentado no plano de Bogotá (1950), estabelece uma hierarquia mais rígida das ruas e aplica os princípios fixados pela *Carta de Atenas*, os quais, porém, se debatem com as divisões por castas e classes sociais, base da cidade indiana. Em suma, ele deixa para outros a realização do plano geral e se limita a projetar em uma escala gigantesca os edifícios da área central, isto é, o parlamento, o palácio do secretário e a alta corte de justiça.

Cornelis van Eesteren (1897-1981)

Em 1929, Cornelis van Eesteren foi nomeado chefe do departamento urbanístico de Amsterdã. Já autor, junto a Van Doesburg, do manifesto *Vers une construction collective* (1923), ele rapidamente se interessa pelos estudos sobre o urbanismo. Em 1923-1924, faz curso de urbanismo na Sorbonne, em 1924 estuda com Pineau um plano para a circulação viária de Paris, em 1925 vence o concurso para a organização da Unter den Linden de Berlim. De 1927 a 1929, é professor de urbanismo na Staatliche Bauhochschule de Weimar e, simultaneamente, é nomeado arquiteto-chefe do departamento urbanístico de Amsterdã, exatamente quando fica conhecido o relatório da comissão para a construção de uma cidade-jardim ou de mais vilas-jardins em torno de Amsterdã. Em 1935, aprova-se o plano da cidade, sendo o próprio Van Eesteren o responsável. Como já visto, esse plano nasce de um grupo apto a elaborar análises científicas sobre movimentos de população. As previsões são de que o número de habitantes (750 mil em 1939) só teria aumento, no máximo, até um milhão no fim do século. Portanto, são previstos novos assentamentos para 250 mil residentes novos, subdivididos em bairros padrão de dez mil habitantes cada um, equipados com áreas verdes, serviços, equipamentos que gravitam em volta das zonas ocidentais, principalmente, realizáveis somente após o projeto dos planos detalhados. Dessa forma, o plano de 1935, que é destinado à realização de cooperativas de edificações e empresas privadas, permite o controle total das operações preliminares (mesmo as relativas individualmente à localização do edifício) e das tipologias. O plano possui uma enorme importância histórica, devido a várias ordens de fatores:

- Os solos destinados à expansão já estão nas mãos dos municípios, graças a uma política escrupulosa de desapropriações implementada havia muito tempo.
- A partir do debate suscitado no congresso dos Ciam, os modelos da cidade-jardim, da cidade-satélite e da *Siedlung* semiautô-

noma são negados radicalmente. Pelo contrário, o plano afirma a continuidade da estrutura urbana mesmo que os núcleos de dez mil habitantes sejam rodeados por áreas verdes. A passagem da edificação tradicional "em blocos" à nova "linear" é feita gradualmente. A unidirecionalidade da expansão interrompe o crescimento tipo mancha de óleo do século XIX, propondo um novo tipo de relação entre centro e periferia, rica de consequências para o urbanismo europeu (tanto que será tomada como exemplo pela *Carta de Atenas*).

- As relações entre cidade e sua região são confiadas às infraestruturas territoriais, que pressupõem um planejamento integrado dos três maiores centros urbanos do país (Roterdã, Amsterdã e Haia). Aprovado em 1935, o plano é continuamente atualizado. A partir de 1927, Van Eesteren colabora com a revista *I 10*, publicada por Arthur Müller Lehning, que reúne os arquitetos holandeses mais inovadores, tornando-se ponto de referência para as mais importantes correntes intelectuais e artísticas europeias.

AS *SIEDLUNGEN* NA ALEMANHA DE WEIMAR E A BERLIM DE PEDRA

Na efervescente situação que leva à formação da Alemanha da República de Weimar (1919-1933), abre-se o caminho para um novo conceito sobre o papel do técnico em relação ao problema urbano. Em 1925, Martin Wagner, arquiteto recém-nomeado assessor de urbanismo de Berlim, propõe um plano nacional de socialização dos terrenos e da indústria de construção. O plano previa subtrair o controle da indústria da construção do empresário privado e eliminar a especulação fundiária como uma reforma substancial da estrutura, tendo em vista a gestão pública da cidade e a concepção da habitação como bem social. Sua luta é também contra as Mietkasernen (casernas de aluguel), que caracterizam a "Berlim de pedra". As propostas de Wagner estão destinadas a naufragar com as ideologias conciliatórias, quando os preceitos do social-democrata Noske voltam-se (em nome da estabilização) contra a revolta dos operários berlinenses. Entretanto, no interior da cultura arquitetônica alemã permanece a necessidade de uma gestão dirigida da cidade. Ao mesmo tempo, arquitetos como Ernst May (1886-1970)

Ludwig Mies van der Rohe e outros: bairro Weissenhof. Exposição do Werkbund de Stuttgart, 1927.

em Frankfurt e Fritz Schumacher em Hamburgo; Otto Haesler em Celle; Max Berg (1870-1947) em Wrocłav; Bruno Taut em Magdeburgo; e o profissional liberal estranho a qualquer envolvimento administrativo direto, Werner Hegemann, reconhecem a organização e a administração da produção de edificações e do solo urbano como área de atuação específica do técnico. Se, em 1919, a constituição da nova república alemã tinha atribuído ao Estado o papel de organizar diretamente o uso do solo com a finalidade de generalizar o direito à moradia, a crise e a inflação opressora põem em discussão esses princípios, mesmo que, em escala nacional, sejam aprovadas medidas racionais (Ruhr) e de unificação de municípios do território da Groß-Berlin. Aqui Martin Mächler havia elaborado um plano preliminar de um território de 50 km de raio e uma população de 4.500.000 habitantes. Porém, a grande necessidade de moradias, o custo dos materiais e o péssimo estado em que se encontravam as *Mietkasernen* operárias tornam imprescindível a adoção de novas medidas econômicas, aprovadas simultaneamente à chegada, na Alemanha, de novos capitais americanos, e a um processo de concentração de monopólios da grande indústria alemã. A liga de sindicatos torna a construção de baixo custo o cerne da própria política, através de cooperativas de produção, cooperativas de construção e sociedades por ações administradas pelos

Walter Gropius: casas na Siedlung *de Siemenstadt nas proximidades de Berlim,* 1929-1930.

próprios sindicatos trabalhistas. Os casos das *Siedlungen* de May (1925-1930) em Frankfurt e de Wagner em Berlim se traduzem em um novo modelo urbano. Um exemplo célebre é o Römerstadt (1927-1930), a unidade de cooperativa interligada ao centro urbano, mas afastada das proximidades dos locais de trabalho, com construções para as classes populares, rica em áreas verdes e serviços sociais. Estendendo-se no vale de Nidda apresentando nas extremidades volumes com formas semicirculares, enquanto a espinha central que a define é curvilínea, a *Siedlung* é capaz de acolher os princípios da estandardização modular, da pré-fabricação dos painéis, a célula mínima padronizada como imagens metafóricas da linha de montagem. A Berlim Britz de Taut e Wagner (1925-1931) também é significativa, articulada em volta de um espaço central em forma de ferradura, onde a arquitetura é parte de uma administração pública dos solos. Além disso, não podemos deixar de mencionar os célebres casos da Weissenhof de Stuttgart (1927) e de Siemenstadt em Berlim (1929-1930), uma espécie de "Company Town" para os operários da Siemens, realizada por uma cooperativa com uma planta articulada, pensada por Hans Scharoun, com edifícios de Gropius e Häring. Em todos esses casos, a riqueza do debate arquitetônico acompanha o das *Siedlungen* como sendo o núcleo de uma cidade alternativa.

Simultaneamente e por contraposição, a metrópole sugerida por Hilberseimer (1885-1967) não admite alternativas: é considerada o motor de economias plurinacionais para a inevitável criação de uma concentração do capital. Contra a fragmentação das ilhas cooperativas (exatamente a *Siedlungen*), Hilberseimer apresenta, sem piedade, o problema da cidade-máquina com função integral, exemplo do processo de racionalização capitalista. Motor do desenvolvimento econômico, ela é definida como estrutura despojada, isto é, como cidade sem qualidades, uma Großstadt (grande cidade) anônima e compacta. Definitivamente, ela se contrapõe de maneira brutal ao modelo orgânico há muito aspirado pelos arquitetos mencionados, que, de maneira integrada, conecta entre eles o elemento mínimo estandardizado, a célula, o bloco do edifício linear, a *Siedlung*, a coroa das *Siedlungen* projetadas no território, tentando, com essa direção, recuperar os valores comunitários perdidos. Todavia, esse debate permanece teórico, em grande parte. A crise econômica e política de 1930-1933, que leva à ascensão de Hitler, vê enfraquecer as generosas tentativas da frágil República de Weimar.

Werner Hegemann (1881-1936)

Hegemann representa o traço de união entre a cultura urbanística da língua inglesa e a de língua alemã, alternando permanências na Europa com aquelas nas duas Américas. É conhecido entre os contemporâneos também pela multiplicidade de seus conhecimentos e de seus interesses, bem como por seu caráter eclético. Sua formação é a tradicional de um arquiteto, por um lado, em busca de referências culturais sólidas e, por outro, de um humanista em busca de conhecimento técnico e socioeconômico.

Nascido em Mannheim em 1881, muito jovem ainda realiza estudos de arquitetura e história da arte em Berlim e Munique; depois, cursos de economia em Paris, na Universidade da Pensilvânia, em Berlim, em Estrasburgo e de novo em Munique, onde obtém, em 1908, doutorado em Rerum Politicarum como seguidor da escola de Lujo Brentano. A complexidade dos estudos, a variedade das mudanças de cidade, os contatos com personalidades e situações diferentes estão na base de seus interesses profissionais, além de sua formação científica. Durante todo o século XX, ele redige planos e projetos para

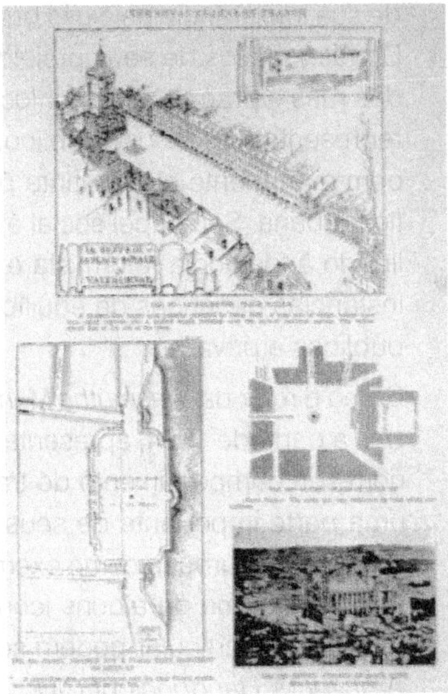

Werner Hegemann, estudo comparativo das praças reais da França: plantas de comparação, 1922.

muitas cidades americanas (Wisconsin, Pensilvânia, Califórnia). A partir de 1905, realiza pesquisas sobre o desenvolvimento das grandes cidades europeias e americanas e, de modo particular, sobre as condições residenciais (na Filadélfia e em Berlim), conduzindo uma batalha penosa contra as *Mietkasernen* e contra a alta densidade das construções dos centros urbanos, em favor dos planos de ampliação articulados. Hegemann funda também a Ausschuss für Groß--Berlin, cuja matriz deve ser buscada nas tentativas realizadas por Huber, no século XIX, para encontrar a solução em cooperativas para casas operárias da capital. Conduz sua atividade em níveis diferentes, assumindo o papel de propagandista do urbanismo oficial (instrumentos de planos, legislação, zoneamento).

Colabora ou organiza as principais exposições de urbanismo (Boston, 1909, Nova York, 1911, Berlim e Düsseldorf, 1910-1912, Gutenberg, 1923), muitos congressos (Londres, 1910, Nova York, 1916), tornando--se um dos defensores mais convictos de sua importância para a divulgação da cultura urbanística, mesmo entre os não especialistas. Dá aulas de planejamento em várias cidades americanas (1913-1916) e, mesmo após 1933, volta a ensinar nos Estados Unidos na Universidade de Columbia. Escreve diversos ensaios, lidos e discutidos na Alemanha e nos Estados Unidos, notórios em ambientes profissionais, mas também entre técnicos municipais e políticos, artigos densos em jornais ou revistas especializadas; dirige reuniões e debates, apresenta conferências, participa das reuniões de associações profissionais. O fio diretor dessa atividade é o estudo das diferenças entre o desenvolvimento das grandes cidades europeias e o das cidades americanas, das diferentes características de concentração, dos resultados positivos e negativos das intervenções de plano.

Uma procura de racionalização explica também a atividade histórica ou histórico-política e literária de Hegemann, polêmico com as consequências urbanas dos regimes autoritários (principalmente em Berlim). O campo específico de seus projetos é aquele de Bebauungsplan, isto é, projetos para partes limitadas do centro urbano que derivam de sua intolerância pelo uso burocrático dos instrumentos normativos. De fato, muitos de seus projetos estão relacionados com o desenho das ruas e praças, a melhor localização de edifícios monumentais ou representativos de uso público, com particular atenção nas relações com o ambiente circundante por motivos de funcionalidade e estética urbana. Seu papel social é o de profissional liberal independente ligado à ideologia reformista e à burguesia esclarecida, movido por instâncias genéricas de equilíbrio social, disponíveis para entidades públicas e privadas.

Como diretor da *Wasmuths Monatshefte* desde 1914, e de *Der Städtebau* a partir de 1924, apresenta projetos de tipologias mais coerentes com seu comportamento de tratadista do que de arquiteto. De fato, uma parte importante de seus interesses é dedicada a núcleos de organização urbana como exemplos operativos. Nesse sentido, seus textos na forma de álbuns iconográficos ou de manuais são importantes; em particular podem ser citados *The American Vitruvius, an Architect's Handbook of Civic Art* (O Vitrúvio Americano, um Manual de *Civic Art* do Arquiteto, Nova York, 1922) e *City Planning Housing*, (Planejamento Urbano Habitacional, Nova York, 1922-1937), ambos vistos como catálogo de estudo de casos. O objetivo não é fazer uma história do urbanismo, e sim preencher um *thesaurus*, uma coleção representativa de projetos similares ou contrastantes, de períodos e lugares diferentes para demonstrar a universalidade dos princípios tratados. Manifesta particular atenção em relação ao plano diretor de Nova York, aos instrumentos que regulam as normas do planejamento e à atividade de administração municipal, avaliando positivamente o assessor do urbanismo, Martin Wagner e o arquiteto Peter Behrens. Busca a ordem em seu conjunto e o controle individual das partes, que para ele representam a arte cívica. Através de uma analogia entre situações similares, classificáveis em categorias com histórias análogas, acredita que podem emergir contribuições também efetivas.

Com seus textos, Hegemann forneceu dignidade a esse setor de estudo (as análises e a história urbana), ligando-o indissoluvelmente a hipóteses urbanísticas efetivas. O conhecimento orientado, não neutro, das fases pelas quais a cidade passou, na sua organização formal e na socioeconômica, é um ponto de partida necessário para qualquer escolha de intervenção. Como existem aspectos patológicos do desenvolvimento urbano, tornam-se necessárias pesquisas dirigidas para a avaliação e quantificação das tendências em vigor; e, a partir disso, formular um diagnóstico e, em seguida, prescrever uma terapia. Para o urbanismo, esse critério é a base de um novo modo de exercitar o próprio papel profissional: em um primeiro momento é necessário realizar pesquisas estatísticas, e depois análises históricas (que nos textos de Hegemann não são neutras, mas com a finalidade de uma política social democrática, como apoio da edificação pública). Tanto uma quanto a outra representam uma inovação em relação a uma prática já consolidada, mesmo que se baseiem em procedimentos do século XIX. Em particular, a história está presente nos estudos sobre Berlim, sobre os quais Hegemann volta repetidamente, nos estudos sobre Nova York e a península de Manhattan (1909), e também na política habitacional de Moscou, Leningrado e dos grandes centros industriais da União Soviética (1926). Com *Das steinerne Berlin* (A Berlim de Pedra, 1930), ele retoma os grandes temas da luta pela renda fundiária, da gestão em cooperativas para a habitação popular, da renovação tecnológica da construção, vinculados com a gestão social-democrata no setor urbanístico. Em seu último livro, *City Planning Housing,* junto com as categorias das grandes cidades, ele cita outras fundamentais para o urbanismo daqueles anos (a do planejamento regional, das "cidades novas", dos subúrbios residenciais, das grandes comunicações, das modalidades de intervenção na edificação pública de vários países).

VIENA VERMELHA

Uma alternativa radical a essa estratégia urbanística da vanguarda alemã é representada pela política das habitações, aprovada pela maioria social-democrata de Viena após a queda do império austro-húngaro. Por outro lado, a particularidade da situação vienense é condicionante. Além da especulação fundiária, que no período anterior à guerra determinara enormes aumentos de aluguel e condições de moradias assustadoras para a classe operária, acrescenta-se a divisão do império, que priva a nova Áustria de seus centros de produção, tornando a capital uma cabeça sem corpo, um aglomerado em busca de uma função. Além disso, a uma maioria socialista vienense corresponde um Estado e um território administrado por conservadores de 1920 até 1933. Assim, Viena é um pequeno Estado no Estado. O censo de 1917 revela que 73,1% das construções são compostas por habitações mínimas, em indescritíveis condições de excesso de pessoas e de falta de higiene; a falta de trabalho crônica requer uma política de apoio econômico. Assim, o austro-marxismo

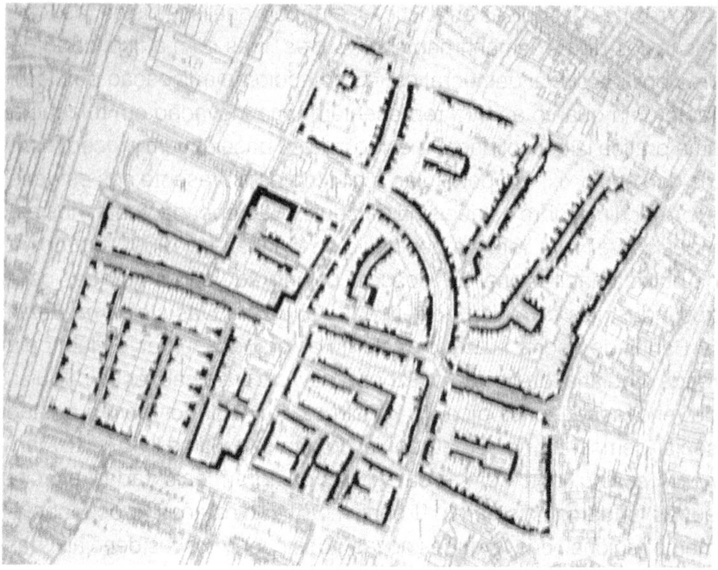

Karl Schartelmüller: planta geral da Siedlung *Freihof "Kagran" em Viena, 1924.*

realiza uma escolha cuja intenção política é a de adquirir áreas e intervir diretamente nas construções de habitações de massa, com a finalidade de conter os salários dos operários em troca do direito à habitação como bem social, tentando, assim, abaixar o custo do trabalho e apoiar a exportação. Com base em um programa político realizado por Otto Bauer, um dos líderes mais influentes do Partido Social-Democrata, portanto, entre 1919 e 1925, a prefeitura de Viena usa três instrumentos coordenados entre si: um decreto de requisição das moradias, assegurando à coletividade aproximadamente 45 mil habitações a serem redistribuídas, uma lei que controla os aluguéis e, a partir de 1923, um programa de construção de cinco mil apartamentos por ano, aumentado em seguida para trinta mil.

O financiamento é garantido por uma taxa sobre a construção de novas moradias, com a finalidade de alcançar uma justiça distributiva; ou seja, na prática quase todas as obras passam a ser públicas. Em 1934, a prefeitura de Viena construiu quase 65 mil habitações, uma quantidade equivalente a 70% de toda a produção entre as duas guerras. O custo é alto, mas a eliminação da especulação sobre os terrenos e os resultados concretos da política construtiva têm um efeito político imediato, ligando o movimento operário e a pequena burguesia ao Partido Social-Democrata. O custo da habitação incide somente 2% sobre o salário, mas a estagnação econômica obriga à adoção de uma política quase inerte, enquanto as associações de proprietários de casas aliam-se à extrema direita. É uma situação dramática e sem saída, apesar do intenso debate, que ocorre na ocasião, sobre os modelos de intervenção. De um lado, os arquitetos Leopold Bauer, Josef Frank e Adolf Loos apoiam os modelos do século XIX, preconizando a construção de *Siedlungen* periféricas, constituídas por casas unifamiliares de baixa densidade e autossuficientes mesmo sob o ponto de vista da alimentação, pois as habitações individuais têm sua própria horta; de outro lado, está a política municipal, apoiada por Peter Behrens, que sustenta o programa inovador de Otto Bauer. Ao invés de cidades-jardins idílicas, um modelo de cidade alternativa, no anel adjacente ao centro, determina uma série de concentrações de edificações unitárias, lá onde a aquisição de terrenos a baixo custo permite a conexão das intervenções em superquadras equipadas com escolas, lavanderias coletivas, áreas verdes públicas e núcleos de artesãos. O modelo vencedor é o do "Hof"*, bloco fechado ou semiaberto, realizado com técnicas tradicionais de alta densidade, herdadas da tradição do século XIX. As cidadelas operárias, realizadas por arquitetos em sua maioria formados na Wagnerschule, serão olhadas suspeitosamente pelo partido da direita; na realidade, nelas vigorava principalmente uma ideologia de associacionismo (que evoca Fourier). Os *Höffe* vienenses são carentes sob o ponto de vista tipológico e, muitas vezes, também sob o aspecto das instalações, mas sua ligação ao programa político é total. Em particular o Karl Marx Hof de Karl Ehn, em uma área com mais de um quilômetro de comprimento para 1382 habitações, creches, lavanderias coletivas, bibliotecas, escritórios, lojas, serviços médicos e áreas verdes públicas, é a mais "épica" das superquadras. A sucessão de arcos que penetram nas construções e dão acesso aos pátios internos, a articulação das massas, a exaltação do purismo volumétrico o tornam uma entidade

* O termo *Hof* vem dos edifícios com vários pátios internos. Suas variações assumem significados como átrio, pátio, corte (real), sítio rural etc., além de ser parte integrante de diversos nomes (N. da E.).

▲ *Karl Ehn: vista do lado do pátio central do Karl Marx Hof da Viena Vermelha, 1927-1930.*

▼ *K. Krist, R. Oerley, planimetria geral do George Washington Hof de Viena, 1927.*

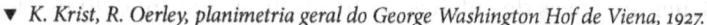

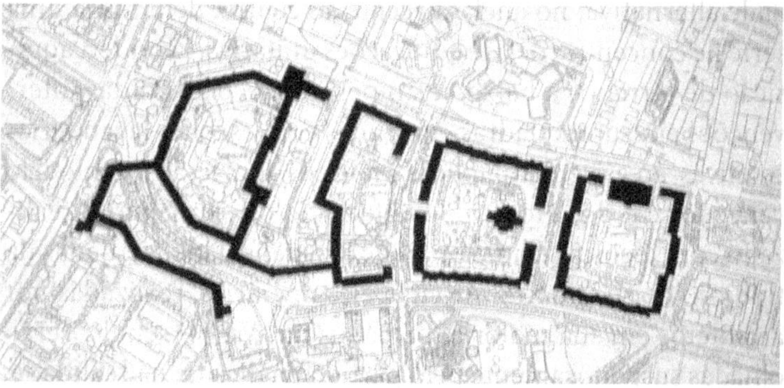

simbólica, orgulhosamente em contraposição ao contexto urbano. Entre 1924 e 1927, em diversas intervenções realizadas, a ele se seguem articulações expressionistas tardias do modelo ou exemplos menores, com inflexões populistas mais marcadas, porém com o pátio sempre fechado em relação à cidade, determinando, assim, fortes polêmicas. O George Washington Hof (1927-1930) de Robert Oerley e Karl Krist para 1085 habitações é um conjunto bem mais articulado, em volta de amplos espaços verdes. As últimas intervenções no Karl Marx Hof, realizadas pela prefeitura socialista antes do golpe do regime nazista, perdem qualquer romantismo. Com o Engelsplatz de Rudolf Perco (1930-1933) e o Speiserhof de 1929, a experiência da Viena Vermelha se encerra entre as incertezas políticas do

Partido Social-Democrata e as primeiras divergências entre a classe operária e o partido. Na realidade, em Viena a política das reformas também sucumbe devido à sua setorialização.

DEMOLIÇÃO DOS *SLUMS* E REACOMODAÇÃO DOS MORADORES

Nesse período, em quase toda a Europa tem-se uma nítida ampliação do papel do Estado na questão habitacional e, ao mesmo tempo, emergem dois novos grupos de proprietários em escala de massa: o da casa própria e o setor público das casas de aluguel. As estratégias adotadas podem ser muito diferentes. Na Inglaterra, na década de 1930, a política adotada para a construção de novas casas visando atender às necessidades gerais da comunidade é substituída por uma "edificação de substituição" para necessidades particulares. No entanto, esta é uma questão urbana: se no século XIX a grande cidade era um polo de atração para a população e para as atividades econômicas, no século XX, como vimos, torna-se um centro de dispersão, de descentralização em ampla escala, mas com fases de reconsideração e reversão do pensamento sobre as áreas centrais e as altas densidades.

Com uma escolha econômica radicalmente diferente daquela feita pela prefeitura socialista da Viena Vermelha, em Londres o pressuposto aceito por todos é a regulamentação das rendas baseada nos custos de obra. A intervenção pública ou privada de interesse público representa um "modelo não especulativo", sendo diretamente ancorado no valor de construção. Ausência de especulação, racionalização das dimensões e as economias de escala são fatores que, juntos, deverão permitir a redução do aluguel de uma moradia que satisfaça as condições de higiene e seja dotada de padrões elevados. Autoridades locais e empresas de interesse limitado atuam como empreendedores, com tarefas não diferentes das do setor privado.

Entre os bairros que sofreram intervenções em Londres, no âmbito dos programas do Slum Clearence and Rehousing (Demolição de Cortiços e Reacomodação da População), muitos são do London County Council: Clapham Park (1930-1936), Larkhall Estate (1925-1930), Kennington Park (1934-1938), White

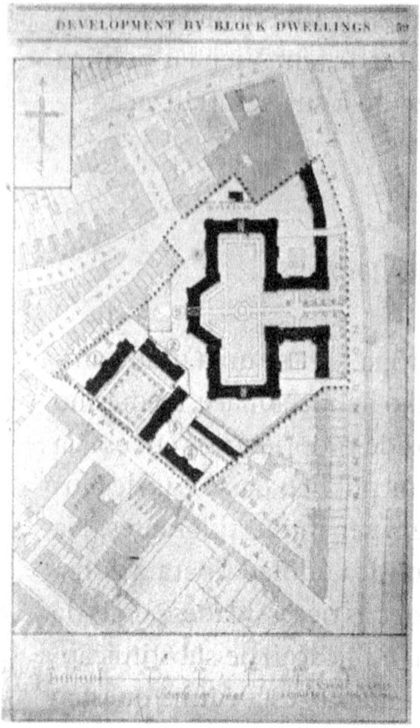

LCC: *planimetria geral do bairro China Walk em Londres, 1925-1934.*

City (1935-1939), Ossulston (1926-1936), China Walk (1925-1934). Trata-se de obras de demolição e reconstrução de edifícios existentes em áreas altamente degradadas. As novas habitações geralmente são caracterizadas por blocos "georgianos" maciços, de tijolo à vista, de quatro ou cinco andares com sótão, detalhes arquitetônicos estandardizados, diversamente articulados nas quadras disponíveis, isoladas das vias de tráfego preexistentes e conectados entre si de modo a incluir amplos pátios, às vezes fazendo referência explícita aos *Höffe* vienenses. O esquema de distribuição interna é uniforme: escadas, corredores e entradas. Também são muito significativos os conjuntos financiados por sociedades sem fins lucrativos, por exemplo, o Peabody Trust. Diferentes sob o ponto de vista da implantação (edifícios paralelos ou perpendiculares, mas com pátio aberto, sem varanda, com escadas que servem diretamente todos os apartamentos), eles também possuem serviços em comum e diferenciam-se dos precedentes sob o ponto de vista arquitetônico. Os portais e janelas são evidenciados com um estilo neorrenascentista ou neogótico, e se manifestam com características "individuais". Os aluguéis, não muito baixos, voltam-se para uma aristocracia operária e para a pequena burguesia.

Após a aprovação do Greenwood Act, a atuação do município e das sociedades de interesse público é maciça: considerada no panorama local ou em relação ao internacional, não há dúvidas de que a atividade das sociedades londrinas nesses anos tenha sido qualitativa e quantitativamente relevante. Os desenhos das plantas e das fachadas, os esquemas de realização das obras, assim como o esquema das moradias-tipo, tornam-se clichês para uma utilização maciça, dando extrema atenção aos serviços técnicos em rede e às instalações, porque ambos incidem nos valores de construção e de gerenciamento e, portanto, no valor do aluguel.

Nos anos de 1930, não apenas em Londres, mas também em outras cidades inglesas, o tema das altas densidades é decididamente abordado. O grande bairro modelo do arquiteto Livett em Leeds adota a referência vienense de maneira ainda mais explícita e declarada do que o bairro de Ossulston no London County Council. As intervenções em Liverpool e em Manchester também lhe fazem eco, porque não consideram uma hipótese de reorganização urbana nem um plano diretor geral, mas se inserem no contexto urbano, do qual aceitam os vínculos e ao qual se sobrepõem sem exigir adaptações. Na Inglaterra (diferentemente de Viena), o proletário não participa da alienação burguesa, mas, ao contrário, tem uma confiança total nas possibilidades técnicas de melhorar a cidade e de torná-la, assim, capaz de permitir a convivência de diferentes categorias sociais.

DA CASA "RACIONAL" À CASA "POPULAR" NAS EXPOSIÇÕES EM MILÃO

Na Itália, ao contrário, o tema da casa "racional" se limita a cristalizar as pesquisas realizadas, entre os anos de 1920 e de 1930, por jovens arquitetos, tornando-se, porém, um tema de debate no ambiente profissional e artístico e nas exposições, em vez de um assunto político-econômico. As bienais e as trienais de Monza e de Milão oferecem a possibilidade de uma experimentação, sobretudo com a Mostra sobre Habitação, por ocasião da v Trienal (1933), com a construção, no parque do Palazzo dell'Arte, de casas pensadas por uma nova geração de arquitetos. Surge a expressão "arquitetura moderna", que começa a se difundir principalmente no contexto de Milão. Na vi Trienal (1936), o tema da habitação, até então abordado principalmente como problema estético, transforma-se também em um problema técnico, social, higiênico e urbanístico. A cidade que surge é baseada no zoneamento das áreas, dos bairros, dos edifícios em blocos e das casas geminadas, percebendo-se neles os exemplos do urbanismo alemão dos anos de 1920. Aliás, a ideia inicial de Pagano com Piero Bottoni e Mario Pucci, para

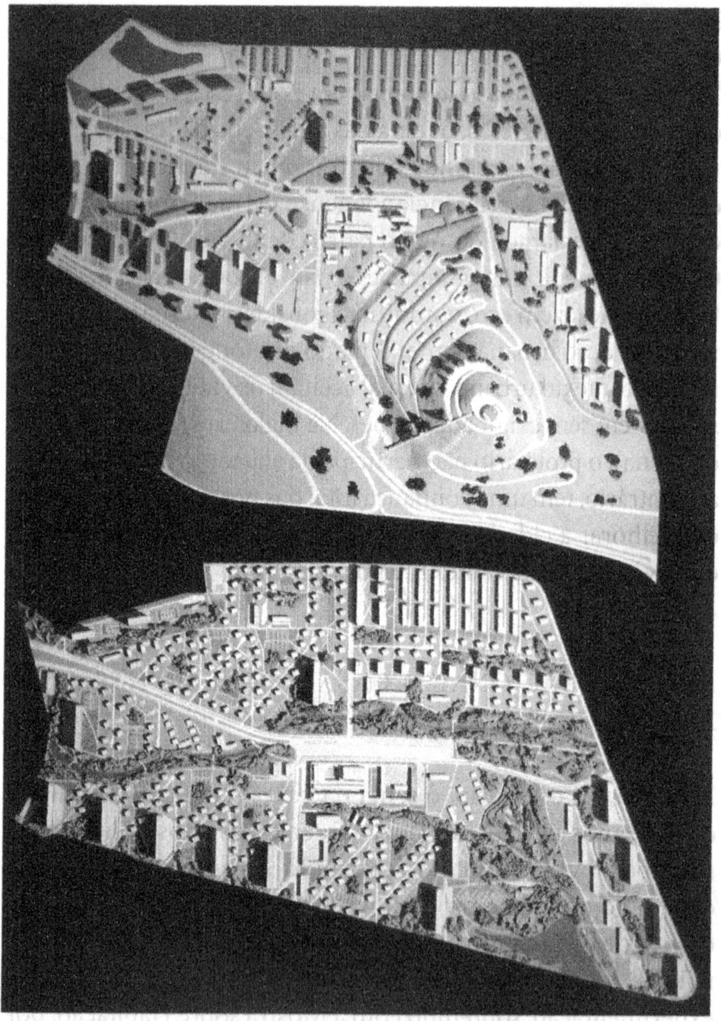

P. Bottoni, bairro experimental QT8 para a VIII Trienal de Milão: modelo do primeiro (1946-1947) e do terceiro (1953) projetos.

uma exposição ligada ao tema da habitação, é a realização de um novo bairro como o Weissenhof de Stuttgart de 1927, que se transforme na própria exposição. Trata-se de uma ideia que sobrevive porque, doze anos depois, orienta a realização do QT8 – Quartiere Triennale 8*.

Aliás, o que Pagano sonha em 1936 é o que aparece em seus projetos para "Milano Verde" de 1939 (com Albini, Palanti e ou-

* Bairro de Milão desenvolvido a partir de um projeto experimental de urbanização, concebido na 8ª edição da Triennale di Milano (N. da E.).

tros) e para a "cidade horizontal" de 1939-1940, com Diotallevi e Marescotti. Além disso, nos quatro anos entre 1936 e 1940, cristalizam-se inúmeras experiências que, baseadas em matrizes diferentes, encontram um momento de confronto e de colaboração na preocupação com os problemas sociais. Então, o tema habitacional na Trienal se distancia totalmente das experiências de estilo. A partir de 1931, com base nos estudos de Griffini, do texto *A Casa Popular*, escrito em 1935 por Giuseppe Samonà, das experiências milanesas de San Siro, amadurece a ideia de que finalmente é necessário abordar o destino da edificação residencial, isto é, o problema social, construtivo e econômico da habitação para a classe operária. Porém, em um panorama onde a intervenção pública é bem limitada, os exemplos acima mencionados permanecem casos excepcionais.

Instrumentos

1. A Legislação

A GUERRA E A OBRIGATORIEDADE DO PLANO GERAL

As leis francesas de 1919-1924 oficializam um conceito de plano diretor geral abrangente, baseado no desenvolvimento da arte pública, com regulamentação do desenho do sistema viário, planejamento das quadras existentes e organização dos novos bairros periféricos. A Lei Cornudet de 1919 obriga os municípios com mais de dez mil habitantes, mais aqueles do departamento do Sena que tiveram crescimento excepcional, a elaborarem um plano diretor no prazo de três anos. O instrumento, de "organização, embelezamento e ampliação", deve incluir todos os elementos essenciais (ruas, espaços públicos, áreas verdes, serviços coletivos), procurando a coerência desses elementos em relação à escala urbana, além de apresentar um regulamento de ação.

Antes da Lei Cornudet, são apresentados, discutidos e remetidos à comissão apenas sete projetos relativos a planos de ampliação, aos quais se acrescentam cinco relatórios que fazem parte de um procedimento parlamentar. Os poucos personagens que se ocupam dessas questões (Bechmann, Siegfried, Risler, Cornudet e poucos mais), participantes do Musée Social e de outras associações higienistas, além de movimentos de caráter socialista, reivindicam com insistência, pelo menos desde 1913, a necessidade de intervenções urbanas e de uma reforma social sob a égide de uma legislação adequada. No entanto, o processo de amadurecimento político, que ocorre como consequência dessa pressão, é muito lento, e poderia ter sido ainda mais longo se a guerra – devido ao bombardeio das cidades – não tivesse multiplicado essa exigência. Com a reconstrução de bairros inteiros, às vezes tão destruídos que não era mais possível localizar as demarcações municipais, a partir de 1915 a questão do planejamento assume caráter de urgência e acelera sua aproximação nacional, até então hesitante, ao urbanismo. A questão da propriedade fundiária e das modalidades de aquisição de terra para a coletividade são aspectos centrais, além da necessidade da união dos proprietários contra o perigo de um poder público excessivo. Na base da nova lei está a necessidade de acelerar e simplificar os procedimentos, limitar os custos, afinar os instrumentos para redesenhar quadras e lotes edificáveis, junto com os projetos de reforma das desapropriações em função da destruição bélica.

Cornudet é um moderado de grande prestígio que desempenha um papel importante em relação às associações dos proprietários. Sobre o aspecto do alinhamento das ruas existentes e daquelas de desenvolvimento futuro, a lei atinge os interesses individuais; porém, no plano teórico, nessa mesma lei, a causa da autonomia municipal consegue compatibilizar habilmente a da intangibilidade do direito de propriedade.

A falta de sucesso dessas normas ocorre pela carência de financiamento aos municípios para estudos de plano e pela ausência de sanções aos particulares. Esse resultado determina, em 1924, a elaboração de outra lei que estende a qualquer município em crescimento a obrigação de elaborar um plano, e subordina a concessão de loteamentos à aprovação de uma comissão de departamento e do prefeito; porém, também essa lei só obtém resultados parciais. A Lei Sarraut de 1928 predispõe a urbanização primária e secundária de todos os loteamentos traçados desde o fim da guerra; ela é retroativa, atribuindo metade do custo ao Estado e a outra metade aos habitantes.

Portanto, a rica produção da legislação francesa do período de 1919 a 1930 indica a necessidade geral do estabelecimento de regras genéricas e exclusivas para o controle da urbanização, demonstrando também (com sua falta de sucesso na aplicação prática) que os interesses privados dominantes podem neutralizar qualquer tentativa de limitar seu poder.

Em 1935, tem início uma nova fase com a revitalização do planejamento urbano segundo uma perspectiva territorial mais complexa: a elaboração de *projets régionaux d'urbanisme*, isto é, de planos diretores cuja redação é de competência dos comitês regionais, permite fornecer um quadro geral de zoneamento, proibições de uso, vínculos de vários tipos. As leis sucessivas, aprovadas durante a guerra, já têm a perspectiva da segunda reconstrução.

A partir da Lei Cornudet, a Comissão Superior de Planejamento do Ministério do Interior limita-se a examinar os projetos de plano finalizados. Muitos urbanistas deploram a falta de serviços administrativos territoriais especializados na concepção de planos – portanto, a atividade dos consultores e dos estudos profissionais é limitada. Na corporação, desenvolvem-se correntes "estatistas" que encontram seu reconhecimento oficial na lei urbanística de 1943, a qual atribui à apreciação da administração central a seleção dos *homens de arte* encarregados de elaborar os planos, prevendo sua remuneração por parte do Estado.

Nesse meio tempo, no Reino Unido, as exigências de habitações de baixo custo do pós-guerra, resumidas no *slogan* "homes for heroes" (casas para heróis), pressionam pela retificação da legislação precedente. Com o Housing and Town Planning Act de 1919, a elaboração do plano diretor torna-se obrigatória para cidades com mais de dez mil habitantes; no entanto, os procedimentos burocráticos para a preparação dos próprios planos foram simplificados. Para elaborar o projeto, a autoridade local não precisa mais obter a autorização do Ministério da Saúde, que havia substituído o Local Government Board: é suficiente a aprovação da entidade municipal. Com o fim da guerra, também aí é muito forte a necessidade de continuar a elaborar planos urbanísticos e, depois de 1923, o plano torna-se obrigatório para todas as cidades com mais de vinte mil habitantes, de acordo com as regulamentações aprovadas em 1921. Portanto, também na Inglaterra tais providências constituem, em seu conjunto, uma razão de desenvolvimento do urbanismo; as declarações públicas, feitas durante as conferências internacionais, evidenciam tal fato com clareza. Assim, o percurso é paralelo ao francês.

As medidas estabelecidas em 1919 consolidaram-se em 1925 e depois no Town and Country Planning Act de 1932, que aponta a necessidade de uma legislação mais eficiente, tanto para as áreas urbanas como para as rurais. De fato, na Inglaterra bem mais que em outros países europeus, um aspecto particular da legislação dos anos de 1920 e de 1930 é o grande interesse pela região, considerado como a conscientização de que o planejamento de uma entidade municipal não pode limitar-se às suas demarcações administrativas. Talvez de derivação americana, o planejamento regional como ação conjunta com responsabilidade financeira torna-se aqui uma prática corriqueira. Outros fatores que pressionam para a obtenção de respostas regionais são os problemas de tráfego, considerados cruciais, a ponto de impor a formação de coordenações territoriais.

Outra questão do período, a exigir uma legislação é a das áreas insalubres. Disso se ocupa uma comissão especialmente criada para as áreas de *slums* instituída em 1920 pelo Ministério da Saúde, cujo chefe nomeado é Neville Chamberlain e da qual participam como membros o presidente e alguns componentes do Town Planning Institute. Em 1921, essa comissão conclui um relatório afirmando que o problema das áreas insalubres não pode ser resolvido a não ser que se enfrente simultaneamente a questão habitacional e dos transportes, considerando uma área mais ampla e, portanto, pressupondo a necessidade de um planejamento geral do território. Nesse meio tempo, Unwin se torna chefe do urbanismo no Ministério da Saúde e, até 1928, é responsável pela aprovação de todos os projetos habitacionais. Os princípios da cidade-jardim começam a ser adotados um pouco em todos os lugares, enquanto em torno de Welwyn e nos textos de Purdom e Osborn ocorre uma publicidade que já extrapola o ambiente especializado.

Nesse meio tempo, também muda o papel da profissão, visto que o Town Planning Institute é reforçado e passa de uma fase de entusiasmo a uma de interesse especializado, isto é, a um período onde os poderosos profissionais liberais "especializados", pouco a pouco, englobam e superam os reformadores sociais e os técnicos municipais; principalmente durante os anos de 1930, permanece ainda bem representado o núcleo dos consultores ministeriais.

A CASA E A SUPERLOTAÇÃO

Outro tema urbano que, no fim dos anos de 1920, deve ser enfrentado com instrumentos jurídicos é o da superlotação das habitações. Na Inglaterra, uma resposta política é obtida com a lei de 1930, aprovada a partir do segundo governo trabalhista, cujo ministro da saúde é Arthur Greenwood. Ele introduz a destinação de uma subvenção especial aos municípios para operações de saneamento dos *slums*, relacionando seu valor ao número de pessoas que devem ser desalojadas e reacomodadas; o plano tem início em 1933, adotando o Housing Act do mesmo ano. A lei sucessiva, datada de 1935, se propõe a debelar a superlotação de maneira ainda mais significativa sob o aspecto quantitativo. Fixa-se uma definição oficial e pede-se às autoridades locais que realizem pesquisas relativas à densidade das habitações nas áreas de sua competência; além disso, é introduzida uma contribuição para melhorar as moradias de famílias em condições inaceitáveis.

Estabelecido por três leis sucessivas, 1930, 1933 e 1935, o programa sobre a questão habitacional é a fixação de um padrão nacional de dimensões, características de distribuição e tipos de instalações em resposta a uma pesquisa nacional sobre os *slums*. Essas considerações estatísticas andam em paralelo com uma classificação feita segundo os tipos de destinatários, que, nesse caso, não são representados pela população genérica, mas pelos trabalhadores dependentes.

AS FASES DO PLANEJAMENTO: DO GERAL AO PARTICULAR

Na Itália, o conceito de que o planejamento urbano, devido à sua complexidade e às suas necessidades internas, deve ser considerado um problema autônomo, devendo, portanto, ser enfrentado com instrumentos legislativos específicos, em vez de fazer parte do quadro de uma lei administrativa geral, amadurece muito lentamente, sendo expresso somente na lei de 1942. O projeto na Exposição Universal de Roma e a aprovação dessa lei urbanística fazem do vigésimo ano da era fascista (de fato, 1942), um divisor de águas histórico, que retoma uma série de propostas debatidas no decorrer daqueles vinte anos. Devido a isso, no pós-guerra a situação será objeto de uma leitura redutiva (como expressão de um urbanismo fascista); as avaliações sobre a lei serão facciosas e, muitas vezes, confusas. Na realidade, o instrumento jurídico é fruto de uma longa obra de mediação entre os diversos elementos que constituem o comitê, nomeado em 1926, para desapropriação por interesse público. A urgência de um sistema de normas gerais é reconhecida por unanimidade; porém, os conflitos nascem a partir do valor da compensação pela desapropriação, sobre a obrigatoriedade do plano diretor e a tramitação da aprovação do próprio plano. Concluindo, o primeiro ponto é excluído (deixando para a lei de 1865, integrada pela de Nápoles de 1885, o papel de resolver a questão), o segundo é adjudicado ao Ministério das Obras Públicas e o terceiro é resolvido com a instituição de departamentos urbanísticos nas sedes descentralizadas do mesmo ministério. Através de diversas fases de atuação, que vão do geral ao particular, a discussão sobre urbanismo prevista pela lei reproduz a formulação de Giovannoni em 1913 e do INU* após 1931, ou seja, o Plano Territorial de Coordenação em Escala Regional, o Plano Regulador Geral (PRG, plano diretor), com a abolição da subdivisão histórica entre plano diretor de edificações e plano de ampliação e o plano Particolareggiato (completo), na escala do "núcleo com características artísticas a ser submetido a dissolução elementar".

Portanto, a lei constitui o compêndio de boa parte das solicitações formuladas há tempos pelos urbanistas, e introduz uma mudança importante no modo de conceber a interligação entre os diversos níveis de planejamento. Seu aspecto mais ino-

* Istituto Nazionale dell'Urbanistica, fundado em 1930 para promover os estudos de edificações e urbanismo e difundir os princípios do planejamento (N. da E.).

vador vincula-se à faculdade concedida aos municípios de predeterminar os tipos de usos a serem destinados e a quantidade de edificações em zonas homogêneas*. Ao discriminar áreas edificáveis ou não dentro dos limites da *cinta daziaria*, a lei permite, pela primeira vez, prefigurar modelos de ampliação diferentes daqueles do crescimento a mancha de óleo.

Se o ano de 1931 determina, dessa forma, a data oficial do nascimento do urbanismo italiano, dois eventos de 1942 – em diferentes modalidades – decretarão a supremacia do arquiteto profissional liberal no setor de planejamento urbano e territorial: a publicação do manual de Giovannoni e a constituição do INU. Em paralelo, os manuais de urbanismo (Dodi, Piccinato, Rigotti) propõem uma genealogia do urbanismo italiano onde não tem espaço o patrimônio multidisciplinar, que constituiu seu suporte técnico e que está presente em outros países. Sem aludir à necessidade de fundar uma nova disciplina, Giovannoni atribui à arquitetura o direito exclusivo de unificar as múltiplas componentes ligadas ao planejamento urbano em suas diversas escalas.

* São os regulamentos de uso do solo na Itália: Zona homogênea A: centro histórico; B: áreas edificadas diferentemente dos centros históricos; C: áreas não edificadas destinadas a novos assentamentos; D: áreas destinadas a novos assentamentos industriais; E: áreas destinadas à agricultura; F: áreas destinadas a equipamentos e instalações de interesse geral (N. da E.).

2. O Plano Regional

OS CONTEÚDOS E OS PROCEDIMENTOS

O plano regional é um instrumento urbanístico absolutamente novo nos anos de 1920; é utilizado, por exemplo, na França e na Alemanha, para resolver episódios de excepcional desenvolvimento, porém possui clareza técnica absoluta, principalmente na Inglaterra, onde, pouco a pouco, os conteúdos e procedimentos parecem ser codificados, e onde cada vez mais o plano regional é adotado habitualmente em todo o país.

Até o Town Planning Act de 1919, qualquer iniciativa para agregar mais entidades locais com a finalidade de planejar um amplo território só poderia ser de orientação, porque a legislação reconhecia apenas as administrações locais como órgãos executivos.

Em 1922, o primeiro dispositivo normativo aprovado foi redigido para a bacia mineira de Doncaster. Essa decisão foi tomada em 1920 pelas autoridades locais interessadas na constituição do Joint Town Planning Committee, que delibera sobre os nomes dos projetistas, escolhendo um consultor externo (nesse caso Abercrombie) e um técnico da administração municipal principal (nesse caso Johnson, arquiteto e *surveyor* de

Doncaster). O plano assume a forma de um relatório acompanhado por documentos cartográficos. É apoiado por um *survey* regional, que constitui uma parte essencial. Na segunda etapa do plano, o ponto de partida é o zoneamento, ao qual se solicita sobretudo flexibilidade.

Nesse sentido, no caso de Sheffield (1924), ocorre uma inversão fundamental, destinada a deixar suas marcas nos períodos sucessivos, porque o capítulo dedicado ao tráfego está sujeito a considerações de ordem ocupacional e industrial. O esqueleto de uma cidade e de um território é sim composto por ruas de comunicação, mas também por sua estrutura funcional; os traçados viários não podem mais ser desenhados pelo urbanista como estruturas independentes (trata-se de organizar as partes isoladas da região, de modo que absorvam suas funções da melhor maneira).

Abercrombie, que nessa fase é o verdadeiro protagonista dessas técnicas, constrói seu esquema descrevendo seus elementos. Parte de duas funções básicas, "residencial" e "comercial-industrial", para depois definir as subclassificações e especificar a densidade ou as preponderâncias de tipo de uso e, finalmente, cruzando essas classes, obter os usos mistos. Suas propostas são absolutamente intransigentes; por exemplo, deve-se estabelecer a transferência da população para resolver os problemas da habitação. O modelo sugerido, sobre a construção de certo número de News Towns ou a expansão dos núcleos existentes, por exemplo, é sempre provisório, e serve para verificar, em fase de discussão, o quanto o esquema reflete os interesses dos sujeitos implicados.

A POSIÇÃO PROFISSIONAL DO *TOWN PLANNER*

Segundo as indicações de Geddes, a *regional survey* é um estudo geral das localidades em todos seus aspectos (em geral, uma região natural, isto é, uma área definida por características geográficas e por comunicações que definem as zonas rurais próximas), utilizando métodos científicos de levantamento e apresentando os resultados, comparados e relacionados entre si, de preferência graficamente. Sua utilidade está em fazer conhecer as potencialidades de cada região (indústria, agricultura, história dos lugares e comunidades) de maneira que possam ser usufruídas.

A geografia é uma das bases desse conhecimento, mas não é a única "ciência progressiva que ilumina o futuro". Outras ciências, como a economia, se associadas à geologia e à botânica e até mesmo à vida da região de épocas precedentes, aceleram a capacidade de transformação social.

Essas afirmações questionam o urbanista sobre assuntos importantes a propósito de sua posição profissional. Apesar de sempre manter o papel de coordenador, ele vê diminuir o peso de seu conhecimento e, principalmente, uma vez concluído o diagnóstico, deve saber individualizar as relações com a terapia. Isto é, através do plano, ele deve saber como transformar a análise científica em prática legislativa, em um mecanismo que potencialmente possa orientar a transformação do território.

A pesquisa é composta em cada uma de suas partes por sinais negativos e positivos, da mesma forma que cada recurso, inclusive a população, é considerado pela sua produtividade potencial. Todos os aspectos são vistos sob o ponto de vista do aproveitamento total e da ética do trabalho até as últimas consequências.

Tanto o papel de conduzir o processo decisório como as fases de atuação são de competência das autoridades locais. O urbanista consultor se preocupa em explicar somente as linhas gerais da realização, apontando os aspectos organizadores e financeiros, enquanto a gestão é passada aos administradores. E é aqui que percebe-se um grande obstáculo para o urbanismo: deve-se renunciar a entrar na esfera da linguagem administrativa? Ou o *town planner* deve aperfeiçoar seu campo de estudo partindo de seus conhecimentos na esfera da legislação? O problema é delicado, principalmente porque, nesse período, o Joint Committee ainda não é um organismo executivo em condições de centralizar as operações projetuais e financeiras.

Patrick Leslie Abercrombie (1879-1957)

Inicia seu aprendizado aos vinte anos no estúdio de alguns arquitetos, primeiro em Manchester e depois em Liverpool e Chester, aperfeiçoando sua capacidade de desenhar, em um ensino codificado através de perspectivas aéreas. A primeira atuação acadêmica, em

Fotografia de sir Patrick Leslie Abercrombie entre duas senhoras.

1907, é como assistente de Charles H. Reilly na Escola de Arquitetura da Universidade de Liverpool. Entre 1909 e 1910, logo após a fundação do curso de Civic Design subvencionado pelo industrial de sabão William Lever, torna-se um dos personagens-chave do novo departamento, com Adshead, de quem é assistente. Através do ensino e de seus artigos na revista oficial do departamento, *The Town Planning Review*, inicia uma reviravolta no campo profissional com o objetivo de construir o urbanismo como campo do saber dotado de autonomia própria, tanto acadêmica quanto projetual, em condições de coordenar as diversas disciplinas que tenham o desígnio de controlar o crescimento urbano. Apesar da profunda base cultural ligada à arquitetura, essa mudança tem um início bem preciso nos artigos dedicados às cidades continentais (Viena, Paris, Berlim, Bruxelas) e americanas, e no fato de substituir Adshead, em 1915, na cátedra de Civic Design, além de ser nomeado bibliotecário do Town Planning Institute.

A intensa atividade editorial, a participação em conferências e exposições históricas, como as de Londres (1910) e de Ghent (1913), o cuidado cada vez mais pontual com os problemas levantados pelo Town Planning Act de 1909 encontram resultado no concurso para o plano de Dublin (1913), no qual Abercrombie participa com Arthur e Sidney Kelly. Em 1916, recebe o prêmio de uma comissão da qual participa também Patrick Geddes.

Após o fim da guerra, elabora projetos para o desenvolvimento de áreas industriais, principalmente de mineração. Nesse sentido, Abercrombie redige o plano de Doncaster, o primeiro dos planos regionais ingleses, aprovado em 1922. As vias de comunicação e o zoneamento são os aspectos determinantes de seu documento; além disso, são previstos novos centros residenciais para um máximo de vinte mil habitantes. As diretrizes, assim como a dos outros planos regionais (Deeside, 1923, Teesside, 1925), são o estudo da conurbação, segundo os esquemas teóricos elaborados por Geddes. Abercrombie segue por dois caminhos paralelos: por um lado, com seu Plano de Desenvolvimento da Cidade de Sheffield (1924), introduz uma elaboradíssima pesquisa preliminar, demonstrando a necessidade do *civic survey* e a eficiência do pensamento de Geddes no urbanismo. Por outro lado, enriquece a metodologia de plano, com um interesse crescente sobre a tutela do ambiente e da paisagem nas experiências das cidades de Stratford-upon-Avon (1923), East Kent (1925-1928) e do Vale do rio Tâmisa (1929), e nos textos de *The Preservation of Rural England* (A Preservação da Inglaterra Rural, 1926).

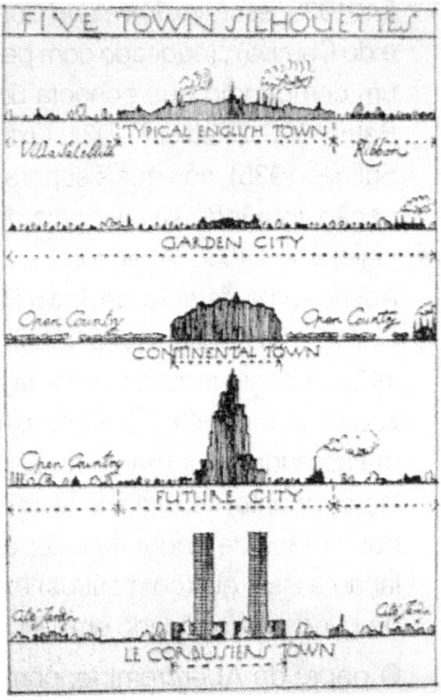

Patrick L. Abercrombie, a silhueta de cinco tipos de cidade e sua relação com a área rural circundante: a típica cidade inglesa, a cidade-jardim, a cidade continental, a cidade futura, a cidade de Le Corbusier. Desenho publicado em 1913, em The Town Planning Review.

Patrick Leslie Abercrombie: Plano Regional do Vale do Tâmisa, 1929.

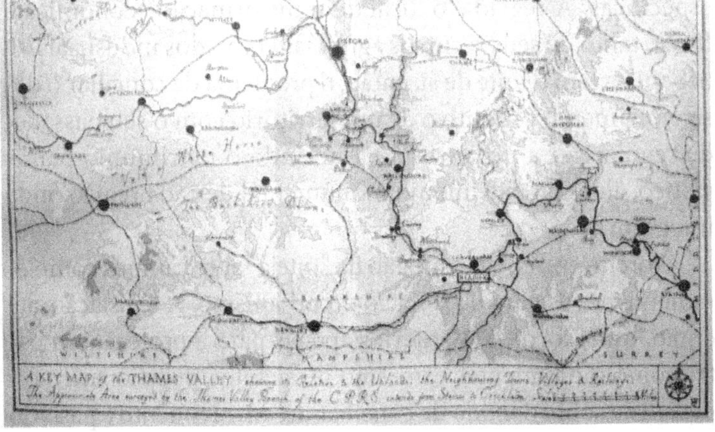

Em 1933, escreve *Town and Country Planning* (Planejamento da Cidade e do Campo) , reeditado com pequenas modificações até os anos 1960, um compêndio que conecta uma série de planos regionais (Bristol e Bath, 1930, Sheffield, 1931, Oxfordshire, 1931, Cumberland, 1932, East Suffolk, 1935), nos quais supera a própria dimensão territorial da conurbação, tornando-se um ponto de referência para a literatura urbanística inglesa. Em 1935, Abercrombie transfere-se para Londres, para substituir Adshead na cátedra de Town Planning da Barlett School da University College. Lá participa dos trabalhos da Comissão Barlow, instituída para indagar sobre a distribuição da população industrial e sobre sua localização futura (1937). O relatório, publicado em 1940, possui, anexo, um memorando discordante do próprio Abercrombie, onde critica a legislação vigente, solicita sua revisão e propõe a coordenação e unificação dos órgãos de poder no setor do urbanismo em nível nacional. Em relação a isso, ele (com outros) é encarregado do plano para o condado de Londres (publicado em 1943).

O papel de Abercrombie, com unanimidade reconhecido como especialista, é acompanhado por intensa atividade realizada no exterior (após aposentar-se da University College, em 1946), principalmente em Chipre (1947), Hong Kong (1948) e Adis Abeba (1956).

A TUTELA DA PAISAGEM RURAL

A preservação da paisagem rural é outro tema novo para o urbanismo e fundamental sob o ponto de vista teórico, porque é sintoma de uma óptica distinta de estudo da relação cidade-campo. Entre as diferentes técnicas de análise, qualquer parte do território estudado deve ser valorizado pelas suas funções específicas. A região é o local de transformação econômica e física, tanto de seus recursos agrícolas como dos industriais. O urbanista tem diante de si, então, o problema de conciliar o desenvolvimento produtivo de um território com o seu passado; de regularizar a urbanização, tutelando o patrimônio paisagístico, além do patrimônio monumental de cada região onde intervém.

Porém, enfrentar a questão da "tutela" abre campos completamente novos para o exercício do urbanismo. A legislação, até então, tinha fornecido critérios apenas para a proteção do patrimônio monumental, e, mesmo nesse setor, questionara o especialista sobre o modo de conciliar desenvolvimento e passado histórico e artístico. Passando à esfera territorial, as questões se complicam, não tanto pela dimensão física quanto pela teórica. Se uma definição de "beleza" é difícil no âmbito da construção (mas o ponto de vista do *civic design* e a análise histórica dos signos urbanos permitem, talvez, estabelecer nexos de continuidade entre passado e as futuras transformações de um assentamento), no âmbito regional, onde o componente prevalente é o campo, as categorias de análise são necessariamente diferentes.

Para a paisagem agrícola, as técnicas descritivas e as de projeto não podem ser as mesmas da cidade; é necessário encontrar novos itinerários para classificar os aspectos estéticos (talvez retomando a discussão do início do século entre *design* formal e informal, ou reutilizando o "picturesque" inglês) e para estabelecer uma hierarquia útil para a tutela. É necessário inventar uma linguagem completamente autônoma, que vá em direção ao "rural planning" (planejamento rural).

No texto de Abercrombie *The Preservation of Rural England* não há nostalgia dos tempos perdidos. O campo e sua paisagem, mais do que os planos relativos às áreas de mineração, retornam ao programa de racionalização dos recursos internos do país. "Rural England" significa consumo de massa e recriação da força de trabalho atual e futura. Portanto, a intenção de descrever e classificar a beleza rural não é um fim em si mesmo; pelo contrário, liga-se ao objetivo de inventar a prática totalmente nova do "rural planning". "Civic design" e "town planning" só podem se calar frente ao campo; nem mesmo os meios utilizados pelo *landscapist* (paisagista) podem ser simplesmente tomados em empréstimo, porque este sempre planejou áreas limitadas e não regiões inteiras. Por outro lado, aqui também, como para a metrópole tentacular, trata-se de comandar o processo de civilização, não de negá-lo. Mais uma vez, é um equilíbrio que deve ser projetado, mesmo nesse caso sabendo que os equilíbrios do universo regional não são fixos.

Casos Exemplares

1. As Cidades Coloniais

AS COLÔNIAS COMO CAMPO DE EXPERIMENTAÇÃO: CASABLANCA

Após a Primeira Guerra Mundial, os territórios coloniais parecem ser considerados, pelos países conquistadores, como particularmente adequados a uma verificação das principais inovações objeto de estudo na pátria mãe, quase como se os profissionais enviados para aqueles países fossem mais livres em seu trabalho para experimentar teorias e modelos, os quais, às vezes, tinham dificuldades para ser aceitos nos países de origem.

Nesse sentido, merecem atenção especial as experiências francesas no Marrocos, onde trabalham alguns dos arquitetos mais famosos da França. Assim, a relação estreita entre a ação política de Lyautey e a obra técnica de Henri Prost (1874-1959) em Casablanca, o zoneamento étnico e a criação de uma cidade do governo dominante, almejada pelo urbanismo francês, representam uma referência significativa para a política colonial de outros países europeus, como a Itália.

Em 1914, o presidente geral tinha convidado o projetista para realizar um "serviço especial de arquitetura e dos planos das cidades": a primeira administração com funções especificamente

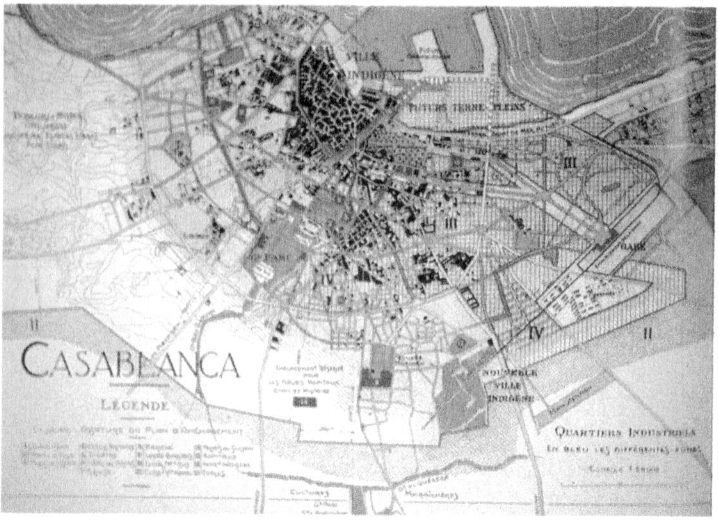

Henri Prost: plano diretor e de ampliação de Casablanca, 1917.

urbanísticas da história francesa. Prost é considerado a pessoa certa, por ter trabalhado durante muitos anos em Constantinopla e por ser membro do Musée Social (como Forestier, que já tinha sido chamado para a reorganização dos passeios e das avenidas da cidade). Entre 1915 e 1917, Prost desenha um plano que representa uma etapa significativa na história do urbanismo europeu. Não propõe uma cidade nova, a ser construída a partir do nada, mas consertar, unir, interligar, organizar e desenvolver um conjunto diversificado de ruas e quadras. A regularização dos lotes, antes de qualquer coisa, passa pela criação de um sistema hierarquizado de grandes avenidas, que interligam os pontos cruciais de Casablanca. Fundamentado na consideração dos problemas industriais e de infraestrutura, até então totalmente ignorados na metrópole, o plano tem características inovadoras, mesmo porque considera a precoce e intensa disseminação dos automóveis no Marrocos; é sua extraordinária capacidade de prever que torna, até os dias de hoje, o tráfego urbano relativamente fluido. Em segundo lugar, Prost desenha o limite das zonas funcionais, um eco do trabalho feito pelo amigo Jaussely em Barcelona. Prevê dois tipos de zoneamento: o primeiro, morfológico, distingue três zonas (central, industrial e lazer); o segundo, relativo à salubridade, determina seis zonas distintas que devem ser protegidas dos inconvenientes e danos que alguns assentamentos podem causar. Com o desaparecimento da cidade autóctone, considerada de pouco interesse artístico, a New Town deveria, segundo o urbanista, impedir a reconstrução dos acampamentos militares, os quais a sufocariam na direção sudeste. Congelando o investimento imobiliário, a guerra favorece a realização do Plano Prost, e as desapropriações facilitam a construção de novas estradas. Apesar de um crescimento rápido, Casablanca consegue dar aos seus espaços centrais um aspecto estável. Place de France, destinada ao comércio, é totalmente constituída por edifícios privados, e Place Administrative, cujo projeto deriva das pesquisas de elementos de *beaux-arts* de Tony Garnier e de Jaussely, conta com a presença dos edifícios públicos, da justiça e administração geral e local do protetorado. Em volta do polo central das duas praças, os bairros de negócios e de habitações coletivas ocupam um conjunto denso de quadras, servidas por ruas de características diversas. Assim, uma hierarquia e uma continuidade sutil são perceptíveis apesar da rapidez de desenvolvimento da cidade. O serviço do plano elabora desenhos-tipo de fachadas e normas para mais de uma dezena de ruas do centro. Áreas com pórticos, imóveis de aluguel de grandes dimensões, galerias e passagens cadenciam ruas e praças e tornam-se verdadeiros monumentos urbanos. Do ponto de vista arquitetônico, a equipe de Prost rompe com o ecletismo anterior e opta pela sobriedade do aspecto externo. A simplicidade das fachadas da construção árabe se conjuga com a grandiosidade das normas construtivas herdadas da França dos séculos XVII e XVIII, procurando uma direção "unitária" do projeto. Os anos de 1930 assinalam uma mudança radical das formas: linhas mais abstratas acompanham a linearidade elegante das fachadas.

OS DISTRITOS RURAIS

Os objetivos coloniais italianos, depois que o Banco di Roma (1905) conseguiu assegurar-se de algumas concessões de áreas de mineração, voltam-se para a Líbia, apresentada à opinião pública como uma espécie de terra prometida fértil, com enormes potenciais de riqueza agrícola e de subsolo, país destinado, tanto em seu passado como em seu presente, a ser dominado

Rua do centro antigo de Trípoli: desenho em aquarela de Giovanni Muzio no período em que o governo Volpi realiza um programa de obras públicas e intervenções urbanísticas, 1930.

pela Itália. Independentemente da retórica da propaganda política, esse território representa também para a nação que a conquistou – como ocorre com outros países europeus – uma ocasião para a realização de experiências.

A percepção é de que a colônia já tinha superado a fase administrativa inicial e, portanto, já podiam ser aplicados métodos e instrumentos de planejamento para evitar erros ocorridos no começo da colonização em Trípoli, Bengasi e Mogadíscio, devido à pressa, desordem e falta de organização. Em Tripolitânia, a obra de colonização fundiária através do *indemaniamento**, instituída pelo Conde Volpi di Misurata (1923), atribuindo lotes que podiam ser cultivados em concessão para empresas privadas (inicialmente grandes sociedades especulativas) para que valorizassem o território sob o ponto de vista agrário, é a ocasião para refletir sobre o que se realizava na Itália, especificamente na região do Agro Pontino. A premissa para a construção de obras públicas, de equipamentos civis e de serviços nos centros maiores, além da adequação das áreas portuárias (1933), é uma colonização econômica e demográfica, planejada e assistida de maneira precisa (1928), até a virada operacional para a colonização da Cirenaica (1932), cujo papel é continuar a preparação para o cultivo dos terrenos e a subdivisão de uma área agrícola em pequenas propriedades rurais com características claramente populares. Abertas, então, as áreas de recuperação, começaram a surgir vilarejos agrícolas, para os quais foi organizada a transferência de um primeiro contingente de famílias provenientes da Puglia.

* Termo que em italiano faz referência a um bem que fica sujeito ao regime jurídico próprio dos bens que pertencem ao Estado (N. da E.).

Os novos distritos rurais em Cirenaica (os três centros D'Annuncio, Battisti e Oberdan do arquiteto Di Fausto e o Baracca de Pellegrini) e em Tripolitânia (o Crispi dos arquitetos Di Segni e Pellegrini, o Giordani do Di Fausto e outros que se unem aos distritos já iniciados anteriormente) dividem a totalidade dos trabalhadores presentes na zona subdividida em pequenas propriedades rurais; excluída totalmente a população centralizada. Os elementos de organização dos distritos são constituídos por edifícios de representação e equipamentos de serviço, segundo uma técnica que estava sendo experimentada nas cidades saneadas da ilha de Ponza: a igreja, *casa del fascio**, escola com acomodações para professores, ambulatório, posto policial, correio, mercado, restaurante-pousada. Bem similar, mesmo se em escala menor, é a articulação morfológica e tipológica dos núcleos projetados com o uso dominante de formas mediterrâneas, realizadas com parede brancas caiadas. Durante o ano de 1939, realiza-se um terceiro grupo de distritos na Líbia Ocidental e Oriental, sempre pelas entidades de colonização.

OS EQUIPAMENTOS CIVIS NAS CIDADES DE IMPLANTAÇÃO ANTIGA

Paralelamente, o urbanismo parece alargar seu campo de ação na relação com o setor político, propondo um plano que controle, especificamente, os equipamentos civis e as áreas centrais das cidades de implantaçao mais antiga. Isso determina uma organização política e a divisão étnica como expressão de domínio; uma nova imagem que se sobrepõe, sem integrar-se, com o núcleo preexistente. Assim, para a Itália fascista, a arquitetura interpreta a função colonizadora do país dominante. Procura-se aquela unidade de linguagem moderna em condições de conceber as contradições entre o passado, que o fascismo acredita interpretar, e o presente, que o fascismo quer

* Elemento típico do período fascista que, junto com a igreja e o *palazzo* municipal, constituía, nas novas cidades, o núcleo ideológico, religioso e político, respectivamente (N. da E.).

representar, entre tradição e revolução. Por outro lado, é significativo que a Exposição, realizada em 1941 em Roma, dedique uma mostra particular ao urbanismo colonial. E não se trata simplesmente de querer dar satisfação dos programas ou das realizações feitas; os relatórios oficiais buscam uma sistematização teórica do problema, isto é, tentam estabelecer qual o tipo de colonização peculiar do império fascista, mesmo que nas avaliações predominantes ainda seja considerada interessante a lição francesa no Marrocos, sobre a qual, nos anos seguintes, são propostos estudos e reportagens.

O esforço realizado nas possessões ultramarinas é sentido como a ocasião de demonstrar eficiência organizativa. Elaboram-se planos diretores para os centros mais importantes e realizam-se obras públicas e de infraestrutura, urbanas ou territoriais. No campo dos estudos de planejamento, a conquista da Etiópia (1940) dá lugar, também na Itália, a um indiscutível incremento no interesse pelo assunto.

Em Trípoli, durante o governo de Volpi, realiza-se um programa de obras públicas e de intervenções urbanísticas, que incluem a construção do calçadão à beira-mar em torno da cidade velha, o restauro do castelo, um palácio da justiça, a sede do governador, a fachada da nova catedral em uma praça com pórticos e uma exposição. Mais tarde, por volta de 1930, em um plano diretor que respeita a cidade velha (salvo poucas demolições e exceções) e o desenvolvimento externo, Alpago Novello, Cabiati e Ferrazza propõem recompor os distritos desorganizados segundo o modelo que, bem naquele período e com dificuldades maiores, tentava-se aplicar em Bérgamo, Brescia e outras cidades italianas.

Assim, em Bengasi (1922-1930), o centro de representatividade italiana, localizado na área em frente ao porto, é equipado com a praça arborizada, para a qual converge o curso dos maiores equipamentos civis da cidade; da mesma maneira acontece nos restauros realizados em Rodes (1923-1926) ou nas obras de potencialização do porto de Massaua na Eritreia (1929). Em Rodes, a criação da área monumental é de 1920; a partir dessa data, um decreto estende a proibição da modificação dos edifícios e construções principais aos terrenos próximos às fortificações e aos cemitérios (muçulmano e hebraico). Trata-se de uma decisão cuja importância e novidade em relação ao patrimônio artístico e monumental não tem precedentes na Itália. De fato, é a primeira aplicação de um instrumento de lei que estende o reconhecimento do caráter monumental das construções à paisagem (mesmo que nesse caso seja uma paisagem urbana a ser tutelada). Dessa maneira, através de uma operação precoce em relação ao que simultaneamente acontece na Itália, atribui-se a condição de "monumento" a setores inteiros edificados, com atos que, apenas muito mais tarde, encontrarão aplicação de lei na Itália (1939).

Adis Abeba, até então uma "agregação urbana ocasional", como é definida pelo ministro Bottai, é objeto de estudo para o plano diretor de 1936. O documento redigido por Ignazio Guidi e Cesare Valle se propõe a traduzir em previsões espaciais o paralelismo codificado entre a vida dos italianos e a dos autóctones (isto é, a relação entre conquistadores e povos ocupados), o que significa sobrepor a nova cidade sobre a existente com uma clara separação entre as duas. Para maior segurança, a área compreendida entre os dois cursos de água será destinada ao centro comercial e político, acessível, por um lado, aos residentes italianos e, por outro, aos autóctones, confirmando, todavia, a sobreposição totalitária dos colonizadores. É um plano inaplicável que, porém, permite a teorização e a averiguação da distância entre "velha cidade" e "novas edificações".

Em resumo, da experiência colonial italiana, como já tinha ocorrido anteriormente com a francesa e a belga, emergem dois pontos-chave que atravessam todo o debate urbanístico durante o período entreguerras: por um lado, a relação entre urbanismo e poder; por outro, o papel do arquiteto, na hipótese de ser esse profissional capaz de controlar, pela totalidade de seu próprio trabalho, todo o processo construtivo. A importância dos casos aqui mencionados deve ser vista à luz desses pressupostos.

Dessa maneira, o urbanismo encontra nas colônias a plena confirmação de seu papel. Na Líbia, a cidade árabe era tratada como um centro histórico, um ambiente que deve ser respeitado, reduzindo demolições e saneamento ao mínimo necessário. Isso ocorre ainda mais com a fundação do império e a transformação de Adis Abeba em capital; cada esquema adotado anteriormente não é mais suficiente; o urbanismo agora torna-se ação política, disciplina o espaço físico sobre o modelo de um Estado com bases corporativas e totalitárias, impondo, portanto, uma ordem total. O escopo do urbanismo colonial imperial torna-se criar uma cidade para os brancos, centro não mais de uma colonização demográfica, mas de um império que é fonte de produção e de renda; a escolha feita foi, portanto, a combinação da cidade nova com a cidade velha.

Por esses motivos, todas as intervenções sobre o tema das colônias, no I Congresso Nacional de Urbanismo de 1937, em nome da mesma nacionalidade que fiscaliza o zoneamento funcional aplicado ao planejamento das cidades italianas, pedem um zoneamento étnico nos territórios dominados, isto é, a clara separação entre o núcleo residencial italiano e os núcleos originais. Aquela racionalidade é a própria base da obra dos arquitetos e urbanistas franceses, belgas e italianos enviados aos países do norte da África, que afinam seus instrumentos técnicos para torná-los capazes de interpretar as linhas políticas gerais e, portanto, de acelerar o processo de construção de um império colonial. Na sua obra surge, claramente, a vontade de integrar cada vez mais a ação política, a intervenção urbanística e a linguagem arquitetônica em uma síntese que exprima a unicidade da experiência da dominação.

Ao mesmo tempo, o "baraccamento razionale" (alojamento racional) previsto para Adis Abeba se inspira na mesma racionalização que orienta as disposições das habitações em um bairro na periferia de Roma. A terminologia é a mesma na qual acreditaram quase todos os italianos: racionalidade, funcionalidade e modernidade do fascismo. A colônia – assim como a periferia urbana e a zona a ser saneada – representa o campo ideal no qual verificar a capacidade de ação projetual e o valor de síntese da arquitetura e do urbanismo, como foram pensados por especialistas da pátria mãe.

Parte III

O Progresso e a Ação 1944-1970

Em Paris, julho de 1947, é inaugurada a Primeira Exposição Internacional de Urbanismo e Habitação do pós-guerra, com um embate europeu sobre o tema da "Reconstrução", em clima recíproco de curiosidade; em todos os lugares "vibra a ansiedade da retomada", diz Giovanni Astengo, um dos participantes italianos. Por parte dos urbanistas, é evidente a necessidade de individualizar casos exemplares, não extemporâneos ou improvisados, mas construídos com base em uma preparação séria e longa, fruto necessariamente de um trabalho coletivo. Esses casos delineiam uma profissão que está sempre do lado do "bem", convencida de poder, pelo menos em parte, determinar a história. Realizar análises socioeconômicas e morfológicas e saber descrever seus resultados é uma obrigação categórica e uma tarefa inadiável no que se refere seja à distribuição regional dos recursos, seja ao levantamento das destruições, em particular nos centros com valor histórico-artístico. França, Inglaterra, Alemanha, Holanda e Polônia, já durante os primeiros eventos bélicos, iniciam a realização de experiências concretas de reconstrução, comparáveis entre si, e durante todo o conflito realizam também elaborações conceituais e organizativas importantes.

Na Itália, somente no final da guerra é que a ânsia de dar fundamentos éticos ao próprio trabalho caracteriza a obra de arquitetos envolvidos em uma ação comum, simultaneamente na escala regional e na da unidade de implantação. Três experiências, ainda que no limite do puro exercício, caracterizam, mais que outras, os métodos de urbanismo usados pelos italianos. Destacam-se: o Plano AR para Milão, dos Ciam; os estudos para o Plano Territorial Piemontês, do grupo ABRR; e o Programa Urbanístico para Roma, pelo GUR. O clima efervescente de expectativa, renovação e progresso que os distingue é o mesmo que inspira Patrick Abercrombie na elaboração de seu plano para a capital do Reino Unido, além dos quadros profissionais (arquitetos e urbanistas) e das associações das vítimas em território francês, na obra de reconstituição do patrimônio imobiliário. Não que os modelos espaciais sejam os mesmos; existem porém, analogias de métodos: na Grande Londres, o tema ainda é o da descentralização e, portanto, o da localização das New Towns, que caracterizam o debate e o desenho de planejamento. Na França, são os bairros bem homogêneos e de grandes dimensões que modelam a atividade, segundo prescrições planivolumétricas articuladas. Por outro lado, nos arredores de Milão ou no Piemonte é a recuperação das cidades existentes que sela o processo de renascimento.

No entanto, em todos esses casos existe uma moral "cooperativista" inicial; o objetivo geral é o da reconstrução, através da realização de assentamentos, sempre fundamentando as propostas em documentação analítica cuja credibilidade não pode deixar dúvidas. Junto com a elaboração dos planos territoriais, ampliando o objeto de estudo da conurbação até cunhar o *slogan* de "cidade região" como área onde medir os próprios instrumentos de conhecimento e de projeto, o urbanismo desses anos encontra uma dimensão na realização de conjuntos arquitetonicamente definidos de casas individuais. A área de ação do novo protótipo de cliente social e das concretizações construtivas abarca toda a Europa, chamando a atenção dos técnicos sobre o tema emergente do bairro habitacional. Nos congressos internacionais, os participantes estabelecem no planejamento territorial, na fundação de cidades novas e na política da casa, os três temas fundamentais sobre os quais constatam o próprio sucesso. As realizações das sociais-democracias escandinavas, inglesas e holandesas parecem estar ali para demonstrar que urbanismo e democracia, bom governo, paz social e bem-estar econômico são objetivos possíveis de ser alcançados, concretamente e em conjunto.

Nesse meio tempo, os modelos culturais europeus do período entre as duas guerras parecem ser, em boa parte, superados pelos americanos; por exemplo, a confiança em relação à intervenção econômica segundo os planos do New Deal, os sociólogos urbanos da Escola de Chicago, a metáfora do crescimento "orgânico" da cidade, o modelo da unidade de vizinhança do subúrbio de Radburn tornam-se outras bandeiras com base nas quais formam-se alianças e declara-se compromisso político.

Questões

1. A Segunda Reconstrução

DESCENTRALIZAÇÃO E EFICIÊNCIA NOS PLANOS DE RECONSTRUÇÃO. A GRANDE LONDRES

Na Inglaterra, a necessidade da reconstrução se configura já nos primeiros meses de guerra, logo após os primeiros ataques aéreos sobre a capital. Os princípios das associações da Garden City e da Town and Country Planning constituem um suporte teórico, ao qual se une a contribuição de Unwin, que, desde 1937, trabalha para o Ministério da Saúde cuidando dos problemas da moradia, e a de Abercrombie, ocupado com as questões regionais. Apesar do relatório da Comissão Barlow ser um documento polêmico, seu reconhecimento foi unânime: ele constitui a matriz cultural de todas as obras decididas no parlamento em matéria de planejamento e condiciona o processo de reconstrução. O relatório propõe tomar imediatamente uma série de medidas sobre localização e desenvolvimento das atividades industriais para delimitar o desequilíbrio territorial e a congestão na capital; isto é, relaciona o problema do equilíbrio londrino com aquele dos estabelecimentos industriais de todo o país.

Sir Frederic Osborn, por muito tempo secretário do grupo New Townsmen, no dia do seu 80º aniversário, em seu jardim em Welwyn manifesta uma confiança total na função social do bom planejamento.

Descentralização e dispersão da atividade produtiva devem concretizar-se segundo os modelos de implantação aceitos (a "garden city", os "garden suburbs", as cidades-satélites e as áreas industriais equipadas).

É Abercrombie, junto a uma minoria, quem sustenta a ideia de que a escolha das localizações industriais não pode ser decidida tendo como referência somente a região londrina, mas impõe um programa nacional com órgãos correspondentes do governo. Em 1939, os eventos bélicos conduzem para essa direção, pois boa parte dos centros para a produção de guerra são rapidamente construídos longe de Londres ou transferidos para as áreas subdesenvolvidas do norte, da Escócia e do País de Gales.

Nesse meio tempo, entre 1940 e 1943, nasce um novo Ministério do Planejamento, primeira autoridade central competente no assunto, à qual são atribuídos poderes crescentes, a condução da reconstrução urbana e a coordenação da reconstrução das edificações. O Town and Country Planning Act de 1944 oferece instrumentos operativos para a análise nas áreas bombardeadas e naquelas a serem saneadas, as primeiras submetidas ao novo regime dos solos, estabelecendo as premissas para um planejamento sobretudo de intervenção pública. No entanto, a maior parte das questões territoriais deve aguardar os tempos de paz (1945), quando a construção das New Towns já é considerada prioridade absoluta.

Quando as bombas ainda caíam na cidade de Londres e as destruições abarcavam uma superfície considerável, sob o governo do primeiro-ministro Winston Churchill, foram examinados os problemas de melhoria das áreas rurais e solicitados três planos para Londres que constituem a matriz técnico-disciplinar do planejamento urbano britânico do pós-guerra: o plano para a County of London, para a Greater London e para a City of London.

O primeiro, elaborado por Patrick Abercrombie e John N. Foreshaw, aceita a dimensão metropolitana do território londrino e aponta os cinco maiores defeitos a serem solucionados: a congestão do tráfego, a degradação das moradias, a inadequação e a péssima distribuição dos espaços abertos, o crescimento indiscriminado e promíscuo de casas e indústrias (isto é, a falta de um zoneamento) e a expansão sem limites da cidade para condados limítrofes. Propõe a descentralização de seiscentas mil pessoas das áreas mais congestionadas. Por outro lado, já em 1939, o parlamento tinha votado o Green Belt Act (Lei do Cinturão Verde), que bloqueava a expansão de Londres e prescrevia a criação de uma faixa de área agrícola e de parques em volta da capital.

O plano da Greater London (1944) é complementar a esse primeiro, porque abrange uma área muito mais ampla que o precedente (30 milhas, ou cerca de 48 km, do centro). Fundamenta-se no descongestionamento do centro urbano graças ao deslocamento da população e das indústrias segundo os princípios estabelecidos pela Comissão Barlow para as cidades-satélites, o reforço das funções portuárias da capital e a atribuição de novos poderes de planejamento (e do controle sobre o valor do terreno). O desenho baseia-se em quatro anéis concêntricos com diferentes densidades de população e de uso do solo. O plano, portanto, retoma modelos elaborados pela cultura anglo-saxônica, inserindo-os em uma das maiores áreas metropolitanas do mundo; mas é inspirado em uma visão regional essencialmente estática, com instrumentos destinados a obter um equilíbrio que não considera as crescentes funções terciárias de Londres e as concentrações de edificações para escritórios na City. Para a ocasião prepara-se também uma exposição, iniciativa que obtém um consenso de massa, na qual, junto à ideia de descentralização, divulga-se a da salvaguarda do cinturão verde e da expansão das cidades-satélites.

Os métodos adotados superam suas próprias fronteiras geográficas e constituem um modelo de grande riqueza para outros planos urbanísticos, tanto na Inglaterra e na Escócia (projetos do próprio Abercrombie), como também fora do Reino Unido.

MEDIDAS URGENTES: ROTERDÃ, AS CIDADES ALEMÃS

Outro caso exemplar sobre a eficiência do bom funcionamento das medidas pós-guerra sobre o planejamento e a administração é o de Roterdã, que, em 1940, teve perdas gravíssimas. Um decreto de desapropriação de todos os terrenos do triângulo devastado e um esboço do plano feito em três semanas permite a remoção dos entulhos, o saneamento dos terrenos do centro e a valorização das áreas portuárias. O Estado se ocupa da reorganização das infraestruturas e dos serviços. Os terrenos permanecerão como propriedade municipal mesmo após a guerra, e serão dados em aluguel às empresas interessadas na reedificação.

Na Alemanha, a data oficial de retomada da reconstrução pode ser situada em 1943: o decreto do Führer sobre o início dos trabalhos nas cidades bombardeadas deve-se a Albert Speer, então ministro do Armamento e da Produção de Guerra, que constitui um *trait-d'union* (traço de união) entre a política e cultura do Terceiro Reich e aquela do pós-guerra da Alemanha Ocidental.

Os projetos civis têm um papel complementar aos planos de conquista militar e ainda são instrumentos de propaganda de regime. Com a lei de 1937 sobre a reestruturação das cidades alemãs, a política urbanística celebrativa se estende progressivamente de Berlim às cidades maiores.

Até 1942, Speer, com um grupo de colaboradores jovens e ambiciosos, desenvolve o plano para a capital em todos os setores do planejamento, do território aos transportes e conjuntos de edificações.

Paralelamente, continuam os projetos de referência para outras grandes cidades, como Hamburgo: da localização e quantificação dos vazios criados pelos bombardeios à projeção das necessidades, aos modos de reconstrução do patrimônio residencial; da reestruturação das cidades como expressão de uma vontade celebrativa à necessidade de novos bairros. Portanto, propõe-se não uma simples recuperação, mas uma renovação substancial ligada aos problemas de ocupação para os soldados. É necessário pensar na reconversão da produção de guerra para recolocar em andamento a economia e o desenvolvimento, precisar novas perspectivas operacionais que recuperem o trabalho realizado e as experiências adquiridas no redesenho da cidade. Em Berlim, há o estabelecimento de um centro de orientação e coordenação para os planos de reconstrução de 42 cidades.

É uma fase de experimentação muito ampla sobre a tipologia residencial. Ernst Neufert repropõe a cidade compacta, constituída por edificações lineares de média altura ou por quadras fechadas, enquanto alguns pesquisadores da Academia Nacional de Urbanismo apoiam a ideia de cidade articulada e aberta, organizada pela implantação de células-base e seus acréscimos em *Siedlungen*. Há também aqueles que são favoráveis à casa unifamiliar isolada e realizada com técnicas artesanais, e aqueles que, pelo contrário, são a favor da produção em série, tanto de moradias provisórias como definitivas.

NA ITÁLIA. O CONFRONTO COM A HISTÓRIA

Na Itália, o decreto legislativo 154 de 1945, mais tarde aperfeiçoado pela lei 1402 de 1951, introduz os planos de reconstrução para os povoados arrasados pela guerra, tornando-os obrigatórios para os municípios incluídos em determinadas listas ministeriais. Esses planos suplantam a lei de 1942, disciplinando a atividade construtiva nas partes destruídas do território urbanizado e, eventualmente, nas áreas necessárias para a transferência de população dos núcleos muito densamente habitados, tendo como único critério os alinhamentos das ruas (da mesma maneira que os planos do século XIX). Como as áreas destruídas, em geral, são partes centrais da cidade, a liberação das intervenções de reconstrução aciona processos de valorização e uma maior vantagem na localização das áreas interessadas. Os próprios planos têm caráter executivo com duração limitada a dez anos; nas cidades onde já existe um plano diretor, os novos planos devem estar coordenados com os anteriores, enquanto nos municípios ainda sem plano, os novos assumem o papel de instrumento geral. O objetivo declarado dos planos é a recuperação das construções existentes antes da guerra, salvo nos casos de necessidade de menor adensamento e de melhoramentos higiênicos ou viários das áreas muito densas ou superpovoadas. Seu conteúdo refere-se às habitações e às obras públicas, enquanto o princípio da interdependência entre áreas destruídas e o resto da implantação é considerado somente no caso em que aconteça um alargamento total ou parcial de ruas. Portanto, não é prevista uma análise geral do assentamento urbano e territorial em seu conjunto. Nesses anos, através de contratos profissionais, a atividade de planejamento torna-se muito intensa, e a necessidade do urbanismo é reconhecida de forma unânime. Em relação ao problema da reconstrução, os arquitetos italianos respondem atuando em diferentes frentes, com um programa operativo, teórico e de divulgação (e, portanto, com um esforço individual e de grupo sob a frente institucional), além de um programa projetual e uma série de publicações paralelas. São etapas desse processo a fundação, em 1945, da revista *Metron* por Bruno Zevi e Luigi Piccinato e a redação do *Manuale dell'architetto* (Manual do Arquiteto), que compreende amplas implicações urbanísticas; e vice-versa – isto é, nas experiências realizadas não se verifica um progresso metodológico real com relação às intervenções da segunda metade dos anos de 1930 e nas indicações contidas na lei de 1942. O confronto com a história, que de maneira mais ou menos ambígua caracteriza a pesquisa italiana, é imposto por ocasiões clamorosas, como aquela da reconstrução das pontes florentinas destruídas pelas tropas em retirada e do tecido histórico que as circunda. Nesse clima, arquitetos que aderem ao Apao (Associazione per l'Architettura Organica) privilegiam o tema de recupera-

Planos de reconstrução da área ao redor da ponte Vecchio em Florença, 1947.

ção dos lugares, optando por uma escolha ética e estilística ao mesmo tempo. Superando as rígidas regras do denominado "racionalismo", eles se propõem a redescobrir as linguagens da tradição, realizando formas mais livres e adequadas a uma fruição mais humana do espaço.

Luigi Piccinato (1899-1983)

Frequenta a Faculdade de Engenharia de Roma, passando depois para a recém-criada Escola Superior de Arquitetura, onde se forma em 1923. Apesar de suas relações com Giovannoni rapidamente se tornarem conflituosas, em certo sentido representa um dos mais inteligentes herdeiros da mensagem deste sobre a figura do arquiteto "integral". De fato, demonstra saber atuar em vários campos, desenvolvendo grande sensibilidade em relação aos lugares através do conhecimento da história (principalmente da cidade medieval) e da geografia urbana francesa. Em 1926-1927, frequenta a Technische Universität, em Munique, onde assimila os princípios dos manuais alemães; simultaneamente aprende a lição dos Ciam. Trabalha no estúdio de Piacentini (1924-1927), a quem também auxilia como assistente no curso de Construção e Arte dos Jardins, e é nessa ocasião que se aproxima do urbanismo; escreve para a revista *Architettura e Arti Decorative* e mais tarde para a *Architettura*. Em 1926, com Gaetano Minucci e outros, funda o GUR (Grupo de Urbanistas Romanos), com o qual participa de muitos concursos como profissional liberal em Pádua, Brescia, Foggia, Assis, Arezzo, Roma, Pisa, Cagliari, Perúgia, Catânia, Sabaudia e Aprilia, convencido de ser o urbanista a figura a quem compete a construção da cidade. Em 1929, por ocasião do XII Congresso da International Federation for Housing and Town Planning em Roma, organiza a exposição dos planos diretores; nesse mesmo ano, com o GUR, elabora o Programa Urbanístico de Roma, que se baseia na hipótese de manutenção das áreas centrais e descentralização de algumas atividades produtivas e direcionais, incompatíveis com a densidade já existente, em contraposição com o projeto do grupo La Burbera, presidido por Giovannoni, que se apoia na política de alargamento e renovação. Em 1933-1934, atua como assistente no curso de Aplicações Urbanísticas na Escola de Aperfeiçoamento em Urbanismo de Roma; em 1935, faz conferências em Zurique, Basileia e Lugano. Em 1937, escreve o verbete "Urbanistica" para a *Enciclopedia Italiana*, dando uma contribuição significativa na definição da disciplina. No mesmo ano, participa do

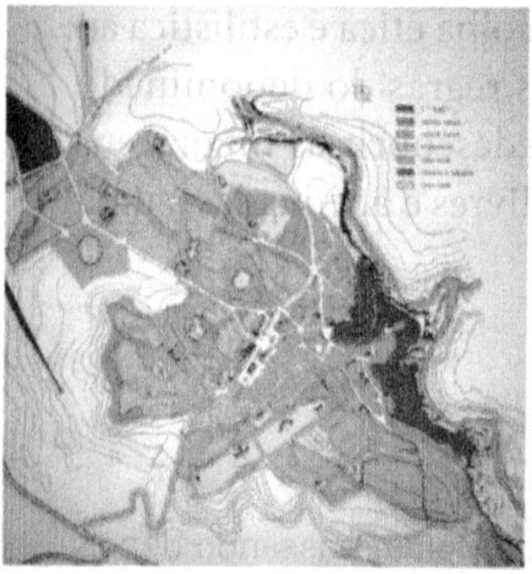

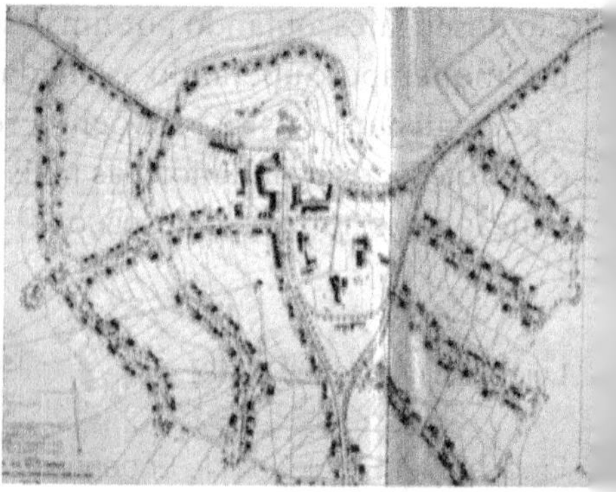

▲ *Luigi Piccinato: plano diretor de ampliação de Matera, 1952.*

▶ *Ludovico Quaroni, Luigi Agati, Federico Gorio, Pier Maria Lugli, Michele Valori, povoado La Martella em Matera: planimetria geral, 1951.*

Primeiro Congresso da INU, que promove a lei urbanística de 1942. Nesse meio tempo, consolida sua posição acadêmica ensinando em Perúgia, Nápoles e Roma. Em 1950, professor regular de urbanismo, é chamado por Giuseppe Samonà para o Istituto Universitario di Architettura di Venezia. No plano profissional, além da realização do plano para Sabaudia* (1934), efetua vários outros projetos (Treviso, Nápoles, Ivrea, Sorrento, Monte Faito); entre 1948-1950, elabora planos diretores e constrói bairros residenciais na Argentina, onde também ensina nas universidades de Tucuman e de Buenos Aires; em 1945, torna-se membro da Comissão para os planos de reconstrução do Ministério das Obras Públicas; em poucos anos elabora projetos para Campobasso, Segni, Legnago, Civitavecchia, Palestrina e Pescara. A experiência da reconstrução parece reforçar sua disposição pedagógica e pragmática, que tem resultados práticos na publicação de seu manual, *Urbanistica* (1947), já publicado em 1942 como apostila universitária, onde afirma que o urbanismo está no limiar de uma nova era. Deixa amplo espaço para diversas abordagens, das teorias de Giovannoni às técnicas de Stübben, da geografia da cidade de Lavedan às lições de Howard e Soria y Mata, mas também acredita que esteja concluída a procura de espaços autônomos e de um vocabulário específico para uma nova profissão e que, de agora em diante, deve-se iniciar um período diferente, baseado na ideia de cidade orgânica. Entre os anos de 1950 e 1960, sua militância no Partido Socialista e sua atenção na redefinição do sistema institucional tornam-se mais intensas. O INU constitui-se como lugar importante

* É uma das cidades fundadas na época fascista, em 1934, segundo as diretrizes do plano diretor de Luigi Piccinato e considerada uma das cidades-símbolo do racionalismo italiano na arquitetura (N. da E.).

de debate; participa ativamente nas convenções (1951-1972) com papel de destaque. A experiência fundamental desse período é a da cidade de Matera, para a qual, em um clima de interesse político pela realidade meridional e pela ideologia de comunidade, projeta, além do plano diretor da cidade (1953), os bairros de Serra Venerdì e Venusio (1954). No entanto, são muitas as cidades para as quais realiza esquemas de plano, seja na Itália ou no exterior (Turquia e Argélia), já no ápice de uma longa carreira profissional (os últimos planos são de 1981). Nesse meio tempo, volta seu olhar também para outro grande tema urbanístico do período, o bairro; em 1952, com Giuseppe Samonà e outros, projeta a implantação residencial Ina-Casa* de San Giuliano em Mestre e, nos anos seguintes, inúmeros obras em Avellino, Civitavecchia e Pádua. Em 1959, de novo com Samonà e Astengo, participa do concurso para o bairro CEP (Centro Edilizia Popolare), nos terrenos que emergem da laguna nas baixas marés de San Giuliano em Mestre, ocasião que provavelmente conclui sua presença nas situações italianas de maior relevância. Em 1955, recebe o Prêmio Olivetti para o Urbanismo; em 1981, o Grand Prix da Associação Internacional dos Urbanistas, da qual preside o departamento italiano.

OS CENTROS HISTÓRICOS: CONSERVAÇÃO E RECUPERAÇÃO

Também atingidos pelos bombardeios durante a guerra, os centros históricos emergem como um dos temas urbanísticos predominantes desses anos. Observando as ruínas, com a memória da cidade perdida, são numerosos os casos em que se tenta encontrar, na reconstrução material – no todo ou em parte –, o valor da tradição. Aquela do "onde estava como estava", por mais que seja desdenhada, é uma escolha praticada em muitos lugares, mesmo quando assume as conotações de um anacronismo nostálgico.

No quadro da reconstrução francesa, os exemplos *à l'identique* (com mesmos materiais) parecem ser mais frequentes do que em outros lugares. As condições em que se encontravam os lugares de interesse histórico-urbanístico das

* Entidade responsável por construir e gerir a construção de habitações populares na Itália (N. da E.).

cidades bombardeadas sugerem intervenções feitas com a finalidade de conectar o tecido urbano destruído, reinterligando-o às partes remanescentes, a fim de manter o caráter histórico monumental, ou apenas a imagem do lugar. St. Malo perdeu 80% do patrimônio imobiliário da cidadela fortificada que havia sido organizada por Vauban e chegara intacta até a guerra. No plano de reconstrução, o critério da máxima "conservação" se aplica a monumentos listados (muralhas, bastiões, castelo) que estavam deteriorados, mas eram recuperáveis. Todavia, um espírito conservador e historicista se estende também à cidade histórica, da qual restou muito pouco. A partir das sobras, são confirmados os velhos alinhamentos e reconstruídos, no mesmo lugar e do mesmo jeito, os edifícios dos quais sobraram somente as estruturas verticais; retoma-se o acesso viário dos velhos traçados, repropõe-se o perfil anterior, usando os materiais do lugar de maneira homogênea, todas as decisões sendo subordinadas à recuperação da imagem. Em Gien, o plano de reconstrução de um pequeno centro turístico próximo ao Loire visa, analogamente, à reorganização viária e valorização do castelo e do vilarejo.

Na Alemanha, o caso de Munster, que entre 1940 e 1945 sofreu inúmeros ataques aéreos, apresentando 90% do centro histórico destruído, questiona-se também sobre os vestígios do próprio passado, mas responde de maneira diferente. Hoje, com sua implantação característica de centro gótico desenvolvido no período barroco, a continuidade dos espaços e a homogeneidade tipológica sugerem uma atmosfera "histórica", de cuja autenticidade, após um controle atento dos detalhes, é impossível duvidar. De fato, a cidade resulta de um processo de reconstrução integral iniciado desde 1945 e concluído no início dos anos de 1960, trabalhando com os mesmos instrumentos e condições de muitos outros centros da Westfalia. Na realidade, a planta da cidade não permanece idêntica; pelo contrário, sofre algumas variações: a exigência de adequar o antigo modo de viver ao de hoje é expresso com um exame das compatibilidades de suas condições de existência (alargamentos, retificações, modificações do piso). O debate exclui uma reconstrução entendida como réplica, propondo contudo uma interpretação do *genius loci* em busca de um substituto sugestivo da cidade do passado.

Bastante similar é o caso de muitas cidades da Bélgica, nas quais as áreas centrais são marcadas pela reproposta forçada das características tipológicas e estilos tradicionais (telhados muito inclinados, águas-furtadas, estruturas verticais à vista, tímpanos decorados com estuques ou em madeira).

Um caso exemplar de reconstrução é o de Varsóvia, cujas decisões se justificam totalmente pelo aspecto ético, como rejeição do ataque de 1939 e da deportação de milhões de judeus aos campos de extermínio, os quais, em 1943-1944, transformaram a cidade em um imenso deserto de ruínas. Em 1945-1949, Varsóvia adota uma dupla frente de prioridades, estabelecidas tanto no setor econômico como no político: o desenvolvimento da periferia e a recuperação do centro. Em relação a este último, a estratégia atua em dois tipos de intervenção: a ligação das redes de infraestrutura, com atenção especial ao sistema viário, e uma recuperação das características da arquitetura – em algumas ruas a sequência de edifícios neoclássicos do século XIX; em outras (na praça da Constituição), rígidas simetrias e articulação de edifícios com uma ordem simplificada. Além disso, no projeto final do bairro de Muranow (1948-1949), impõe-se uma reconstrução que utiliza os detritos como recurso, selecionando o material recuperável, estabelecendo dimensões dos edifícios de acordo com a resistência de solo e as condições do lugar. No centro, os grandes edifícios de aluguel retomam, modernizando-os, os cânones da composição oitocentista das fachadas, jogando ambiguamente entre reproposição dos detalhes tradicionais dessa área e aqueles do realismo socialista.

Portanto, a reconstrução do núcleo da cidade velha se expressa com uma vontade de autorrepresentação coletiva. Inicia-se com a catalogação e o inventário dos materiais recuperados, continua com a complementação da praça do Mercado (1953) e de seu entorno (1956), através da recuperação de uma quadra após a outra em todo o bairro. Este trabalho, paciente e apaixonado, de recuperação filológica, que se utiliza também de imagens pictóricas (por exemplo, as imagens das telas de Bellotto), propõe-se como condição moral necessária para a reconstrução da metrópole moderna, segundo princípios inovadores (que implicam a reorganização de documentos materiais e de testemunhos): a força da imagem e da mensagem reflete-se no contexto.

CASOS DE RECONSTRUÇÃO TOTAL: A IMPORTÂNCIA DO DESENHO

Outros exemplos significativos de reconstrução dos centros históricos da cidade como obra de arte são encontrados esparsamente em toda a Europa: são os de Amiens, Lübeck (com o plano de Heinrich Tessenow, de 1947) e de Terni (com as propostas de Ridolfi de 1944-1959), nos quais não há nenhum tipo de renúncia ao projeto, segundo os cânones da modernidade implícita em uma posição rigorosa de conservação. Uma opção totalmente diferente, oposta em relação à estratégia de continuidade, é a de denunciar as destruições como rupturas inevitáveis com o passado, isto é, aceitar uma perda irreversível da estrutura histórica da cidade causada por um acontecimento excepcional (a guerra). Nesses casos, o problema da identidade da cidade e de sua continuidade física e cultural se resolve com a conservação daquilo que permaneceu intacto ou recuperável e na reconstrução mais livre, segundo os princípios modernos, daquilo que se perdeu. E, então, atua-se com duplo registro: contraste e justaposição; cidade histórica como produto de um ciclo concluído com o qual não se pode dialogar e reconstrução da New Town, como fato baseado em critérios de contemporaneidade e, portanto, inovadores no plano construtivo e arquitetônico, todavia procurando alcançar uma forma urbana definitiva e homogênea em seu complexo. Exemplos desse percurso estão na França, em Sedan e Valenciennes, na Alemanha, em Hannover, Bremen e Frankfurt, e na Itália, em Livorno.

Um exemplo de projeto global de todo um núcleo urbano como "área de pedestre", segundo os critérios de composição do "town design", é o de Coventry, cheio de inovações. Quando, em 1938, a municipalidade trabalhista da cidade criou um novo departamento de arquitetura, o problema era remediar a falta de qualidade dos projetos de edificação pública e a degradação das áreas centrais. Donald Gibson fora nomeado arquiteto da cidade, com o papel de cuidar do *civic design*, ou seja, de orientar o gosto das entidades públicas no que se refere a projetos de obras públicas (o hospital, o mobiliário urbano, um centro cívico, uma galeria de arte, o museu, a biblioteca). No projeto, esses últimos edifícios foram agregados em um único

Os critérios do town design *apontam com força o modo de entender as New Towns: a Town and Country Planning Association simplesmente acredita nos benefícios sociais das mesmas, enquanto Gordon Cullen, usando uma perspectiva arquitetônica, aponta a falta de "urbanidade" produzida pela baixa densidade.*

complexo situado em torno de uma área verde, onde, no centro, estavam localizadas a catedral e a igreja de Holy Trinity. A ideia era determinar a organização e a forma da cidade com uma intervenção arquitetônica orgânica em escala urbana, em uma área de pedestres construída segundo conceitos de "abrangência" e de "responsabilidade" da entidade pública na construção das edificações e na arquitetura, vista como serviço social. A partir dessa base, Coventry abre o caminho para a pesquisa britânica sobre *design* urbano. De fato, quando a cidade é bombardeada, em 1940, ciente do projeto Coventry Tomorrow, a administração elabora um esquema para o centro que, delimitado por um anel com predomínio de pedestres, será um espaço do qual são totalmente excluídos indústrias e tráfego de veículos. O conceito de *precinct* (distrito, circunscrição, zona) define a separação dos tráfegos e das atividades, reunindo-as em unidades capazes de alcançar um centro consideravelmente compacto, bem como introduzir características formais de articulação e diferenciação na tipologia construtiva. Logo após a guerra, o centro cívico é realizado sob a coordenação de Abercrombie e do próprio Gibson; trata-se do reprojeto global de um núcleo urbano importante em seu conjunto, com uma operação denominada de "town design", retomada como modelo nos anos de 1950 e de 1960.

2. A Nova Dimensão

A POLÍTICA DAS NEW TOWNS

Na Inglaterra, a política de planejamento nacional do segundo pós-guerra está centralizada em um programa de construção de novas cidades; fruto de um consenso geral, essa política tem suas raízes em propostas já aprovadas antes da guerra. As leis de 1945 – da distribuição das indústrias – e de 1946 das New Towns retomam as recomendações do relatório Barlow. Existem, portanto, fortes elementos de continuidade e programas similares por parte de todos os partidos para realizar uma campanha convergente sobre os mesmos temas. De fato, o plano do mesmo ano para a grande Londres prevê a realização de sete novas cidades (Stevenage, Harlow, Welwyn-Hatfield, Hemel Hampstead, Bracknell, Crawley, Basildon). Outras são previstas no País de Gales e na Escócia. Frequentemente, essas novas cidades são projetadas pelos melhores arquitetos (entres eles Frederik Gibberd e Bertold Lubetkin) e retomam temas apropriados das unidades de vizinhança, isto é, de núcleos residenciais dimensionados de acordo com os serviços primários.

As New Towns são uma criação do governo central, e é exatamente isso que determina quando, onde e com qual finalidade

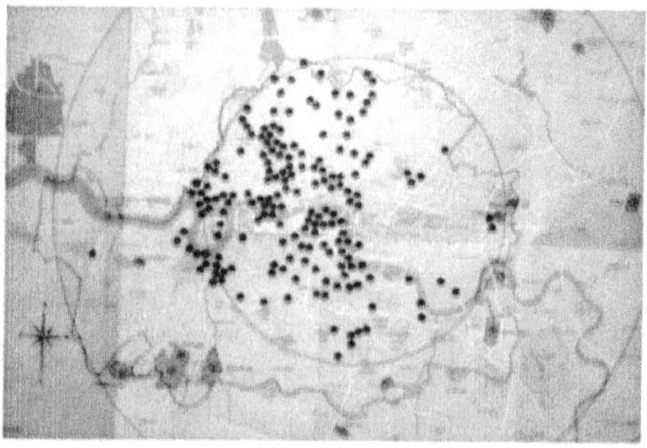

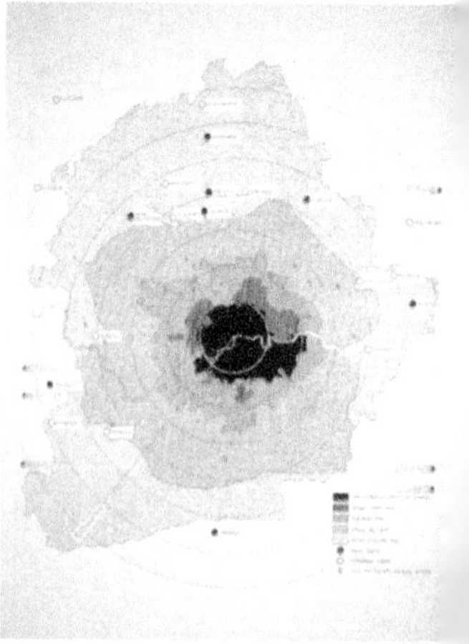

▲ LCC, *atividade de construção de bairros residenciais no condado de Londres, 1937.*

▶ *Diagrama que mostra a disposição das "cidades novas" em torno de Londres, 1946.*

uma cidade nova deve ser realizada, e depois permite controlar a execução. Uma vez decidido o terreno, a Corporation é o instrumento de planejamento, desenvolvimento e organização da cidade, bem como a encarregada da execução; todas as suas propostas devem estar de acordo com o próprio governo. Por sua vez, este aprova o plano e cada modificação, estabelece a dimensão que a cidade pode alcançar, autoriza a compra compulsória do terreno caso o mesmo não possa ser adquirido através de acordos, controla os *padrões* da construção, determina quais indústrias podem aí se localizar, providencia boa parte do capital e controla as despesas. Resumindo, o governo acompanha todo o processo e, por fim, detém a propriedade da cidade, uma vez lançada.

Além do mais, o programa das New Towns de 1946 é uma parte importante da política do governo trabalhista do pós-guerra, destinado a resolver as necessidades de moradia das famílias mais pobres (a maioria das casas das New Towns são para aluguel).

Coerente com isso, Abercrombie tinha sugerido, em seu plano para a grande Londres, que a migração incontrolada fosse endereçada a determinados lugares, entre os quais a pequena cidade de Stevenage (para 6.500 habitantes, a 48 km do centro de Londres). Os terrenos que a circundavam não eram muito férteis, mesmo dispondo de uma boa reserva de água. Sua posição em relação às vias de comunicação teria sido valorizada pela realização de uma via da costa leste em direção a Birmingham. Stevenage era, então, declarada zona de desenvolvimento para uma New Town, uma das primeiras deliberações da lei das New Towns. A população prevista é de dez mil habitantes, distribuídos em cinco novos bairros autônomos; a posição reservada às indústrias é bastante feliz em relação ao centro urbano e, imerso na vegetação, o vale Fairland, com um pequeno riacho, ladeia a cidade. As primeiras famílias se instalam em 1951. Uma quantidade elevada de espaços livres é destinada aos serviços e ao lazer.

Todavia, a realidade demonstra que o processo de planejamento centralizado em uma sociedade democrática não é nada fácil. De fato, nesse meio tempo, de um lado, o LCC buscava uma política de ocupação programada da cidade de Londres, em contraste com a de descentralização; de outro lado, apesar da aprovação da lei e da velocidade na definição da área e aquisição do terreno para a primeira cidade nova de Stevenage, no final de 1950, somente 28 casas estavam concluídas. Não obstante, o novo programa é o que distingue o país nessa fase e, a partir dos anos de 1950, qualquer dúvida teórica parece ser efetivamente posta de lado.

Como Stevenage, a nova cidade de Harlow, a 37 km a noroeste de Londres, tem suas origens no plano da grande Londres e no objetivo de aliviar a área de expansão industrial. Uma nova via rápida de ligação com Cambridge supre as carências de comunicação. Um terreno ondulado e bem arborizado em torno da velha Harlow (com quatro mil habitantes em 1947) oferece as condições para desenvolver uma nova cidade, subdividida em quatro distritos para vinte mil habitantes cada um. Os bairros não são muito extensos e não distam mais de 1,5 km do centro principal; uma zona industrial, dividida em duas partes, assegura um equilíbrio maior ao trânsito urbano. Um vale corre diagonalmente, sem qualquer construção, para manter as características da paisagem.

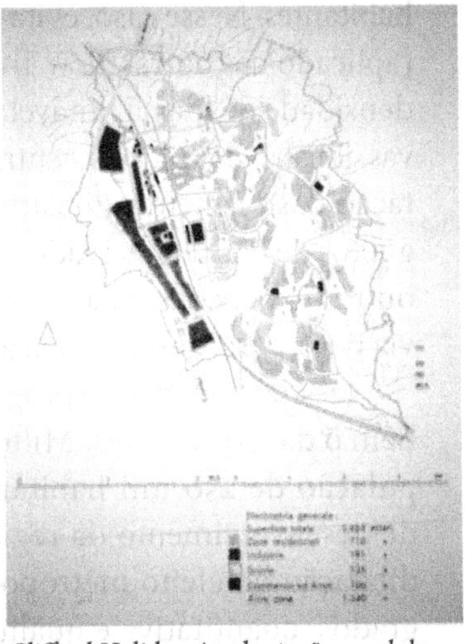

Clifford Holiday: implantação geral da "cidade nova" de Stevenage, 1946.

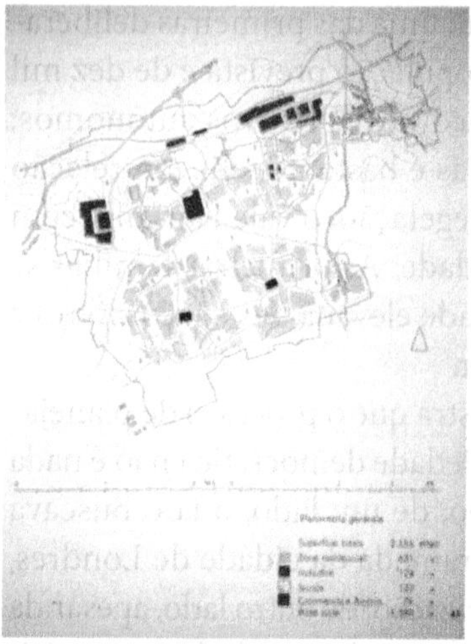

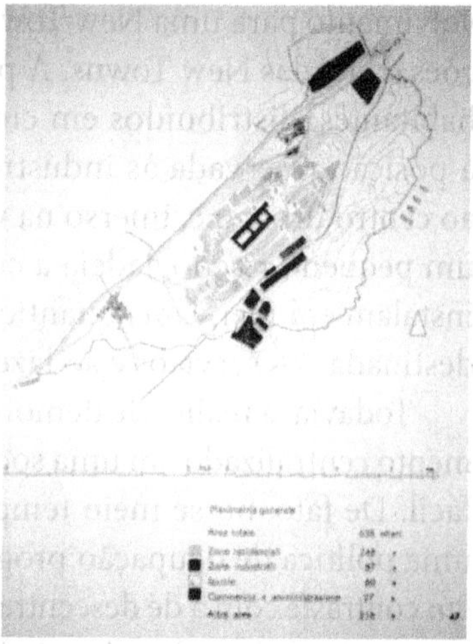

▲ *Frederik Gibberd: implantação geral da "cidade nova" de Harlow, 1947.*
▶ *Hugh Wilson: implantação geral da "cidade nova" de Cumbernauld, 1858.*

O terceiro caso que merece ser mencionado é aquele de Cumbernauld (1958), construído junto a East Kilbride para aliviar a pressão em relação ao centro de Glasgow. Cumbernauld situa-se a 24 km do mar, e seus terrenos para edificações encontram-se em uma colina em forma alongada; ali já existem dois velhos núcleos habitados com uma população de três mil pessoas. A nova cidade deverá abrigar cinquenta mil habitantes. Nesse caso, evita-se o sistema de bairros autônomos (aplicado nas outras New Towns) e, ao contrário, aumenta-se a densidade de forma notável. Estruturas arquitetônicas agressivas, localizadas na área central, tentam alterar o tipo de implantação das primeiras iniciativas, acusadas de terem aspecto de guetos de baixa densidade. A conformação do terreno impede outras expansões e garante a vizinhança da área rural. Uma via perimetral garante fácil acesso a todas as áreas residenciais.

Desde 1960, com o programa das New Towns tem-se também o das New Cities. Milton Keynes, prevista para uma população de 250 mil habitantes, é inserida na programação de desenvolvimento da região sudeste, na qual se prevê uma dilatação do efeito metropolitano realizando três polos integrados: quantitativa e qualitativamente, uma nova dimensão de intervenção.

Nos mesmos anos, na Europa, estava muito difundido um modelo de planejamento aplicado em escala nacional através da criação de novos núcleos de assentamentos distintos como dispositivos para contrabalançar os desequilíbrios territoriais provocados pela excessiva concentração de construções da capital. Na Suécia, em particular, os planos das cidades-satélites no entorno de Estocolmo preveem três grandes setores, atravessados por um percurso em forma de anel do metrô, tráfegos distintos, estacionamentos externos à área de habitações e espaços de lazer na área interna. A altura dos edifícios decresce em direção ao exterior, e as unidades residenciais ou de vizinhança são configuradas de maneiras variadas, estando disponível, para projetá-las, um amplo leque de tipologias.

A ESTRUTURA URBANA FRANCESA

Também na França, os esforços de planejamento no imediato pós-guerra desenvolvem-se claramente na direção de perceber uma nova dimensão dos problemas de transformação do espaço físico. O primeiro plano nacional limita-se a evocar alguns problemas de equilíbrio territorial; o segundo, após ter preconizado e procurado principalmente a descentralização industrial, tem como objetivo o desenvolvimento regional, considerado como componente do nacional. É nesse quadro que, em 1963, insere-se a criação da Datar, Délégation à l'Aménagement du Territoire et à l'Action Régionale, que tem a responsabilidade de coordenar o conjunto de funções que permitem a articulação em sistemas do território. As delegações regionais são nomeadas para a organização das estruturas territoriais e para as políticas dos novos assentamentos. Em 1964, as comissões para desenvolvimento econômico regional têm o papel de articular a ação de desenvolvimento nos diversos setores.

Com aproximadamente dez anos de atraso, na França, igualmente, a ideia das cidades novas é coordenada com as linhas de organização da estrutura urbana e com o papel de fornecer um quadro de conjunto do processo de terceirização do país. Começa a era do crescimento e dos investimentos (1958-1965) e o esforço de regionalização tem grande alcance. Os planos para as novas cidades estão, portanto, em uma escala intermediária entre Estado e município. Com sua implantação, deseja-se focar, de maneira sistemática, o fenômeno do crescimento de ocupação no âmbito regional. Assim, o V Plano de Desenvolvimento Econômico e Social, e, de modo mais decisivo, o VI (1968), fornecem indicações do desenvolvimento urbanístico articulado para polos de atividade industrial, de como descongestionar as áreas muito saturadas existentes no país e reorganizá-las segundo polos de edificações residenciais.

São individualizadas unidades de equilíbrio regional, autônomas e não congestionadas, que fornecem pontos alternativos à capital, definidas como "metrópoles de equilíbrio". O VI Plano prevê sete dessas "metrópoles", constituídas por uma ou mais cidades existentes, suscetíveis de reorganização: são as conurbações de Lille, Nancy, Lyon, Marselha, Toulouse, Bordeaux e Nantes, nas quais devem ser descentralizadas as atividades industriais. As expansões sucessivas serão garantidas por unidades urbanas totalmente novas, as *Villes Nouvelles*, que permitirão um aumento do número de moradias para responder às exigências de rápido crescimento dos grandes assentamentos urbanos, tornando-se um elemento estratégico, no âmbito de uma política geral, como alternativa à proliferação anárquica das periferias.

Concebidas para receber uma população variável entre cem mil e quatrocentos habitantes, diferindo entre si, essas metrópoles devem ser perfeitamente integradas em um sistema urbano e constituir novos centros com raios de ação em áreas muito extensas. A distância da cidade de referência deve ser tal que permita uma verdadeira descontinuidade física.

NA ITÁLIA: O PLANO TERRITORIAL DE COORDENAÇÃO

Em 1944, quando Abercrombie elaborava o plano da grande Londres, na Itália o grupo ABRR (Astengo, Bianco, Renacco, Rizzotti) começa o plano territorial de ordenação para o Piemonte "na efervescente atmosfera de esperanças e renovação pela liberação e pelo fim do conflito mundial". O escopo e os conteúdos desse estudo, assim como de outros contemporâneos –

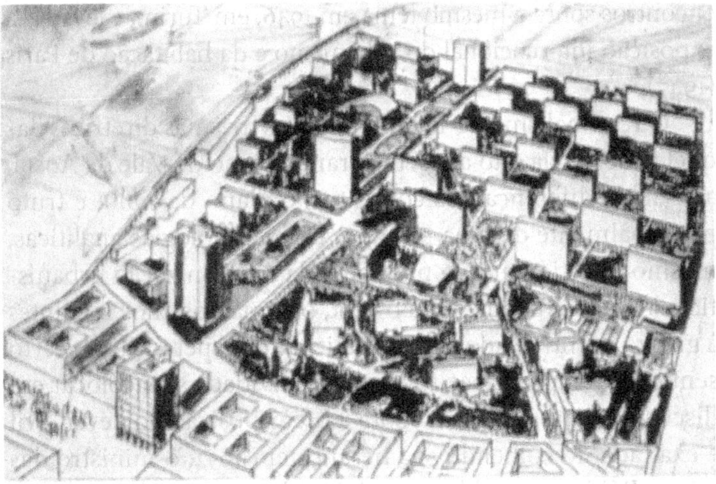

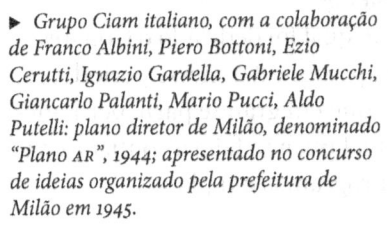

▲ BBPR, F. Albini, P. Bottoni, G. Mucchi, G. Pollini, M. Pucci, G. Romano (grupo Ciam/ Itália): projeto para o centro direcional de Milão, 1946, vista aérea.

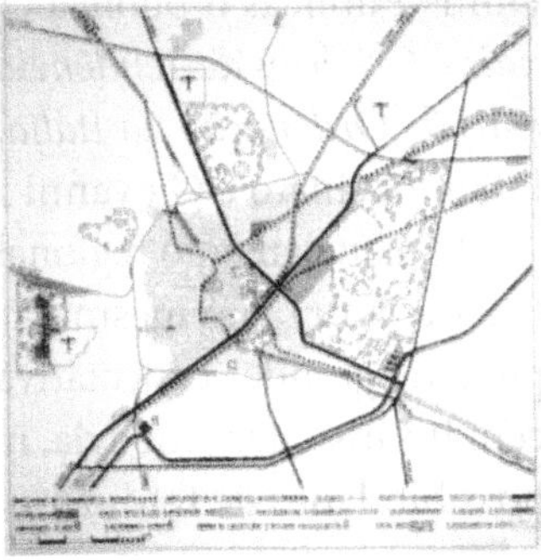

▶ Grupo Ciam italiano, com a colaboração de Franco Albini, Piero Bottoni, Ezio Cerutti, Ignazio Gardella, Gabriele Mucchi, Giancarlo Palanti, Mario Pucci, Aldo Putelli: plano diretor de Milão, denominado "Plano AR", 1944; apresentado no concurso de ideias organizado pela prefeitura de Milão em 1945.

o Plano AR para Milão dos Ciam (Albini, Bottoni, Gardella, Mucchi e BBPR) e o Programa Urbanístico para Roma do GUR (Piccinato, Ridolfi, Della Rocca, Sterbini, Guidi, Malpeli, De Renzi) – demonstram como apenas "sobre uma fundamentação ética os arquitetos dispostos a introjetar os valores da resistência podiam se reconhecer solidários".

As pesquisas preliminares, influenciadas pela literatura anglo-saxônica, pela francesa e pela alemã – mais tarde, descobrindo-se similares, na sua formulação, também à literatura polonesa, principalmente nos textos de estatística, economia política, demografia social e geografia humana –, suscitam o interesse não só dos urbanistas, mas também das instituições, graças às numerosas apresentações públicas.

Expostas em Milão, no Primeiro Congresso Nacional para a Reconstrução em 1945, foram depois apresentadas em outros encontros sobre o mesmo tema em 1946, em Turim, e levadas à exposiçao internacional do urbanismo e da habitação de Paris (1947).

O regionalismo do Plano AR tem as mesmas diretrizes daquele que, havia oito anos, inspirara o plano de Vale da Aosta, apesar da diferença dos contextos; o plano da ABRR é fruto principalmente de uma pesquisa de metodologias analíticas, mesmo questionando o problema da reorganização urbanística da área estudada. Para o GUR, o clima dos anos seguintes à guerra é atravessado por uma atitude de esperança; em certo sentido, o grupo persegue a própria atividade sem colocar em discussão o passado, mas agora a predisposição do dever civil é exaltada. Recolhendo sua herança em 1952, o ministro das Obras Públicas o publica em dois volumes: *Os Planos Regionais – Critérios de Tendência para O Estudo dos Planos Territoriais de Ordenação na Itália*, no qual colaboram, entre outros, Luigi Piccinato e Giovanni Astengo.

O planejamento regional, ao qual foi dedicado o Congresso INU de Veneza no mesmo ano, parece estar, nesse período, repleto de grandes expectativas, que em grande parte permanecem insatisfeitas. Todavia, nessa fase, não falta a confiança nas possibilidades de traduzir os programas em planos.

ENTRE PROGRAMAÇÃO ECONÔMICA E PLANEJAMENTO URBANÍSTICO. A CIDADE-REGIÃO

De 1961 a 1965, o Piano Intercomunale Milanese (PIM) constitui a primeira ocasião, na Itália, para refletir sobre a grande dimensão e a dispersão urbana. São membros do comitê técnico De Carlo com Belgioioso, Ciribini, Secchi, Tintori, Tutino e outros.

As publicações, mesmo com circulação limitada entre os encarregados dos trabalhos, são numerosas e de ampla visão teórica: sejam os textos de De Carlo (os três volumes sucessivos: *La pianificazione territoriale nell'area torinese*, 1964; *La pianificazione territoriale nell'area bolognese*, 1965; e *La pianificazione territoriale nell'area milanese*, 1966 [O Planejamento Territorial na Área de Turim, O Planejamento Territorial na Área de

Bolonha e O Planejamento Territorial na Área Milanesa]), sejam os relatórios conclusivos de outros projetos de pesquisas paralelas conduzidas pelo Ilses (Istituto Lombardo di Studi Economici e Sociali) por sociólogos, economistas e demógrafos relativos à área metropolitana de Milão e seu desenvolvimento econômico, à sua localização industrial, à agricultura em transição, à imigração, à instrução profissional e às finanças públicas. O esquema "a turbina" (1961-1963), desenvolvido pelo grupo, além da forma proposta, reflete a complexidade dessas pesquisas.

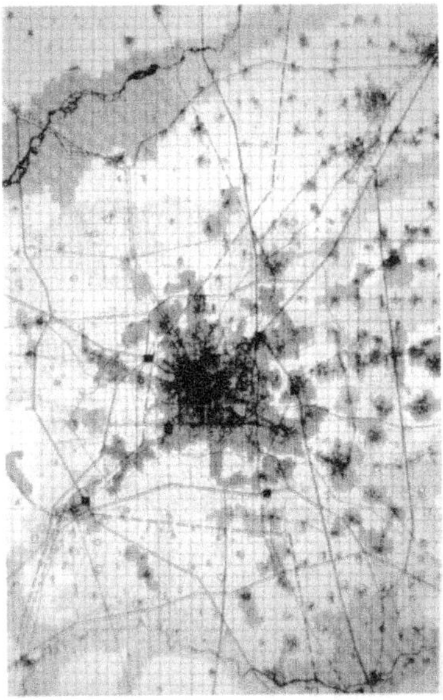

Ludovico Barbiano di Belgioioso, Giuseppe Ciribini, Demetrio Costantino, Giancarlo De Carlo, Silvano Tintori, Alessandro Tutino, do Centro de Estudos do Plano Intermunicipal de Milão (PIM): esquema do plano denominado "a turbina", 1963.

No Congresso da INU de 1962, o relatório entre programação econômica e planejamento urbanístico surge como tema de grande destaque. No mesmo ano, no Seminário Internacional de Stresa intitulado *A Nova Dimensão da Cidade: A Cidade-Região*, são comparados diversos modelos de cidade-região (uma cidade com crescimento desmesurado, que se estende sob a forma de uma urbanização contínua, um aglomerado de centros que conservam sua autonomia, um artifício formal pronto para resolver os problemas da congestão), para depois argumentar que a nova dimensão deve ser concebida "como uma relação dinâmica" dentro do processo de planejamento.

3. O Bairro

OS BAIRROS RESIDENCIAIS PÚBLICOS E A EUROPA

De fato, em todos os países da Europa, apesar dos programas de reequilíbrio territorial já mencionados, a reconstrução efetiva assume predominantemente o caráter de projeto urbanístico para bairros públicos de habitações, mais do que para planos de conjunto, com a consequência de um deslocamento maciço de trabalho na escala arquitetônica e da experimentação de uma grande variedade tipológica e de composição. A casa torna-se o principal, e quase exclusivo, objeto de dedicação e atenção, enquanto a expansão urbana periférica torna-se o principal problema do planejamento. Congressos e jornadas de estudo são ocasiões para uma análise comparativa entre as diversas experiências europeias. Abordam o problema da habitação operária sob o perfil da estandardização dos espaços residenciais, do custo de construção, das novas técnicas construtivas, introdução de materiais, organização do canteiro e dos sistemas de financiamento.

Se considerarmos os percentuais sobre a participação do Estado nos financiamentos para a construção de habitações, divulgados em 1950 pela Comissão Econômica Europeia, a França, e mais ainda a Itália, estão atrasadas; os países escandinavos (Suécia, Noruega e Finlândia), ao contrário, aparecem particularmente ativos. Na Inglaterra, a rápida expansão das cidades não é um fenômeno novo, mas agora se torna bem acentuada. As tradicionais longas filas de casas geminadas são aceitas pelas classes mais pobres, enquanto as bifamiliares ou individuais são para a burguesia média. Se a tentativa de delimitar o crescimento das áreas marginais, dirigindo-as para as cidades novas, teve um sucesso apenas parcial, a corrida em direção à periferia continuou tranquilamente.

Entre 1945-1955, a política habitacional é dominada pela necessidade de fornecer novas casas com a maior rapidez possível; somente a partir de 1956 essa política propõe um problema mais qualitativo. Paralelamente, o preço mais baixo dos terrenos da periferia facilita o deslocamento em direção aos subúrbios. Em Londres, depois que toda área livre em volta do perímetro urbano havia sido declarada parte integrante do *Green Belt* e, portanto, área não edificável, a disponibilidade de terrenos para novas construções, junto com a baixa densidade de população nos subúrbios, diminui. Assim, são favorecidos os planos de recuperação: as construções em terrenos particularmente caros promovidos por entidades públicas ou por organizações particulares recebem uma contribuição especial (o que favorece a construção de casas financiadas pelas autoridades locais, mesmo nas áreas mais centrais da cidade). Definitivamente, um grande número de moradias, de vários tipos e dimensões, é realizado em grandes bairros, de maneira que a composição da população seja mista. Os exemplos são numerosos.

O Golden Lane Estate (1954) de Chamberlin, Powell e Bon, é considerado um modelo, situado na fronteira norte da cidade de Londres, em uma área circundada por edifícios comerciais. A intenção é a de reconstruir uma área bombardeada, objetivando realizar um bairro com uma densidade de duzentas pessoas por acre, dotado de um centro social. A principal preocupação é criar um ambiente agradável com áreas de pedestres e separação de tráfegos; as quadras são planejadas de modo a haver variação tanto na altura como nas características e tipos de uso (apartamentos pequenos para uma só pessoa ou para casais; em dois andares a *maisonette*, com área maior para famílias). As construções são dispostas de modo que o bairro seja dividido em uma série de pátios internos comunicantes, que diferem na função e nas características.

Outro exemplo de conjunto de alta densidade, desta vez na área periférica, é Rohampton de LCC (1952-1955), a 16 km do centro de Londres, onde, devido ao seu valor histórico, alguns edifícios preexistentes foram conservados e reservados para instituições comunitárias. O princípio diretor dessa proposta também é colocar juntos edifícios altos e baixos, isto é, procurar um desenvolvimento misto. Trata-se de 2.611 moradias distribuídas em edifícios (onze ou doze andares), casas agregadas em linha com onze andares (com *maisonettes*), blocos de quatro andares, casas geminadas com dois-três andares, casas para idosos de um andar; alguns imóveis possuem estacionamento. O bairro impôs um novo e convincente conceito de subúrbio, caracterizado pela variedade da composição e de tipologias. West Ham, com mais de 255.000 habitantes no condado de Essex, ao lado do East End londrino, ao contrário, é um exemplo de reestruturação de um bairro periférico superlotado. O objetivo demográfico é reduzir o número dos habitantes para apenas 165 mil, reunidos em dezesseis unidades de vizinhança entre cinco mil e treze mil pessoas cada, com as quais se pretende dar condições qualitativas aceitáveis ao ambiente residencial. Dois centros cívicos estão divididos por um canal; os projetos das unidades, respectivamente do arquiteto do município de West Ham e de Abercrombie, são caracterizados por edificações baixas e médias (o primeiro) e pelo contraste entre casas unifamiliares e edifícios altos (o segundo), retomando os modelos arquitetônicos dos anos de 1930 propostos pelo "movimento moderno" inglês.

LCC, Rohampton, 1952-1955: vista do conjunto do bairro.

Totalmente diversa porque baseada em uma única tipologia é a opção do conjunto de Park Hill em Sheffield, por ser uma tentativa de incorporar as moradias tradicionais em um conjunto unitário que atenda às exigências urbanas mais modernas. Em substituição

J. C. Womersley, conjunto residencial com edifícios de diversos andares em Park Hill, Sheffield: foto da maquete.

às velhas casas geminadas demolidas, um sistema de ruas suspensas, tipo terraços, dá acesso às habitações, organizadas em série, ao longo do próprio terraço, e permite servir muitas moradias com um único elevador; os campos de jogos estão colocados nos jardins do bairro; há ainda lojas, aquecimento central dos apartamentos, e o conjunto é constituído por edifícios interligados sem solução de continuidade. Como uma grande serpente articulada, em uma localidade de grande declividade, a variedade do aspecto é garantida pelas mudanças de perspectiva que o longo edifício estabelece com o ambiente circundante.

Na França, o panorama do segundo pós-guerra é ainda mais caracterizado pela grande dimensão das intervenções residenciais. O princípio adotado é modelar os distritos que deveriam ser reconstruídos segundo prescrições planivolumétricas muito bem articuladas. Indicam-se não só os traçados viários e os alinhamentos a serem respeitados, mas assiste-se a uma definição mais complexa dos perfis, dos materiais, dos critérios de agregação, através de *ordonnances* (disposições) arquitetônicas de vinculação. Nos projetos de reconstrução e nos de desenvolvimento, a reorganização dos terrenos de propriedade é realizada como prática habitual. O *remembrement** deve corresponder a um projeto arquitetônico-urbanístico e

* *Remembrement* significa a criação de empresas rurais em grandes lotes, para facilitar a exploração das terras agrícolas. Visa também o planejamento rural do perímetro em que é implementado o reagrupamento de terras agrícolas pertencentes a um ou mais agricultores (N. da E.)

requer uma definição planivolumétrica preliminar. Outra instituição importante na reconstrução francesa e que também atua no sentido de incentivar o urbanismo por bairros é a dos Isai (Immeubles sans Affectation Immédiate), que podem ser realizados pelo Estado ou por associações de sindicatos e cedidos às vítimas em troca de suas indenizações pelos danos da guerra. Normalmente, o terreno se encontra em áreas de expansão e essas unidades têm um caráter experimental. Constituem um projeto piloto e têm foco na estandardização dos elementos construtivos e na introdução da pré-fabricação da construção. Os Isai e os conjuntos de HLM (Habitation à Loyer Modéré [Habitação com Aluguel Moderado]) realizados para as vítimas da guerra são precursores de imensas intervenções residenciais, que, a partir dos anos de 1950, marcam decisivamente o desenvolvimento da cidade francesa. O regime do solo também é modificado com o escopo de favorecer a difusão desse tipo de organização, com a lei fundiária de 1953, que codifica como prática ordinária os processos de *remembrement* e de agrupamento dos proprietários de solos interessados em projetos de planejamento.

Em 1954, essas disposições são reunidas no *Code de l'Urbanisme et de l'Habitation* (Código do Urbanismo e da Habitação), texto único do urbanismo francês que completa o processo de reforma iniciado com a reconstrução.

Em 1958, a lei que instituía as ZUP, Zones d'Urbanisation Prioritaire, tendia a favorecer ainda mais a concentração residencial em grandes intervenções construtivas. A caixa de depósitos e empréstimos, através das próprias sociedades imobiliárias, torna possível a construção de Grands Ensembles, assentamentos residenciais destinados a sessenta mil habitantes cada um (no todo um milhão de moradias, somente na região parisiense). Iniciam-se soluções baseadas nas significativas dimensões do complexo e de edifícios individuais localizados em áreas periféricas, os quais assumem características arquitetônicas similares (Créteil, Sarcelles, Bobigny, Poissy) ou, em alguns casos, adotando formas curvilíneas e evitando o uso de sistemas industrializados, tentando produzir uma maior variedade formal. Todavia, o relatório sobre Grands Ensembles de 1958 aponta a ausência de relações sociais no interior dos conjuntos e com o resto da cidade, e, portanto, a impossibilidade de se reconhecerem relações de vizinhança, assinalando o caráter de cidade dormitório.

Assim, em 1960, o Padog (Plan d'Aménagement et d'Organisation Générale) tenta sair da localização ocasional das intervenções na periferia de Paris; propondo afastá-las da metrópole, potencializa algumas cidades menores a 50-100 km de distância da capital.

Com uma tendência análoga ao crescimento da operação imobiliária, nos anos de 1960, na Alemanha (Hamburgo, Munique, Frankfurt), fala-se de superquarteirões, isto é, de conjuntos destinados a acolher não menos de cinquenta mil habitantes, os quais mostram como a expansão na cidade alemã ocidental ocorre a partir de um programa regional e da grande importância do tamanho da intervenção construtiva, fisicamente bem distinguível na organização territorial como entidade autossuficiente. A subdivisão em subáreas dá origem a bairros que, por sua vez, são diferenciados das unidades de vizinhança.

Em Berlim, o fio condutor da produção de edificações residenciais é um campo no qual a cultura arquitetônica vem operando desde os anos de 1920, em uma relação de colaboração permanente entre a municipalidade e as cooperativas de edificações. Estas últimas continuaram a ter um papel hegemônico no setor da habitação social, tendo construído, em 1958, mais de 50% das moradias; pode-se dizer que são elas que de fato determinam a política urbanística da cidade.

Do ponto de vista arquitetônico, são modelos famosos Charlottenburg, no norte de Scharoun (1957-1960), em continuidade com os programas dos anos de 1920, e o bairro Britz-Buckow-Rudow ao sul; o desenvolvimento dessa área é promovido pela Gehag, a mesma cooperativa que antes da guerra havia realizado Britz e, mais tarde, em 1955, sua ampliação. Em 1959, a Gehag é também a concessionária de uma nova e verdadeira cidade na cidade, com um projeto de Gropius junto a um grupo de colaboradores americanos. A implantação linear das casas possui como polo principal uma área verde construída no eixo central, servido pelo metrô e por duas estradas de rápida interligação com o centro. Subdividida em duas unidades funcionais das vias secundárias transversais, a edificação é fluida para contrabalançar a linearidade da implantação urbanística e favorecer a experimentação tipológica e de agregação das células residenciais. Unidade no todo e variedade nos detalhes são as características que compõem o conjunto. Todavia, os planos de ação feitos através de concursos acabam por inverter o critério geral do conjunto: as unidades se tornam blocos e volumes desconexos, e as áreas verdes parecem espaços residuais. A intervenção da Gropiusstadt foi completada em 1972 e reduziu o urbanismo à mera produção de moradias, em vez de um modo de construir cidades. Situações análogas caracterizam Märkisches Viertel (1959-1972), com dimensões parecidas (cinquenta mil habitantes), em uma área marginal rebaixada ao lado do Muro de Berlim. O projeto geral é de Werner Düttmann, urbanista chefe do município que, em colaboração com Müller e Heinrichs, concentra a edificação em faixas edificadas às margens do terreno, delimitando espaços livres, equipamentos e preexistências em uma área que possui no centro um grande grupo de serviços. Os treze núcleos previstos são, mais tarde, entregues a arquitetos famosos, que trabalham isoladamente, cada qual em seu próprio lote, sem que exista uma variedade autêntica. A repetição dos elementos tipológicos, a rigidez dos processos de produção e a condição subordinada dos arquitetos acabam por condicionar o resultado final; rapidamente, o bairro apresenta problemas de recuperação. Logo após a guerra, também na Holanda passa-se de um modo de fazer urbanismo fundamentado em um modelo estrutural para um procedimento baseado no desenho de unidade da quadra, dividida, por sua vez, em unidades de vizinhança, com um projeto tanto urbanístico quanto arquitetônico. Por outro lado, aqui as tradições culturais são especialmente férteis, sendo representadas pela lei de 1901 e pelas intervenções de Berlage em Amsterdã, bem como de Oud e Rietveld nos anos de 1920. Os bairros de Bakema

J. H. Van den Broek, J. B. Bakema: projeto Pampus para a expansão de Amsterdã, 1965-1968.

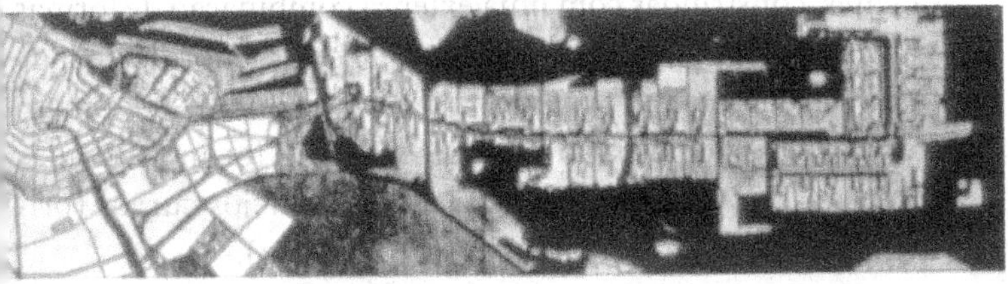

e Van den Broek, Kleine Driene e Hengelo (1950-1958), Nord Kemerland (1957-1958), e também o de Eindhoven (1962-1972), aplicam os princípios definidos pelo grupo holandês dos Ciam, subdividindo o bairro em unidades de vizinhança repetidas (e progressivamente cada vez mais articuladas); desse modo, os elementos que as compõem oferecem uma significativa variedade de tipologias de residências geminadas de três e quatro andares, ou unifamiliares, para acolher diversas classes sociais e etárias. Também nos estudos para a expansão de Delft (1972), para atender ao programa são propostas regras compositivas, individualizadas nas unidades de vizinhança.

Na Dinamarca, os numerosos grupos de habitação têm sua identidade visível na repetição de módulos, a cada vez agregados de modo diferente, enquanto a diversidade temática é dada pelos diferentes modos de compor o conjunto; edifícios altos, casas com pátios abertos para a baía ou fechadas ao entorno, edifícios lineares e geminados de quatro andares, *bungalows* (Söndergard Park). A base é constituída pelo sistema viário, a separação dos tráfegos, a disposição dos estacionamentos, a dotação e distribuição dos serviços sociais. Foram introduzidos também blocos altamente industrializados. Os jardins privados, frequentemente, são pequenos, enquanto os espaços abertos são compostos de modo a formar uma área verde comum entre os grupos de casas.

Na Suécia, ainda mais, a realização de novos bairros residenciais constitui um campo experimental que inclui casos interessantes e diferentes, por tipos de pesquisa realizada com um caminho próprio dos anos de 1950 à década de 1970. Subúrbios destinados a classes sociais distintas são acompanhados pelo desenvolvimento da rede ferroviária. Passa-se da proposta de edifícios altos em 1941, nas proximidades de Estocolmo, a agregações que atribuem a cada edifício um papel autônomo (1944), atenuado pela repetição, até os exemplos de cidades-satélites, construídas com uma extensa combinação de formas (Vällingby, 1950-1951, e Farsta, 1960). Com menor densidade (casas uni-familiares) e maior variedade de núcleos, retomam o tema da casa com pátio (articuladas, com formas fechadas ou muitos cruzamentos), ou aquele dos edifícios curvos (privilegiando a ênfase formal ou a fragmentação).

Na Europa como um todo, percebe-se uma elevada experimentação tipológica e de composição dos elementos básicos, a realização de uma ampla variedade de núcleos realizados com dimensões muito diferentes entre si. O terreno de comparação é aquele das diversas escalas de aplicação dos modelos de projetos: vê-se uma variedade considerável de exemplos no que diz respeito à presença de áreas verdes, de edifícios públicos, ao uso das cores e dos materiais e à padronização dos elementos construtivos.

O PLANO PARA A OCUPAÇÃO OPERÁRIA E AS CASAS PARA OS TRABALHADORES

Na Itália, com a legislação relativa aos planos de reconstrução para os bairros danificados pela guerra, uma segunda providência caracteriza de modo significativo o urbanismo do segundo pós-guerra: é a lei de 1949, relativa ao Plano Fanfani (plano para o incremento da ocupação operária através da construção de casas para trabalhadores), que constitui o primeiro grande esforço no setor da edificação residencial pública no país. O objetivo é retomar as atividades econômicas com dinamismo, absorvendo a mão de obra em um setor importante como a construção civil, capaz de responder às necessidades urgentes causadas pelas destruições bélicas e pelo crescimento da população. A ação pública se desenvolve por meio de uma entidade federal que possui competências financeiras, o Ina-Casa, e um sistema de contratos e subcontratos que claramente demanda a realização por construtoras privadas. O lançamento do plano Ina-Casa, em 1949, articula-se sobre o tema do bairro e de seu projeto profissional urbano-construtivo, expectativas e vontade de experimentação, mergulhando, sem solução de continuidade, por todo o setor de reconstrução na fase do *boom* econômico. Sem dúvida, trata-se do maior e mais articulado plano de intervenção pública dirigido ao setor de habitação jamais elaborado no país: o único na Itália que, por qualidade e consistência, pode ser comparado com as experiências estrangeiras análogas.

O plano, que visa atribuir aos trabalhadores "uma moradia humana e adequada para cada um", busca "inserir-se na

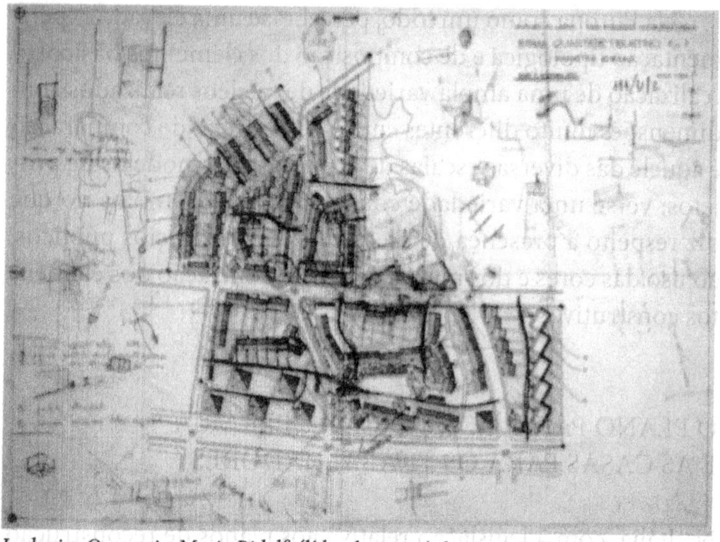

Ludovico Quaroni e Mario Ridolfi (líder do grupo), bairro Ina-Casa Tiburtino, Roma 1949-1954: estudo planimétrico.

tradição arquitetônica italiana, tão rica na variedade de sua história e de sua paisagem". Não impõe projetos, mas escolhe os arquitetos, para os quais indica esquemas-tipo (funcionais e de custo acessível) que possam ser facilmente inseridos no ambiente onde serão construídos.

As realizações, que deveriam colocar no mercado 25 mil moradias por ano, em milhares de municípios com equipamentos, em áreas bem servidas e ligadas aos centros de trabalho, são em geral localizadas em áreas de baixo custo, externas ao raio de expansão da cidade, gerando aumento no preço de terrenos compreendidos entre os novos núcleos de casas e os últimos trechos das construções urbanas. Nos dois primeiros setênios, a entidade gera trabalho para cerca de quarenta mil operários de construção e produz 335 mil novas habitações, principalmente em três tipos de implantações (inspiradas nas intervenções escandinavas coevas, sobretudo suecas, segundo declaração explícita dos projetistas).

O primeiro é uma entidade autônoma que repropõe as condições de vida e as formas arquitetônicas "tradicionais": entre elas podemos citar o Borgo Panigale em Bolonha de Giuseppe Vaccaro e outros, para 584 habitações em uma área de apenas treze hectares, onde o conjunto residencial é concentrado em torno de um centro com algumas praças; o Tiburtino em Roma, de Ludovico Quaroni e Mario Ridolfi (coordenadores de um grupo no qual trabalhavam também Carlo Aymonino, Federico Gorio, Carlo Melograni e outros), para 771 moradias em nove hectares. Nem cidade nem periferia, esse bairro foi definido por Tafuri como "uma afirmação de raiva e de esperança traduzida em azulejos, tijolos e acabamentos de baixa qualidade". Possui uma planta articulada, sob a sigla da "arquitetura orgânica", caracterizada pela rejeição de posturas uniformes, recuos constantes e repetições de poucos tipos construtivos, a favor, no entanto, de uma unidade perseguida por meio da sobreposição de perspectivas sempre variadas e de espaços diversos ligados entre si por um retomado valor da rua. Vez por outra, os edifícios-tipo se adaptam às exigências específicas dos espaços onde estão situados. A arquitetura é rica de motivos rurais, dos terraços de ferro batido aos telhados inclinados, ao corte das janelas, às sequências das escadas externas. Outro exemplo, com dimensões muito maiores, inspirado na mesma cultura arquitetônica, é aquele de San Giuliano em Mestre, de Giuseppe Samonà, Luigi Piccinato e outros, nos quais os tipos de edificações estão entre a espontaneidade reproduzida das pequenas cidades do vêneto e momentos de maior adequação com a geometria de integração do conjunto. Também nesse caso, a variedade tipológica é considerada um valor positivo.

O segundo tipo é representado pelo bairro, uma organização com pátios e vazios internos, definidos de forma diferente do ponto de vista arquitetônico, e parcialmente cobertos. Foram realizadas tentativas para implantar esse projeto, com 968 residências em vinte hectares, entre outros locais, em Bolonha no Cavedone com o projeto de Benevolo, Gorio, Vittorini; em Florença-Prato e em Milão no projeto Cesare, em San Siro, Nápoles, no Secondigliano, e em Turim no Falchera, com projeto de Astengo, Renacco, Rizzotti.

Por fim, tem-se a unidade de habitação, na qual se baseiam Adalberto Libera no Tuscolano em Roma (acessível pelo pórtico do prédio comercial situado na beira da calçada), a Cooperativa Ingegneri e Architetti di Reggio Emilia em Nebbiara, Mario Fiorentino e Italo Insolera no S. Panagia de Siracusa.

Com a lei que inicia seu segundo setênio de atividades, o plano de Ina-Casa passa por uma profunda transformação: estima-se que os funcionários ou as cooperativas com rendimentos mais substanciais possam integrar-se automaticamente ao plano e concluir as moradias mais rapidamente. Portanto, o programa não se dirige apenas aos mais pobres, mas a uma categoria mais ampla de trabalhadores. Porém, em seu conjunto, a política de Ina-Casa, assim como aquela dos grandes bairros europeus, mantém-se contrária a um planejamento urbano geral. Localizados em áreas distantes dos centros urbanizados, para utilizar terrenos de baixo custo, os bairros, em alguns casos, fogem de qualquer classificação de plano e, em outros casos, o condicionam. Normalmente, aproveitando a infraestrutura criada pelo operador público, estimulam a especulação fundiária e construtiva que, gradualmente, circunda as áreas centrais. Na verdade, essa política ratificou a existência de um campo específico do urbanismo italiano.

Em 1962, a lei 167 para a construção econômica e popular, com a prévia desapropriação de todas as áreas interessadas, introduziu uma programação do tempo e dos modos de intervenção por parte dos municípios, criando, assim, um caráter promocional, e não apenas regulador, da intervenção pública. Com uma firme escolha política, alguns municípios (em particular, Bolonha), dando uma interpretação ampla à expressão "construção econômica e popular", planejam, de acordo com essa lei, 90% da expansão residencial prevista, mesmo que esse percentual tenha sido posteriormente reduzido pelo Ministério ao aprovar o plano. De 1963 a 1966, por meio de seu centro de estudos, a Gescal (Gestione Case per Lavoratori), que substitui Ina-Casa na gestão nacional da construções públicas e torna-se sua herdeira também na área de intervenção urbana, realiza um conjunto de pesquisas a respeito de padrões construtivos e urbanos, visando determinar os parâmetros de avaliação, projeto e execução dos seus programas de moradias econômicas populares. Em fevereiro de 1964, o centro de estudos Gescal, com a colaboração do Ises – Istituto per lo Sviluppo dell'Edilizia Sociale e do Inarch (Istituto Nazionale di Architettura), promove um simpósio sobre a construção habitacional, cujo tema principal é a questão dos *standards*.

Em seguida, o centro de pesquisa desenvolve sua própria tabela de *standards* urbanísticos com valor normativo nas intervenções realizadas pela entidade. Em certo sentido, a chamada lei Ponte incorpora esse patrimônio de estudos.

A IDEOLOGIA DE COMUNIDADE

Enquanto isso, assumindo o valor de um modelo teórico e a natureza de uma área de aplicação, a experiência de Matera ratifica o recurso ao bairro como solução para o problema das cidades na Itália. Essa experiência tem início a partir do estudo realizado para a Fundação Fulbright pelo sociólogo norte-americano F. Friedman, sobre uma comunidade que constitui o caso limite do atraso do sul da Itália. Uma comissão mista, INU-Unrra Casas (instituições nas quais Olivetti possui papel significativo), coordenada por Quaroni, Gorio com Friedman e outros sociólogos, começa a lidar com as realidades de Matera. A solução proposta para superar a degradação social e material é a liberação do núcleo histórico específico – com o saneamento dos Sassi* – e a construção de novos bairros periféricos, prevendo também a formação de subúrbios rurais. Em 1951, a Unrra Casas financia duzentas moradias para o bairro rural de La Martella, com projeto de Gorio, Lugli, Quaroni e Agati. Contra a vontade da instituição, ele reforma Puglia (entidade de transformações da região Puglia, no sul da Itália), que queria uma implantação dispersa de casas isoladas, o projeto prevê um conjunto compacto e unitário, em que arquitetos e sociólogos buscam reproduzir as antigas estruturas comunitárias e de relação de vizinhança dos Sassi. A solução utilizada é, então, um compromisso: casas isoladas, mas agregadas em um bairro. Em 1952, Luigi Piccinato é encarregado da redação de um PRG (plano diretor), com o qual estabelece, posteriormente, um quadro coordenado de iniciativas, a maioria já em andamento, para o saneamento construtivo e social e para a reforma agrária. O plano confirma a mudança dos Sassi e a formação de subúr-

* Os Sassi di Matera (Sasso Caveoso e o Sasso Barisano), junto ao bairro Civita, formam um núcleo urbano e constituem o centro histórico da cidade (N. da E.).

bios rurais (La Martella, Borgo Venusio, Torre Spagnola) e de bairros urbanos (Spine Bianche, Serra Venerdì, Lanera). Os Sassi esvaziados permaneceram durante décadas em um estado de grave degradação. La Martella, único bairro realizado e regularmente habitado, sofre de um estado de isolamento onde

Comunidade rural de La Martella: foto aérea, 1954.

L. Quaroni, C. Doglio, A. Fiocchi, L. Giovannini, G. Raineri, N. Renacco: plano diretor geral de Ivrea, 1952-1959.

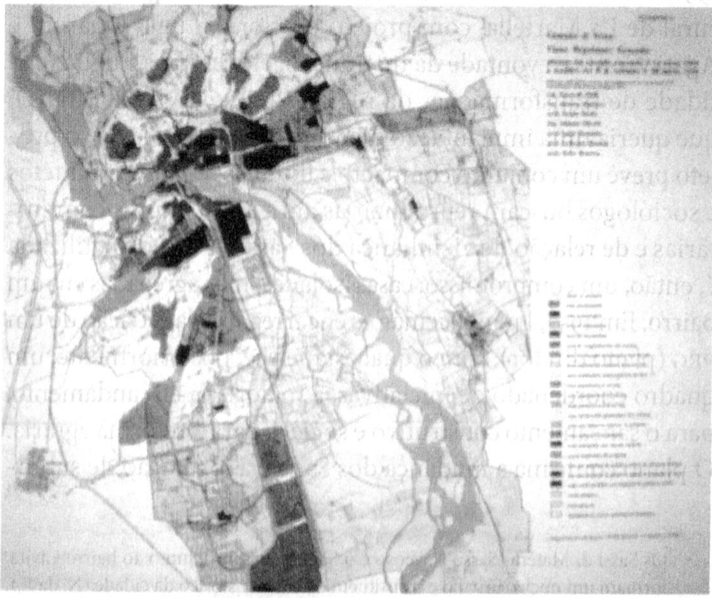

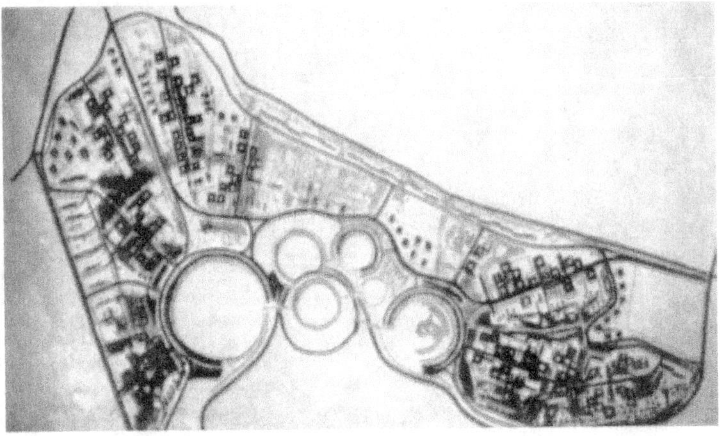

L. Quaroni, M. Boschetti, A. De Carlo, G. Esposito, L. Giovannini, A. Livadiotti, L. Menozzi, A. Polizzi, T. Musho, concurso para o CEP *às* barene *de San Giuliano: planimetria geral, 1958.*

as relações da comunidade imaginadas pelos promotores não ocorrem.

O concurso nacional para o projeto preliminar, em 1959, do bairro CEP às *barene**de San Giuliano em Mestre representa para os arquitetos uma ocasião de retomada desses temas. Alguns dos projetos apresentados, principalmente os de Ludovico Quaroni e de Saverio Muratori, abrem novamente o debate nacional sobre a possibilidade, para a arquitetura, de condicionar as formas associativas e as formas de uso dos espaços individuais e coletivos. Mesmo não tendo sido realizados, os projetos permanecem como uma das etapas fundamentais da cultura urbanística italiana – cuja memória, contudo, subsiste apenas nas páginas das revistas de arquitetura – constituindo um banco de provas da capacidade de um centro histórico, Veneza, de conviver com a modernidade e de propor formas de modernização da periferia compatíveis com a existência de relações sociais estratificadas.

* *Barene* são terrenos de forma tabular, típicos das lagunas e periodicamente submersos pelas marés. O nome *barena* deriva do vocábulo da região vêneta *baro*, que significa moita ou tufo de erva, em referência ao terreno pantanoso onde crescem esses arbustos (N. da E.).

Instrumentos

1. Os Níveis de Planejamento

OS NÍVEIS DE PLANEJAMENTO NA FRANÇA E NA HOLANDA

O que parece muito diferente nos diversos países europeus é o conjunto de entidades que competem nas decisões sobre as questões urbanísticas. Os casos extremos em termos de centralização ou, pelo contrário, de máxima descentralização das escolhas de plano são a França e a Holanda. Na França, a característica de destaque da organização é dado pelo planejador principal, que, em todos os níveis, é o Estado (representado pelo Ministère de l'Equipement et du Logement e por seus órgãos periféricos), capacitado até para a emissão de licenças de construção. A eficiência da máquina burocrática permite uma aplicação pontual e eficaz da lei, mas sacrifica qualquer princípio de autonomia local.

Não existe, contudo, um plano nacional. O nível regional, inexistente no plano administrativo, está claro nas intenções programáticas, com a divisão do território nacional em 22 departamentos, áreas independentes em termos geográficos, demográficos e econômicos. A lei prevê a elaboração de planos regionais, relacionados aos programas econômicos plurianuais.

Em nível sub-regional são previstos planos urbanísticos que abrangem diversos municípios (Groupement d'Urbanisme), diferenciados por problemas de planejamento unitário. O gerenciamento estatal unitário facilita a tarefa. No nível municipal, existe uma distinção, introduzida em 1958, entre o plano geral e o plano executivo. Em 1967, uma nova lei apresenta o plano diretor geral, que corresponde ao planejamento econômico em longo prazo, e estabelece, em linhas gerais, a capacidade de implantação da área, bem como o uso do solo. Os planos de uso do solo de áreas específicas correspondem ao planejamento em médio prazo (planos decenais) e estabelecem o zoneamento, mantendo, porém, certo grau de flexibilidade em relação a mudanças inesperadas. Os planos executivos correspondem ao planejamento em curto prazo e são o instrumento privilegiado da intervenção pública, por meio das quais são executados os grandes projetos de modernização e reorganização da infraestrutura.

Na Holanda, entretanto, a organização do planejamento urbano reflete a estrutura federativa do Estado e a pequena dimensão do país, além das antigas tradições de autonomia dos centros. A disciplina sobre o planejamento do espaço veio com a lei de 1965, pela redução ao mínimo de interferências centrais nas onze províncias. O plano nacional foi substituído por uma política de planejamento, como parte da política de desenvolvimento do país. Mesmo nas províncias individuais, não existe um plano que abranja todo o espaço da província: o princípio é proteger a autonomia das entidades locais. Mas a província dá orientações segundo os próprios planos municipais, aprova-os (verificando a coerência entre objetivos municipais e provinciais) e elabora outros relativos a partes do território de sua jurisdição. Esse sistema permite que a província aproveite todas as sugestões e as instâncias solicitadas pelas autoridades locais e também corrija, aos poucos, o foco das intervenções de plano.

Em nível municipal, verifica-se a distinção entre o plano geral (obrigatório para todos os municípios e relativo às áreas de expansão) e um plano detalhado. Os municípios também podem, opcionalmente, apresentar um plano para os assentamentos existentes. Os planos são acompanhados por um plano de estrutura, que é o programa de execução das intervenções previstas. A implementação ocorre por meio de planos detalhados (geralmente com desapropriação prévia das terras) e licenças de construção.

O setor residencial possui em média, um terço de realização pública, o que tem efeito substancial sobre a produção de moradias e sobre o regime de preços dos terrenos.

Igualmente importantes são as formas de divisão agrícola com os planos territoriais elaborados pelo Ministério de Tráfego e das Obras Hidráulicas, para gerir as terras recém-conquistadas do mar até a criação da entidade pública para um novo pôlder. O ministério também é responsável pelas novas cidades construídas nesses territórios. Após o término das obras de colonização, as instituições para o pôlder são substituídas por autoridades locais normais, às quais é atribuído um elevado grau de iniciativa e responsabilidade na gestão de seu próprio território, que (graças à relação histórica que une os municípios entre si) não impede, mas facilita a coordenação no âmbito regional e nacional. Muito estreita é a ligação com o planejamento econômico, também devido à exiguidade de território disponível e pela necessidade de evitar os desperdícios.

A REFORMA URBANA NA ITÁLIA. O CÓDIGO DE URBANISMO

Na Itália, os níveis de planejamento não são claramente diferentes, e as competências - nacional e locais - continuam interligados. O Congresso do INU, em 1948, em Roma, representa a primeira oportunidade para o reencontro dos urbanistas italianos após a guerra, para retomar as rédeas de um trabalho comum: seu compromisso é dirigido, especificamente, à necessidade de uma reforma da legislação urbana em vigor. A batalha da corporação continua com picos de maior ou menor intensidade ao longo de toda a década seguinte. No final dos anos de 1950, amadurece o interesse geral para que a legislação no país se renove com as propostas de um código de urbanismo, baseado no exemplo do Code de l'Urbanisme francês; no início da década de 1960, o foco é exatamente este. Os urbanistas mais conhecidos e mais engajados politicamente

(Piccinato, Samonà, Astengo) estão presentes não apenas no Congresso do INU, mas também nas comissões ministeriais, instituídas respectivamente pelo ministro Zaccagnini, em seguida por Sullo e, enfim, por Pieraccini, que se sucederam no cargo. O código de urbanismo não somente assume o sistema de solos como ponto central da reforma, mas quase identifica os dois aspectos da questão, deixando de lado o tema da relação entre planejamento urbano e planejamento econômico que, ao contrário, construirá o debate dos anos sucessivos.

A lei 765 de 1967, aprovada como consequência dos protestos após o deslizamento de terra e o escândalo dos abusos no vale dos Templos de Agrigento (1966) e apresentada como antecipação de uma futura lei geral, logo se revela um sucedâneo da reforma que faltava. Baseia-se na proposta de relançamento do plano detalhado e daquele de loteamentos (entendido como um plano detalhado da iniciativa privada onde a administração municipal exerce uma função de controle). A lei também introduz a contribuição para as despesas que envolvem a transformação, passando para a iniciativa privada as obras de urbanização primária e uma parte dos custos relativos à urbanização secundária. Também estabelece padrões mínimos a serem cumpridos em relação a áreas verdes, estacionamentos e equipamentos sociais. Em Roma, os bairros realizados por meio do PEEP, Piano di Edilizia Economica e Popolare (Plano de Construção Econômica e Popular), constituem grande parte da expansão residencial, e seu projeto, em grupos de casas em torno das diversas infraestruturas viárias principais, define, em sua essência, a forma planimétrica da expansão periférica.

Em 1971, a lei 865 sobre a habitação estabelece as características dos planos para a construção econômica e popular e, por analogia, dos planos a serem destinados a assentamentos produtivos. Ocupa-se também dos planos para as áreas a serem desapropriadas nas zonas de expansão, fixando a indenização de desapropriação segundo valores agrícolas. A aplicação dá-se, portanto, por meio dos instrumentos urbanísticos executivos, que são de quatro tipos: ao antigo plano detalhado estabelecido pela lei de 1942, foram acrescentados o plano de zona para a construção econômica e popular (lei 167 de 1962), o plano de loteamento convencionado (lei 765 de 1967) e o plano das áreas a serem destinadas aos assentamentos produtivos (lei 865 de 1971).

Uma característica dos planos de execução é ter validade de tempo determinado, geralmente por dez anos. Podem ser diferenciados em diretores e promocionais: os primeiros permitem ao município controlar ou orientar os tipos do desenvolvimento; os segundos permitem promover, diretamente, o desenvolvimento das áreas onde são aplicados, pela desapropriação de terrenos e sua urbanização direta, ou pela cessão para operadores com direitos (para construção popular e assentamentos produtivos).

2. Os Novos Procedimentos

O PROGRAMA E O "ESQUEMA DIRETOR"

Outro setor de diferença entre os países da Europa e de inovação nas questões de urbanismo é o dos procedimentos de planejamento adotados, pela primeira vez, para a reconstrução. No pós-guerra, pela primeira vez, as decisões que afetam o território nacional no Reino Unido são baseadas em planos de consultoria (Advisory Plans), em vez de vinculativos. Na prática, estes são os primeiros planos orgânicos verdadeiros, que representam, ao mesmo tempo, a reconstrução e um desenvolvimento equilibrado das diferentes regiões do país. De fato, entre 1939 e 1951, são encomendados mais de cem Advisory Plans para as áreas urbanas do país e alguns planos regionais para as áreas metropolitanas, que não se configuram mais como instrumentos normativos. Discutidos e aprovados pelo ministério, estes são documentos políticos e de planejamento.

De fato, com a lei de 1947, passando da fase experimental para a de implementação, surge um novo estilo de plano, uniforme e bem definido no que diz respeito à filosofia do próprio plano e à sua relação com o projeto arquitetônico e sua execução.

Essa transição é essencial para compreender o sentido da reconstrução britânica e seus desenvolvimentos futuros. O novo tipo de plano pretende ser flexível e se define, essencialmente, por objetivos. O Development Plan, espinha dorsal do renovado sistema urbanístico, indica apenas as linhas estratégicas do desenvolvimento de um condado, estabelecendo quais cidades e vilas são suscetíveis de expansão e quais devem manter seu tamanho, as diretrizes de crescimento, área a ser preservada como área verde ou reservada à função agrícola, localização da área industrial ou residencial. O Town Development Act, de 1952, utilizado como alternativa à política das New Towns, assimila seu espírito, prevendo o desenvolvimento de cidades de pequeno porte e apoiando-se nas iniciativas das autoridades locais. O tema central que o inspira é sempre o do reequilíbrio.

Na década de 1960, mesmo na França, começam a desenvolver-se sistemas de planejamento: os órgãos nomeados para a gestão das áreas metropolitanas elaboram esquemas "diretores", cuja união deveria descrever a situação de previsão nacional. Além da indicação da localização das cidades novas na região de Paris, tais esquemas acrescentam a localização de novos núcleos na proximidade das outras cidades industriais (Rouen, Lyon, Marselha), ampliando os esforços para descentralizar as áreas fortes do país. Para a elaboração dos planos, uma agência fundiária e técnica – cujo trabalho torna-se parte das comissões de planejamento estabelecidas para cada Ville Nouvelle (Nova Cidade, 1966) – ajuda as entidades locais, apenas durante a obra, sendo substituída, em seguida, por órgãos públicos comuns.

A elaboração do "plano diretor" (ou "esquema", como é frequentemente chamado, de certa forma atenuando seu caráter normativo) corresponde a uma atenção generalizada para o planejamento econômico e, em toda a Europa, ao desenvolvimento de programas de possíveis operações de transformação de territórios. A aventura das Villes Nouvelles na França, por exemplo, leva à criação de novos procedimentos de planejamento e de outros organismos, implantados por fim com uma tarefa específica, para elaborar organogramas referentes às possíveis operações de investimento na construção civil. A missão de estudo para a cidade nova de Evry inicia seus trabalhos em 1966, e está entre as primeiras. A meta fixada pelo esquema diretor consiste na criação de um centro urbano regional com fácil acesso a partir de Paris e de sua região, de modo a renovar a periferia circunstante, proporcionando condições de vida urbana, por meio da realização de grandes bairros residenciais, os Grands Ensembles.

O setor industrial é de grande importância, uma vez que os autores do plano consideram que o eixo sul da urbanização, sobre o qual se desenvolve a cidade nova, constitui um suporte de desenvolvimento produtivo adequado. No coração urbano, serão localizados os escritórios administrativos e o centro comercial regional em volta da ágora (o coração da capital da região). Mesmo Cergy Pontoise, declaradamente, nasceu como cidade nova, uma cidade real e não um conjunto desolador de bairros de moradia, um organismo em crescimento de grande vitalidade, longe da poluição, localizada em uma área verde natural e protegida, rapidamente interligada com a área de La Defense através de boas autoestradas e trens frequentes. Na verdade, a forma de implantação e a qualidade da arquitetura tornam-na uma área de exclusão.

Durante os cinco anos que vão de 1957 a 1962, um grupo de trabalho sugere a criação de oito Métropoles d'Équilibre (metrópoles de equilíbrio), com o objetivo de criar uma individualização articulada de papéis diferentes para cidades das províncias capazes de maior atração, como um antídoto para o aumento adicional da capital.

Com essas premissas e em função das críticas ao Padog, quando, em 1965, é apresentado o *Schéma Directeur d'Aménagement et d'Urbanisme de la Région de Paris* (Plano Diretor de Organização e de Urbanismo da Região de Paris), verifica-se uma mudança radical na política como uma alternativa concreta ao subsequente aumento da capital, mas com reflexos em outras áreas de concentração do país. Essencialmente, há o prenúncio de novas entidades urbanas fora de Paris, nove "cidades novas" (que o Schéma Directeur de 1969 reduzirá para cinco), a partir da observação de que o papel das cidades existentes nos diversos anéis da coroa é muito baixo. Em 1965, nascem também os Oream, organismos criados para estudar as áreas metropolitanas, que propõem esquemas diretores, visando delinear a situação territorial nacional.

A REPRESENTAÇÃO DO PLANO E DOS DADOS ANALÍTICOS

Paralelamente, torna-se cada vez mais sofisticado o modo de representar as análises socioeconômicas do território em estudo (seja ele o centro histórico a ser preservado ou a área metropolitana), as tendências previsíveis, além do próprio instrumento do plano. A especificação da simbologia das legendas, junto com o uso de instrumentos de pesquisa fotogramétrica e de recuperação, e a elaboração de mapas temáticos, definem um novo setor de competência e especialização. Os escritórios do plano devem se equipar para atender a essas novas exigências.

Na Itália, Giovanni Astengo, editor chefe da revista *Urbanistica*, apresenta o projeto gráfico da primeira edição da nova série em 1949, argumentando sobre a necessidade de um sistema unificado que, pensado para redesenhar os planos a serem publicados, é também sugerido para a prática de projeto, assumindo, com isso, um significado mais geral.

A proposta refere-se, em princípio, às pranchas de projeto, mas estabelece um critério geral de unificação e um método de trabalho que serão repropostos novamente pelo próprio Astengo para os planos territoriais de coordenação: ele codifica a representação gráfica dos dados estatísticos para os desenhos de análise (sobre a distribuição e densidade populacional, a origem e destino dos diversos tipos de tráfego, a quantidade de áreas verdes). A fundação de uma linguagem técnica, onde palavras e sinais assumem um significado acordado e aceito unanimemente em um setor especializado, é indicativa da aspiração dos urbanistas de superarem definitivamente a imprecisão criativa, em favor da clareza das regras quantitativas e de um rigor científico de sua disciplina. A sutileza ou conformação das linhas, a dimensão, a cor e a intensidade dos fundos, o posicionamento dos símbolos e das figuras que os identificam não são elementos relevantes em si mesmos. Contam apenas em função do significado previamente atribuído. No desenho do plano, bem como nos desenhos analíticos que o acompanham, afirma-se a primazia do signo convencional, em vez daquele icônico, ainda que, nos anos de 1950 e de 1960, continue enraizada a visão de que na cidade a estrutura dominante (imediatamente visível) é a criada pelo sistema de mobilidade.

A IDEIA DE "PLANEJAMENTO CONTÍNUO"

Em meados dos anos de 1960, certamente baseado em grande parte na metodologia desenvolvida no âmbito de diferentes escalas de observação, usadas nas experiências da Úmbria, Giovanni Astengo teoriza sobre o "planejamento contínuo", um *slogan* que inspirou toda uma geração de planos diretores não apenas na Itália. A ideia é que devemos realizar uma série de decisões urbanísticas ligadas entre si e coerentes com o processo de desenvolvimento real, "temporalizadas" e derivadas das tendências econômicas e demográficas estabelecidas; "operacionais" para a consecução dos objetivos definidos e articulados nos planos de longo, médio e curto prazo, através de atos de "intervenção" de caráter executivo, nos quais as decisões públicas devem ter valor prioritário, de orientação para o setor privado. Segundo esse regime de trabalho, as opções de distribuição espacial estão sujeitas à análise e verificação *ex ante**. Enfim, o planejamento urbano deve ser, em todas as suas fases, coerente com o planejamento econômico.

Em suma, é dada ênfase principalmente às análises da condição em que se enquadra a intervenção urbana, à pesquisa de alternativas (a Itália inspira-se em técnicas usadas nos Estados Unidos) a temporalização do projeto de plano, adotando a partir do planejamento econômico a sua organização em fases (com referência também aos países do Leste Europeu). Dessa forma, o elemento fundamental de todo o sistema urbanístico é a gestão, ou seja, o processo contínuo de análise, formulação e fiscalização, elaboração e revisão dos planos até a previsão em detalhes da implantação física, e, assim, a preservação de características históricas e artísticas, bem como a utilização de elementos de construção e materiais tradicionais.

* Aquela que verifica a existência de pré-requisitos, tais como utilidade, eficácia, inocuidade, qualidade, possibilidade de execução, fiscalização e economia etc. (N. da E.).

Essa metodologia foi utilizada em Assis, em um longo e minucioso processo de levantamento das condições atuais e de desenvolvimento de propostas para a preservação do patrimônio histórico e artístico; apesar da atenção e sensibilidade com que as primeiras escolhas urbanísticas foram efetuadas, a adoção do plano diretor (1955) foi posteriormente anulada. Porém, o arquiteto Giovanni Astengo, frente ao ocorrido, declara-se enfraquecido, mas não derrotado: com paciência e tenacidade procura recuperar a situação. Assim, dez anos depois, em 1965, após o ministério tê-lo encarregado, em 1958, do plano paisagístico da cidade, a junta o incumbe da elaboração de um novo plano diretor; e ele se encontra mais uma vez trabalhando com diferentes escalas.

Nesse meio tempo, sua atividade na região, como urbanista, tinha prosseguido: em 1956, também recebe o encargo do plano de Gubbio, onde, inicialmente, a situação política, com uma junta de centro-esquerda, parecia extremamente favorável à ideia de planejamento urbano e de uma atuação planejada. O caso de Gubbio também acabou por ter um fim lamentável: as alegadas irregularidades nos procedimentos provocam uma questão longa e complicada, com consequências judiciais (mesmo com a absolvição do autor das acusações); no entanto, a abordagem às pesquisas preliminares e às propostas constituíra o teste do "planejamento contínuo". Gubbio recebe o prêmio Inarch de 1961, não apenas devido ao plano, mas por ter promovido simultaneamente o Convegno sulla salvaguardia dei centri storici (Convenção sobre a Proteção dos Centros Históricos), a partir do qual nasceu a associação homônima.

Casos Exemplares

1. As Cidades da Úmbria

A PRESERVAÇÃO DOS CENTROS HISTÓRICOS: O PLANO DE ASSIS

O plano diretor geral de Assis, elaborado entre 1955 e 1956 por Giovanni Astengo, é um dos primeiros e mais importantes exemplos da definição do conceito de preservação de todo um centro histórico-artístico. Isso ocorre não apenas individualmente para seus monumentos, mas dentro de um programa de desenvolvimento e adaptação às necessidades contemporâneas. O plano de Assis representa um momento de transição na atividade desse urbanista, mas principalmente uma virada na elaboração de um novo campo de interesses, fundamental para o urbanismo italiano e europeu.

O impacto da histórica cidade da Úmbria só podia ser "chocante" para o arquiteto, pelas condições que a própria cidade coloca para seu trabalho, em certo sentido forçando-o a testar sua metodologia, ou seja, desenvolver uma ferramenta completa em todos os seus componentes: do programa econômico geral, a dois planos detalhados na primeira intervenção (veja o item anterior, sobre o "planejamento contínuo"). O urbanista especifica o conteúdo do plano (da expansão das edifi-

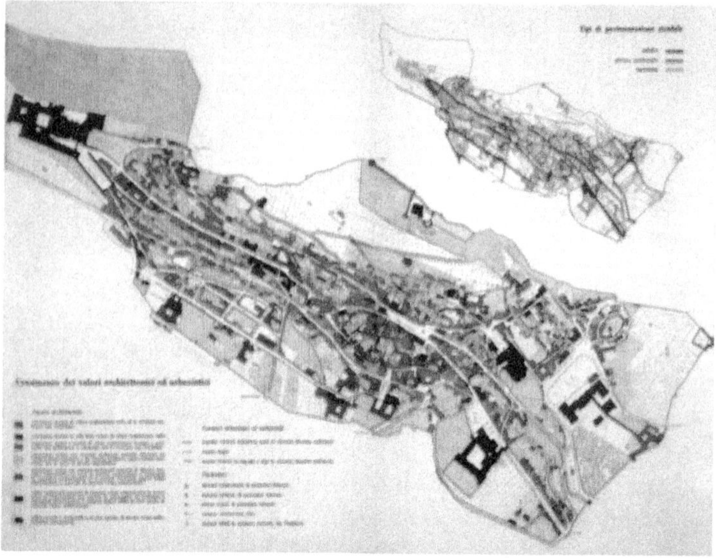

Giovanni Astengo, plano diretor geral de Assis, 1955-1956: levantamento dos valores arquitetônicos e urbanísticos. Na planta acima: tipos de pavimentação das ruas.

cações ao ambiente construído, até a proteção do piso das ruas), e suas escalas de referência e, ao mesmo tempo, pela primeira vez fornece uma lista de regras corretas não só para a elaboração do programa, mas também para a gestão do mesmo. Astengo trabalha intensamente, muda-se para uma cidadezinha da Úmbria e convence a municipalidade a criar um departamento específico, o "escritório do plano", por estar convencido de que existe um problema no levantamento sistemático da situação socioeconômica e da conformação física da implantação, que só poderá ser minucioso se realizado com grande precisão. Tal noção deveria ser traduzida *in loco* com esquemas gráficos de fácil leitura, e, principalmente, conduzindo as diversas fases do programa não de modo extemporâneo, por um consultor externo da administração responsável, mas por forças locais envolvidas diariamente no projeto. A proposta comporta, portanto, um novo papel para o urbanista, que não poderia se limitar a ser apenas um profissional liberal, um consultor externo, mas deveria encontrar formas de se apoiar em uma equipe permanente da cidade onde está trabalhando.

O plano geral é adotado em 1957, mas a mudança da junta termina por ser hostil aos planos urbanísticos detalhados e, gradativamente, ao próprio instrumento primário. Aceitando todas as observações, acaba por esvaziar seu significado e, em 1959, por deixar de lado as escolhas feitas. Arquitetos, urbanistas, historiadores de arte e intelectuais em geral demonstram grande solidariedade a Astengo e se mobilizam, expressando apoio ao trabalho efetuado.

O plano de Assis, cuja importância é marcada pela historiografia, apesar de ineficaz na prática, tornou-se um exemplo para a pesquisa econômico-social e a adesão aos problemas da vida daquele tempo, em uma respeitável preservação dos valores da cidade da arte; entendido pelo autor como uma de suas maiores derrotas, mesmo assim muitas vezes é imitado e tomado como modelo. Por outro lado, Astengo obtém reconhecimentos significativos por esse trabalho, como o prêmio Adriano Olivetti, em 1958 e, em 1961, o prêmio regional Inarch-Úmbria.

Giovanni Astengo (1915-1990)

Frequenta a faculdade de arquitetura em Turim, onde cria laços de amizade com Nello Renacco e Aldo Rizzotti; com ambos e Mario Bianco divide as primeiras experiências profissionais, constituindo o grupo ABRR. Em 1938, forma-se no Politecnico de Turim com o professor Giovanni Muzio. Em 1943, começa a ali lecionar, colaborando com algumas revistas locais, através das quais aponta os problemas da reconstrução e ressalta a necessidade de um planejamento urbano em nível nacional. Em 1945, é um dos fundadores do grupo dos arquitetos modernos de Turim que se torna a seção da Apao (Associazione per l'Architettura Organica, fundada em Roma por Bruno Zevi) em Turim. Trabalha também na reconstrução do departamento INU de Turim. Seu primeiro trabalho profissional é um plano regional para o Piemonte, um dos primeiros planos territoriais na Itália durante a reconstrução. Graças a essa experiência, colabora com o segundo volume sobre os planos regionais, publicado, em 1952, pelo Ministério das Obras Públicas, onde expõe pela primeira vez suas ideias sobre as análises necessárias e apresenta, na forma de exemplos, as técnicas de representação das mesmas. De 1946 a 1950 trabalha principalmente em Turim: sempre com o grupo ABRR, monta a seção sobre o urbanismo na Mostra sull'Edilizia (1946); ganha o primeiro prêmio *ex aequo* no concurso para o plano diretor, com uma proposta de desenvolvimento linear da cidade para resolver os problemas da

Giovanni Astengo, Giuseppe Campos Venuti: plano diretor general de Pavia, 1974-1975.

reconstrução (1947). Em 1950, é encarregado da execução do projeto do bairro Ina-Casa Falchera, um dos episódios mais importantes daqueles anos, quando testa sua ideia de expansão da cidade, articulando-a através de unidades orgânicas ao longo de uma "linha de produção padana"*. Em 1948, entra no corpo diretivo do INU, onde permanece por mais de vinte anos, envolvido nas comissões para a reforma da legislação urbana; além disso, naquele ano, reinicia a publicação da revista *Urbanistica* (inicialmente financiada por Adriano Olivetti), da qual torna-se editor-chefe e, posteriormente, diretor, transformando-a em uma das melhores revistas internacionais especializadas. No ano seguinte, Giuseppe Samoná convida-o para o Istituto Universitario di Architettura di Venezia, onde ensina planejamento urbano durante trinta anos. Em 1954, é indicado para representar a Itália no Bureau de la Fédération Internationale pour l'Habitation, l'Urbanisme et l'Amènagement des Territoires. O plano de Assis (1955) e o de Gubbio (1956), realizados com entusiasmo, acabam sendo deixados de lado por motivos políticos: considerados exemplares em termos de metodologia, terminam com uma derrota profissional. No entanto, o eco do trabalho realizado gera um estímulo geral: em 1960, o I Convegno Nazionale sulla Salvaguardia e il Risanamento dei Centri Storico-Artistici (Convênio Nacional sobre Proteção e Recuperação dos Centros Históricos-Artísticos) coincide com a apresentação do

* A planície Padana é uma região geográfica da Itália setentrional que coincide com a bacia hidrográfica do rio Pó e corresponde às regiões do Piemonte, Lombardia, Emilia, Vêneto, parte da Ligúria, além do Cantão Ticino e do resto da Suíça italiana.

plano de Gubbio e termina com a Carta de Gubbio e com a fundação da Ancsa (Associazione Nazionale Centro Storico-Artistici), da qual será presidente em 1962. Como profissional envolvido no Partido Socialista, ocupa-se da revisão do plano diretor de toda a área urbana de Gênova, abordando, simultaneamente, os aspectos econômicos e urbanísticos, com métodos inovadores de cálculo econômico. Essa experiência também se encerra com uma derrota (1956). A de Bérgamo, com Luigi Dodi, é menos marcada por contrastes. Ali também utiliza o mesmo método de cálculo econômico. Na segunda metade dos anos de 1960, Astengo envolve-se cada vez mais com a política: em 1964, é eleito para o Conselho Municipal em Turim, onde permanece até 1975; em 1966-1967 torna-se assessor de urbanismo; em 1966, é indicado membro da Comissão de Pesquisa de Agrigento, criada após a queda do Ministério das Obras Públicas, experiência que vive como um momento de grande tensão moral e compromisso cívico. Embora continuando a trabalhar na Itália (Florença, Pavia), desenvolve também parte de suas atividades no exterior, no plano de Mogadíscio e para a região metropolitana de Ancara. Em 1970, institui um curso de graduação em urbanismo no Istituto Universitario di Architettura di Venezia, onde leciona por muitos anos.

Além do verbete "Urbanistica" na *Enciclopedia Universale dell'arte*, uma síntese de seu pensamento, muitos são os artigos publicados na revista *Urbanistica* (que dirigiu por mais de vinte anos). Vários de seus ensaios também são publicados em outras revistas e nos anais de congressos dos quais participou. Em 1989, recebe a medalha de ouro de benemérito das artes e da ciência do Murst e, em 1990, o diploma *honoris causa* da Universidade de Reggio Calabria.

Parte IV

O Desenho do Plano. Estratégias de Reutilização e Intervenções Especiais

Desde o início dos anos de 1970, o urbanismo europeu oscila entre as grandiosas operações (as cidades olímpicas, as exposições universais), guiadas por estratégias extraordinárias de imagem, e intervenções menores, que progridem segundo diretrizes de administração ordinária. No primeiro caso, os critérios de eficiência e de avaliação são medidos com base na possibilidade de acesso a financiamentos especiais; no segundo caso, com base na distribuição de encargos diretos ou sobre concursos de projetos de planos. Em ambos, parece estar presente uma preocupação para "costurar" um tecido urbano, que é considerado demasiadamente fragmentado e dilacerado pelas intervenções ocasionais e pelas destruições dramáticas das décadas anteriores.

Desde o início dos anos de 1960, prefere-se falar de "processos" de planejamento urbano, em vez de "planos", para indicar uma sucessão de atos políticos e administrativos, na qual deveria dissolver-se a antiga oposição entre a realização do plano e sua gestão. O termo "processo" lembra também a ideia de um conflito entre as partes, movidas por interesses contrastantes, e a necessidade de reconhecer um benefício coletivo que legitime as decisões (além do lucro ou prejuízo de cada um).

Esse processo termina com ações produtivas de consequências jurídicas e a convicção do caráter temporário e revogável de cada escolha. Isso implica que as previsões não buscam a unidade do consenso, não procuram *a priori* eliminar a contestação; ou seja, que ele comporta a descentralização das decisões e uma participação coletiva. A metáfora do "processo" substitui "orgânica" que ocorreu logo após a guerra.

Gradualmente, os planos urbanísticos também mudam a forma de apresentação. São constituídos por grande número de documentos produzidos durante um longo período de tempo, por uma variedade de figuras com diferentes papéis institucionais, em situações heterogêneas entre si; são, assim, acompanhados por um grande número de textos, que recorrem a formas discursivas variadas e a linguagens de proveniências diferentes, e por um número muito menor de desenhos com legendas complexas. Muitas tabelas analíticas e poucas pranchas de projetos, realizadas com convenções gráficas bem formalizadas e indicativas, principalmente, dos lugares onde vigora um conjunto muito detalhado de regras, entre as quais algumas definem os procedimentos para organizar e modificar o próprio plano.

A partir dos anos de 1970, de fato, os instrumentos urbanísticos identificam-se cada vez mais com uma série de procedimentos que visa regular, de forma duradoura, as relações e os comportamentos de um conjunto de grupos sociais, locais e de interesse. Acentua-se, em relação ao passado, a natureza contratual do plano. A construção e gestão da política urbana tornam-se, cada vez mais, atividades burocráticas, nas quais incidem fatores administrativos gerais.

As áreas industriais obsoletas assumem um novo *status*, em uma relação renovada com a cidade e seu território. A reutilização e a recuperação simultânea de terrenos, geralmente extensos e muitas vezes localizados em lugares que se tornaram centrais em áreas de desenvolvimento metropolitano, permitem rever lugares complexos onde podem conviver atividades produtivas, de habitação e de lazer.

Temas emergentes são principalmente os ambientais e econômicos, à procura de um desenvolvimento sustentável do território. Consequentemente, é renovado o interesse pelo planejamento de grandes áreas e pela atividade das regiões no setor urbano; ao mesmo tempo, aumenta a preocupação com o existente e suas possibilidades de utilização, a requalificação urbana e ambiental, as oportunidades oferecidas pelas áreas obsoletas do setor industrial ou de transportes, ou então as áreas subutilizadas.

Questões

1. Os Centros Históricos

AS INSTITUIÇÕES COMO CAMPO DE BATALHA POLÍTICA

Um tema no qual a Itália desempenha um papel de liderança em relação a outros países europeus é aquele dos centros históricos. As conferências da Ancsa que desenvolveram temas de sua competência, seguem uma linha iniciada simbolicamente com a conferência de Gubbio sobre a preservação e reabilitação dos centros históricos e artísticos (1970) e com a carta de Gubbio, aprovada naquela ocasião. A ela seguiram-se, uma após a outra, mais iniciativas promovidas pela mesma instituição: Bérgamo, 1971; Gênova, 1972; Salerno, 1974; Vicenza, 1974. Através dessas etapas, na Itália estabelece-se a certeza de que os próximos anos serão cruciais para os centros históricos em relação às dimensões, possibilidades e pelas diferentes características, devido ao novo interesse manifestado tanto pelo operador público quanto por uma série de operadores privados. O debate sobre os núcleos antigos, desde sempre presente na cultura urbanística italiana, durante os anos de 1970 constitui o fator estimulador das alterações no planejamento, e não apenas as desenvolvidas localmente. O pretexto para a mudança é

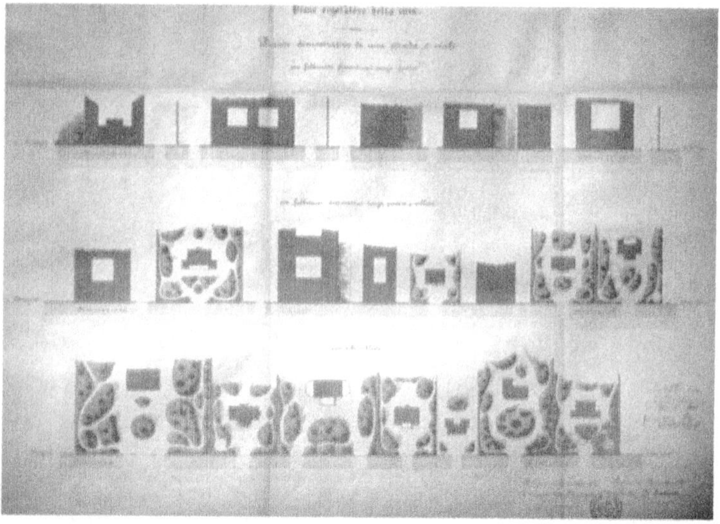

Bolonha: esquema das tipologias das edificações ao longo de uma rua ou avenida; análise no âmbito do plano diretor, 1973.

a oportunidade oferecida pela lei 865, que, pela primeira vez, destina recursos, apesar de muito modestos, também para as edificações residenciais existentes. Com base nessa lei, o município de Bolonha atua pragmaticamente em algumas intervenções no centro histórico, que rapidamente tornaram-se um modelo tanto pelos métodos empregados quanto pelas tipologias utilizadas; tais intervenções, devido a uma hábil campanha publicitária, adquirem extrema importância em toda a Europa. O arquiteto do plano (Giuseppe Campos Venuti) localiza, temporaliza e qualifica, funcional e morfologicamente, a intervenção "intersticial". Identifica, assim, nos vazios da periferia interna, as oportunidades para a transformação da estrutura urbana, as áreas onde deveria concentrar as intervenções intensivas e prioritárias; insiste em usar um zoneamento multifuncional, que deveria impedir os novos modos de formação de renda diferenciada. Apesar de feita sob uma ótica setorial, a lei 457 de 1978 (plano decenal para a casa) parece confirmar e dar substância operacional a essas diretrizes, criando áreas e planos de recuperação (de iniciativa pública ou privada), codificando as intervenções realizadas nas obras existentes e incrementando o financiamento para essa finalidade. Com a intensificação dos processos de terceirização nos centros históricos, alguns urbanistas apoiam a centralização de uma política de recuperação, com posições sobre a necessidade de salvaguardar a integração social típica das cidades existentes, até propor um modelo de intervenção para os núcleos antigos. Assiste-se aqui a um processo de politização e burocratização do urbanismo no interior das entidades locais.

DOS CENTROS HISTÓRICOS À QUALIFICAÇÃO DAS PERIFERIAS

Paralelamente, a perda de interesse (e a censura) pelas expansões residenciais, consistentes e indiscriminadas, a preocupação cada vez maior pelo existente e as suas possibilidades de uso, os desejos de requalificação urbana e ambiental atraem a atenção dos técnicos sobre as possibilidades oferecidas pelas áreas obsoletas e decadentes em função de indústrias e de transportes (portos, ferrovias), ou simplesmente subutilizadas em relação ao seu potencial. Frente às carências óbvias de infraestrutura urbana (especialmente no que tange à mobilidade), surge a exigência, agora partilhada, de simplificar os procedimentos administrativos e, ao mesmo tempo, a necessidade de proporcionar ao plano as funções básicas que orientem as ações públicas (não apenas municipais) e, ao mesmo tempo, que seja um quadro de referência coerente para todas as partes envolvidas ou interessadas nas transformações urbanas. Em todas as grandes cidades europeias, a qualificação das periferias torna-se terreno privilegiado da prática profissional. Apresenta-se com caráter unificador a tentativa de entender a especificidade de cada situação, considerada seja sob o aspecto de suas características físico-morfológicas (como historicamente definidas), seja em termos das possíveis interações entre o plano e os processos de execução (até a redescoberta em termos atualizados de sua participação).

2. Da Cidade-Região ao Tema Ambiental

A GRANDE DIMENSÃO

Como em toda a Europa, também na Itália, desde os anos de 1960, o fascínio da grande dimensão territorial e conceitual, junto com a simplificação ideológica e a proximidade com a política, aumenta significativamente o prestígio do urbanismo, não só em termos acadêmicos. O novo campo de aplicação dos estudos inventa um *slogan*, o da "cidade-região" e uma nova escala de desenho urbano, conhecido como "centros direcionais". Registra-se uma intensa atividade de produção de projetos, em escala intermunicipal, ou de partes da cidade, que também se reflete em esquemas ou propostas de reforma da legislação existente.

Em 1961, é fundado o centro de pesquisa para o Piano Intercomunale Milanese (Plano Intermunicipal Milanês), PIM, cuja experiência (1963-1967) constitui o ponto mais avançado do período. O Piano Intercomunale Torinese (Plano Intermunicipal Torinês) foi adotado, em 1964, com muita polêmica, somente pela prefeitura de Turim; fato similar acontece com Florença, com o plano promovido por Edoardo Detti, que reproduz o plano de 1951-1953. Além das previsíveis resistências dos municípios menores, em comparação às iniciativas encorajadoras das

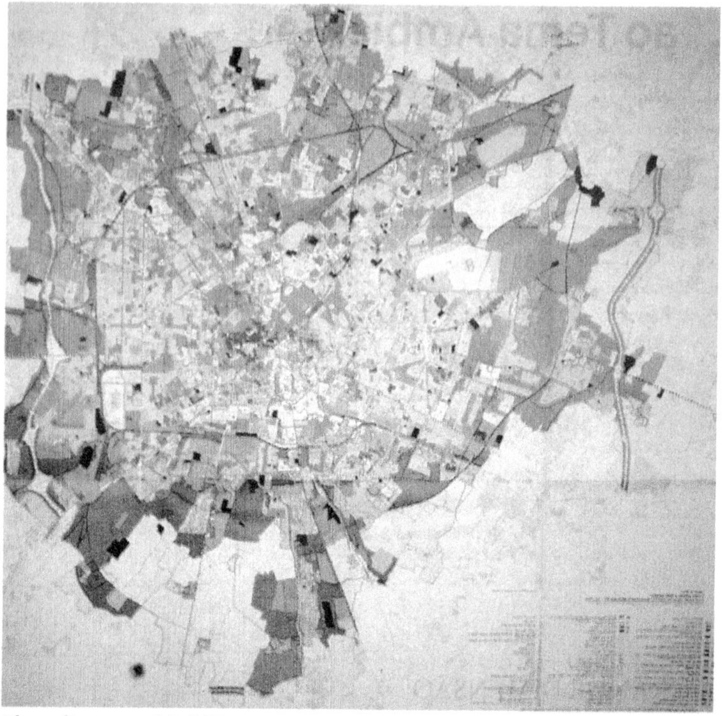

Plano diretor geral de Milão, 1979.

capitais regionais, o problema básico, no entanto, diz respeito à própria natureza desses planos. Apesar dos esforços generosos dos urbanistas envolvidos em suas respectivas situações, os planos intermunicipais tendem a se assemelhar a um amplo plano diretor – e, como tal, são considerados extremamente limitadores –, ou são muito indeterminados, e, portanto, considerados inúteis. De fato, em ambos os casos, eles são avaliados segundo o critério das funções predominantes de um instrumento urbanístico tradicional, o das construções.

A contribuição dos urbanistas no planejamento é resumida de forma simples pelas projeções territoriais do "Projeto 80". Além disso, com os centros direcionais, a arquitetura também experimenta a expansão em escala urbana do projeto, como projeção da comum paixão tecnocrática. A centralidade que a cidade e o plano municipal faziam questão de manter até então parece perder a importância com o deflagrar de arquiteturas dimensionais e conceituais fora da escala.

OS PLANOS PAISAGÍSTICOS E AS QUESTÕES ECOLÓGICAS

Na Itália, em 1985, sob pressão do indulto construtivo e dos movimentos ambientalistas, é aprovada a chamada Lei Galasso (lei 431), que declara como bens de interesse, denominando-as "monumento natural", grandes extensões de áreas naturais (montanhas, costas marinhas e lagos, rios, florestas etc.) e, ao mesmo tempo, induz as regiões a elaborarem planos paisagísticos, valendo-se da não edificação das áreas interessadas até a aprovação dos referidos planos.

A nova lei incorpora o conteúdo da lei 1.497 de 1939, que, em estreita analogia com o que já tinha sido aprovado sobre o patrimônio histórico-artístico (lei 1089), teve como objetivo a conservação dos recursos naturais. Se, no entanto, aquela se preocupava com o aspecto exterior em áreas limitadas, de acordo com uma visão puramente estética, esta assume uma dimensão conceitual muito diferente, seja pela extensão territorial dos planos paisagísticos, seja pela prevalência da tutela ambiental (também no sentido ecológico).

A medida é bem acolhida pelos urbanistas, que se comprometem de imediato e com entusiasmo com a elaboração dos instrumentos regionais. Isto marca um renascimento do interesse pelo planejamento de grandes áreas e da atividade das regiões no setor.

As avaliações do impacto ambiental das rodovias, das intervenções que visam a alta velocidade ou necessárias para a

no diretor geral de Gênova, 1976.

construção das redes de transporte financiadas, os estudos de viabilidade para os polos científicos e tecnológicos, tais como consultorias urbanísticas para grandes empresas responsáveis pelo projeto de metrôs leves (por exemplo, em Bolonha), são experiências que atraem a atenção da comunidade para as questões ambientais. Na consciência ambiental, agora generalizada, descobrem-se novas afinidades com o urbanismo. As escolhas reformistas são enriquecidas, apoiando opções administrativas em favor dos transportes públicos e do desenvolvimento sustentável do território, além do compromisso de evitar um maior processo de terceirização dos centros históricos.

Instrumentos

1. Instituições Públicas e Forças Privadas

RUMO À DESCENTRALIZAÇÃO DAS COMPETÊNCIAS

Mesmo em um sistema administrativo basicamente centralizado, como o francês, as mais recentes tendências têm sido a *déconcentration* das competências urbanísticas.

A reforma de 1982 (após a tênue abertura para a autonomia regional inaugurada pela lei de 1972) introduz a descentralização, dando maior liberdade aos municípios, aos departamentos e às regiões, também no planejamento do território, enquanto a passagem das responsabilidades é acompanhada pela disponibilização de meios financeiros e técnicos necessários.

As regiões, que agora devem elaborar o plano e com ele as Cida (Chartes de Développement et d'Aménagement [Cartas de Desenvolvimento e Organização]), precisam indicar os objetivos de planejamento.

Com a lei de 1985, a política da cidade assume uma importância maior em relação ao planejamento territorial, até então preponderante; o município tem a obrigação de elaborar o POS (Plan d'Occupation du Sol [Plano de Ocupação do Solo]), que corresponde aos planos diretores, obrigatórios para municípios com mais de dez mil habitantes.

Além disso, uma lei de 1983 conecta programas de edificações do Estado (especialmente aqueles de HLM), com os programas regionais dotados de financiamento independente. Enquanto isso, o FAU (Fond d'Aménagement Urbain) é usado para financiar intervenções de recuperação de áreas urbanas.

Nesse contexto, o projeto Banlieu 1989 representa uma iniciativa de difusão nacional com aplicações em áreas locais, tendendo a realizar um programa de recuperação qualitativa do tecido urbano, caracterizado por uma rápida implementação. Entram novamente em foco os *Grands Ensembles* realizados em meados dos anos de 1950, e, para alguns deles, prevê-se a demolição total.

Uma vez confiadas às autoridades locais as tarefas de urbanismo, uma importante inovação processual é a introdução do urbanismo coordenado, como tentativa para resolver, em benefício coletivo e de forma juridicamente correta, situações não previsíveis.

O PLANO-PROCESSO

Na Itália, uma proposta metodológica comparável é aquela conhecida como "plano-processo". É resultado de uma série de experimentos realizados em nível territorial, que tiveram uma primeira tentativa de verificação concreta em 1974, na Lombardia, com a aprovação de um esboço do assentamento do território regional em relação à avaliação feita em 1974-1975.

A suposição é que o planejador (a administração pública) não seja capaz de controlar todos os fatores de transformação territorial, mas apenas de influir sobre eles, como interlocutor das forças públicas e privadas que operam no território. Não se trata, portanto, de prefigurar um assentamento espacial, e sim de garantir que essa influência seja a mais eficaz possível. São previstos, então, dois momentos distintos de planejamento: o primeiro é o da definição de um sistema de objetivos econômicos a serem alcançados, precisos e não variáveis em relação ao período de projeção do plano. O segundo é a avaliação e implementação de várias combinações de intervenções territoriais para atingir as metas preestabelecidas. Essas últimas resultam de hipóteses alternativas coerentes com os objetivos, mas diferentes em relação ao processo operacional a ser seguido. O planejamento prossegue, assim, por meio de "planos-projeto", isto é, uma série de projetos a serem continuamente analisados, em curto ou médio prazo.

Portanto, os projetos também estão estreitamente relacionados com o planejamento econômico e social. Fala-se, então, de "plano-programa", ou, nos casos em que, como no exemplo lombardo, os projetos fazem parte de um quadro orçamentário, também de "plano-orçamento".

A PARTICIPAÇÃO

Com o plano diretor particularizado para o centro histórico, o centro de negócios e a zona intermediária de Rimini (1966-1972), Giancarlo De Carlo traz para a Itália um modelo de gestão do processo urbanístico, já colocado em prática durante os anos de 1960, principalmente nos Estados Unidos (*plural planning* e *advocacy planning*).

Ele desenvolve, por meio da experimentação, a teoria da "participação": do envolvimento das administrações, para que elas adquiram uma responsabilidade direta na defesa dos objetivos de plano e na sua implantação, à participação dos destinatários e beneficiários da obra de planejamento. Nessa perspectiva, o plano nasce como contínua negociação entre administração, cidadãos e o técnico-urbanista, como resultado de uma vontade e de uma responsabilidade coletiva, que se quer pública e "transparente". Rimini é o período da percepção das necessidades por parte dos cidadãos, que veem a administração, representada pelo prefeito, forçada a dar respostas à assembleia cidadã, indicando os objetivos do plano, comparando-os e corrigindo-os. Com a rejeição do plano convencional e a adoção de um projeto guia, a administração age como promotora de sua própria transformação em "gerente" da cidade.

Assim, o plano de Rimini, que, entre os objetivos gerais, tem a finalidade de reduzir a dicotomia entre cidade e campo

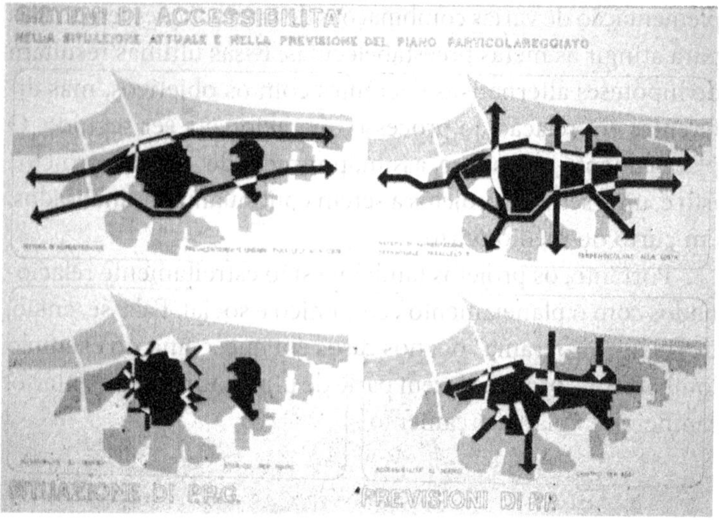

Giancarlo De Carlo, esquema dos sistemas de acessibilidade no âmbito do plano detalhado de Rimini: o plano previa a introdução do meio de transporte coletivo sobre trilhos em vez do automóvel, 1972.

e de restituir o centro para uso de todos, sugere a realização de alguns lugares equipados nas bordas do centro; tais espaços, locais de encontro e de desenvolvimento de atividades de interesse coletivo, dos quais a população se apropria, são conhecidos também como "condensadores", porque foram considerados aptos para as funções que ali se desenvolvem e por terem a capacidade de absorver e devolver o interesse e as energias do território circundante e da cidade.

Nesse caso, a proposta de uma nova maneira de tomar decisões não se baseia tanto na renovação das metodologias de plano, e sim na rejeição do tradicional sujeito planejador (a administração pública, que normalmente é identificada como elemento de mediação social). Partindo do pressuposto inicial do conflito de interesses das diferentes entidades envolvidas, o planejamento, se não quiser ser apenas um instrumento de controle das classes dominantes, deve desenvolver-se a partir da própria base, e não de maneira indireta. Para a formação do plano são chamados a participar pessoalmente todos os cidadãos, por meio de reuniões, debates, comparações que seguem todas as fases do trabalho, da definição dos critérios e dos objetivos fundamentais à análise das condições atuais e das tendências, da formulação de objetivos específicos às propostas para a organização espacial. Trata-se de evitar representantes, passando para formas de "democracia direta". Apresentando um *slogan* inovador, aquela primeira experiência (e as que a seguiram) contribuiu não para revolucionar, mas pelo menos para modificar gradualmente o estilo dos procedimentos e comportamentos habituais.

2. Instrumentos Normativos

A PROTEÇÃO DO PATRIMÔNIO ARQUITETÔNICO

Na Itália, codificando diretrizes em matéria de proteção de edificações de interesse histórico e artístico, a lei 1.089 de 1939 organizava, em seu conjunto, uma série de restrições diretas e indiretas. Por sua vez, a lei 1.497 de 1939, para a proteção das belezas naturais, visava encontrar locais de interesse público a serem protegidos e preservá-los com um regime de proteção. Esses instrumentos, intimamente coerentes com a própria noção de patrimônio na Itália, serão integrados nas indicações dos planos paisagísticos.

As normas da lei 765 de 1967 (Lei Ponte), segundo alguns escritos, contribuíram decisivamente para assegurar a sobrevivência do patrimônio arquitetônico antigo. A mesma lei inova o sistema de planejamento, identificando no centro histórico uma entidade específica tornada objeto de tutela, graças a uma legislação específica; particularmente, o artigo 17, inciso 5, visa à preservação de inteiros centros históricos, estabelecendo que, até a aprovação de um plano diretor geral, são proibidas alterações de volume e novas construções em áreas abertas nas aglomerações que possuem caráter histórico, artístico ou de valor ambiental.

Sem as proteções adequadas sob a forma de uma lei geral, o interesse público encontrou uma forma específica de tutela para a preservação da zona antiga da cidade, por meio da adoção de leis especiais, aprovadas de tempos em tempos devido às características específicas dos diferentes centros históricos. O instrumento extraordinário, desenvolvido pela primeira vez em 1935 para Bérgamo, é, desde então, privilegiado em uma série de medidas, que gradualmente interessaram Siena, Urbino, Loreto, Bari, Assis e muitas outras cidades, até casos ocorridos recentemente em Veneza, após a enchente de 1972, e em Ancona, após o terremoto de 1976. Geralmente, têm sido insuficientes para evitar a deterioração, mas reforçaram significativamente o nível e o número de intervenções de restauração e de consolidação, uma vez que consistentes contribuições do Estado, das administrações municipais e/ou de particulares eram liberadas para essas intervenções.

PLANO EXECUTIVO, CONCESSÃO ONEROSA E ATUAÇÃO TEMPORAL DAS PREVISÕES

Embora com um enorme atraso, a lei 10 de 1977 (Norme per l'Edificabilità dei Suoli [Norma para o Uso do Solo]) parece completar o projeto reformador surgido na Itália no início dos anos de 1960. Em substituição à licença para construção, a lei institui a concessão onerosa, subtraindo aos particulares uma cota da mais valia (*plusvalore*) realizada com a transformação, ofuscando assim, mesmo que timidamente, uma separação do direito de construir (*ius aedificandi*) dos direitos mais gerais associados à propriedade fundiária. Dessa forma, a lei confirma os mecanismos de desapropriação instituídos com a lei 865, exigindo o pagamento de taxas para a obtenção de alvará (municipais e destinadas às obras de urbanização); institui, enfim, um cronograma de ação do plano diretor, seja para a liberação das licenças, seja para a realização de obras de urbanização. Assim, parecem aceitas todas as solicitações há tempos apresentadas pela cultura urbanística.

Seguindo uma linha já experimentada em outros países europeus, essa lei introduziu a obrigatoriedade da ação programada dos instrumentos urbanísticos gerais, mas reduziu drasticamente a operatividade da administração municipal, suprimindo os planos de desapropriação em áreas de expansão e anulando as indenizações relativas ao solo urbano, fixadas pela lei 765. A concessão muda definitivamente o modelo de plano diretor: é possível condicionar e organizar a construção individual sem recorrer ao plano diretor detalhado, público ou privado. O plano concebido para uma série de anos, como plano diretor geral (*master plan*), a ser aplicado sobretudo com instrumentos urbanísticos passíveis de detalhamento, torna-se executivo, em grande escala, sendo utilizado apenas para as expansões de planos diretores detalhados especializados, como os PEEP (Planos para a Edificação Econômica e Popular), os PIP (Planos Industriais detalhados) e os planos estabelecidos de loteamento privado.

Na verdade, os planos municipais mais avançados, elaborados nos últimos anos, apontam diretamente, não de maneira imprecisa ou apenas paramétrica, a área dos serviços locais e urbanos, os edifícios a serem restaurados, recuperados e revitalizados nos núcleos históricos e em todo o patrimônio edificado, as estruturas a serem mantidas e a serem depuradas dentro do tecido urbano e as cotas de terceirização permitidas no centro e na periferia.

Em Veneza, por exemplo, o objetivo colocado pelo atual quadro legislativo (com as leis especiais de 1973, 1984 e 1992) e pelos organismos responsáveis pelo planejamento e controle é a defesa completa das edificações lagunares, contra a maré alta de qualquer nível. Tendo esse enquadramento legal como referência, os técnicos avaliaram a possibilidade de usar soluções alternativas e parciais, agrupadas em várias categorias: intervenções que atuam sobre a estrutura da laguna (morfológicas); dispositivos móveis de fechamento temporário das entradas do porto; e intervenções "passivas", isto é, destinadas a defender as edificações mediante a elevação das margens ou de toda a área sujeita a inundações. Estão em estudo combinações entre esses tipos de intervenções, mas, basicamente, as três propostas começaram a ser executadas.

Através do consórcio Venezia Nuova, há muitos anos vem sendo implementado pelo Ministério das Obras Públicas e pelo Magistrato alle Acque (Magistrado das Águas) um programa global de recuperação, proteção e gestão do ambiente residencial, situado entre os mais importantes já realizados não só na Itália, mas em toda a Europa. É bem conhecido o fato de que a maré alta (fenômeno conhecido como *águas altas*) é um problema significativo para a cidade histórica, que afetou, e ainda afeta, o seu desenvolvimento econômico e, sobretudo, a qualidade de vida dos habitantes. As soluções adotadas não podem deixar de ter efeitos importantes sobre centros lagunares e principalmente sobre as características das habitações.

OS PADRÕES NORMATIVOS

A regulamentação de padrões mínimos não estava prevista em nenhum dos projetos e propostas para a nova legislação urbana apresentados ao longo dos anos de 1960-1964, durante o período da luta pela reforma urbana, exatamente porque o tipo de planejamento prenunciado nos textos se baseava num papel ativo dos municípios, os quais, através da desapropriação generalizada, dos planos de execução e dos planos executivos, poderiam ter orientado o desenvolvimento de seu território.

Aquilo que resultou dessa reforma ineficaz foi, contudo, uma figura de municipalidade reguladora da iniciativa privada, obrigada a negociar continuamente a qualidade dos assentamentos com os proprietários das áreas e, portanto, de exortar a adoção de obras de urbanização e equipamentos. Nesse contexto, a introdução da legislação sobre os padrões, ocorrida com a Lei Ponte de 1967, teve o bom senso de ancorar a frágil embarcação da mediação municipal ao porto seguro de condições mínimas aceitáveis. Com a obrigatoriedade de padrões mínimos de serviços, tentou-se construir um muro para além do qual os municípios não poderiam recuar. Deve-se reconhecer que, graças a essa obrigatoriedade, não se realizaram mais áreas de desenvolvimento urbano completamente desprovidas das infraestruturas mais elementares, tal como havia acontecido no passado.

Casos Exemplares

1. Exposições, Concursos e Cidades Olímpicas

O PAPEL EXEMPLAR DA IBA DE BERLIM

Em Berlim, 1984 é considerado o ano da Internationale Bau-ausstellung (IBA), uma grande exposição cujos objetivos diziam respeito ao "centro da cidade como residência" e à "reconstrução da cidade destruída", temas relacionados a questões consideradas candentes no âmbito local, mas válidas e atuais em escala mundial. Naquela fase, não eram apenas as bombas da Segunda Guerra Mundial, mas também a cega demolição do pós-guerra, que impunham a reconstrução da planta da cidade, premissa necessária para uma recomposição urbana que considerasse criticamente as necessidades essenciais da modernidade. Na área de Friedrichstadt concentraram-se esforços na prevenção de destruições ulteriores. Era também necessário prever novas construções ladeando as ruas já realizadas, e para isso foram desenvolvidos concursos, consultorias, projetos.

Com um primeiro grande esforço intelectual e com a participação de renomados especialistas em urbanismo e arquitetura, foram reunidas as experiências teóricas e práticas como parte da estratégia escolhida e os primeiros exemplos foram disponibilizados pelo debate em curso. Com a IBA criou-se um instrumento de proteção adequado para as ideias de uma cidade atual, embora os sinais lançados por Berlim só pudessem ser expressos de forma tão incisiva contra o pano de fundo dramático de uma cidade lacerada e destruída. O tema da reconstrução da cidade na cidade, por meio de projetos arquitetônicos específicos, tornou-se programa para um futuro melhor.

Mas vamos reconstruir o episódio.

Em 1973, foi anunciado um concurso, visto como uma oportunidade para reconstruir a estrutura e a imagem urbana da área central de Berlim, no bairro Landwehrkanal/Tiergarten. É nessa fase (1974-1975) que o diretor da construção civil no Senado, Hans Christian Müller, apresenta um primeiro programa de trabalho, com a ideia para uma exposição de arquitetura (a ser realizada em 1981) ligada à reconstrução da região. O tema da exposição e as condições de participação se ampliam. Da iniciativa esperava-se a definição de uma visão de conjunto, que deveria ser definido numa fase posterior com outros concursos e soluções mais detalhadas.

Entretanto, em 1976 inicia-se o projeto para o bairro de Tiergarten Sul. Em contraste com o programa anterior, Josef Kleiheus elabora uma nota sobre as possibilidades de uma exposição de arquitetura em Berlim, que coloque em pauta o problema da restauração da cidade destruída e apresente soluções urbanísticas exemplares em relação às suas diferentes partes. A realização do

Rob Krier: vilas urbanas em Stülerstrasse, Berlim, 1992-1997.

projeto para o Landwehrkanal fica suspensa até o término da recuperação de Friedrichstadt sul. A preparação da Bauausstellung é separada do projeto de realização do bairro ligado à definição de "Zentrum Berlin", sendo proposta como uma ideia estratégica de recuperação e transformação da cidade. Em sua declaração programática, o prefeito anuncia a exposição internacional (IBA) para os anos de 1980, identificando as áreas interessadas. Constitui-se uma sociedade de responsabilidade limitada, e um grupo de colaboradores estabelece os contatos entre o Senado e a sociedade. Os procedimentos do plano devem ser examinados até 1981; a exposição está prevista para 1984, sob a presidência do prefeito eleito no período. São lançados vários concursos, dos quais participam arquitetos famosos do mundo todo e uma série de projetos para diferentes áreas, principalmente residenciais, bem como um debate público sobre as infraestruturas, tudo sob a direção de Oswald Mathias Ungers, primeiramente, e Paul Josef Kleiheus depois. O primeiro resultado inclui uma hipótese de reorganização da planta da cidade, mais ideias para o uso do terreno da antiga estação de Potsdam e Anhalt e para a reconstrução da Friedrichstadt.

Após 1989, tendo recebido um impulso extraordinário com a queda do muro e da reunificação, o experimento Berlim vai girar o mundo, despertando merecido entusiasmo e poucas reflexões críticas. A admiração dos arquitetos se concentra em

Vista do lago da Potsdamer Platz em Berlim, 1999.

dois fatores intimamente relacionados em suas implicações teóricas e operacionais; em primeiro lugar, o de reverter a expansão contínua das cidades, para reconsiderar a possibilidade de construir a cidade na cidade (Berlim ainda possui grandes áreas destruídas em sua estrutura histórica); em segundo lugar, o de resolver tal problema por meio de projetos arquitetônicos específicos, removendo todas as etapas "urbanísticas", como regulamentos, padrões, planos volumétricos.

Havia precedentes. O exemplo mais importante de renovação urbana da Berlim Ocidental dos anos de 1960 foi aquele relativo à área Wedding-Brunnenstrasse, um vasto território, bairro operário e sede de grandes empresas industriais, radicalmente transformado com a construção do muro. Originalmente localizado próximo ao centro, em 1961 esse espaço ocupava uma posição marginal. Dois anos depois, muitos urbanistas receberam a tarefa da reorganizar o bairro: o projeto propunha uma renovação radical (demolição e reconstrução de edifícios), serviços sociais, construção de empresas artesanais e comerciais na Brunnenstrasse e o afastamento de parte da população operária. Em meados dos anos de 1970, é realizada uma luxuosa modernização dos antigos edifícios. Nos anos de 1973-1974, inicia-se o grande debate sobre a renovação urbana em Berlim: este já não está no interior de seu campo de especialização, mas anuncia uma mudança, a da reparação urbana. Cada vez mais recorre-se a grandes complexos habitacionais na periferia, para concentrar todas as atividades na área central; assim, a renovação urbana torna-se um grande negócio para a economia da indústria da construção.

Precauções sobre a qualidade dos bairros da era imperial atingem seu clímax com a conferência do Conselho da Europa (Berlim, 1976), a redescoberta da "Berlim de pedra" e o compromisso de manter esse patrimônio arquitetônico.

A IBA, cujo campo de atividade é a parte oriental de Kreuzberg, bairro muitíssimo danificado pelas mudanças dos anos de 1960, apresenta-se como uma alternativa real ao que foi realizado, propondo a chamada renovação "por pequenos passos". Os resultados da estratégia de renovação gradual são impressionantes: até o fim de 1985, a IBA ocupou-se de cerca de quatro mil casas antigas, com custos muito inferiores aos da construção de novos edifícios, com a criação de serviços sociais, reestruturação de vias e praças. Os grandes conjuntos de alta densidade (chamados casernas de aluguel) são parcialmente recuperados como edificações com alguma qualidade.

A atividade urbanística da nova junta conservadora se concentra posteriormetne sobre alguns fragmentos do centro, substituindo, assim, uma política de programação para toda a cidade. Sucede a exigência estética, bem como as sociedades privadas de amortização que especulam sobre os subsídios. O abandono progressivo do planejamento global encontra amplo consenso.

A ORGANIZAÇÃO DE UM EVENTO EXTRAORDINÁRIO: BARCELONA

Após os Jogos Olímpicos de 1992, o processo de transformação da Catalunha, com a renovação urbana de alguns de seus centros (Barcelona, Girona e os centros turísticos da Costa Brava), com vistas a um maior equilíbrio regional, é muitas vezes considerado um modelo, no quadro europeu, da capacidade de gestão positiva de um evento extraordinário que, em outros lugares, deu origem a erros, especulações e desequilíbrios.

Ainda que seja no esteio de um plano anterior para a cidade (1976), cujo desempenho foi simplesmente acelerado pelo evento em si, o acontecimento esportivo dispara, ao mesmo tempo, procedimentos inovadores.

Em contraste com o que acontece em outras cidades espanholas, em condições muito pobres devido às intervenções realizadas durante a ditadura, o plano diretor de 1976, segundo os participantes do debate ocorrido na virada dos anos de 1980, não parece exigir ajustamentos substanciais, e sim inúmeras operações menores, variadamente distribuídas. Esse era um instrumento realista, que enfrentava problemas concretos. Adquirira certa quantidade de solo em áreas consideradas estratégicas e havia identificado áreas de usos mistos, limitando ao máximo a quantidade de terrenos para construção, dividindo o solo em três categorias: urbano, passível de ser urbanizado e não passível de ser urbanizado. Coordenava – na opinião que

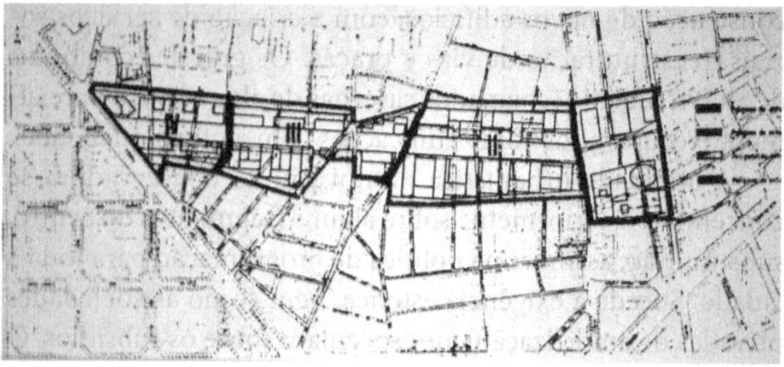

Plano parcial de organização do centro antigo de Barcelona: áreas sujeitas à desapropriação e à regulamentação das tipologias de uso, 1959.

Oriol Bohigas expressa em 1981 – intervenções específicas, também parciais, destinadas a dar conteúdo às propostas globais. Assim, em 1979, decidiu-se não elaborar um novo plano, mas utilizar o antigo como quadro de referência para os numerosos projetos de renovação já no canteiro.

O centro histórico é ainda o mesmo no qual Cerdà, com segurança, interligou o traçado e propôs poucas incisões corajosas e inteligentes, mas ao longo do tempo percebe-se a necessidade de intervenções de recomposição. Em um contexto assim caracterizado, os percursos oferecem a oportunidade de

Barcelona: estrutura geral do território do plano geral metropolitano, 1979.

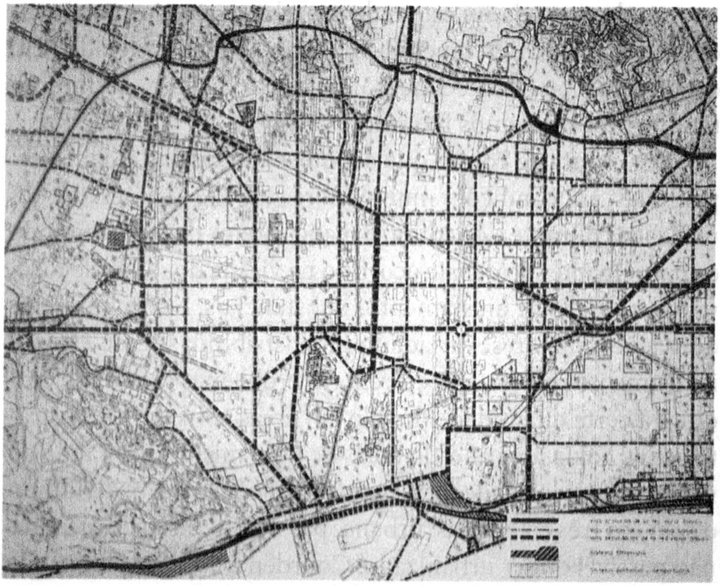

reconsiderar os visuais possíveis, de reprojetar, em vez de propor alternativas às instalações urbanas existentes.

A intuição de Bohigas, transcrita no paciente trabalho de todos os que com ele colaboraram na execução da reorganização, é de atuar em um tecido urbano já traçado, sugerindo um leque de tipologias possíveis entre muitas outras, para intervir nas quadras de Cerdà e nas praças da cidade. Em tais procedimentos, o urbanismo utiliza a confiança em si mesmo como uma ferramenta para melhorar a cidade. Processos de relocalização, políticas públicas de habitação destinadas a assentamentos não centrais da área metropolitana, uma maior rede de infraestrutura para mobilidade e o desenvolvimento de um empreendedorismo generalizado induzem a uma nova estrutura de implantação, entendida como uma malha dotada de fluxos horizontais entre todas as entidades do território e de fluxos verticais, hierarquicamente distribuídos, em direção ao centro. São pelo menos quinze as cidades que poderiam constituir os pontos de força para a construção desses nós, em relação com a estreita área de Barcelona, cada uma delas com suas prerrogativas e possibilidades.

As relações com Barcelona já não são mais apenas de dependência, mas de reciprocidade (para os aspectos da vida cultural, setores produtivos, sucessos diferenciados).

Em suma, o velho plano permitiu a formação de reservas consistentes de terrenos para espaços públicos e serviços, propôs um equilíbrio de usos e de densidades, e até mesmo inverteu a tendência crescente da especulação. Estabeleceu um sistema regulatório para substituir a supremacia do zoneamento e dos padrões, com um processo de localização e formalização que traça uma tentativa de projeto; e respondeu às necessidades de coordenação territorial de maior escala. Na mesma documentação gráfica, porém, utilizava uma escala que não permitia a especificação de um projeto a um grau suficiente de operacionalidade (elementos em conflito com a linha projetual agora privilegiada). Fez-se então uma escolha favorecendo o projeto, visto como meio de construção e transformação da cidade, capaz de evitar os inconvenientes do plano, porque é mais fácil e de mais rápida aplicação: hoje a cidade se constrói e se consolida através de projetos.

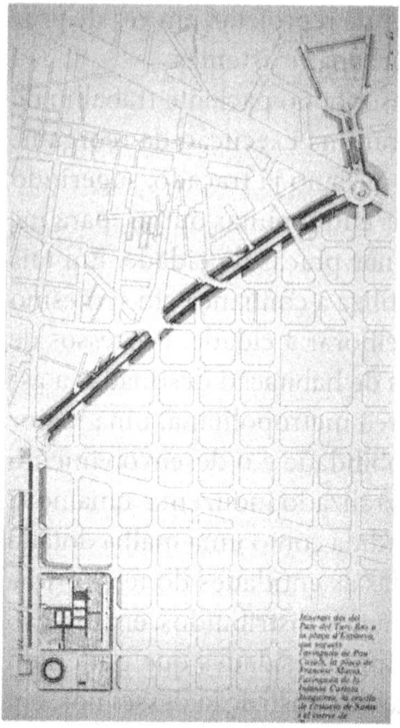

▲ *Lluis Mestras, engenheiro chefe do Serviço de Projetos e Elementos Urbanos, itinerário do parque do Turò até a praça de Espanya: propostas de modificação e de organização das áreas verdes.*

▸ *Barcelona, Avinguda Gaudì: com a inauguração de um estacionamento subterrâneo, sua utilização não tem mais como objetivo apenas a circulação: planta da situação atual e planta do projeto, 1982.*

Por volta de meados da década, abre-se uma nova fase, coincidindo com a recuperação econômica e o surgimento de processos de concentração das atividades econômicas e sociais em áreas centrais. O município promove, então, as áreas de "nova centralidade", um sistema de polos terciários localizados em áreas abandonadas vazias da primeira periferia urbana. Em 1986, a designação de Barcelona como sede dos Jogos Olímpicos de 1992, com grandes subsídios do Estado, marca um novo passo na realização de projetos de grande escala, marcados por uma forte participação pública e pelo envolvimento de investidores nacionais e estrangeiros em grandes operações de qualificação urbana.

Apesar da retomada da economia da cidade, a supressão de um organismo metropolitano torna impossível um planejamento unitário em grande escala. As incumbências são divididas entre diversos órgãos com tarefas setoriais: recursos hídricos, lixo, transportes. Os arquitetos (Oriol Bohigas, Juan Busquets, Manuel de Solá-Morales) falam do projeto urbano como "superação" da estéril dissociação entre plano urbanístico e projeto arquitetônico que tinha reduzido o primeiro ao campo da análise e o segundo ao campo da proposta isolada. Introduzem o conceito de partes de cidade morfologicamente definidas e da "escala intermediária" como lugar privilegiado para verificação e encontro entre decisões estruturais e programáticas. Discutem-se novas palavras de ordem, surge uma atenção renovada para os problemas da forma física da cidade, de suas hierarquias e relações internas, das relações com os elementos naturais. O resultado é uma concepção de projeto urbano baseado na pesquisa de uma ideia geral de cidade capaz de fornecer o pano de fundo para as diferentes políticas urbanas e a capacidade de trabalhar em diferentes escalas.

Os dois *slogans* "planos para a grande cidade" e "grandes planos para a cidade" constituem o fio condutor das decisões urbanísticas realizadas. Entre os primeiros, a intervenção na cidade antiga (através de três *Planes especiales de reforma interior*, chamados Peri) é um dos mais importantes, graças a investimentos públicos e privados, para uma estratégia de recuperação

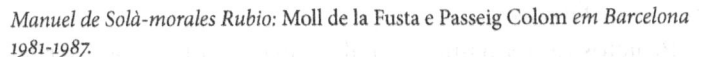

Manuel de Solà-morales Rubio: Moll de la Fusta e Passeig Colom *em Barcelona 1981-1987.*

Luis Pena Gancegui, Francesc Rius i Camps: parque de España Industrial em Barcelona, 1981-1986.

e eliminação da degradação na cidade velha, com intervenções sobre os espaços públicos. Uma política de conservação que não é entendida como um congelamento do existente, mas permite intervenções de substituição (incluindo edifícios perdidos em operações de alargamento e renovação) e de execução, com o preenchimento de vazios ou o aumento das densidades de construções, intervenções públicas realizadas como estímulo para as operações subsequentes e a reacomodação dos habitantes a serem transferidos.

Projetos de requalificação abrangem também os *barrios tradicionales*, bairros populares criados no século XIX e primeiras décadas do século XX. Nesse caso, a manutenção dos traçados e do tecido urbano é acompanhada pela remodelação dos pontos fracos e do reforço da identidade de cada local, por meio também de alterações do tipo de uso.

O outro nível, o dos "grandes planos para a cidade", visa restituir algumas diretrizes unificadoras da ideia de cidade cultivada por grandes promotores públicos, em especial com as "áreas de nova centralidade", uma série de lugares urbanos dispersos no contexto urbanizado, principalmente na primeira periferia, onde seriam concentradas iniciativas de valorização funcional capazes de recuperar o monocentrismo da cidade histórica. Indústrias ou infraestruturas obsoletas e decadentes, em vez de constituírem barreiras, tornam-se uma oportunidade para recomposição, com sinais urbanos de grande valor morfológico (atividades direcionais e turismo-receptivas, serviços).

São operações complexas, com desapropriação de áreas e recuperação de mais-valias. É justamente no interior dessas áreas que se encontram aquelas previstas para os Jogos Olímpicos (com uma ideia de requalificação da costa com base em inúmeros locais de interesse). A vila olímpica é, então, identificável como caso exemplar da nova estratégia do projeto, em alternativa ao plano diretor tradicional.

Bibliografia

Esta é uma bibliografia básica, que permite uma primeira abordagem dos temas tratados neste livro; é organizada de acordo com suas quatro partes e vários capítulos. Alguns títulos estão listados duas ou mais vezes, por terem considerados importantes para dois ou mais dos temas abordados.

INTRODUÇÃO

ADAM, T. City and Town Planning. *International Encyclopedia of the Social Sciences*.V. 6. Detroit: Macmillan-Free Press, 1968.

ADORNO, S. *Professionisti, città e territorio: Percorsi di ricerca tra storia dell'urbanistica e storia della città*. Roma: Gangemi, 2002.

ASTENGO, G. Urbanistica. *Enciclopedia universale dell'arte*. V. 14. Venezia/Roma: Istituto per la Collaborazione Culturale, 1966.

BIANCHETTI, C. (org.). *Città immaginate e città costruite: Forma, empirismo e tecnica in Italia fra Otto e Novecento*. Milano: Franco Angeli, 1992.

CHOAY, F. *Urbanistica: Utopia e realtà*. Torino: Einaudi, 1973.

GEORGE, P. Urbanisme et societé. *Encyclopaedia Universalis*. V. 16. Paris: Encyclopaedia Universalis France, 1973.

GIOVANNONI, G. Piano regolatore. *Enciclopedia italiana di scienze, lettere e arti*. V. 27. Roma: Treccani, 1935.

GUARRACINO, S. *Le età della storia*. Milano: Bruno Mondadori, 2001.

MARESCOTTI, L. *Fondamenti di urbanistica*. Milano: Clup, 1979.
NASR, J.; VOLAIT, M. (orgs.). *Urbanism Imported or Exported: Native Aspirations and Foreign Plans*. West Sussex: Wiley Academy, 2003.
PICCINATO, L. Urbanistica. *Enciclopedia italiana di scienze, lettere e arti*. V. 34. Roma: Treccani, 1937.
PINOL, J.-L. *Le Monde des villes au XIX siècle*. Paris: Hachette, 1991.
PRINCIPE, I. *Manuale di storia dell'urbanistica*. Arcavata di Rende: Centro editoriale e librario dell'Università della Calabria–Unical, 1997.
SAUNIER, P.-Y. "Atlantic Crosser": John Nolen and the Urban Internationale. *Planning History*, v. 21, n. 1, 1999.
SECCHI, B. *Il racconto urbanistico*. Torini: Einaudi, 1984.
______. *Prima lezione di urbanistica*. Bari/Roma: Laterza, 2000 (trad. bras.: *Primeira Lição de Urbanismo*. São Paulo: Perspectiva, 2006).
TAFURI, M. *Raffaello architetto*. Milano: Electa, 1984.
ZUCCONI, G. *La città contesa*. Milano: Jaca Book, 1989.

Parte I:
O "MAL" DA CIDADE: DIAGNÓSTICO E TERAPIA, 1858-1914

Questões

ACTES *du Congrès International des Habitations à Bon Marché*. Bruxelles: Hayez Imprimerie, 1897.
ALBERS, G. *Entwicklungslinien im Städtebau*. Düsseldorf: Bertesmann, 1975.
______. *Zur Entwicklung der Stadtplanung in Europa*. Braunsschweig/Wiesbaden: Vieweg & Son, 1997.
ALPHAND, C. (org.). *Les Travaux de Paris 1789-1889*. Paris, 1889.
BAUMEISTER, R. *Stadt-Erweiterungen in technischer, baupolizeilicher und wirtschaftlicher Beziehung*. Berlin: Ernst und Korn, 1876.
BENOIT-LEVY, H. *La Cité-Jardin*. Paris: Ed. des cités-jardins de France, 1911.
______. *La Cité Jardin*. Paris: Jouve, 1904.
BOLLEREY, F. et al. (org.). *Im Grühnen Wohnen; im Blauen Planen 1900-1945, Ein Lesebuch zur Gartenstadt*. Hamburg: Christians, 1990.
BOOTH, C. *Improved Means of Locomotion as a First Step Towards the Cure of the Housing Difficulties of London*. London: Macmillan, 1901.
BOQUET, D. Les Detours du rattachement: Rome capitale après 1870. In: TURREL, D. (org.). *Villes rattachées, villes reconfigurées, XVI-XIX siècles*. Paris: PUF-Rabelais, 2003.
BORIANI, M.; ROSSARI, A. *La Milano del piano Beruto, 1884-1889*. Milano: Guerini, 1992.
BULS, C. *L'Esthétique des villes*. Bruxelles: Bruylant, 1893 (trad. it.: *L'estetica delle città*, Roma, 1903).
CALABI, D. (org.). *Architettura domestica in Gran Bretagna, 1890-1939*. Milano: Electa, 1982.
______. *La politica della casa all'inizio del XX secolo*. Venezia: Istituto Veneto di Scienze, Lettere e Arti, 1995.

CALABI, D. *Il male città – Diagnosi e terapia: Didattica e istituzioni nell'urbanistica inglese del primo Novecento*. Roma: Officina, 1979.

CAPUZZO, P. Città e metropoli: Trasformazioni urbane e governo municipale tra otto e novecento. *Storia Urbana*, n. 61, 1992.

CASTRONOVO, V. *La rivoluzione industriale*. Firenze: Sansoni, 1973.

CERDA, I. et al. *Teoria generale dell'urbanizzazione*. Milano: Jaca Book, 1985.

CHERRY, G. E. *Cities and Plans: The Shaping of Urban Britain in the Nineteenth and Twentiesth Centuries*. London: Edward Arnold, 1988.

CHERRY, G. *The Evolution of British Town Planning*. Lancashire: Leonard Hill, 1974.

CHOAY, F. Haussmann et le système des espaces verts parisiens. *Revue de l'art*, n. 29, 1975.

COLLINS, G. R.; COLLINS, C. C. [1965]. *Camillo Sitte: The Birth of Modern City Planning*. New York: Rizzoli International, 1986.

COLLINS. G. R.; FLORES, C. (orgs.). *La città lineare, Arturo Soria y Mata*. Milano: Il Saggiatore, 1968.

CONRADS, U. *Frühlicht*. Berlin: Ullstein, 1963. Contém extratos da revista *Stadtbaukunst (alter und neuer Zeit)*.

CREESE, W. L. *The Search for Environment: The Garden-city Before and After*. Baltimore: Johns Hopkins University Press, 1966.

DI BIAGI, P. (org.). *I classici dell'urbanistica moderna*. Roma: Donzelli, 2002.

DOGLIANI, P. (org.). *Europeismo e municipalismo: Alessandro Schiavi nel secondo dopoguerra*. Cesena: Il Ponte Vecchio, 1996.

DOGLIO, C. *La città giardino*. Roma: Gangemi, 1953.

DUPRAT, D.; PAULINE, M. *Le Système de la facade & de la baie: Maisons à loyer urbaines du XIX siècle*. Lyon: Eal, 1995.

EBERSTADT, R. *Städtebau und Siedlungswesen*. Braunschweig, 1920.

_____. *Städtische Bodenfragen*. Berlin, 1894.

EINAUDI, L. Il problema delle case popolari all'alba del secolo XX. *La Rivista Sociale*, 1902.

ELEB VIDAL, M.; DEBARRE BLANCHARD, A. (orgs.). *L'Invention de l'habitation moderne. Paris 1880-1914: Architectures de la vie privée*. Paris: Hazan, 1995.

FIJALKOV, Y. *La Construction des îlots insalubres, Paris 1845-1945*. Paris: L'Harmattan, 1998.

FORESTIER, J. C. N. *Grandes villes et systèmes de parcs*. Paris, 1906.

GAUDIN, J.-P. *Desseins des villes*. Paris: L'Harmattan, 1991.

GENZMER, E. *Uber die Entwicklung des Wohnungswesens*. Danzig, 1906.

GEROSA, P. G. *Éléments pour une histoire des théories sur la ville comme artefact et forme spatiale (XVIII-XX siècles)*. Strasbourg: Usi-Ushs, 1992.

GIOVANNINI, C. *Risanare le città: L'utopia igienista di fine Ottocento*. Milano: Angeli, 1996.

GIUNTINI, A.; MINESSO, M. (orgs.). *Gli ingegneri in Italia tra Ottocento e Novecento*. Milano, 1999.

GUERRAND, R. H. *Les Origines du logement social en France*. Paris: Les Editions Ouvrières, 1967 (trad. it.: *Le origini della questione delle abitazioni in Francia, 1850-1894*. Roma: Officina, 1981).

GURLITT, C. *Historische Stadtbilde*. Berlin, 1901-1902.

_____. *Uber Baukunst*. Berlino: Bard, 1904.

_____.*Handbuch des Städtebaues*. Berlin, 1920.

HALBWACHS, M. *La Classe ouvrière et les niveaux de vie: Recherches sur la hierarchie des besoins dans les sociétés industrielles contemporaines*. Paris: Alcan, 1913.

HARDY, D. *From Garden Cities to New Towns. Campaigning for Town and Country Planning 1899-1946*. London/New York: Chapman & Hall, 1991.

HARTOG, R. *Stadterweiterungen im 19 Jahrhundert*. Stuttgart: Kohlhammer, 1962.

HEGEMANN, W. *Der Städtebau nach den Ergebnissen der allgemeinen Stadt--Ausstellung in Berlin nebst einem Anhang: Die internationale Städtebau Ausstellung in Düsseldorf, 1, 2*. Berlin: Wasmuths, 1911-1913 (trad. it.: *Le esposizioni internazionali di urbanistica di Berlino e Düsseldorf, 1910-1912*. Milano: Il Saggiatore, 1974).

HÉNARD, E. *Etudes sur les transformations de Paris* [1904]. Reedição: *Études sur les transformations de Paris, et autres ecrits sur l'urbanisme*. Org. Jean Louis Cohen. Paris: L'Equerrel, 1982 (trad. it.: *Eugène Hénard. Alle origini dell'urbanistica: La costruzione della metropoli*. Padova: Marsilio, 1972-1976).

HENRICI, K. *Beiträge zur praktischen Aesthetik im Städtebau*. München: Callwey, 1904.

HORSFALL, T. *The Improvement of the Dwellings and Surroundings of the People: The Example of Germany*. Manchester: Manchester & Salford Citizens Association, 1904.

______. *The Relation of Town Planning to the National Life*. Wolverhampton, 1908.

HOWARD, E. *Garden Cities of Tomorrow*. 1902 (trad. it. *L'idea della città giardino*. Bologna: Calderini, 1962).

JEAN-CLAUDE *Nicolas Forestier, 1861-1930: Du jardin au paysage urbain*. Paris: Picard, 1990.

JOHANEK, P. (org.). *Städtische Gesundheits und Fürsorgewesen vor 1800*. Berlin: Bölhau, 1999.

LANDI. *L'abitazione moderna*. Modena: Siliani, 1900.

MAROI, E. *Il problema delle abitazioni popolari nei riflessi sociali e finanziari*. Milano: Società Editrice Libraria, 1913.

MAWSON, T. H. *Civic Art*. London: Batsford, 1911.

MELLER, H. Philantropy and Public Enterprise: International Exhibitions and the Modern Town Planning Movement 1889-1913. *Planning Perspectives*, vol. 10, n. 3, 1995.

MILLER, M. *Raymond Unwin: Garden Cities and Town Planning*. Leicester: Scholar Press, 1992.

MONTOLIOU, C. *La Ciudad Jardin*. Barcellona: Emilio Gabanach, 1912.

MUNTONI, A. *Barcellona 1859: Il piano senza qualità*. Roma: Bulzoni, 1978.

MURARD, L.; ZYLBERMANN, P. Le Petit travailleur infatigable. *Recherches*, n. 25, 1976.

NETTLEFOLD, J. *Slum Reform and Town Planning: The Garden City Idea Applied to Existing Cities and their Suburbs*. Birmingham: Hudson and Son, 1910.

OLMO, C. *La città industriale*. Torino: Einaudi, 1980.

PAGLIANI, L. *Le abitazioni igieniche ed economiche per le classi meno abbienti nel secolo XIX*. Torino: Tipografia Bertolero, 1902.

______. *Trattato di igiene e sanità pubblica*. Milano: Vallardi, 1907-1913. 2 v.

PEREIRA, J. R. A. *Ciudad lineal de Madrid*. Barcelona: Caja de Arquitectos, 1998.

PICCINATO, G. *La costruzione dell'urbanistica: Germania 1871-1914*. Roma: Officina, 1974.

PURDOM, C. B. *The Garden City: As Study in the Development of a Modern Town*. London: J. M. Dent and Sons, 1913.

RODGER, R. *Housing in Urban Britain, 1780-1914*. Cambridge: Cambridge University Press, 1995.
SCHIAVI, A. [1909]. *Le case a buon mercato e le città girdino*. Milano: Franco Angeli, 1985.
SELLIER, H. *Une Cité pour tous*. Paris: Linteau, 1998.
SHARON, M. *Apartment Stories: City and Home in 19th Century Paris and London*. San Francisco: University of California Press, 1999.
SICA, P. *Storia dell'urbanistica: L'Ottocento*. Bari: Laterza, 1977.
SIEGFRIED, J. *Les Cités ouvrières*. Imprimerie du journal *Le Havre*, 1887.
SITTE, C. *Der Städtebau nach seinen künstlerischen Grundsätzen*. Wien, 1889 (trad. it.: *L'arte di costruire la città*. Milano: Jaca Book, 1981).
SMETS, M. Charles Buls, *Les Principes de l'Art Urbain*. Liège: Mardaga, 1995.
SORIA Y MATA, A. *La Ciudad Lineal* (antologia di scritti 1882-1939). Madrid, 1968 (trad. it.: *La città lineare*. Milano: Il Saggiatore, 1968).
_____. *El urbanismo europeo de su tiempo, 1894-1994*. Madrid, 1996.
SUTCLIFFE, A. *Multi-Storey Living: The British Working Class Experience*. London: Croom Helm, 1974.
SWENARTON, M. *Homes fit for Heroes: The Politics and Architecture of Early State Housing in Britain*. London, 1981.
TAGLIAVENTI, G. (org.). *Città-giardino: Cento anni di teorie, modelli, esperienze*. Roma: Gangemi, 1994.
TARN, J. N. *Five per Cent Philantropy: An Account of Housing in Urban Areas Between 1840 and 1914*. Cambridge, 1973.
TEORIA de la Construction de las Ciudades: Cerdà y Barcelona. Barcelona: Ayuntamento de Barcelona, 1991.
TRANSACTIONS, Town Planning Conference. London: Riba, 1911.
TRIGGS, I. *Town Planning: Past, Present and Possible*. London: Metheuen, 1909.
UNWIN, R. *Town Planning in Practice*. London: Benn, 1909 (trad. it.: *La pratica della progettazione urbana*. Milano: Il Saggiatore, 1971).
_____. *Nothing Gained by Overcrowding!* London, 1912.
VILLAGGI *operai in Italia*. Torino: Einaudi, 1981.
WARD, S. V. *The Garden-City: Past, Present and Future*. London: E. & FN Spon, 1992.
ZUCCHONI, G.; SERENA, T. (orgs.). *Camillo Boito, un protagonista dell'Ottocento italiano*. Venezia: Istituto Veneto di Scienze, Lettere ed Arti, 2002.
ZUCCONI, G. (org.). *Camillo Sitte e i suoi interpreti*. Milano: Franco Angeli, 1989.
_____. *La città contesa*. Milano: Jaca Book, 1989.

Instrumentos

AGACHE, A. et al. *Comment reconstruire nos cités détruites*. Paris: Colin, 1915.
BARDET, G. *Naissance et méconnaissance de l'urbanisme*. Paris: Sabri, 1951.
BELLI, A. *Immagini e concetti del piano: Inizi dell'urbanistica italiana*. Milano: Etas libri, 1996.
CALABI, D. *Werner Hegemann, o dell'ambiguità borghese dell'urbanistica*. *Casabella*, n. 428, set. 1977.
_____. Werner Hegemann: Der gerettete Christus. *Casabella*, n. 437, jun. 1978.

_____. Parigi anni Venti. *Marcel Poëte e le origini della Storia urbana*. Venezia: Marsilio, 1998.

CAROZZI, C.; MIONI, A. *L'Italia in formazione*. Bari: De Donato, 1970.

COLLINS, C. C. Werner Hegemann (1881-1936): Formative Years in America. *Planning Perspectives*, v. 11, n. 1, 1996.

CONRAD, *Handwörterbuch der Stadtwissenschaften*. Jena, 1893.

CULLINGWORTH, J. B.; NADIN, V. *Town and Country Planning in the UK*. London: Routledge, 1997.

DI BENEDETTO, G. *Introduzione all'urbanistica*. Firenze: Vallecchi, 1977.

EARLS, I. A. *Napoleon III: L'Architecture et l'urbanisme de Paris. Le conservateur du patrimoine*. Levallois: Centre d'Études Napoléonniennes, 1991.

FEHL, G.; RODRIGUEZ LORES, J. L. Aufstieg und Fall der Zonenplanung. *Stadt bauwelt*, n. 73, 1982.

_____. *Städtebaureformen 1865-1900*. Hamburg: Hans Christians, 1985.

FERRARO, G. *Rieducazione alla speranza: Patrick Geddes planner in India, 1914-1924*. Milano: Jaca Book, 1998.

GARNIER, T. *L'Oeuvre complète*. Paris: Editions du Centre Pompidou. 1989.

GEDDES, P. *Cities in Evolution*. London: E. Benn, 1970 (trad. it.: *Città in evoluzione*. Milano: Il Saggiatore, 1970).

HEGEMANN, W. *Der Städtebau, Berlin-Düsseldorf 1910-12*. (trad. it.: *Werner Hegemann. Catalogo delle esposizioni internazionali di urbanistica. Berlino 1910 - Düsseldorf 1912*. Milano: Il Saggiatore, 1975).

KARNAU, O. *Hermann Josef Stübben, Städtebau 1876-1930*. Braunschweig/Wiesbaden, 1996.

MANCUSO, F. *Le vicende dello Zoning*. Milano: Il Saggiatore, 1978.

MELISBURGO, G. *Napoli sotterranea*. Napoli: Esi, 1997.

MELLER, H. *Patrick Geddes: Social Evolutionist and City Planner*. London: Routledge, 1990.

MORBELLI, G. *Città e piani d'Europa: La formazione dell'urbanistica contemporanea*. Bari: Dedalo, 1997.

PAWLOWSKI, C. *Tony Garnier et les débuts de l'urbanisme fonctionnel en France*. Paris: Cru, 1967.

PIESSAT, L. *Tony Garnier*. Lyon: Presses Universitaires de Lyon, 1988.

ROSA, P. *La città antica tra storia e urbanistica (1913-1957)*. Roma: Dedalo, 1998.

STUBBEN, J. *Der Städtebau. Handbuch der Architektur*. V. 9: *Entwerfen, Anlage und Einrichtung der Gebäude*. Darmstadt: Bergstrasser, 1890.

SUTCLIFFE, A. *The Rise of Modern Urban Planning*. London: Mansell, 1980.

_____. *Towards the Planned City: Germany, Britain, United States and France 1780-1914*. Oxford: Blackwell, 1981.

TIRWHITT, J. *Patrick Geddes in India*. London: Humphries, 1947.

TORRES, M. *Geografie delle città: Teorie e metodologie degli studi urbani dal 1820 a oggi*. Venezia: Cafoscarina, 1996.

UNESCO, *Cerdà De l'origine au futur de l'urbanisme, Mostra dicembre, 1999*. Barcelona: Unesco, 1999

VAN DER SWAELMEN, L. *Préliminaires d'art civique*. Leiden, 1916.

VENTURA, F. *L'istituzione dell'urbanistica: Gli esordi italiani*. Firenze, 1999.

Casos exemplares

As capitais

Paris

AYMONINO, C.; FABBRI, G. *Le città capitali del XIX secolo: Parigi e Vienna*. Roma: Offina, 1975.

COHEN, J.-L.; LORTIE, A. (orgs.). *Des Fortifs au Perif*. Paris: Picard, 1995.

DE CARS, J.; PINON, P. *Paris-Haussmann*. Paris: Picard, 1991.

FERRY, J. *Comptes fantastiques d'Haussmann*. Paris: Le Chevalier, 1868.

HÉNARD, E. *Etudes sur les transformations de Paris*. Paris, 1903-1909.

LAVEDAN, P. et al. *L'Oeuvre du baron Haussmann, prefêt de la Seine (1853-1870)*. Paris: PUF, 1954 (trad it.: Il barone Haussmann, prefetto della Senna 1853-1870. Milano: Il Saggiatore, 1978).

LAVEDAN, P. *Histoire de l'urbanisme*. V. 3: *Epoque contemporaine*, v. 3. Paris: Laurens, 1952.

______. *Nouvelle Histoire de Paris: Histoire de l'urbanisme à Paris*. Paris: Hachette, 1975.

LORTIE, A. (org.). *Paris s'exporte*. Paris: Picard, 1996.

MORBELLI, G. *Città e piani d'Europa: La formazione dell'urbanistica contemporanea*. Bari: Dedalo, 1997.

MORIZET, A. *Du vieux Paris au Paris moderne: Haussmann et ses prédécesseurs*. Paris: Hachette, 1932.

PILLEMENT, G. *Destruction de Paris*. Paris: Grasset, 1941.

PINON, P. *Paris, Biographie d'une capitale*. Paris: Hazan, 1999.

POËTE, M. *La Transformation de Paris sous le seconde empire*. Paris: Dupont, 1910.

______. *Une Vie de cité: Paris de sa naissance à nos jours*. 4 v. Paris: Picard, 1924-1931.

SONNE, W. *Representing the State. Capital City Planning in the Early Twentieth Century*. Munich/Berlin/London/New York: Prestel, 2003.

SUTCLIFFE, A. *The Autumn of Central Paris: The Defeat of Town Planning 1850--1870*. London: Arnold, 1970.

TAMBORRINO, R. *Parigi: Il piano Haussmann*. Roma: Kappa, 1999.

Viena

AYMONINO, C.; FABBRI, G. *Le città capitali del XIX secolo: Parigi e Vienna*. Roma: Offina, 1975.

BULS, C. *Vienne en 1873*. Bruxelles: Muquardt, 1873.

CAPUZZO, P. *Vienna da città a metropoli*. Milano: Angeli, 1998.

DENTI, G.; MAURI, A. (orgs.). La Ringstrasse: Vienna e le trasformazioni ottocentesche delle grandi città europee. *Atti del Seminario del Politecnico di Milano (1998)*. Roma: Officina, 1999.

FABBRI, G. Vienna, *Città capitale del XIX secolo*. Roma: Officina, 1986.

GERETSEGGER, H.; PEINTNER, M. *Otto Wagner: Unbegrenzte Großstadt*. Vienna, 1976.

MORBELLI, G. *Città e piani d'Europa: La formazione dell'urbanistica contemporanea*. Bari: Dedalo, 1997.

ODDO, A. M. *Wiener Miethaus, una tipologia per la città borghese*. Firenze: Alinea, 1993.

SONNE, W. *Representing the State: Capital City Planning in the Early Twentieth Century*. Munich/Berlin/London/New York: Prestel, 2003.

WAGNER, O. *Die Groszstadt*. Wien, 1911 (trad. it.: WAGNER, O. *L'architettura moderna* (con introduzione di G. Samonà). Bologna: Zanichelli, 1980).

WAGNER-RIEGER, R. *Die Wiener Ringstrasse – Bild einer Epoche*. Wien: H. Böhlaus. 1969.

WURZER, R. Planung und Verwicklung der Ringstrassenzone in Wien. In: ______. *Festschrift für Hans Koepf*. Wien: Technische Universität, 1986.

Berlim

HEGEMANN, W. *Der Städtebau*. Berlin: Wasmuth, 1911 (v. 1), 1913 (v.2). (Trad. it.: Werner Hegemann. *Catalogo delle esposizioni internazionali di urbanistica. Berlino 1910-Düsseldorf 1912*. Milano: Il Saggiatore, 1975.)

______. *Das Steinerne Berlin*. Berlin: Ullstein, 1963 (trad. it.: *La Berlino di pietra*. Milano: Mazzotta, 1975).

MOEHRING, B. et al. *Groß-Berlin, ein Programm für die planung der neutzlichen Großstadt*. Berlin: Wasmuth, 1910.

MORBELLI, G. *Città e piani d'Europa: La formazione dell'urbanistica contemporanea*. Bari: Dedalo, 1997.

SONNE, W. *Representing the State. Capital City Planning in the Early Twentieth Century*. Munich/Berlin/London/New York: Prestel, 2003.

SPITZER, H. *Berlin von 1650 bis 1900*. Berlin: Tourist Verlage, 1989.

WAGNER, M.; BEHNE, A. *Das neue Berlin; Großstadt Probleme*. Basel: Birkenhauser, 1988.

Amsterdã

BOSELLI, S. et al. *Crisi urbanistiche e politiche di piano: Amsterdam, New York, Marsiglia*. Milano: Angeli, 2003.

FANELLI, G. *Architettura moderna in Olanda 1900-1940*. Firenze: Marchi & Bertolli, 1968.

______. *Architettura edilizia urbanistica: Olanda 1917-1940*. Firenze: Papafava, 1978.

FUNZIONE *e senso. Olanda 1870-1940; Città, casa, architettura*. Milano: Electa, 1979.

HENDRIK Petrus Berlage, *Catalogo della Mostra biennale di Venezia*. Venezia: Arsenale, 1986.

Parte II: UMA MUDANÇA DE ESCALA. O ENTREGUERRAS

Questões

ALBERS, G. *Zur Entwicklung der Stadtplanung in Europa*. Braunsschweig-Wiesbaden: Vieweg & Son, 1997.

BURLEN, K. (org.). *La Banlieu Oasis: Henri Sellier et le cités-jardins 1900-1940*. Saint Denis: PUV, 1987.

CALABI, D. (org.). *L'architettura domestica in Gran Bretagna*. Milano: Electa, 1983.
CEFALY, P. *Littoria 1932-42: Gli architetti e la città*. 2. ed. Roma: Galleria, 1984, 2001.
CHERRY, G. E. (org.). *Pioneers in British Planning*. London: Mansell, 1981
CHERRY, G. E. *Cities and Plans: The Shaping of Urban Britain in the Nineteenth and Twentieth Centuries*. London, 1988.
CIACCI, L. *Progetti di città sullo schermo: Il cinema degli urbanisti*. Venezia Marsilio, 2001.
CITÉ *jardins en Belgique 1920-1940*. Bruxelles: Aam, 1992.
CIUCCI, G. *Gli architetti e il fascismo*. Torino: Einaudi, 1989.
CONSONNI, G. et al. Piero Bottoni e Milano. *Case, quartieri, paesaggi: 1926-1970*. Milano: La Vita Felice, 2001.
DI BIAGI, P. (org.). *I classici dell'urbanistica moderna*. Roma: Donzelli, 2002.
GIOVANNONI, G. *Vecchie città e edilizia nuova*. Torino: Utet 1931. Reimpressão organizada por F. Ventura. Torino: Città-studi, 1995.
HARDY, D. *From Garden Cities to New Towns: Campaigning for Town and Country Planning, 1899-1946*. London: Chapman & Hall, 1991.
L'ARCHITETTURA di Giovanni Muzio. *Catalogo della mostra*. Milano: Abitare Segesta, 1994.
LA VILLE. *Art et architecture en Europe 1870-1993*. Paris: Centre Georges Pompidou, 1994.
LAVEDAN, P. *Qu'est-ce que l'urbanisme*. Paris: Henri Laurens, 1926.
_____. *Histoire de l'urbanisme. Époque contemporaine*. Paris: Laurens, 1952.
LE CORBUSIER. *L'Urbanisme*. Paris: Vincent Fréal 1925 (trad. it.: *Urbanistica*. Milano: Il Saggiatore, 1967).
MAECHLER, M. *Die Groß-Siedlung und ihre weltpolitische Bedeutung*. Berlin, 1918.
MILLER LANE, B. *Architecture and Politics in Germany 1918-1945*. Cambridge: Harvard University Press, 1968 (trad. it.: *Architettura e politica in Germania, 1918-1945*. Roma: Officina, 1973
NICOLOSO, P. *Gli architetti di Mussolini*. Milano: Angeli, 1999.
OSBORN, F. J. *New Towns after the War*. London: Dent, 1942.
PIACENTINI, M. *Sulla conservazione della bellezza di Roma e sullo sviluppo della città moderna*. Roma: Tipografia Aternum, 1916.
_____. *Architettura d'oggi*. Roma Cremonese 1930. Reimpressão organizada por M. Pisani. Melfi: Libria, 1994.
PISANI, M. (org.). *Marcello Piacentini, Architettura Moderna*. Venezia: Marsilio, 1996.
POËTE, M. *Introduction à l'urbanisme*. Paris: Boivin 1929. Reimpressão, [s.l.]:Anthropos, 1967 (trad. it.: *La città antica*. Torino: Einaudi, 1958.
PURDOM, C. B. *The Building of Satellite Towns*. London: Dent and Sons, 1925.
RAVETZ, A. *Model Estate: Quarry Hill Flats in Leeds*. London: Croom Helm, 1974.
SAMBRICIO, C. (org.). *Memorias Ineditas de Secondino Zuazo: Madrid y sus Anhelos Urbanisticos*. Madrid: Nerea, 2003.
_____. *Un Siglo de Viovienda Social 1903-2003*. Madrid: Ministerio de Fomento, 2003.
SCARPA, L. *Martin Wagner e Berlino: Casa e città nella Repubblica di Weimar 1918-1933*. Roma: Officina, 1983.
SCHUMACHER, F. *Probleme der Großstadt*. Lipsia, 1940.
_____. [1932]. *Das Werden einer Wohnstadt*. Hamburg: Christians, 1984.

SICA, P. *Storia dell'urbanistica: Il Novecento*. Bari: Laterza, 1978.
SMETS, M. (org.). *Resurgam: La Reconstruction en Belgique après 1914*. Bruxelles: Crédit Communal, 1985.
SMETS, M. *L'Avénement de la cité-jardin en Belgique: Histoire de l'habitat social en Belgique de 1830 à 1930*. Bruxelles-Liège: Mardaga, 1977.
STEINMANN, M. *Internationale Kongresse für Neues Bauen: Dokumente 1928-1939*. Basel-Stuttgart: Bierkenhauser, 1979.
SUTCLIFFE, A. *The History of Urban and Regional Planning: An Annotade Bibliography*. London: Mansell, 1981.
SWENARTON, M. *Homes Fit for Heroes*. London: Heinemann, 1981.
TAMBORRINO, R. (org.). *Le Corbusier: Scritti*. Torino: Einaudi, 2003.
TAUT, B. *Frühlicht 1920-1922: eine Folge für die Verwircklichung des neues Baudenkens*. Berlin: Ullstein, 1965.
_____. *Die Stadtkrone*. Jena 1919 (trad. it.: *La corona della città*. Milano: Mazzotta, 1973.
_____. *Die neue Baukunst in Europa und America* [1929]. Stuttgart: Hoffmann, 1979.
WAGNER, M. *Die socializierung der Baubetriebe*. Berlin: Heimann, 1919.
_____. *Die neue Stadt im neuen Land*. Berlin, 1934.
WOLF, P. *Städtebau. Das Formproblem der Stadt in Vergangenheit und Zukunft*. Lipsia: Klinghardt & Biermann, 1919.
_____. *Wohnung und Siedlung*. Berlin: Wasmuth, 1926.
ZUCCONI, G.; BONACCORSO, G. (orgs.). *Gustavo Giovannoni: Dal Capitello alla città*. Milano: Jaca Book, 1997.

Instrumentos

ADAMS, T. *Recent Advances in Town Planning*. London, 1932.
ADSHEAD, S. D.; ABERCROMBIE, P. (Council for the Preservation of Rural England; Thames Valley Branch). *The Thames Valley: A Survey of Existing State*. London: University of London, 1929.
BARDET, G. *Problèmes d'urbanisme*. Paris, 1941.
BOTTONI, P. *Urbanistica*. Milano: Hoepli, 1938.
CHIODI, C. *La città moderna: Tecnica urbanistica*. Milano: Hoepli, 1935.
DODI, L. *Città e territorio: Urbanistica tecnica*. Milano: Tamburini, 1971.
FABBRICHESI, R. *Urbanistica e edilizia italiana*. Padova: Zannoni, 1935.
GAUDIN, J.-P. *L'Avenir en plan: Technique et politique dans la prévision urbaine 1900-1930*. Paris: Vallon/PUF, 1985.
GIOVANNONI, G. [1931].*Vecchie città e edilizia nuova*. Torino: Città studi, 1995.
I PIANI *regolatori*. Roma: Kappa, 1997.
PEPLER, G. L. Forty Years of Planning. In: _____. *Town and Country Planning Textbook*. London: Association for Planning and Regional Reconstruction, 1950.
PICCINATO, L. Urbanistica. In: CNR (org.). *Manuale dell'architetto*.Roma: Ufficio informazioni Stati Uniti, 1946.
_____. *Urbanistica*. Roma: Sandron, 1947.
PURDOM, C. B. (org.). *Town Theory and Practice*. London: Benn, 1921.
REY, A. et al. *La Science des plans des villes*. Paris, 1928.

RIGOTTI, A. *Urbanistica – v. 1. La tecnica; v 2. La composizione*. Torino: Utet, 1947 [v. 1], 1952 [v. 2].
RODWIN, L. *Le città nuove inglesi: Problemi e implicazioni di una politica*. Padova: Marsilio, 1956.
SCHUMACHER, F. [1941]. *Lesebuch für Baumeister*. Braunschweig: Vieweg, 1977.
SELLIER, H. *La Santé publique et la collectivité*. Paris: Heretheux et Pactat, 1936.
_____. L'Urbanisme et l'organisation administrative. *Urbanisme*, Paris.
SHARP, T. *Some Aspects of Urban and Rural Development*. London: Murray, 1932.
ZUCCONI, G. *La città contesa*. Milano: Jaca Book, 1987.

Casos exemplares

ARCHITETTURA *italiana d'oltremare, 1870-1940 – Catalogo della mostra*. Venezia: Marsilio, 1994.
CIACCI, L. *Rodi italiana: 1912-1923*. Venezia: Marsilio, 1991.
COQUERY-VIDROVICH, C.; GEORG, O. (orgs.). *La Ville européenne outremer: Un model conquérent (XV-XX siècles)*. Paris/Montreal: L'Harmattan, 1999.
COHEN, J.-L.; ELEB, M. *Casablanca*. Paris: Ifa-Datar, 1999.
COHEN, J.-L. et al. (org.). *Alger: Paysage urbain et architectures 1800-2000*. Paris: Ed. de l'Imprimeur, 2002.
IFA. *Architectures Françaises d'Outre-Mer*. Mardaga, 1992.

Parte III:
O PROGRESSO E A AÇÃO. 1944-1970

Questões

ABERCROMBIE, P. *Town and Country Planning*. London: Butterworth, 1933.
_____. *Greater London Plan 1944*. London: HMSO, 1945.
ABERCROMBIE, P.; FORSHAW, J. H. *The County of London Plan*. London: Macmillan, 1944.
ALBERS, G. *Zur Entwicklung der Stadtplanung in Europa*. Braunsschweig/Wiesbaden: Vieweg & Son, 1997.
ANCSA. *Convegno Nazionale di Studio: Venezia 27-28 ottobre, 1962*. Venezia: Oderisi, 1964.
_____. Per una revisione critica del problema dei centri storici. *Atti del seminario Ancsa: Gubbio, 5-6 settembre, 1970*, Genova: Gráfica LP, 1971.
BARDET, G. *Le Nouvel urbanisme*. Paris: Vincent, 1945.
_____. *Naissance et méconnaissance de l'urbanisme*. Paris: Sabri, 1951.
BARDET, G. *Pierre sur pierre*. Paris: LCB, 1946.
BERETTA ANGUISSOLA, L. (org.). *I 14 anni del piano INA-Casa*. Roma: Staderini, 1963.
BLIJSTRA, R. *L'Urbanisme aux Pays-Bas depuis 1900*. Amsterdam: Van Kampen, 1964.
BONIFAZIO, P. et al. (orgs.). *Tra guerra e pace: Società cultura e architettura nel secondo dopoguerra*. Milano: Franco Angeli, 1998.
CIAM. *The Heart of the City: Toward the Humanization of Urban Life*. London, 1952.

CIARDINI, F.; FALINI, P. (orgs.). *I centri storici; Politica urbanistica e programmi di intervento pubblico: Bergamo, Bologna, Brescia, Como, Gubbio, Pesaro, Vicenza*. Milano: Mazzotta, 1980.

CULLEN, G. *Townscape*. London: The Architectural Press, 1961.

DE CARLO, G. *La pianificazione territoriale urbanistica nell'area torinese*. Padova: Marsilio, 1964.

______. *La pianificazione territoriale urbanistica nell'area bolognese*. Padova: Marsilio, 1965.

______. *La pianificazione territoriale urbanistica nell'area milanese*. Padova: Marsilio, 1966.

DI BIAGI, P. (org.). *La carta d'Atene*. Roma: Officina, 1998.

______. *La grande ricostruzione: Il piano INA-Casa e l'Italia degli anni Cinquanta*. Roma: Donzelli, 2001.

DI BIAGI, P. (org.). *I classici dell'urbanistica moderna*. Roma: Donzelli, 2002.

DI BIAGI, P.; GABELLINI, P. (orgs.). *Urbanisti italiani*. Bari/Roma: Laterza, 1992.

DICKINSON, R. *City Region and Regionalism*. London: Routledge and Kegan, 1947.

______. *The West European City*. London: Routledge and Kegan, 1963.

DIOTALLEVI, I.; MARESCOTTI, F. La casa popolare nel quadro del problema nazionale. *Il Popolo d'Italia*, 5 maio 1942.

______. La casa popolare e la casa in generale. *L'Ingegnere*, jan. 1943.

FABBRI, M. et al. *L'immagine della comunità: Architettura e urbanistica in Italia nel dopoguerra*. Roma: Iusarc, 1982.

FABBRI, M. *Le ideologie degli urbanisti nel dopoguerra*. Bari: De Donato, 1975.

FANTOZZI MICALI, O. *Piani di ricostruzione e città storiche 1945-1955*. Firenze: Alinea, 1998.

GIBBERD, F. *Town Design*. London: The Architectural Press, 1952.

HALL, P. *Abercrombie's Plan for London -50 Years On*. London: Vision for London, 1994.

______. *Cities of Tomorrow: Intellectual History of Urban Planning and Design in the Twentieth Century*. Oxford: Blackwell, 1996.

HALL, T. (org.). *Planning and Urban Growth in the Nordic Countries*. London: E&FN Spoon, 1991.

HARDY, D. *From New Towns to Green Politics: Campaigning for Town and Country Planning 1946-1990*. London/New York: Chapman & Hall, 1991.

INU. *Urbanistica e edilizia in Italia*. Roma, 1948.

KOPP, A. et al. *L'Architecture de la reconstruction en France 1945-1955*. Paris: Monieur, 1982.

BARJOT, D.; BAUDOUI, R.; VOLDMAN, D. *Les Reconstructions En Europe 1945-1949*. Paris: Complexe, 1997.

LONDON COUNTY COUNCIL. *The Planning of a New Town*. London: LCC, 1961.

MAMOLI, M.; TREBBI, G. *Storia dell'urbanistica: L'Europa del secondo dopoguerra*. Roma/Bari: Laterza, 1988.

MATERA. *Storia della città*, n. 6, 1978 (número monográfico).

MAZZOLENI, C. *Lewis Mumford: In difesa della città*. Torino: Testo e immagini, 2001.

MELLER, H. *Towns, Plans and Society in Modern Britain*. Cambridge: Cambridge University Press, 1997.

NEMIZ, A. *La ricostruzione 1945-1953*. Roma: Editori Riuniti, 1998.

OSBORN, F. J. *Green Belt Cities: The British Contribution*. London, 1946.

OSBORN, F.; WHITTICK, A. *The New Towns: The Answer Megalopolis*. London: Leonard, 1969.

PICCINATO, L. *Urbanistica*. Roma: Sandron, 1947.
QUARONI, L. Il paese dei barocchi. *Casabella*, n. 215, 1957 (número monográfico).
REPORT *of the Royal Commission on the Distribution of the Industrial Population* [*Barlow Report*]. London: HMSO, 1940.
RESTUCCI, A. Città e Mezzogiorno: Matera dagli anni cinquanta al concorso sui Sassi. *Casabella*, n. 428, 1977.
______. *Matera: I Sassi*. Torino: Einaudi, 1991.
RIVISTA *Metron*, desde 1945.
RIVISTA *Urbanisme*, n. 45-48, 1956.
ROGERS, E. N. *Esperienze dell'architettura*. Torino: Einaudi, 1957.
SHARP, T.; GIBBERD, F. *Design in Town and Village*. London: HMSO, 1953.
SICA, P. *Storia dell'urbanistica: Il Novecento*. Bari: Laterza, 1978.
TAFURI, M. *Storia dell'architettura italiana 1944-1985*. Torino: Einaudi, 1986.
THOMAS, D. *London's Green Belt*. London: Faber & Faber, 1970.

Intrumentos

ANCSA. *Una nuova politica per i centri storici: Convegno Ancsa di Bergamo, maggio, 1971*. Gubbio: Ancsa, 1964.
AUZELLE, R. *Encyclopédie de l'urbanisme*. Paris: Freal, 1950.
BERTHET, J. Città e territorio nella regione parigina. *Parametro*, n. 64-65, 1978.
BUCHANAN, C. *Traffic in Towns*. London: Penguin, 1963.
COMMISSIONE Interministeriale per i Piani Territoriali di Coordinamento del Ministero dei Lavori Pubblici. *Criteri di indirizzo per lo studio dei piani territoriali di coordinamento in Italia*. Roma, 1952.
CULLINGWORTH, J. B. *Town and Country Planning in Britain*. 9. ed. London: Allen and Unwin, 1984.
ERBA, V. *L'attuazione dei piani urbanistici*. Roma: Lega per le autonomie e i poteri locali, 1972.
GABELLINI, P. Il disegno di piano. *Urbanistica*, n. 82, 1986.
GRAVIER, J. F. *Paris et le désert français*. Paris: Le Portulan, 1947.
INSOLERA, I. *Roma moderna*. Torino: Einaudi, 1971.
KEEBLE, L. *Principle and Practice of Town and Country Planning*. London: The Estate Gazette, 1952.
KLUSMAN, E.; TEUMISSEN, B. Prg 1935-1955: dal Piano generale di espansione alla città compatta. *Urbanistica*, n. 85, 1986.
SHARP, T. *Town Planning*. New York/London, 1940-1945.
SULLO, F. *Lo scandalo urbanistico*. Firenze: Vallecchi, 1964.

Casos Exemplares

ANCSA. Per una revisione critica del problema dei centri storici. *Atti del seminario Ancsa, Gubbio, 5-6 set. 1970*, Gráfica LP, 1971.

ASTENGO, G. *Piano regolatore generale e piani di primo intervento. Relazione del progettista incaricato Giovanni Astengo*. Assisi, 30 ago. 1955-30 nov. 1957, s. l, s. d.

_____. *Assisi: Piano generale e piani particolareggiati di primo intervento*. Torino: Edizioni di Urbanistica, 1958.

_____. *Giovanni Astengo urbanista sotto accusa a Gubbio*. Torino, 1968a.

_____. *Il piano regolatore di Gubbio*. Venezia: Iuav, Istituto di Urbanistica, 1968b.

CIARDINI, F.; FALINI, P. (orgs.). *I centri storici; politica urbanistica e programmi di intervento pubblico: Bergamo, Bologna, Brescia, Como, Gubbio, Pesaro, Vicenza*. Milano: Mazzotta, 1980.

LOMBARDI, P.; PAGLIETTINI, G. *Urbanistica di Giovanni Astengo*. Roma: INU, 2000.

Parte IV: O DESENHO DO PLANO. ESTRATÉGIAS DE REUTILIZAÇÃO E INTERVENÇÕES ESPECIAIS

Questões

ALBERS, G. *Zur Entwicklung der Stadtplanung in Europa*. Braunsschweig-Wiesbaden: Vieweg & Son, 1997.

ANCSA (org.). *Riequilibrio territoriale e centri storici*. Padova: Marsilio, 1975.

AVARELLO, P. Piano e città nell'esperienza urbanistica. In: _____. *Storia dell'architettura italiana, Il secondo Novecento*. Milano: Electa, 1998.

BELLICINI, L. (org.). *La costruzione della città europea negli anni ottanta*. Roma: Credito fondiario, 1991.

CAMAGNI, R. (org.). *Economia e pianificazione della città sostenibile*. Bologna: il Mulino, 1996.

CAMPOS VENUTI, G. *La terza generazione dell'urbanistica*. Milano: Angeli, 1987

CAROZZI, C.; ROZZI, R. *Centri storici. Questione aperta*. Bari: De Donato, 1971.

CIARDINI, F.; FALINI, P. (orgs.). *I centri storici – Politica urbanistica e programmi di intervento pubblico: Bergamo, Bologna, Brescia, Como, Gubbio, Pesaro, Vicenza*. Milano: Mazzotta, 1980.

CORBOZ, A. L'urbanistica del XX secolo: Un bilancio (1992). In: _____. *Ordine Sparso: Saggi sull'arte, il metodo, la città e il territorio*. Milano: Franco Angeli, 1998.

DE CARLO, G. *Nelle città del mondo*. Venezia: Marsilio, 1995.

DE MATTEIS, G. et al. *La forma del territorio italiano*. Roma/Bari: Laterza, 1996.

DI BIAGI, P. (org.). *I classici dell'urbanistica moderna*. Roma: Donzelli, 2002.

EATON, R. *Cités idéales, l'utopisme et l'environnement (non) bati*. Paris: Fonds Mercator, 2001.

GABELLINI, P. *Bologna e Milano: Temi e attori dell'urbanistica*. Milano: Angeli, 1988.

KOPP, A. et al. *L'Architecture de la reconstruction en France, 1945-1955*. Paris: Moniteur, 1982.

MAMOLI, M.; TREBBI, G. *Storia dell'urbanistica: L'Europa del secondo dopoguerra*. Roma/Bari: Laterza, 1988

MARTINOTTI, G. *Metropoli: La nuova morfologia sociale della città*. Bologna: Il Mulino, 1993.
NIGRELLI, F. C. *Percorsi del progetto urbano in Francia e in Italia*. Roma: Officina, 1999.
PAPA GEORGIOU-VENETAS, A. *Stadtkerne im Konflikt*. Tübingen, 1970 (trad. ingl.: *Continuity and Change: Preservation in City Planning*. New York, 1970).
PIRODDI, E. *Le forme del piano urbanistico*. Milano: Franco Angeli, 1999.
SECCHI, B. *Squilibri regionali e sviluppo economico*. Padova: Marsilio, 1974.
_____. *Il racconto urbanistico*. Torino: Einaudi, 1984.
ST. MALO. *Urbanistica*, n. 45-48, 1956.
WARD, C. *New Town, Home Town: The Lessons of Experience*. London: Gulbekian Foundation, 1993.

Instrumentos

AVARELLO, P.; AVARELLO, M. *La città del futuro: Cinquant'anni di legge urbanistica 1942-1992*. Roma: Ance, 1993.
CULLINGWORTH, J. B. *Town and Country Planning in Britain*. 9. ed. London: Allen and Unwin, 1984.
DANSK BYPLANLABORATORIUM. *Town Planning Guide*. København: Dansk Byplanlaboratorium, 1973.
GABELLINI, P. *Il disegno urbanistico*. Roma: NIS, 1996.
_____. *Tecniche urbanistiche*. Roma: Carocci, 2001.
GREATER *London Development Plan, Report of Studies*. London: The County Hall, 1969.
INDOVINA, F.; FACCIOLI, F. (orgs.). *Enciclopedia di urbanistica e pianificazione territoriale*. Milano: Angeli, 1984-1988.
KJELDSEN, M. *Industrialized Housing in Denmark, 1956-1976*. København: DBC, 1976.
MALISZ, B. *Problematica della pianificazione di un territorio nazionale*. Firenze: Medicea, 1978.
MIGLIORINI, F. *L'Olanda: I fondamenti legislativi e della pianificazione olandese*. In: MARCELLONI, M. (org.). *Il regime dei suoli in Europa*. Milano: Franco Angeli, 1987.
MINISTRY of Housing and Local Government. *Development Plans: A Manual on Form and Content*. London: HMSO, 1970.
SECCHI, B. *Tre piani. La Spezia, Ascoli, Bergamo*. Milano: Franco Angeli, 1994.
STANGHELLINI, S. Riforma della pubblica amministrazione e ambiti di governo del territorio. In: _____. *Politica edilizia e gestione del territorio in Polonia*. Bologna: Ente Fiere, 1979.

Casos Exemplares

Berlim

CROZET, P.-A. Berlino' 87: La costruzione del passato. *Casabella*, n. 506, 1984.

DE MICHELIS, M. Il mito della Fenice. *Lotus International*, n. 33, 1985.

IBA. *Projektübersicht, 1987*. Berlin: IBA, 1987.

JAQUAND, C. *La Potsdamer Platz de Berlin, ou la "megastructure critique"*. In: Turrel, D. (org.). *Villes rattachées, villes reconfigurées: XVI-XIX siècles*. Paris: PUF/Rabelais, 2003.

MAGNAGO LAMPUGNANI, V.; MONNINGER, M. (orgs.). *Berlin Morgen: Ideen für das Herz einer Großstadt*. Stuttgart: G. Haje, 1991.

TREBBI, G. *La ricostruzione di una città: Berlino 1945-1975*. Milano: Mazzotta, 1978.

Barcelona

BOHIGAS, O. et al. (orgs.). *Bercellona: City and Architecture, 1980-1992*. Bercellona: GG, 1991.

BONNET CORREA, A. et al. *Historia Urbana y Intervenciò en el Centre Historic*. Barcelona: Ist. Cart. de Catalunya, 1989.

MONTSERRAT, G. et al. *Atlas de Barcelona, 16-20*. Barcelona: Collegi Official d'Arquitectes de Catalunya, 1982.

Índice

No caso das siglas, informaremos entre parênteses apenas a tradução do seu significado para o português uma vez que o nome original já figura no texto (N. da E.).

URBANISMO NA PERSPECTIVA

Este livro foi impresso em Cotia,
nas oficinas da Meta Brasil,
para a Editora Perspectiva.